NAPLES
LE VÉSUVE ET POMPÉI

CROQUIS DE VOYAGE

PAR

M. L'ABBÉ C. CHEVALIER

CHEVALIER DE LA LÉGION D'HONNEUR
MEMBRE DE LA SOCIÉTÉ ARCHÉOLOGIQUE DE TOURAINE
LAURÉAT DE L'INSTITUT
MEMBRE CORRESPONDANT DE L'ACADÉMIE ROYALE DE PALERME

ILLUSTRATIONS PAR ANASTASI

TROISIÈME ÉDITION

TOURS
ALFRED MAME ET FILS
ÉDITEURS

NAPLES

LE VÉSUVE ET POMPÉI

2ᵉ SÉRIE IN-4º

PROPRIÉTÉ DES ÉDITEURS

Vue du grand parterre à Caserte.

NAPLES
LE VÉSUVE ET POMPÉI

CROQUIS DE VOYAGE

PAR

M. L'ABBÉ C. CHEVALIER

CHEVALIER DE LA LÉGION D'HONNEUR
PRÉSIDENT DE LA SOCIÉTÉ ARCHÉOLOGIQUE DE TOURAINE
LAURÉAT DE L'INSTITUT
MEMBRE CORRESPONDANT DE L'ACADÉMIE ROYALE DE PALERME

ILLUSTRATION PAR ANASTASI

SIXIÈME ÉDITION

TOURS
ALFRED MAME ET FILS, ÉDITEURS

M DCCC XCII

NAPLES
LE VÉSUVE ET POMPÉI

1

NAPLES A VOL D'OISEAU

Le golfe de Naples. — Naples vu de la mer. — Topographie de la ville. — Les collines Leucogéennes. — Origine géologique du sol napolitain. — Le tuf volcanique et la pouzzolane. — Naples vu du sommet des collines. — La rue de Tolède. — Les rues. — La Villa-Reale. — Les eaux de Naples.

Il était trois heures du matin quand notre bateau à vapeur *le Vésuve*, passant à l'est de l'île d'Ischia, entra dans le *cratère* ou golfe de Naples. Le jour naissant nous permettait de saisir d'une manière un peu confuse les grandes lignes de ce merveilleux tableau. Le rivage, se creusant de Naples à Castellamare, se développait ensuite en deux longs bras qui s'arrondissaient en contours élégants, comme ceux d'une coupe, d'une part jusqu'à la pointe de Sorrente, d'autre part jusqu'au cap Misène. L'île de Capri d'un côté, et de l'autre les îles de Procida et d'Ischia, semblaient prolonger le continent jusque dans la mer, comme pour fermer le golfe et en garder l'entrée par deux forteresses imposantes. La côte, loin de fuir aux regards et de se perdre dans les flots, comme sur les plages basses, s'accusait, au contraire, par un profil nettement dessiné, et se dressait, tantôt avec la grâce des collines, tantôt avec la fierté des montagnes. Tout au fond le Vésuve se détachait sur le ciel comme une masse noirâtre, isolée de toutes parts; et, plus loin, la chaîne des Apennins formait le dernier plan du tableau.

Au moment où nous pénétrions dans le golfe, tous les objets étaient comme enveloppés, non dans la brume, car nous étions au mois de juillet, mais dans une sorte de lumière grise cendrée qui en estompait les contours. Bientôt une ligne rouge se montra à l'orient, et envahit peu à peu le champ du ciel où elle s'était manifestée. Il se faisait de moment en moment dans cette région un mouvement lumineux singulier, les nuances se succédant rapidement les unes aux autres, et passant par mille tons du rouge au rose, puis au jaune d'or, puis au jaune pâlissant. Enfin le soleil se montra, et, lançant aussitôt ses flèches de feu dans toutes les directions, illumina subitement tout le paysage. Une aigrette de flamme toucha le sommet de toutes les montagnes, et le Vésuve lui-même, dans son morne et menaçant isolement, reçut comme un éclair de joie sur son front sauvage et dépouillé. Toute la nature sembla transfigurée. Les objets, auparavant ensevelis dans une lumière froide, prirent une sorte de vie au contact des rayons du soleil, et la mer, au lieu de se soulever pesamment en nappes sombres, parut s'agiter joyeusement en lames transparentes. Nous-mêmes, sur le pont du navire, après la fatigue de la nuit et de la mer, nous semblions renaître. Et comme si tout devait participer à cette fête matinale de la nature, l'air nous apportait du rivage et des îles des effluves odorants.

La ville de Naples, d'abord cachée à nos yeux par le prolongement du Pausilippe, se montra enfin au fond de son golfe, tout illuminée par les premiers feux du soleil. On distinguait parfaitement la masse confuse de ses maisons, d'où s'élançaient quelques campaniles; tout autour de cette masse une ceinture de riantes collines où s'épanouissaient d'élégantes villas, et que le château Saint-Elme dominait fièrement de sa forteresse imposante. Cet amphithéâtre de palais, d'églises, de clochers, de villas, de bosquets, baigné par une mer lumineuse où se reflétait tout cet ensemble gracieux, était pour nos yeux un spectacle plein d'enchantements et de surprises.

La ville de Naples n'attirait pas seule nos regards. Sur tout le pourtour du golfe, vingt petites villes se sont assises dans les situations les plus pittoresques, et forment comme une rue ininterrompue, toute peuplée de maisons de plaisance. Voici à droite la gracieuse Sorrente, au pied de ses collines chargées d'orangers et d'oliviers, et plus loin Castellamare, que dominent les trois pics du mont Santo-Angelo. Devant nous Torre-Annunziata, Bosco-Reale, Torre-del-Greco, Resina, Portici, Barra, s'étalent coquettement sur les dernières pentes du Vésuve. Une masse noirâtre et démantelée, qui fait tache sur cet ensemble lumineux, nous est signalée comme étant la ville de Pompéi. Un fortin qui s'élève au-dessus de Torre-Annunziata, sur les bords d'une coulée de laves, appelle notre attention; nous nous informons, et nous apprenons avec stupeur que c'est la poudrière; on l'a mise là comme pour braver le volcan. A gauche de Naples, le spectacle n'est pas moins varié, et les villas du Pausilippe, Bagnoli, Pouzzoles et Baia continuent cette ligne admirable, où les habitations se mêlent si harmonieusement à une nature splendide. Mais quand l'œil a parcouru avec ravissement cet hémicycle incomparable, il revient invinciblement sur le Vésuve et s'y attache avec opiniâtreté, comme au problème le plus curieux de toute cette région. La montagne, pelée, aride, déserte, menaçante, laisse voir

Vue de Naples, prise des hauteurs du Pausilippe.

sur ses flancs décharnés de longues coulées de lave figée qui s'échappent d'autant de blessures. C'est l'image de l'horreur et de l'épouvante au milieu du cadre le plus enchanteur.

Il est cinq heures du matin. Déjà la vie s'éveille de toutes parts. Le canon du château de l'Œuf annonce l'ouverture du port militaire. De blanches voiles de bateaux pêcheurs sillonnent le golfe dans tous les sens pour aller recueillir les *fruits de mer,* qui composent un des éléments principaux de la nourriture du petit peuple napolitain. Nous approchons, et les détails, grandissant à chaque mouvement du bateau, nous apparaissent distinctement. Le palais royal, flanqué d'une part du Castello-Nuovo, et d'autre part de l'arsenal maritime, occupe le bord de la mer, et coupe au milieu la longue ligne de la plage en interrompant la suite des quais. En face du Castello-Nuovo s'ouvre le port militaire, protégé par deux môles. Au levant est le port marchand et la jolie plage de la Marinella. A l'ouest du port militaire et de l'arsenal s'étend le quai de Santa-Lucia, que termine le château de l'Œuf. Plus loin, toujours au couchant, se développent l'admirable plage de Chiaia, avec les jardins de la Villa-Reale et ses hautes collines peuplées de villas, et la plage de la Mergellina, qui court tout le long de la mer au pied du Pausilippe. C'est à Santa-Lucia que nous débarquons, au milieu des petites gondoles de plaisance qui vont promener les touristes dans le golfe. D'honnêtes *facchini* (car les *lazaroni* se sont élevés depuis peu à la haute dignité de faquins) prennent nos bagages et nous conduisent à l'hôtel.

Avant de commencer nos promenades dans Naples, il est indispensable de prendre une idée générale de la ville, et de connaître un peu les traits principaux de sa topographie.

La ville de Naples est enveloppée, excepté du côté du levant, par une haute ceinture de collines, d'une figure extrêmement tourmentée, qui prennent successivement les noms de Capodimonte, Scutillo, Antignano, Vomero, Chiaia et Pausilippe. Ces collines, s'étageant en amphithéâtre, décrivent un hémicycle gracieux qui vient se clore à Chiaia et tomber presque perpendiculairement dans la mer, en ne laissant au pied qu'un passage assez étroit. Au levant, la tête de cette ceinture, Capodimonte, s'abaisse doucement vers la plaine, pour se relever encore une fois à Poggio-Reale comme un fort détaché. C'est dans cette enceinte semi-circulaire que se déploie la ville, en escaladant à leurs divers étages les petites montagnes qui l'entourent et en les couronnant de ses constructions, qui s'étendent jusqu'au *mur financier*. A l'est, de Poggio-Reale à la Marinella, la plaine est ouverte. C'est par là que Naples, qui se trouve presque interceptée de toute communication sur les autres côtés de son périmètre, communique librement, par des chemins de fer et par des routes, avec les autres parties de son territoire.

Les collines napolitaines sont d'origine évidemment volcanique, et il suffit d'examiner avec soin la nature des matériaux qui les composent pour en demeurer convaincu. En même temps que ces matériaux accusent une origine ignée incontestable, il n'est pas moins certain qu'ils ont été déposés au fond de la mer, car on y trouve quelques coquilles marines disséminées çà et là dans la masse. Ce double fait nous reporte à une époque antéhistorique, où toute cette région était immergée sans doute jusqu'à la chaîne des Apennins. Une fissure volcanique s'étant ouverte dans la croûte solide du globe, depuis le point qui est devenu plus tard Poggio-Reale jusqu'à la pointe extrême du Pausilippe et même jusqu'à la pointe du cap Misène, il sortit par une fente une multitude innombrable de débris ponceux qui s'accumulèrent en colline au-dessus de l'orifice de sortie et constituèrent une masse puissante à travers laquelle, par quelques points isolés, des cendres volcaniques, des débris ténus de laves scoriacées, de petites pierres ou *lapilli* et des fragments irréguliers de pouzzolane continuèrent à être vomis en abondance, mais sans émission de lave proprement dite. Toutes ces matières, d'abord incohérentes, furent ensuite saisies et liées par un ciment siliceux et terreux, et formèrent une couche épaisse de tuf ponceux, en emprisonnant dans l'intérieur quelques animaux marins. Plus tard, de nouvelles commotions du sol firent émerger le bourrelet épanché au-dessus de la fissure volcanique, avec toute la plaine voisine. Telle est l'origine du rocher qui enveloppe Naples d'une ceinture, en lui fournissant la plupart de ses matériaux de construction.

Les tufs des environs de Naples et de Rome sont bien différents, quant à leur composition intime et à leur mode de naissance, de ce que nous appelons en France *tuf* ou *tufeau*. Chez nous, ces pierres sont toutes de nature calcaire et composées en grande partie de débris fossiles d'animaux marins. A Naples, au contraire, les tufs sont entièrement siliceux, et formés par voie d'agrégation de matériaux volcaniques, ponces, cendres, *lapilli*, fragments de laves, fortement agglutinés. Il en résulte une roche dure, compacte, résistante, excellente pour les constructions, et d'un ton blanchâtre assez agréable, ton qui avait fait donner à ces collines par les anciens le nom grec de monts *Leucogéens*, c'est-à-dire de *pierre blanche*. Puisque nous sommes sur le chapitre des matériaux, nous ajouterons que la pouzzolane, sorte de ponce trachytique en poudre qu'on exploite dans toute cette région, et particulièrement à Pouzzoles, donne un excellent ciment quand elle est mêlée à la chaux. Le Vésuve apporte aussi son contingent, et il fournit de bonnes dalles basaltiques en polygones irréguliers, dont les anciens, et après eux les modernes, se sont constamment servis pour paver les rues et les routes, sous le nom impropre de *selce* (silex).

Les collines Leucogéennes de Naples n'accusent pas seulement leur origine volcanique par la nature minéralogique des éléments qui les composent, elles portent encore des traces plus manifestes de l'action ignée. En plusieurs points, notamment au Poggio-Reale[1] et au Poggio *de' Miracoli*, près de Capodimonte, les géologues ont reconnu des cratères d'explosion, bouches volcaniques qui se sont ouvertes dans la masse rocheuse, à la manière d'une mine de guerre, en lançant au loin une quantité considérable de fragments; le fond de la coupe est composé de tuf ponceux, et la partie supérieure du cratère est constituée par des lits de *lapilli*, de pouzzolane et de sable. Ces cratères sont

---

[1] Le mot italien *poggio*, dérivé du *podium* de la basse latinité, signifie *colline, éminence*. Il trouve son équivalent en français dans les mots *Puy* ou *Pen*.

depuis longtemps éteints; mais leur forme actuelle, toute défigurée qu'elle ait été par les agents météoriques, ne peut laisser subsister aucun doute sur leur origine.

Si c'est aux feux volcaniques qu'il faut attribuer le relief général des collines Leucogéennes, c'est aux alluvions plus récentes qu'il convient de rapporter la figure tourmentée qu'elles présentent aujourd'hui. Dans certaines saisons de l'année il tombe à Naples des pluies violentes, diluviennes, qui affectent déjà une sorte de caractère tropical. Des torrents grandissant de minute en minute roulent avec une impétuosité formidable sur les pentes rapides des collines, entraînent les matières plus ou moins incohérentes qui les constituent, y creusent de profonds ravins et les déchirent de mille manières. La ville se trouve ainsi envahie de temps en temps par des masses de sables entraînées par les eaux, et quelquefois par les torrents eux-mêmes, quand les égouts ne suffisent pas à leur écoulement. On aura une idée du volume et de la force irrésistible de ces rivières improvisées par le fait suivant. En 1650, quand une peste affreuse désola la ville, les fossoyeurs chargés d'enterrer les morts avaient jugé commode, pour s'épargner la peine de les ensevelir, de jeter les cadavres dans l'égout principal (*cloaca maxima*) qui court sous la rue de Tolède. Les premières pluies qui survinrent, trouvant le passage obstrué, se précipitèrent avec fureur à travers les rues et détruisirent entièrement le palais de la Nonciature apostolique, magnifique édifice que Sixte-Quint avait fait bâtir soixante-cinq ans auparavant pour la résidence du nonce.

Ces riantes collines, malgré la difficulté de leur accès, ont été recherchées de tout temps pour la beauté et l'étendue de la vue dont on y jouit, la pureté et la fraîcheur de l'air qu'on y respire; aussi sont-elles peuplées de palais, de villas, de *casine* (c'est ainsi que les Napolitains nomment leurs maisons de campagne). Quelques bonnes routes commencent à escalader ces hauteurs ardues, notamment celle que les Français ouvrirent pendant leur domination pour parvenir à la casina royale de Capodimonte, au nord de la ville. On raconte que le vieux roi Ferdinand, revenant de Palerme après la chute de Napoléon, ne put s'empêcher d'admirer cette route commode et les améliorations de toute nature introduites à Naples par l'administration française, et dit avec une bonne humeur qui n'était pas dépourvue d'une certaine malice : « Vraiment, en partant d'ici, j'y ai laissé d'excellents administrateurs. » Mais tous les chemins des collines ne ressemblent pas à la *strada* de Capodimonte: ailleurs ce sont d'étroits sentiers qui rampent péniblement sur le sol en pentes rapides, ou qui se déroulent en lacets multipliés, quand ils ne veulent pas recourir au système des degrés; plus loin ce sont les lits des torrents eux-mêmes qui ont été utilisés en guise de rues.

On est bien payé des fatigues de l'escalade quand on est parvenu au sommet. On a la ville tout entière sous les pieds, avec ses monuments, ses églises, ses campaniles, ses terrasses, et l'enchevêtrement inextricable de ses petites rues; plus loin le Vésuve, les montagnes de Sorrente, le golfe et les îles, spectacle vraiment incomparable. Plus près, sur les collines elles-mêmes, le panorama n'est pas moins séduisant et n'offre pas de perspective moins enchanteresse. Cette alternance de jardins de plaisance, de vignobles et de plantations d'oliviers, avec ces maisons de campagne, tantôt élégantes, tantôt plus modestes, ces églises et ces couvents, semés çà et là, composent des groupes variés, des plans et des lointains, où la belle lumière d'Italie se joue en effets merveilleux. Ce serait une admirable école de paysages si les peintres napolitains, au lieu d'étudier les beautés réelles qui s'épanouissent sous leurs yeux, n'avaient la manie de s'inspirer aux fantaisies, d'ailleurs charmantes, qui ont créé les jardins d'Armide et d'Alcine. Pour donner une idée du goût napolitain en fait de paysages, il n'est pas inutile de noter ici qu'une villa située près de la Trinité des Pèlerins, au milieu d'un panorama splendide, s'appelait autrefois, non *Bellevue* ou *Belvédère*, mais *Blanc-Manger*. Ce peuple est si gourmand, qu'il rapporte volontiers aux sensations du palais les impressions de ses autres sens; pour exprimer la splendeur d'un tableau qui flatte les yeux, il le compare sans hésiter à une crème délicieuse. Avec ce goût singulier, il est difficile d'être un bon paysagiste.

Sur ces collines enchantées, la végétation est fraîche et riante toute l'année. C'est ici qu'on recueille les fruits les plus précoces et les plus tardifs; c'est ici qu'on reçoit les premiers feux du soleil d'été quand il se lève sur la Somma, ou les premiers rayons de la pleine lune quand elle semble sortir de la cime du Vésuve, au milieu d'un ciel de saphir tout émaillé d'étoiles. Aussi les malades, les convalescents, les phtisiques viennent-ils chercher la santé sur ces hauteurs. Le quartier des poitrinaires est situé près du jardin botanique, sur les pentes du Capodimonte, et ce choix a fait déserter cette région, d'ailleurs très salubre. On sait qu'en Italie la phtisie passe pour contagieuse, et l'on fuit ces pauvres malades comme on fuirait les cholériques ou les pestiférés.

C'est dans le cadre dont nous venons d'esquisser les contours qu'est assise la ville de Naples, entre les collines et la mer, exposée au midi et au levant, mesurant deux milles et demi de développement du nord au sud, du palais de Capodimonte au château fort de l'Œuf, et quatre de l'ouest à l'est, de Mergellina à la barrière de Portici, en suivant les bords de la mer. A l'exception des quais et de trois ou quatre artères principales, elle ne présente qu'une masse confuse d'habitations, entrecoupées de ruelles fort étroites dans lesquelles le soleil ne pénètre presque jamais, avantage fort apprécié dans tout le Midi. Les rues les plus larges, celles qui par leur ampleur représentent les anciennes voies romaines, ont conservé le nom de *strada* (du latin *strata*); les autres s'appellent *vico*, *vicoletto* ou *strettola*, d'après le rétrécissement de plus en plus prononcé de la chaussée. Il y a nombre de ces couloirs obscurs dont on peut toucher les deux parois en étendant les bras et quelquefois simplement en étendant les coudes. Quelques passages ont conservé le nom antique de *via*, et quelques autres celui de *rua*, souvenir de la domination angevine. Les maisons sont en général assez hautes, comme pour enlever aux rues un dernier reste de lumière et d'air pur. Très peu ont des toits; la plupart sont couvertes de terrasses dont le sol est composé de petites pierres volcaniques (*lapilli*) battues dans un lit de chaux. Les eaux pluviales s'écoulent par des gargouilles du haut de l'entablement, et versent sur la tête des passants des douches rafraîchissantes qui se renouvellent de dix pas en dix pas.

L'artère principale de Naples est la rue de Tolède, *strada di Toledo*, aujourd'hui rue de Rome, qui s'étend en droite ligne à travers une grande partie de la ville, depuis la place du Palais-Royal jusqu'à la place du Mercatello, et de là se poursuit, mais sur un plan irrégulier, jusqu'au musée, mesurant en tout une longueur de huit mille neuf cents palmes[1]. Cette belle et large voie, qui est presque entièrement bordée de palais, de monuments et d'édifices publics, fut ouverte vers le milieu du XVIe siècle par le vice-roi don Pietro de Tolède, marquis de Villafranca, sur les dessins des architectes Ferdinando Manlio et Benincasa. D'après le conseil de Giovanni da Nola, il la fit tracer exactement dans le sens de la méridienne de Naples, de sorte qu'à midi précis le soleil la remplit entièrement dans toute sa longueur, sans aucune ombre de part ni d'autre.

La rue de Tolède est dominée au couchant par le fort Saint-Elme et la chartreuse de San-Martino. Cette partie de la colline, toute hérissée de saillies irrégulières, toute creusée de petits vallons à pentes rapides, œuvre des torrents et des eaux pluviales, avait été peu à peu aplanie par la main des moines à qui elle appartenait, et transformée par eux en jardins et en vergers. A la fin du XVIe siècle, le comte de Castrovillari, depuis prince de Cariati, la prit à cens perpétuel des frères chartreux, moyennant le payement d'un *canon* annuel de soixante ducats, et la planta entièrement de mûriers pour l'éducation des vers à soie. Ce champ de mûriers devint bientôt le rendez-vous des parties joyeuses

---

[1] Le palme napolitain, dont nous nous servirons quelquefois dans le cours de cet ouvrage, mesure vingt-six centimètres de longueur.

des Napolitains, gens de belle humeur, et qui ont toujours regardé Bacchus comme une divinité propice. Le vin, le jeu, la débauche, établirent leur quartier sous l'ombrage de ces arbres touffus, à tel point que quand on voyait se produire quelque licence, on ne manquait pas de s'écrier : « Eh! sommes-nous donc ici sous les mûriers? » Mais quand la rue de Tolède fut percée, les nobles espagnols et les napolitains, voulant y établir leurs demeures, prirent à *sous-cens* du prince de Cariati tous ces terrains mal famés, et y bâtirent leurs palais. Par cet accensement perpétuel, le prince retira un *canon* annuel de plusieurs milliers de ducats, tout en continuant à ne payer aux chartreux que les soixante ducats stipulés primitivement.

Outre la rue de Tolède, on ne peut guère mentionner à Naples que la belle *strada*, de construction française, qui monte du musée au palais de Capodimonte; la rue de Foria, qui part aussi du musée pour escalader la pente de Capodichino, en passant devant le jardin botanique et le grand hôpital des pauvres (*albergo de' poveri*), et le quai de Chiaia, qui court tout le long de la mer à l'ouest. Ces rues sont généralement bordées d'assez belles maisons, auxquelles l'emphase italienne impose le nom pompeux de *palais*. Mais qu'on ne se laisse pas surprendre par cette dénomination sonore : il s'agit tout simplement de ce que nous appelons en France un *hôtel*. Bien peu d'ailleurs ont un aspect monumental.

Les quartiers de Chiaia et de Mergellina obtiennent la préférence des étrangers qui veulent faire quelque séjour dans cette riante contrée. Peu remarquables par eux-mêmes, ils doivent toute leur attraction au voisinage de la mer, et au panorama de la moitié du golfe qui se déploie sous les yeux. C'est là que viennent rêver les poètes et les artistes, sous les bosquets d'orangers qui couronnent la colline. C'est là que vécut Sannazar, dans cette villa que lui avait donnée Frédéric II d'Aragon, et qu'il saluait dans ses vers comme le palais des nymphes. C'est aussi là, si l'on s'en rapporte à la tradition, que Virgile a voulu passer ses derniers jours et qu'il voulait rendre le dernier soupir.

La promenade de la Villa-Reale est l'honneur de Chiaia. Autrefois promenade royale réservée, elle fut ouverte au public par la libéralité de Ferdinand, en 1782, et prolongée en 1807 et en 1834. Elle mesure quatre mille cinq cents palmes de longueur et cent quatre-vingt-dix de largeur, et se trouve divisée en cinq allées d'acacias, de saules et de chênes verts, avec un bosquet. Des fontaines l'embellissent, et des statues, copies médiocres des chefs-d'œuvre de la sculpture antique, y sont distribuées çà et là. Le bosquet renferme un petit temple dédié à Virgile, avec un buste du poète dû au ciseau d'Angelini. Mais ce qui fait la splendeur de la Villa-Reale, c'est son horizon. Faut-il ajouter qu'ici, comme en bien d'autres lieux, l'homme s'applique sottement à enlaidir la nature? Il y a peu d'années, la plage était couverte d'immondices; d'ignobles baraques en bois, établies là sous prétexte de bains de mer, cachaient en partie la perspective du golfe; les pêcheurs, tirant leurs barques sur le sable, y raccommodaient leurs filets; les femmes et les enfants des mariniers venaient y étaler au soleil leurs haillons sordides et s'y livrer en public aux soins les plus repoussants de la propreté. Tout cela ne choquait point à Naples. Mais aujourd'hui la plage est régularisée par un beau quai, et de magnifiques hôtels commencent à s'élever sur le bord de la mer pour constituer un nouveau quartier d'hiver.

Nous aurons jeté un dernier regard sur la topographie de la ville quand nous aurons parlé de ses eaux, cet élément si important de la décoration d'une grande cité.

Placée dans un territoire volcanique tout fissuré à l'intérieur et livré encore à des phénomènes ignés, la ville de Naples possède peu de sources. On en compte quatre seulement dans son enceinte ou dans son voisinage immédiat; mais le volume en est peu considérable, et le produit en est principalement employé par les navires. Il a donc fallu aller chercher au loin des sources plus abondantes, et les amener à Naples au moyen de travaux importants. L'empereur Auguste, qui se préoccupait en même temps d'alimenter d'eau potable sa flotte stationnée à Misène, dans une région aride et volcanique, fit construire un magnifique aqueduc qui, de Serino, dans la principauté septentrionale, allait jusqu'à Misène, à cinquante milles de distance, et y versait abondamment l'eau Julia. Ce gigantesque ouvrage, vraiment digne des Romains, avait été rompu pendant les mauvais jours du moyen âge. Le vice-roi Pietro de Tolède, très désireux d'embellir la ville dont le gouvernement lui était confié, fit rechercher par l'architecte Pietro-Antonio Lettieri les traces de cet aqueduc. Lettieri en trouva la tête à Serino, et le suivit, tantôt sur des arcades, tantôt dans des canaux creusés dans les rochers d'abord jusqu'à Somma, au flanc septentrional du Vésuve, puis jusqu'à Capodichino, à l'entrée de Naples. Là l'aqueduc se bifurquait. Une des branches desservait la ville; c'est par ce conduit que Bélisaire introduisit ses soldats pour s'emparer de Naples. L'autre branche, poursuivant sa course par-dessus les collines du Pausilippe, de Pouzzoles et de Baia, atteignait enfin Misène, où elle épanchait ses eaux dans l'immense réservoir qu'on nomme la Piscine admirable.

Selon l'estimation de Lettieri, pour restaurer ce canal jusqu'à Naples, il n'aurait pas fallu moins de deux millions de ducats, somme qui effraya l'administration espagnole. Ce qu'un gouvernement refusait de faire un généreux particulier ne craignit pas de l'entreprendre à ses frais.

En 1616, César Carmignano, patricien napolitain, associant à ses vues l'ingénieur Alexandre Ciminiello, capta les eaux du Faenza, petite rivière formée près de la ville de Sainte-Agathe-des-Goths, dans la principauté ultérieure, par divers ruisseaux qui descendent des Apennins, et les conduisit par un large canal jusqu'à Casalnuovo, près d'Acerra. C'est là que la ville prit l'aqueduc à ses frais, et l'amena jusque dans ses murs. A ces eaux déjà abondantes, le roi Charles III ajouta toutes celles qu'il put recueillir aux environs de Bénévent pour l'ornement de sa villa de Caserte, et les fit jeter dans le canal de Carmignano par un aqueduc spécial. Le Carmignano (c'est le nom que la reconnaissance des Napolitains a donné à cette rivière) alimente toutes les fontaines publiques de la ville, généralement peu monumentales. Une portion de ces eaux est employée à faire mouvoir les moulins, point capital pour la subsistance de la ville ; ces moulins, comme à Rome, sont situés dans l'enceinte et sous la protection des forts, pour être à l'abri d'un coup de main de l'ennemi.

Un second aqueduc, beaucoup moins important que le précédent, va chercher à Bolla, dans les flancs du Vésuve, à quatre milles et demi de distance, les eaux d'une autre source. Ce canal, dont la majeure partie est de construction antique, traverse la riche campagne de Naples ; il laisse en passant quelques petits ruisseaux pour arroser les jardins, donne le mouvement à plusieurs moulins et à une fabrique d'armes, et entre enfin en ville pour desservir les quartiers bas. L'excédent de son produit forme le moderne Sebeto, qui n'est peut-être pas le même que le Sebeto antique chanté par Virgile, par Columelle et par Stace. En voyant aujourd'hui ce mince filet d'eau passant secrètement sous l'immense pont de la Maddalena, on ne comprend guère qu'il ait pu inspirer la muse des poètes anciens. Quoi qu'il en soit, nous savons que les Romains en avaient fait un dieu et lui avaient décerné les honneurs divins, dans la crainte sans doute qu'il ne tarit tout à fait.

D'après cet aperçu général, on voit que Naples n'a pas la *beauté urbaine*, cette beauté qui résulte de la distribution du plan, des rues, des places, des fontaines, des monuments, de la perspective intérieure ; elle doit tout à la mer, à sa ceinture de collines, au Vésuve, à ses merveilleux horizons, à son climat. Nous visiterons cependant quelques-uns de ses édifices, moins pour en admirer l'architecture que pour y rechercher les souvenirs et les œuvres d'art. Mais, avant d'entreprendre cette excursion, nous allons jeter un coup d'œil sur les grandes phases de son histoire.

II

PRÉCIS HISTORIQUE

Origines de Naples. — Les Romains. — Les barbares. — Bélisaire et les Grecs. — Anarchie. — Les aventuriers normands. — Dynastie normande. — La maison de Souabe. — Conradin. — La maison d'Anjou. — Vêpres siciliennes. — Les deux reines Jeanne. — La maison d'Aragon. — Charles VIII. — La maison d'Espagne. — Masaniello. — Les Bourbons. — Joachim Murat. — Tempérament politique du peuple napolitain.

Comme toutes les cités les plus antiques, Naples veut faire remonter son origine jusqu'aux dieux. Quelques historiens, épousant cette étrange et vaniteuse idée, ont raconté que cette ville fut bâtie sur la plage où fit naufrage la sirène Parthénope, fille d'un roi de Thessalie selon les uns, déesse selon les autres. Apollon, dit-on, avait lui-même dirigé par le vol d'une colombe le navire de Parthénope, et l'avait conduit aux bords enchanteurs de l'Opicie. La ville, devenue florissante, fut plus tard détruite par la jalousie des habitants de Cumes; mais une peste ayant affligé les vainqueurs, l'oracle leur enjoignit, pour faire cesser le fléau, de bâtir une nouvelle cité sur les ruines de l'ancienne. De là l'origine de Naples, dont le nom grec signifie *la ville neuve*. Parthénope, étant sortie peu à peu de ses ruines, reçut par opposition le nom de Palépolis, c'est-à-dire *la vieille ville*. Les deux villes vécurent en harmonie côte à côte, et finirent par s'entourer d'une muraille commune un siècle environ avant l'empire.

Au milieu de ces fables il se rencontre sans doute un fonds de vérité; mais il est bien difficile, pour ne pas dire impossible, de préciser les origines de Parthénope et de Naples. Tout ce qu'on peut dire, c'est que l'Italie méridionale fut occupée d'abord par des races de souches diverses, pélasgiques, osques et sabelliennes, puis par des colonies grecques. Au défaut des historiens, les monuments qui subsistent çà et là, les inscriptions, la forme et la signification des noms de lieux, suffiraient pour l'indiquer clairement. La population elle-même a gardé jusqu'à nos jours, excepté à Naples, ses caractères primitifs; car l'assimilation des tribus a été incomplète, protégées qu'elles étaient par de grands obstacles naturels.

Quoi qu'il en soit, la ville de Naples, devenue riche et puissante, osa se mesurer avec Rome. Elle se fiait sans doute dans le secours que lui avaient fait espérer les Grecs, et dans l'alliance des Samnites et des Tarentins. Cet appui lui manqua à l'heure critique de la lutte, et les Romains, après un long siège, s'emparèrent de Palépolis. Les Napolitains n'eurent plus alors d'autre ressource que de traiter avec le vainqueur et de se lier avec lui par un pacte d'alliance offensive et défensive, tout en conservant leur autonomie. Cette alliance porta ses premiers fruits lorsque Pyrrhus, ayant échoué contre Capoue, tourna ses forces contre Naples. Les Romains le battirent et le repoussèrent, et les Napolitains reconnaissants envoyèrent en don à Rome quarante vases d'or. Le sénat, rivalisant de courtoisie, n'accepta que le moins pesant et renvoya les autres.

L'histoire de Naples sous la tutelle des Romains n'offre pas d'événements importants. Après le passage d'Annibal, la ville devint un municipe romain, et perdit dès lors sa nationalité. Instituée sous Auguste la métropole d'une des onze régions d'Italie, elle dut accueillir dans son sein les Campaniens, ses implacables ennemis d'autrefois, et partager avec eux les offices et les dignités. Un peu plus tard elle reçut le titre de colonie romaine, et elle le conserva jusqu'à Constantin.

Cette succession d'événements se trouve en quelque sorte écrite dans l'histoire monumentale de l'Italie méridionale. L'art étrusque et l'architecture pélasgique ou cyclopéenne y ont laissé des débris importants à Alatri, à Cumes et en plusieurs autres lieux; le style grec nous offre à Canosa, à Tarente et à Pœstum, des spécimens admirables; les Romains ont bâti partout des monuments impérissables, et Pompéi reste là comme la merveille la plus complète de toute l'Italie.

Le ve siècle devait être bien fatal à tant de chefs-d'œuvre, et en peu d'années il allait accumuler ruines sur ruines. Les barbares, qui se ruent avec fureur sur Rome, ne pouvaient oublier une région célèbre par sa beauté, ses richesses et sa fertilité. Alaric parcourt le premier cette terre fortunée, et après en avoir saccagé toutes les villes, il trouve un tombeau dans le lit même du Busento. Attila et ses Huns, Genséric et ses Vandales, Odoacre et ses Hérules, succèdent tour à tour aux Visigoths, et ravagent les ruines. L'empire d'Occident finit, et le misérable Augustule vient terminer sa vie en prison dans le château de Lucullus, qui deviendra plus tard le château de l'Œuf. Théodoric chasse les Hérules, et le territoire napolitain respire quelque peu sous le gouvernement de ce prince, moins barbare que les autres.

Cependant l'empire d'Orient ne s'était point résigné à la perte de l'Italie. Saisissant un prétexte pour déclarer la guerre à Théodat, Justinien y envoie avec une armée Bélisaire, illustré par sa guerre d'Afrique contre les Vandales. Le grand général assiège en vain la ville de Naples; désespérant de la prendre d'assaut ou par famine, il va se retirer, quand un soldat, découvrant un aqueduc, s'y introduit et s'assure qu'il débouche dans la ville. La nuit est profonde. Les Napolitains se croient à la dernière heure du siège, car ils ont vu les Grecs lever leurs tentes; et ceux-ci, ignorant le secret du général, sont dans la même persuasion. Bélisaire a choisi quatre cents soldats parmi les plus déterminés, et, se mettant à leur tête dans le plus grand silence, il pénètre dans la ville par l'aqueduc, tue les sentinelles d'une tour, appelle les siens par le son de la trompette et s'empare de Naples presque sans coup férir. Pourquoi faut-il ajouter que le héros grec, non moins redoutable que les Goths, incendia et ravagea sa conquête avec une telle barbarie, que le pape dut lui adresser les plus vifs reproches!

Peu de temps après, Totila reprit la ville par la famine et la démantela; mais Narsès, l'ayant vaincu, soumit de nouveau le territoire de Naples au pouvoir de Constantinople, en l'année 555, et mit fin à la domination des Goths, qui durait depuis soixante-quatre ans. Sous ce nouveau régime, Naples commençait à renaître, quand l'impératrice Sophie eut la maladresse de blesser et d'outrager Narsès, et celui-ci, pour se venger, appela les Lombards. Une horde de ces nouveaux barbares accourut ravager la ville, et massacrait les habitants, lorsque l'évêque Agnello, saisissant une croix comme le suprême étendard, ranima les Napolitains et les conduisit à l'ennemi. Les Lombards furent chassés, et les vainqueurs, pour éterniser ce succès, plantèrent un clou au lieu même jusqu'où s'était avancé l'audacieux étranger.

De nouvelles luttes succédèrent à ces ravages et à ces guerres qui duraient depuis deux siècles. Les ducs locaux, les Grecs de Constantinople, les Lombards, le duc de Bénévent, les Francs sous Pépin et Charlemagne et les empereurs d'Occident se disputèrent ces belles régions et ne les laissèrent pas respirer un moment. Les Sarrasins, plus aveugles dans leur brutalité que les barbares du Nord, vinrent à leur tour, les dévastèrent pendant un siècle, et laissèrent partout sur leur passage une trace de sang et d'incendie. Enfin le pape Jean X, se liguant avec les princes et les ducs de Bénévent, de Capoue, de Naples et de Gaëte, chassa définitivement les hordes sarrasines et les repoussa sur les côtes d'Afrique. Ce succès n'améliora guère le sort des habitants, et l'on peut dire que, vainqueur ou vaincu, le peuple napolitain fut toujours malheureux, et ne connut qu'une série ininterrompue de calamités effroyables, depuis la mort du duc Grimoald, arrivée en 806, jusqu'à la fondation de la monarchie normande, en 1130. Au milieu de ces désastres sans cesse renaissants, les abbayes de la Cava et du Mont-Cassin, plusieurs fois dévastées, devinrent l'asile de la science persécutée par l'ignorance, la barbarie et la brutalité, et conservèrent intact le précieux dépôt des lettres et des arts.

Ici se présente à nous un de ces faits qui n'ont d'exemple dans aucune histoire des dominations étrangères, et qui, par son audace, ses péripéties et ses succès, serait bien digne d'inspirer un grand poète. Quelques années après l'an 1000, une poignée de chevaliers normands, guerriers pèlerins, portant tout à la fois l'épée et le bourdon, et montrant sur leur poitrine la croix du pèlerinage de Jérusalem, débarquent à Salerne, et, trouvant la ville assiégée par les Sarrasins, entreprennent de chasser les infidèles. Une brillante victoire couronne leurs efforts, et l'ennemi, abandonnant ses armes, ses tentes, ses bagages, regagne à la hâte ses vaisseaux et s'enfuit. Le don d'une seigneurie dans la Campanie récompense les auxiliaires, et la ville d'Aversa s'élève pour en être la forteresse. Ce premier succès attire d'autres Normands, et ces aventuriers, guidés par les trois fils de Tancrède de Hauteville, Guillaume, Drogon et Onfroy, chassent les Sarrasins de la Sicile, et tournent ensuite leurs armes contre les Grecs qui occupaient une portion de l'Italie méridionale. Les victoires se comptent par les batailles, et bientôt Guillaume, surnommé Bras-de-Fer à cause de son intrépidité, se proclame comte de la Pouille. Ses frères Drogon et Onfroy lui succèdent et rencontrent devant eux l'empereur d'Orient et le pape Léon IX, qui les attaquent, dans les plaines de la Pouille, avec une puissante armée de Lombards et d'Allemands. Le souverain pontife est vaincu et fait prisonnier; mais les généreux vainqueurs, ne voyant plus en lui un ennemi, se prosternent devant leur captif et se reconnaissent les vassaux du chef de l'Église. Robert Guiscard et Roger, autres fils de Tancrède de Hauteville, continuent l'œuvre de leurs frères aînés, chassent les Grecs des Calabres et les Sarrasins de Sicile, et affermissent leur empire par dix ans de guerres toujours heureuses. Robert se proclame duc de Pouille, et Roger prend le titre de comte de Sicile.

Toujours ennemi acharné de l'empereur grec, Robert Guiscard n'hésita pas à porter la guerre jusque sous les murs de Constantinople; mais il abandonna précipitamment l'Orient, rappelé en Italie par les dangers du pape saint Grégoire VII, que l'empereur Henri IV assiégeait dans la ville de Rome. Le prince normand passa la mer, délivra le souverain pontife et le conduisit en sûreté à Salerne ; puis, reprenant son expédition interrompue, il marchait de nouveau contre les Grecs, quand la mort le surprit à Corfou. Ainsi se termina la brillante épopée de cet aventurier audacieux.

Au commencement du xiie siècle, un descendant de la même famille, Roger II, réunit entre ses mains la Pouille et la Sicile. C'était un prince sage, affable, valeureux, doué d'éminentes qualités, vraiment politique, et appelé à jouer un grand rôle. Pour asseoir complètement sa domination sur l'Italie méridionale, il lui manquait encore deux choses : la ville de Naples et le titre de roi. La ville de Naples, affamée par un long siège, fut enfin obligée de se rendre; son dernier duc, Sergio, se couvrant la tête de cendres, annonça que l'heure suprême de la république avait sonné, et avec le consentement du sénat il fit présenter les clefs à Roger, pour en mourir ensuite de douleur. Quant à la couronne, Roger l'obtint du désir des peuples et du consentement du souverain pontife, qui lui donna l'investiture royale en échange d'un acte de vasselage. Cet événement eut lieu en 1130.

Monté sur le trône, le fondateur de la dynastie normande enleva aux barons leurs seigneuries et le droit qu'ils avaient de rendre la haute justice et de lever des troupes, mais il leur laissa leurs terres; il abolit la servitude, édicta des lois prudentes, et des éléments désordonnés que lui offrait l'État fit sortir des institutions plus parfaites. Il était d'un sang trop belliqueux pour ne pas entreprendre de nouvelles guerres. Aussi, se jetant hardiment dans des expéditions aventureuses, il repoussa Lothaire dans ses États d'Allemagne, rendit tributaires Tripoli, Tunis et plusieurs villes du Levant, et enleva aux Grecs l'Achaïe, la Morée, Thèbes, Corinthe et Corfou. C'est donc avec raison que son épée portait ce vers si connu, où il attestait que la Pouille, les Calabres, la Sicile et l'Afrique lui obéissaient :

Apulus et Calaber, Siculus mihi servit et Afer.

A Roger succédèrent son fils Guillaume le Mauvais (1154-1166) et son petit-fils Guillaume le Bon (1168-1189). Celui-ci, étant mort sans enfants, laissa le trône à sa tante Constance, qui avait épousé l'empereur Henri VI, de la maison de Souabe; mais le pape Clément III, qui redoutait la prédominance des Allemands, se déclara en faveur de Tancrède, descendant de Roger, et le fit couronner à Palerme en 1190. La guerre civile déchira le royaume avec des fortunes diverses. Enfin Tancrède étant mort, sa veuve et son fils Guillaume furent faits prisonniers, et envoyés en Allemagne pour y mourir dans les cachots. Ce fut le commencement d'une série non interrompue de cruautés qui firent donner à Henri VI le nom de nouveau Néron. Disons seulement qu'il poussa la barbarie jusqu'à faire clouer des couronnes sur la tête de ceux qui avaient couronné le jeune Guillaume III, et jusqu'à faire exhumer le cadavre de Tancrède pour le livrer aux mains du bourreau. On peut dire que tous les jours du règne de ce monstre furent marqués par des actes de cruauté. Ainsi finit dans le sang la glorieuse dynastie normande.

Les violences de Henri VI atteignirent de telles proportions, que son épouse Constance, affligée d'avoir soumis à un maître pareil ses peuples et son pays natal, entreprit elle-même de mettre un terme à de telles épreuves. La digne fille de Roger, se jetant courageusement entre les victimes et le bourreau, appela près d'elle les grands du royaume, et, marchant à la tête d'une armée nombreuse, battit son mari et le força à signer un traité dont elle dicta les conditions. La mort délivra bientôt l'Italie de ce redoutable tyran, en 1199.

Son fils, Frédéric II, lui succéda, et ouvrit pour l'Italie méridionale une ère de prospérité. Il réorganisa l'État, publia trois livres de sages constitutions, releva les villes détruites, en fonda de nouvelles, et développa l'instruction publique. Sa cour devint le rendez-vous des personnages les plus savants ; et dans ces conversations où l'on dissertait de philosophie, de littérature et de beaux-arts, la langue italienne sortit de ses langes. Pourquoi faut-il ajouter que l'Empereur porta lui-même un coup mortel à cette prospérité naissante par ses dissensions avec la cour de Rome, ses scandales, son impiété et ses violences contre l'Église ?

En recevant la couronne à Rome des mains du pape Honorius III, en 1220, Frédéric avait fait le serment d'aller combattre en terre sainte; mais il ne se pressa pas d'accomplir cette promesse sacrée, et Grégoire IX, successeur d'Honorius, après l'avoir menacé en vain des foudres de l'Église, avait dû l'excommunier en 1227 et 1228. Frédéric, tout excommunié qu'il était, se décida enfin à marcher contre les infidèles, moins pour remplir son vœu que pour conquérir le trône de Jérusalem, sur lequel il prétendait avoir des droits par sa femme Yolande, fille de Jean de Brienne. Au lieu de combattre les Sarrasins, il négociait avec eux. A cette nouvelle, Grégoire IX fit envahir l'État napolitain par une armée pontificale et en donna le commandement à Brienne lui-même. Signer une trêve de dix ans avec le soudan d'Égypte, revenir en Sicile et reconquérir les unes après les autres toutes les provinces envahies, fut pour Frédéric l'affaire de quelques mois. Le pape se résigna à faire la paix. Alors éclata une nouvelle tempête, et les républiques italiennes se liguèrent contre lui et entraînèrent dans le mouvement son propre fils Henri, né de sa première femme, Constance d'Aragon. Guelfes et

Gibelins ne cessèrent d'ensanglanter les terres italiennes jusqu'à la mort de Frédéric, en 1250.

Le pape Innocent IV, qui n'avait que trop de raisons de redouter la maison de Souabe, refusa de donner l'investiture à Conrad, et celui-ci dut conquérir le royaume de Naples; mais il n'eut pas le temps de consolider sa conquête, et il mourut en 1253, laissant à son fils Conradin un trône bien menacé. Sur la fausse nouvelle de la mort du jeune prince, son oncle Mainfroi s'empara du gouvernement et se fit proclamer roi par les barons, malgré la résistance de trois papes. Une croisade fut organisée contre lui, et Charles d'Anjou, frère de saint Louis, acceptant la couronne que lui offrait Clément IV, marcha à la conquête de son nouveau royaume. Trahi par la fortune et par les siens, Mainfroi mourut en soldat, en 1263, à la fameuse bataille de Bénévent, et le trône passa à la dynastie angevine.

Se sentant mal affermi, Charles d'Anjou déploya de grandes rigueurs contre ceux dont il suspectait la fidélité et accabla le peuple d'impôts. Les barons, fatigués de ses violences, invitèrent Conradin à venir s'emparer de la couronne. Le jeune prince, assisté de son oncle le duc d'Autriche, très jeune lui-même, traversa toute l'Italie et offrit la bataille à son rival près de Tagliacozzo, en 1268. Les Allemands sont d'abord victorieux; mais, pendant qu'ils se reposent, une réserve fraîche de huit cents cavaliers français se jettent à l'improviste sur les vainqueurs, les disperse et en fait un grand carnage. Conradin, son oncle et plusieurs autres barons allemands, découverts à Astura sous des habits de paysans, sont envoyés prisonniers à Charles. Le roi les fait juger par un tribunal composé de magistrats dévoués; un seul juge ose prononcer que Conradin est traitre à l'État, et, au milieu du silence général, il lit tout haut la sentence. Robert de Flandre, gendre de Charles, dans le transport d'une noble colère, s'écrie : « Félon! ce n'est pas à toi qu'il appartient de condamner à mort un si illustre et si magnanime seigneur! » Et il lui plonge son épée dans la poitrine. Cet acte de haute justice ne sauva point les infortunés vaincus. Conradin monta sur l'échafaud dressé à Naples sur la place du marché, le 26 octobre 1268. Il vit abattre la tête de son jeune oncle; il prit cette tête par sa blonde chevelure et la baisa en pleurant; puis il se dépouilla lui-même de son manteau en disant : « Ma pauvre mère! » Ce fut sa dernière parole. Avant de placer sa tête sur le billot pour recevoir le coup mortel, il jeta son gant dans la foule. Ainsi s'éteignit, par une mort ignominieuse, cette race des princes de Souabe dont on déplorerait davantage la triste destinée, si elle n'avait pas affligé l'Église par les plus odieuses violences.

Le gant de Conradin fut ramassé par un gentilhomme nommé Jean de Procida, qui, armé de ce testament ensanglanté, parcourut toutes les cours de l'Europe, et excita les princes contre Charles d'Anjou. Quelques années plus tard éclatait à Palerme, le lundi de Pâques, l'horrible massacre des Français connu dans l'histoire sous le nom de *Vêpres siciliennes*. Ces terribles représailles arrachèrent la Sicile à Charles, et Pierre III d'Aragon, époux de Constance, fille de Mainfroi, s'en empara. Le roi de Naples, malgré ses efforts, ne put jamais reconquérir cette île, et il emporta ce chagrin dans la tombe en 1285.

Après Charles II (1285-1309) et Robert le Sage (1309-1343), la reine Jeanne Ire monta sur le trône à l'âge de seize ans. Elle avait épousé André de Hongrie, jeune prince brillant; mais peu de temps après elle le fit étrangler au balcon du château d'Aversa pour se marier à son cousin Louis de Tarente. La cruelle et impudique reine ne tarda pas à tomber dans le mépris public, et une quatrième union avec Othon de Brunswick mit le comble à l'indignation du peuple. Charles III de Duras, arrière-petit-fils de Charles II, en profita pour se soulever contre elle; il s'empara du royaume, captura la reine Jeanne et la fit périr de la même manière que le prince André de Hongrie, en 1382. Ainsi finit la première branche de la maison d'Anjou. Charles III laissa deux enfants. Ladislas le Magnanime, qui eut à défendre son trône contre les prétentions de Louis d'Anjou, et Jeanne II, bien digne par sa vie scandaleuse et son luxe effréné de porter ce nom déshonoré. Cette princesse mourut en 1435, après avoir appelé au trône par adoption Alphonse d'Aragon, roi de Sicile, et René d'Anjou, double choix qui devait livrer le royaume à de cruelles guerres intestines. Le roi René, après deux années de luttes, se vit contraint d'abandonner son entreprise, et revint en Provence avec sa femme et ses enfants. Alphonse s'empara de Naples par le même stratagème que Bélisaire avait déjà employé, et les Napolitains virent pour la seconde fois le vainqueur entrer chez eux par un aqueduc. A partir de cette date (1442), la maison d'Anjou se trouva entièrement dépossédée, et les deux couronnes de Naples et de Sicile furent réunies sur la même tête.

L'adoption de Jeanne, la conquête du royaume et les droits de la maison de Souabe n'auraient pas suffi pour faire donner par Eugène IV l'investiture du trône de Naples à Alphonse d'Aragon, si ce prince ne se fût engagé à chasser des Marches François Sforza, condottiere qui avait changé son épée en sceptre. Alphonse fut un roi magnanime, valeureux et ami des lettres, qui n'eut d'autre tort que de trop fortifier la puissance féodale des barons. A sa mort (1458) il laissa la Sicile et l'Aragon à son fils Jean, et le royaume de Naples à Ferdinand Ier, son fils naturel légitimé. Celui-ci rencontra de grandes difficultés près des barons, et il les traita avec une dureté révoltante qui légua à son fils Alphonse II tout un héritage de haine. Aussi quand Charles VIII, héritier des prétentions de la maison d'Anjou, vint revendiquer le trône de Naples les armes à la main, fut-il accueilli partout avec enthousiasme, et il entra dans la capitale aux acclamations du peuple. Épouvanté de la défection générale, Alphonse jeta à son fils Ferdinand II une couronne bien compromise, et s'enfuit à Messine, où il revêtit l'habit des moines olivétains.

Les fautes des Français changèrent bientôt le cours des événements. Le peuple napolitain, toujours mobile et impétueux, s'irrita des insolences de nos soldats, et regretta la dynastie qu'il venait d'abandonner si lâchement. Après une courte possession, passée en fêtes et en tournois, Charles VIII fut obligé de regagner la France, et Ferdinand recouvra sa couronne, qu'il laissa par sa mort, arrivée l'année suivante (1496), à son oncle Frédéric d'Aragon.

Deux compétiteurs se disputaient alors le trône de Naples : Louis XII, héritier des prétentions de Charles VIII, et Ferdinand le Catholique, qui n'invoquait d'autres droits que ceux de la conquête et les talents militaires de Gonsalve de Cordoue. Le pape Alexandre VI accorda une bulle d'investiture au roi d'Espagne. Le malheureux Frédéric, traqué de toutes parts, n'eut d'autres ressources que de se réfugier en France, où il vécut d'une pension que lui fit Louis XII, pendant que son royaume était déchiré par la guerre. Enfin Louis XII céda ses droits à Ferdinand, et celui-ci fut reconnu roi de Naples sans contestation.

Jeanne la Folle, fille de Ferdinand le Catholique et d'Isabelle, héritière de la monarchie espagnole, avait épousé Philippe d'Autriche, fils de l'empereur Maximilien, et elle porta le royaume des Deux-Siciles à cette maison. Son fils, Charles-Quint, réunit toute la monarchie sous son sceptre, et pendant deux siècles le royaume de Naples demeura dans la possession des rois d'Espagne de la maison d'Autriche, qui le firent gouverner de loin par des lieutenants et des vice-rois, et en tirèrent le plus d'argent qu'il leur fut possible. Les deux tiers des revenus ordinaires sortaient annuellement du royaume en monnaie d'or pour acquitter les dettes de l'Espagne. On comprend sans peine combien un tel régime dut épuiser et appauvrir ces contrées, auparavant si riches et si florissantes.

Fatigué d'être ainsi exploité au profit d'un royaume étranger, et blessé par quelques mesures que don Pierre de Tolède, vice-roi que Charles-Quint avait essayé d'établir, le peuple se révolta ouvertement. Un certain Tommaso Aniello, de Sorrente (nom qui semble prédestiné à l'insurrection), se mit à la tête des factieux ; quelques barons secondèrent le mouvement, et le vice-roi dut renoncer aux mesures qu'il avait adoptées. Pierre de Tolède avait cependant une grande autorité morale, et les travaux d'embellissement qu'il fit exécuter dans la ville lui avaient donné une véritable influence populaire. C'est sous son administration que fut percée la belle rue de Tolède.

A l'abdication de Charles-Quint, le royaume des Deux-Siciles passa à Philippe II d'Espagne. Le pape Paul IV prononça la déchéance de ce prince du trône de Naples, toujours considéré comme vassal du saint-siège, et forma une ligue avec Henri II, roi de France, pour en déposséder Philippe. Le duc d'Albe, à la tête d'une armée, appuya victorieusement les prétentions de son maître, et le duc de Guise, qui avait d'abord remporté quelques succès, fut forcé de se retirer.

Philippe IV monta sur le trône en 1621. Ce prince insatiable épuisa de toutes manières le trésor napolitain, et les vice-rois, par ses ordres, établirent des taxes et des impôts de toutes sortes sur les objets de première nécessité. Le pays était écrasé et souffrait impatiemment ces extorsions, lorsqu'en 1647 le vice-roi Rodrigo Pons de Leon, duc d'Arcos, eut la malheureuse inspiration de taxer les fruits et les légumes, base principale de la nourriture du peuple. Ce fut le signal de la révolte. Ici se place un épisode vraiment épique qui caractérise admirablement la nature du tempérament napolitain. Un simple pêcheur d'Amalfi, nommé aussi Tommaso Aniello, mais plus connu sous le nom abrégé de Masaniello, se met à la tête des mécontents et soulève la foule par cette éloquence naturelle et imagée dont le Midi a le secret. Il renverse dans le marché les paniers de fruits sur lesquels on voulait percevoir l'impôt, aux cris tumultueux de : « Vive le roi d'Espagne! A bas les gabelles! » La multitude le nomme capitaine général, et, marchant à sa suite, met le feu au palais des ministres et aux maisons des agents du fisc, sans dérober le moindre objet. Masaniello se vit bientôt le maître de cent mille révoltés lui obéissant aveuglément, et, à la tête de ces forces imposantes, il négocia un traité avec le duc d'Arcos, qui promit solennellement l'abolition des impôts. Quand le pacte fut signé, le pêcheur triomphant se jeta aux pieds du duc vice-roi, déchira les habits somptueux dont on l'avait revêtu, protesta qu'il n'avait agi que dans l'intérêt du peuple, et demanda à retourner à son premier état. Le duc d'Arcos lui fit des caresses hypocrites, lui donna un brillant festin, et lui servit, dit-on, un breuvage enivrant qui devait lui faire perdre la raison. Entraîné dans l'église du Carmel pour y entendre un sermon, le dictateur improvisé fut surpris d'un lourd sommeil, et, pendant qu'il se reposait dans une chambre du couvent, il fut assassiné par des émissaires du vice-roi. On lui coupa la tête, et on l'apporta au duc d'Arcos, en présence de la foule indifférente; le corps du malheureux, livré aux outrages de cette même populace qui voulait la veille en faire un roi, fut traîné par les rues. La puissance de ce chef populaire n'avait duré que six jours, et il y en avait neuf seulement que la révolte avait commencé. La sensibilité du peuple se réveilla le lendemain. La foule, se révoltant de nouveau à cause de la cherté du pain, passa sans transition du mépris à l'amour, et courut chercher les restes mortels de Masaniello; elle fit au pauvre pêcheur des obsèques royales, au milieu du deuil public et des larmes, et un pompeux cortège alla ensevelir son corps dans l'église du Carmel.

Au fléau de la guerre civile succéda malheureusement le fléau de la peste, encore plus terrible et plus aveugle dans sa fureur. La contagion fut introduite à Naples par quelques navires venant de Sardaigne. La mortalité fut si grande, que beaucoup de cadavres restèrent sans sépulture, et la peste trouva ainsi un nouvel aliment dans ses propres ravages. Tous les historiens de cette époque fatale sont d'accord pour porter le chiffre des morts à quatre cent mille, les décès s'élevant chaque jour à quinze mille personnes et quelquefois davantage. Quand bien même on taxerait ces chiffres d'exagération, il n'en demeurerait pas moins certain que le mal fut immense.

Charles II d'Espagne, étant mort sans enfants en 1704, nomma pour son héritier Philippe de France, duc d'Anjou, petit-fils de Louis XIV. Ce choix entraîna les funestes guerres de la Succession. Par la paix d'Utrecht (1713), la branche des Bourbons fut exclue de l'Italie, et Charles VI d'Autriche, descendant de Ferdinand I*er*, frère de Charles-Quint, obtint Parme, Plaisance et les Deux-Siciles. Un nouveau traité donna l'investiture de Parme et de Plaisance à don Carlos, fils de Philippe V et d'Isabelle Farnèse; et bientôt (1738) le jeune prince, marchant à la tête de trente mille hommes contre les lieutenants de l'Empereur, s'empara des Deux-Siciles. Les Allemands revinrent à la charge en 1744; mais Charles les battit à Velletri, et les força à repasser la frontière sans espoir de retour.

Charles fut appelé au trône d'Espagne en 1759, par la mort de son frère Ferdinand VI, qui ne laissait pas de postérité. Avant de partir, il fit constater juridiquement l'impuissance d'esprit de son fils aîné; et comme le second était de droit l'héritier présomptif du trône d'Espagne, qui, en vertu des traités, ne pouvait être réuni à celui des Deux-Siciles, il laissa la couronne napolitaine à son troisième fils, Ferdinand IV, encore mineur, sous la direction d'un conseil de régence présidé par le marquis Tanucci. Ferdinand ne prit les rênes du gouvernement qu'en 1767. Ce prince épousa, l'année suivante, la trop fameuse Marie-Caroline d'Autriche, fille de Marie-Thérèse et sœur de Marie-Antoinette, qui acquit un ascendant absolu sur son mari et ne lui laissa que l'ombre du pouvoir. En 1783, un des plus terribles tremblements de terre dont l'histoire fasse mention bouleversa la Calabre et la Sicile, et fit périr trente-quatre mille personnes.

A la fin du xviiie siècle, d'autres désastres fondirent sur le royaume de Naples, qui, de siècle en siècle, pour ainsi dire, semble appelé à subir une nouvelle invasion et à saluer une nouvelle dynastie. Ferdinand ayant pris part à la coalition européenne contre la France, une armée française envahit en 1799 ses possessions continentales, et proclama la *république parthénopéenne*. Cet état de choses dura deux ans. En 1801, Ferdinand, rappelé de Sicile, recouvra son royaume avec tout autant de facilité qu'il l'avait perdu, mais pour le perdre de nouveau cinq ans après. En 1806, Napoléon donna la couronne de Naples à son frère Joseph; puis, celui-ci étant devenu roi d'Espagne, Joachim Murat, beau-frère de l'empereur, obtint le trône qu'il laissait en Italie, pendant que Ferdinand, soutenu par la flotte anglaise, se maintenait inexpugnable en Sicile. Les événements de 1814 amenèrent une nouvelle révolution. Murat, qui, dans le vain espoir de sauver sa couronne menacée, avait fait alliance avec la coalition contre son beau-frère, puis adopté de nouveau la cause de Napoléon quand la fortune avait semblé revenir à l'empereur, fut dépouillé de son trône, et Ferdinand rentra dans ses États.

Terminons cet aperçu rapide par l'indication d'une de ces aventures audacieuses et héroïques qui semblent propres au territoire napolitain. En 1815, Murat essaye de reconquérir les Deux-Siciles. Il débarque sur la plage de Pizzo en Calabre, et marche à la conquête de son royaume à la tête de vingt-huit soldats. Attaqué et poursuivi par les troupes de Ferdinand, il veut regagner le navire qui l'a amené; mais le capitaine, un Maltais dont le prince avait été le bienfaiteur, se hâte de s'éloigner avec toutes ses richesses et l'abandonne à la vengeance de ses ennemis. Une foule d'hommes armés enveloppent Murat, le saisissent et l'entraînent en l'injuriant, et quelques heures après l'héroïque prétendant est fusillé comme un obscur malfaiteur dans une cour du château de Pizzo; il n'avait que quarante-huit ans. Ainsi se termina brusquement l'épopée de ce brillant soldat, digne héritier du malheureux Conradin. La maison de Bourbon ne fut plus troublée par des prétentions étrangères dans la possession du royaume de Naples; mais moins d'un demi-siècle plus tard elle tombait subitement par une de ces révolutions soudaines trop familières à l'Italie méridionale.

Le récit rapide que nous venons de faire de l'histoire de Naples jette, si nous ne nous trompons, une lumière singulière sur les événements contemporains et sur le tempérament politique du peuple napolitain. En racontant les révolutions multiples qui depuis l'ère romaine n'ont cessé de bouleverser ce malheureux pays, on dirait que nous venons de raconter une histoire d'hier. Plusieurs causes peuvent être assignées à un état de choses si extraordinaire. La population, avons-nous dit, se compose des éléments les plus divers et les moins liés. Le pays, divisé par les obstacles naturels en petites contrées séparées les unes des autres, est trop favorable à la persistance des races, et se prête peu à l'unité politique, encore moins à l'unité morale. La Sicile, particulièrement, a gardé dans son isolement une individualité et un besoin d'autonomie remarquables. Il n'y a donc pas, à proprement parler, de nation napolitaine; il n'y a que de petits peuples, assez indifférents à leur sort réciproque, et accoutumés depuis de longs siècles à passer d'un gouvernement à un autre : des Romains aux barbares, puis aux Grecs, puis à des ducs locaux, pour subir ensuite la loi des Lombards, des Normands, des Allemands, des Angevins, des Aragonais, des Espagnols et des Bourbons. Chaque dynastie a à peine le temps de s'acclimater, et bientôt elle est renversée avec autant de facilité qu'elle s'est élevée. Cette succession de princes divers semble importer peu à la population, qui, chargée seulement d'un impôt léger et affranchie du service militaire, échappe d'ailleurs facilement, dans ses montagnes et ses forêts, aux obligations qu'un gouvernement voudrait lui imposer, et vit dans une sorte d'indépendance à demi sauvage.

Si l'on ajoute à ces éléments, déjà si propres à rendre un pays ingouvernable, les défauts naturels au caractère napolitain : l'enthousiasme facile, l'imagination volcanique, la mobilité la plus extrême, on aura la clef des événements les plus étranges et les plus incroyables de son histoire. On comprendra, par exemple, comment Charles VIII a pu conquérir le royaume de Naples dans une sorte de promenade militaire qui était bien loin de ressembler à une expédition en règle, et comment, en quelques jours, presque sans coup férir, il put s'emparer de tout le territoire napolitain, aux acclamations d'un peuple enivré. Quelques jours après, la désaffection de ce même peuple hâtait la retraite et presque la fuite du vainqueur. Cette même mobilité de sentiments et d'impressions donne le secret du triomphe éphémère et de la chute du pauvre Masaniello, et des regrets tardifs prodigués à sa mémoire. Le peuple napolitain sent vivement, s'échauffe, s'emporte, s'irrite ou s'attache avec la même facilité; puis il rit de lui-même et de ses humeurs changeantes, et, pour finir, il brûle ce qu'il avait adoré la veille dans un moment d'enthousiasme irréfléchi.

Voilà, en deux mots, le résumé fidèle de toute l'histoire de Naples. On peut être sûr que l'histoire d'hier sera l'histoire de demain.

III

ÉGLISES ET INSTITUTIONS CHARITABLES

Le style religieux italien. — San-Gennaro. — Le miracle du sang de saint Janvier. — Le Trésor. — Le triumvirat des peintres. — Santa-Restituta. — La chartreuse de San-Martino. — Tombeau de Virgile. — Santa-Maria de Piedigrotta. — Le pèlerinage et la fête de Piedigrotta. — Caractère de la dévotion napolitaine. — Sannazar. — Saint-François-de-Paule. — Les églises funéraires des dynasties. — La Pietà de' Sangri. — Confréries et corporations. — Institutions charitables. — Les catacombes napolitaines. — Le *Campo-Santo* de Naples.

Naples possède plus d'édifices et d'établissements religieux qu'aucune autre ville de l'Italie, Rome exceptée. Avec une population de quatre cent vingt mille habitants, elle ne compte pas moins de deux cent cinquante-sept églises et cinquante-sept chapelles du soir (*cappelle serotine*), où l'on réunit le soir les ouvriers pour s'occuper de leur instruction spirituelle. Il y a en outre cent quatre-vingt-deux chapelles appartenant à de pieuses confréries ou à des corporations de métiers. Enfin, il y a peu de temps encore, cinquante-deux couvents d'hommes et vingt-quatre couvents de femmes y prospéraient.

Aucun de ces édifices n'a vraiment d'importance architecturale. L'extérieur ne présente point ces belles lignes et ces dispositions hardies et pittoresques que nous aimons tant dans nos grandes cathédrales du moyen âge; les façades sont maigres, sans ampleur et sans élévation; les clochers ne sont que de modestes campaniles dont on n'a point songé à faire un motif de décoration, et qui ne sont guère que des accessoires utiles. Tout, en un mot, a été sacrifié à l'intérieur. Mais là on a entassé à outrance les peintures, les dorures et les marbres, les marbres, les dorures et les peintures, de manière à masquer entièrement la muraille. Il n'y a pas un centimètre carré de surface qui ne brille, qui n'éclate, qui ne flamboie. Au milieu de toutes ces splendeurs éblouissantes, l'œil étonné a peine à se reconnaître et ne sait où se reposer; il erre d'un objet à un autre, sollicité également par tous, car tout semble avoir la même importance. Le style italien moderne ignore absolument cette grande loi des proportions qui veut que les masses principales soient nettement détachées, et que l'accessoire soit subordonné au principal et s'efface comme dans l'ombre. Pour l'œil italien, la beauté, c'est la richesse des décors, et non l'harmonie des lignes. En parcourant quelques-unes des églises de Naples, nous n'y chercherons donc point les beautés architecturales, mais seulement quelques peintures, quelques tombeaux, quelques souvenirs historiques, la seule part qui soit vraiment digne d'intéresser l'artiste.

C'est par la cathédrale de Saint-Janvier (*San-Gennaro*) que nous commencerons naturellement nos visites. La tradition veut qu'il y ait eu autrefois sur ce même emplacement deux temples païens, dédiés, l'un à Apollon, l'autre à Neptune, lesquels furent convertis en églises sous les noms de Stefania et de Santa-Restituta. Ces deux églises, dont la première était affectée au rit latin et la seconde au rit grec, furent détruites en partie, à la fin du XIIIe siècle, par l'archevêque Filippo Capece Minutolo, conseiller de Charles Ier et de Charles II d'Anjou, et englobées dans une construction plus importante qui prit dès lors le nom de San-Gennaro. La nouvelle cathédrale, qui comprend dans son vaste ensemble plusieurs églises distinctes, Santa-Restituta, le Trésor, la chapelle des Minutoli, la sacristie, la chapelle de San-Lorenzo et la Confession, était terminée en 1316. Cette date nous explique le caractère demi-gothique de la construction, où l'ogive se montre entre les pilastres; elle nous explique aussi la physionomie toute militaire du dehors, où les murailles à créneaux et les quatre tours d'angle donnent à l'édifice l'apparence d'un château. Le terrible tremblement de terre du 15 et du 30 décembre 1456, qui fit périr soixante mille personnes dans le Napolitain, causa de grands dégâts à la cathédrale. Alphonse Ier d'Aragon, secondé par les diverses familles nobles de la ville, s'occupa de la faire restaurer; mais dans cette restauration San-Gennaro perdit en grande partie son caractère gothique primitif, et se modernisa sous l'influence de cette renaissance de l'antique qui commençait à prévaloir en Italie.

Trois ou quatre tableaux du Dominiquin, de Lanfranc, du Pérugin et de Ribeira méritent d'être étudiés par le touriste avec le respect qui est dû à ces grands maîtres; mais ce n'est pas là le principal attrait de la cathédrale. Il faut descendre dans la Confession, sous l'abside ou *tribune,* comme disent les Italiens, et voir la chapelle souterraine de marbre blanc qui fut bâtie à la fin du XVe siècle pour recevoir le corps du saint patron de la ville, rapporté de Montevergine en 1497.

Saint Janvier, évêque de Bénévent, fut martyrisé à Pouzzoles sous le règne de Dioclétien, le 14 septembre de l'année 305. Il avait été exposé dans l'amphithéâtre de cette ville à la fureur des bêtes ; mais, les lions ayant refusé de le dévorer, le bourreau l'avait décapité sur la place de Vulcain, près de la Solfatare. Le chef du saint martyr fut transporté à Naples, son corps à Bénévent, puis à Montevergine ; et les chrétiens, ayant recueilli dans des fioles de verre le sang qui avait découlé de sa tête, le conservèrent religieusement. En 389, pendant que saint Sévère était évêque de Naples, une pieuse dame napolitaine qui possédait deux de ces précieuses ampoules en donna une à son évêque. Celui-ci, accompagné de tout son clergé, alla processionnellement recevoir cette relique à la maison de la dame, au lieu où s'élève aujourd'hui la petite église de San-Gennariello. C'était le premier dimanche de mai. Les prêtres, soit pour se garantir de la chaleur, déjà forte à cette époque de l'année, soit par allégresse, cueillirent dans les prés et dans les haies une grande quantité de fleurs, et en firent des guirlandes odorantes dont ils se couronnèrent la tête. Cet usage joyeux persista jusqu'au siècle dernier, et la procession, qui se fait encore chaque année la veille du premier dimanche de mai, a conservé le nom de *procession des prêtres enguirlandés.* Sévère avait porté avec lui le chef de saint Janvier. O miracle ! aussitôt que la tête fut en présence du sang, le sang, qui était figé, se liquéfia soudainement et redevint vif et vermeil, comme s'il venait de sortir du corps du martyr. Pour rendre ce prodige plus éclatant, l'évêque fit éloigner la tête de saint Janvier, et aussitôt le sang se durcit ; il la fit approcher de nouveau, et le sang redevint liquide. Cette merveille ne permettant aucun doute sur l'authenticité des saintes reliques, le peuple éclata en transports d'allégresse, et porta la fiole de verre en triomphe dans la cathédrale. Trois fois chaque année, le premier samedi de mai, le 19 septembre et le 16 décembre, la tête et le sang de saint Janvier sont mis en présence l'un de l'autre, et le prodige de la liquéfaction du sang s'opère de nouveau à la vue de tout le peuple. Ces fêtes sont l'occasion d'un immense concours, et si le miracle tarde trop à se produire au gré de l'impatience des Napolitains, on y voit aussitôt le signe manifeste de la colère du Ciel.

Les Napolitains ont la plus grande dévotion pour saint Janvier. Ils l'invoquent dans toutes les calamités publiques, notamment dans les épidémies, les tremblements de terre et les éruptions du Vésuve. C'est à un vœu fait par la ville en 1526, pour être délivrée de la peste, qu'est due la riche chapelle connue sous le nom de *Trésor* de saint Janvier. Cette chapelle, qui mériterait plutôt le nom d'église, fut commencée en 1608, sur les dessins du P. Francesco Grimaldi, religieux théatin.

On avait fait vœu d'y dépenser cent mille écus; mais la dépense s'éleva à cinq cent mille pour l'œuvre principale, et l'on estime que les détails ne coûtèrent pas moins. Les marbres les plus précieux, les bronzes, les colonnes, les stucs, les peintures, les statues y ont été prodigués avec une magnificence incroyable, et en font une merveille de richesse, sinon de goût. L'autel majeur est de porphyre avec des incrustations d'argent et de cuivre doré, et une croix de lapis-lazuli d'un beau travail, le tout exécuté sur les dessins de Fansaga. Le devant d'autel est d'argent et a coûté huit mille deux cents écus; il représente la translation du corps de saint Janvier de Montevergine à Naples, et l'on y admire une quantité considérable de figures de ronde bosse, de demi-relief et de bas-relief. Par derrière sont renfermés, sous des portes d'argent, le buste que fit faire Charles II d'Anjou pour contenir la tête du saint, et le riche tabernacle du sang miraculeux, tous deux aussi en argent. La mitre que dans les fêtes solennelles on place sur le chef du saint martyr fut exécutée en 1713 par les ordres de la commune, qui consacra à ce travail une somme de vingt mille écus; elle est enrichie de trois mille trois cent vingt-huit petits diamants semés sur le fond, de cent quatre-vingt-dix-huit émeraudes et de cent soixante-huit rubis. D'autres pierres précieuses d'une immense valeur, dons de divers souverains, forment un large collier qu'on place à la statue de saint Janvier. On peut juger par ces détails de la richesse du Trésor.

Ce qui fait le principal mérite de cette chapelle, ce sont les peintures qui en couvrent les murs, et qui rappellent un des épisodes les plus curieux de l'histoire de l'art napolitain pendant la première moitié du XVIIe siècle. Trois peintres, grâce à la faveur de la cour et à leurs mœurs violentes et brutales, exerçaient alors une sorte d'autorité toute-puissante sur les arts à Naples, et ne souffraient aucun rival près d'eux. C'étaient Corenzio, Caracciolo et Ribera, véritables bandits qui ne craignaient pas de recourir au poison et à l'assassinat pour se défaire d'un confrère dont l'habileté leur portait ombrage. Pour faire peindre la chapelle du Trésor de saint Janvier, la fabrique de la cathédrale avait appelé le chevalier d'Arpino; mais celui-ci, effrayé par les violences de ses compétiteurs, s'enfuit et laissa ses travaux inachevés. Il fut remplacé par Guido Reni, qui ne fut pas plus heureux: des inconnus, envoyés par les spadassins, maltraitèrent son valet et menacèrent le peintre de mort s'il ne repartait sur-le-champ. Gessi, disciple du Guide, ne se laissa point ébranler par ces menaces, et vint à Naples avec deux artistes qui devaient l'aider dans son œuvre; ces derniers, s'étant liés imprudemment avec des inconnus, allèrent visiter une galère sur l'invitation de leurs nouveaux amis; la galère mit aussitôt à la voile, et jamais on n'entendit parler d'eux. Cet événement décida Gessi à la retraite. Les administrateurs de la fabrique, forcés de céder à la cabale, confièrent l'entreprise au formidable triumvirat. Mais bientôt, alarmés de la médiocrité des fresques de Corenzio et de Caracciolo, ils les firent remplacer et appelèrent le Dominiquin, qui ne répondit à leur désir qu'avec la plus vive répugnance. Les menaces de mort l'allèrent trouver jusque dans le palais archiépiscopal, où il logeait sous la protection de l'Église et du vice-roi. Le Dominiquin, dans une audience publique, n'hésita point à se plaindre au gouverneur et à demander une protection plus efficace contre ses ennemis. Le comte de Monterei s'émut de cette situation et donna au peintre bolonais sa parole de grand d'Espagne qu'il n'avait rien à craindre. Dès lors le Dominiquin n'eut point à redouter d'embûches meurtrières; mais les tracasseries de toute nature et les calomnies empoisonnèrent sa vie. Fatigué, dégoûté, n'ayant plus de confiance en personne, il s'enfuit secrètement à Rome, laissant sa femme en otage aux administrateurs de San-Gennaro. Bientôt il lui fallut revenir et poursuivre, au milieu des chagrins, les travaux de la coupole. Le malheureux peintre, trahi par tout son entourage, en était réduit à préparer lui-même ses aliments, de peur d'être empoisonné. Ces épreuves abrégèrent ses jours, et le Dominiquin mourut en 1641. Lanfranc lui succéda, malgré la cabale organisée contre tous les peintres étrangers, et eut l'honneur de terminer les peintures de la chapelle du Trésor.

Nous ne sortirons pas de San-Gennaro sans jeter un coup d'œil sur la vieille basilique de Santa-Restituta, qui fut, dit-on, la première cathédrale de Naples. Elle conserve encore, malgré quelques additions gothiques, les traits principaux de sa physionomie primitive; et ses colonnes antiques de granit égyptien et de marbre cipollin[1], restes du temple d'Apollon, la font ressembler aux basiliques de Rome. Une coupole en mosaïque, avec les monogrammes X et P et les lettres grecques A et Ω, complète l'illusion. Et, pour que rien ne manque à la ressemblance, à la basilique de Santa-Restituta est annexée une petite église qui servait de baptistère, sous le vocable de San-Giovanni *in Fonte*; on y voit encore la grande vasque où l'on administrait le baptême par immersion. Ces débris précieux, malheureusement mutilés et défigurés en plusieurs parties, sont extrêmement importants pour l'histoire de l'art chrétien primitif. C'est le seul souvenir de ce genre que la ville de Naples puisse présenter à la curiosité de l'archéologue, toutes les autres églises ayant perdu leur caractère ancien sous des décorations modernes.

---

[1] Ce nom vient de ce que les veines de ce marbre, quand on le coupe perpendiculairement, offrent l'aspect d'un oignon (*cipolla*) coupé en deux.

Après avoir fait notre première visite à la cathédrale de saint Janvier, nous irons visiter la chartreuse de San-Martino, établissement remarquable qui s'élève sur le sommet du Vomero, à côté du château Saint-Elme. On y monte par la *strada dell' Infrascata,* rue qui part du musée et rampe péniblement sur le flanc de la colline jusqu'au point culminant. Ce monastère fut fondé au commencement du xive siècle par les ordres de Charles II d'Anjou, poursuivi par ses successeurs Robert le Sage et Jeanne Ire, et consacré en 1368 par le cardinal Guillaume d'Aigrefeuille, légat du pape Urbain V. Il reste peu de chose de cette ancienne construction, l'édifice tout entier ayant été rebâti et décoré avec une grande magnificence, dans la première moitié du xviie siècle, par les soins du prieur Severo Turboli, de Naples, et par la main des plus illustres artistes de l'Italie. La description générale que nous allons en faire ici permettra de prendre une idée exacte du style et du goût italiens.

L'église est précédée d'un portique peint à fresque par Micco Spadaro et par Belisario Corenzio; elle n'a qu'une seule nef sans transept, et elle est occupée presque à moitié par le *presbyterium* et par le chœur des moines. Les murailles de la nef sont richement revêtues de marbres colorés, assemblés en dessins extrêmement variés. Ce genre fut introduit à Naples par Cosimo Fansaga, qu'on avait fait venir tout exprès de Carrare, et qui sculpta de sa main les douze roses de basalte égyptien, toutes de formes différentes, appliquées à la face interne des pilastres sur lesquels s'appuient les arcades des chapelles latérales. Le même Fansaga fit exécuter le dallage du chœur et de la nef, œuvre de grande marqueterie, où les marbres les plus riches dessinent les figures les plus enchevêtrées, mais non les plus élégantes.

Les voûtes, divisées en compartiments, sont entièrement couvertes de fresques dues au pinceau de Lanfranc, de Ribera, de Stanzioni, du chevalier d'Arpino, de Guido Reni et du Caracciolo, peintures remarquables et qui méritent d'être étudiées attentivement par l'artiste.

L'autel majeur n'est qu'un modèle fait par le Solimène pour être exécuté en pierre dure; mais ce projet ne fut pas mené à fin. Il est entouré d'une balustrade de marbre blanc travaillé à jour, où les lignes compliquées du dessin figurent des ornements laborieusement tourmentés en marbres variés, surmontant une corniche de lapis-lazuli.

Les chapelles latérales, au nombre de dix, sont entièrement revêtues jusqu'à la voûte de marbres précieux assemblés; les autels sont surmontés de frontons que soutiennent des colonnes de vert antique, de brocatelle, de vert de Calabre, de rouge de Sicile, de jaspe de Sicile ou de lumachelle; quelques devants d'autel sont couverts de pierres fines enchâssées sur des moulures de bronze doré; un tabernacle est en écaille; toutes les chapelles sont closes par des balustrades en marbres assemblés et par des grilles de cuivre. Quant aux peintures qui ornent les murailles et les voûtes des coupoles, elles sont l'œuvre de Domenico Vaccaro, de Stanzioni, d'Andrea Vacaro, de Corenzio, de Carlo Maratta, de Lorenzo Vacaro, de Solimène et de plusieurs autres artistes de mérite.

Le chœur affecté aux offices de nuit présente aussi de belles peintures. On y remarque des fresques curieuses de Domenico Gargiulo, où l'artiste a figuré six tapisseries qui semblent se déployer, et montrent aux regards plusieurs faits de l'histoire des chartreux qui s'accomplissent au milieu d'un paysage peint dans la manière du Poussin. La chapelle de Saint-Nicolas, qui fait pendant au chœur de nuit, renferme des armoires où sont déposés les livres de chant en parchemin avec de belles miniatures. La sacristie proprement dite a été peinte par le chevalier d'Arpino, Michel-Ange de Caravage, Stanzioni et Luca Giordano; ses armoires, de bois de noyer, sont revêtues de merveilleuses marqueteries où un artiste inconnu, un frère convers d'origine flamande, a représenté de pieuses histoires et des paysages avec une habileté incomparable.

Le Trésor est à l'extrémité de la sacristie. Il ne possède plus aujourd'hui les riches vases sacrés de la communauté; mais il renferme toujours cette admirable *Descente de croix* de Ribera, qu'on proclame unanimement la reine de ses œuvres. Le corps du Christ, détaché de la croix, est étendu sur le linceul, pendant que saint Jean le soulève légèrement par les épaules, et que la Madeleine baise avec ardeur ses pieds sacrés; la Vierge est au milieu du tableau, levant les yeux vers le ciel, et offrant à Dieu, avec une résignation surhumaine, la douleur immense de son cœur de mère; Joseph d'Arimathie, se sentant impuissant à consoler de pareils chagrins, se tient debout et attend en silence l'ensevelissement de son maître. On trouve dans cette vaste et magnifique toile, avec toutes les qualités ordinaires de l'Espagnolet, une force d'expression douloureuse et tendre, une puissance de sentiment et de pathétique qui ne lui sont pas familières; de sorte que ce tableau semble réunir la sainte et naïve ferveur de fra Angelico à la verve bouillante de Caravage.

Notons encore le grand cloître du monastère, construit par Fansaga. Les voûtes du portique sont soutenues sur les quatre côtés par soixante colonnes doriques de marbre blanc; les arcades, les corniches, les chapiteaux, les balustrades sont également en marbre. Un jardin, le petit cimetière des moines et une grande citerne voûtée occupent le milieu du portique. Telle est, dans ses principaux traits, l'église du monastère de San-Martino; avec ses marbres rares et précieux, ses innombrables peintures, ses bronzes, ses dorures, ses statues, elle peut être considérée comme le type du style italien, tel qu'il est appliqué de nos jours à la décoration des édifices religieux.

La chartreuse de San-Martino est assez vaste pour loger quatre-vingts moines, et elle a atteint ce chiffre de population au temps de sa plus grande prospérité. Mais, dans ces dernières années, le monastère, ayant beaucoup perdu de ses ressources, avait été réduit à une petite famille de vingt-cinq personnes, y compris les frères convers. Aujourd'hui les moines ont été chassés presque tous par le gouvernement italien, et l'église, considérée comme un musée, est ouverte aux curieux moyennant une rétribution. Quand on parcourt cette église muette, ces corridors déserts, ces portiques abandonnés, on se sent involontairement saisi d'une profonde tristesse, tant cette solitude porte l'empreinte de la désolation. Ce n'est plus le pas grave et lent des chartreux qui fait résonner les voûtes des cloîtres, c'est le pas cadencé des custodes qui gardent le monument. Quelques curieux s'y glissent à leur suite pour visiter les peintures et pour contempler l'admirable panorama dont on jouit du haut des balcons. Voilà tous les bruits qui troublent aujourd'hui le silence de la vieille chartreuse fondée par Charles d'Anjou.

De San-Martino on descend ordinairement par le revers opposé du Vomero dans le vallon de Fuorigrotta, puis on traverse la grotte du Pausilippe pour rentrer en ville par le quai de la Chiaia. A l'issue de la grotte on trouve le tombeau de Virgile. On sait que le grand poète s'était retiré sur ces bords enchantés, toujours verdoyants et fleuris, où les Romains les plus illustres de son temps, Lucullus, Pollion, Icilius et une foule d'autres avaient prodigué à l'envi leurs trésors pour y élever une longue suite de villas, de temples, de théâtres, de thermes, de piscines. Au moyen d'arcs gigantesques dont on voit encore les ruines, ces citoyens opulents avaient réuni à leurs maisons du Pausilippe les écueils et les petites îles éparses près du littoral. C'est sur le Pausilippe que Virgile composa dans l'espace de sept ans ses *Géorgiques*, comme il le déclare à la fin de ce poème. C'est là aussi, au milieu de ces beaux paysages qui avaient inspiré sa muse, qu'il voulut être enterré. En revenant d'Orient avec Auguste, il vit s'aggraver sur mer la maladie dont il souffrait depuis quelque temps, et il mourut en approchant de Brindes. Avant de rendre le dernier soupir, il composa le distique suivant pour être gravé sur sa tombe :

MANTVA ME GENVIT, CALABRI RAPVERE, TENET NVNC
PARTHENOPE. CECINI PASCVA, RVRA, DVCES.

Conformément à ses dernières volontés, Auguste fit transférer à Naples les cendres du poète, et il est très probable qu'il lui fit élever un monument funèbre dans la villa de Pollion, qui était fort étendue, et dont l'empereur avait hérité. Longtemps après, Silius Italicus possédait sur le Pausilippe *cineres laresque Maronis*, c'est-à-dire l'habitation et le tombeau de Virgile, comme Martial l'atteste dans une de ses épigrammes. On prétend qu'une urne cinéraire, sur laquelle était gravé le distique que nous venons de rapporter, était placée au sommet d'un

Fontaine des Lions à la Villa-Reale.

piédestal soutenu par neuf colonnes, et qu'on la vit sur le Pausilippe jusqu'au XVI° siècle.

Le sépulcre qu'on présente aujourd'hui comme le tombeau de Virgile n'est autre chose qu'un *columbarium* antique, construit avec assez de simplicité, probablement pour des affranchis. Il consiste en une sorte d'appartement carré, couvert d'une voûte en berceau; l'intérieur, en appareil réticulé, contient onze niches pour recevoir les urnes, et mesure vingt palmes de longueur sur dix-sept de hauteur. On y descend par quelques degrés. Quoique ce tombeau ait la forme bien connue d'un *columbarium* commun, il ne répugne point d'admettre que Virgile y ait trouvé une place. Alphonse d'Heredia, évêque d'Ariano, qui vivait en 1500, et qui appartenait aux chanoines réguliers de l'église voisine de Piedigrotta, anciens propriétaires de la tombe en question et du terrain où elle est située, affirme dans ses mémoires qu'en 1326 on voyait au milieu du sépulcre un assemblage de neuf colonnes supportant l'urne de marbre de Virgile avec le distique déjà cité. Ce qui semble confirmer cette tradition, c'est qu'en l'année 1600, en creusant une fosse auprès du tombeau, on trouva cette inscription :

SISTE. VIATOR. QVAESO. PARCE. LEGITO.
HIC. MARO. SITVS. EST.

Quoi qu'il en soit de l'authenticité de ce monument, il est certain que jusqu'à nos jours on l'a considéré comme le tombeau de Virgile. Pétrarque y fut conduit par le roi Robert d'Anjou et y planta un laurier. Le margrave de Bayreuth avait détaché un rameau de cet arbuste pour l'envoyer à son frère Frédéric de Prusse avec des vers de Voltaire, où le poète lui disait que ce rameau verdoyant lui convenait non seulement pour ses succès guerriers, mais aussi pour sa gloire littéraire. Cet exemple de vandalisme fut suivi, surtout par les Anglais, et au commencement de notre siècle le laurier de Pétrarque avait péri sous de stupides attaques. Depuis, un autre laurier a été planté au même lieu par Casimir Delavigne; mais, si on veut le conserver, les guides n'auront qu'à bien veiller sur la main des touristes fanatiques.

Tout à côté de ce pèlerinage littéraire se trouve un pèlerinage religieux extrêmement populaire dans tout le Napolitain. Nous voulons parler de la célèbre église de Santa-Maria di Piedigrotta. Cette église existait en 1207 ; mais ce n'est qu'au milieu du xive siècle qu'elle acquit une grande notoriété. La tradition raconte que le 8 septembre de l'année 1353 la Vierge apparut à un moine, à une religieuse et à un ermite, et leur commanda d'exhorter leurs concitoyens à élever une église près de l'entrée de la grotte du Pausilippe, en leur indiquant du doigt l'endroit précis où elle désirait la construction. En creusant les fondations, on trouva, dit-on, la statue de la Vierge qu'on y vénère aujourd'hui, et qui en est la principale richesse; car les marbres et les peintures n'offrent rien de bien intéressant.

La statue miraculeuse est l'objet d'une grande vénération, surtout de la part des marins qui peuplent ce quartier. Avant de partir pour un long voyage, le matelot vient faire sa prière à Piedigrotta; il y revient au retour, pour remercier la Vierge de son heureuse navigation. Pendant son absence, sa mère, sa femme, ses sœurs, n'ont cessé de fréquenter le pieux sanctuaire, d'y faire brûler des cierges bénits, d'y célébrer des neuvaines. Une foule d'*ex-voto* brillent sur les murailles. Pendant que nous visitions cette église, une pauvre femme était agenouillée aux pieds de la statue, et avec cette ardeur napolitaine, qui ne redoute point la raillerie, elle priait à haute voix sans se préoccuper de notre présence.

Je prêtai l'oreille, et malgré les difficultés du dialecte napolitain, je pus saisir le sens de sa prière. « O Madone, disait la mère affligée, ils m'ont pris mon fils pour en faire un soldat, et tu ne l'as pas empêché ! Je t'avais pourtant promis un beau cœur d'or pour suspendre à ton autel ; mais tu n'en as pas tenu compte. Tu en as tant et tant de ces beaux cœurs d'or, que tu as dédaigné celui d'une pauvre femme. Et pourtant je n'aurais rien épargné pour l'orner. O Madone, rends-moi mon enfant. Que dirais-tu, *o Santissima*, si un barbare t'arrachait le *santo Bambino* que tu tiens entre tes bras ? Ton cœur serait déchiré comme le mien. Tu vois bien qu'il faut que mon fils revienne près de moi. Si tu n'as pas pitié de mes larmes, je t'oublierai, je ne te prierai plus. Mais non, tu me le rendras, et alors je te donnerai toute ma vie ; j'allumerai jour et nuit une lampe devant ton image au chevet de mon lit ; je serai ton esclave, si tu le veux. Donne-moi un signe de ta volonté, prouve-moi que tu m'entends. Oui, je le vois dans tes yeux, il reviendra bientôt. Merci, ô Madone, merci ! » Et en disant ces mots, qu'elle articulait avec des larmes et des gestes expressifs, la pauvre femme baisait avec ardeur les dalles de l'église. Étrange nature napolitaine ! me disais-je en l'écoutant, elle mêle la plus fervente prière aux reproches, aux menaces même, et pour elle il ne faut rien moins que des miracles exécutés sur son ordre.

La fête de Notre-Dame de Piedigrotta, qui se renouvelle tous les ans le 8 septembre en mémoire de la découverte de la statue miraculeuse, est la plus populaire de toutes les fêtes napolitaines. Il s'y fait un concours extraordinaire de monde de plus de vingt milles alentour. On y accourt des îles d'Ischia, de Procida, et même de Capri ; Pouzzoles, Amalfi, la côte de Sorrente, y envoient leurs paysannes ; les montagnes des Apennins, que la neige recouvrira dans peu de jours, y députent leurs rudes et sauvages populations. Pendant une année tous ces cœurs ont battu dans l'espérance d'assister à leur fête de prédilection ; tous ces pauvres gens se sont imposé quelque privation pour se parer en un si beau jour, et aussi pour faire quelque offrande à la madone. Ce pèlerinage est regardé comme si sacré, que les jeunes paysannes en ont fait une condition expresse dans leur contrat de mariage. La plupart des pèlerins viennent pieds nus, pour accomplir un vœu ; mais comme en Italie le plaisir se mêle facilement à la dévotion, la pieuse troupe s'arrête de temps en temps, interrompt la récitation du rosaire, et se livre aux ébats de la tarentelle pour reprendre bientôt sa prière et son pèlerinage.

La veille au soir, un peu avant l'Angélus, on voit des foules innombrables descendre de toutes les collines voisines, par tous les petits sentiers qui y serpentent. Toutes les femmes sont vêtues, plus ou moins richement, en costume de gala, à l'exception des contadines du Vomero et d'Antignano, qui ont échangé le pittoresque vêtement de la campagne pour adopter les modes sans caractère de la ville. Toutes les autres portent le tablier de drap vert sur la robe de laine rouge, ou le drap rouge sur la robe de laine verte, avec le fichu blanc sur la veste de satin; les plus élégantes y ajoutent toutes sortes de passementeries, de brocarts et de velours chamarrés de broderies d'or, et des perles, et des bijoux en or, parures brillantes qui ont coûté tant de fatigues et tant de jeûnes peut-être. La contadine les a achetées avec le petit trésor amassé sou à sou dans sa tirelire, et souvent elle les a données en gage, non quand le macaroni manquait sur sa table, mais quand l'huile manquait à la lampe votive allumée devant l'image de Notre-Dame. Elle espère donc, et avec une ferme assurance, que la Reine du ciel accueillera sa prière avec un sourire bienveillant.

Le petit peuple de Naples accourt aussi à cette fête, la joie la plus vive peinte sur le visage. Avec sa nature expressive, il est toujours gai, toujours souriant, même quand il prie, même quand il parle à la *Santissima*. Il aime tant la Vierge, qu'il la tutoie volontiers, comme une mère, et qu'il lui expose de confiance toutes ses misères, tous ses soucis. Il va jusqu'à la gronder, jusqu'à la menacer même, si la grâce demandée se fait attendre trop longtemps, si le bienfait ne suit pas promptement la prière. Les Napolitains ne sont pas des hommes, ce sont des enfants, et des enfants gâtés.

Autrefois, la fête de Piedigrotta avait un caractère exclusivement populaire et champêtre; mais depuis plus d'un siècle elle a pris en même temps une certaine solennité militaire. Ce fut en 1751, à l'occasion de la victoire remportée à Velletri par Charles III sur les troupes autrichiennes. Le roi voulut venir remercier la Madone en grande pompe, escorté de ses troupes, et à partir de ce jour il fallut, pour satisfaire le peuple, que l'armée en brillante tenue vînt rendre ses hommages à la Vierge de Piedigrotta.

C'est la veille au soir que commence la fête; car la foule veut dépenser en folle joie les vingt-quatre heures complètes, sans en perdre une seule minute. L'Angélus vient de sonner la dernière heure du 7 septembre, le peuple met bas ses bonnets de laine rouge, murmure sa pieuse salutation à la Vierge, et puis... vive la fête! Il court à Piedigrotta, il court à la Villa-Reale de Chiaia, qui dès ce moment lui appartient tout entière, sans barrière, sans gardes, sans privilège; il la parcourt dans toute sa longueur; puis il revient à l'église, la salue en passant, mais sans s'y arrêter. La grotte du Pausilipe l'appelle, parce qu'il s'y donne, cette nuit-là, une grande veillée musicale et dansante. Quelle salle immense, que cette caverne creusée par les Romains! L'illumination n'est pas épargnée. Les invités s'en sont occupés eux-mêmes, et chacun a apporté son falot. En peu d'instants cet antre d'un mille de longueur ressemble à une vaste forge; les lanternes de gaz suspendues à la voûte pâlissent au milieu de cet éclat; la lune elle-même, qui vient de se montrer un moment à l'un des soupiraux, va remplir ailleurs un office plus utile et éclairer les pas des pèlerins en retard.

Mais le chant doit précéder la danse, car le peuple a aussi son programme. Il n'emprunte pas sa musique aux représentations théâtrales, aux opéras en vogue : il crée ses mélodies lui-même de toutes pièces. Voyez sur son siège d'honneur le Métastase de la foule : il a trouvé la poésie du jour, et il l'a remise à un Bellini inconnu qui l'a revêtue d'une mélodie touchante. C'est ainsi que sont nées toutes les *canzonette* nationales, dont les étrangers s'éprennent si vite; c'est ainsi que naquirent, sous le souffle de l'inspiration populaire, la *Ricciolella*, que Rossini adopta comme un prince adopte un enfant trouvé, et plaça dans sa *Semiramide* comme en un splendide palais, et dans ces dernières années les chants *Te voglio bene assaie*, la *Carolina*, la *Luisella*, et tant d'autres cantilènes en ton mineur si ingénues et si inimitables. Elles s'improvisent là, pendant la nuit de Piedigrotta, chaque année, sans prétention, sans souscription, sans dédicace, sans désir de chercher la célébrité. Et l'orchestre ne manque pas, un orchestre tout populaire, composé de deux grosses coquilles, d'un tambour de basque et d'un fifre. La voix humaine fait le reste.

Mais voici l'aube. Les feux pâlissent dans la grotte, le jour y pénètre peu à peu par les grandes arcades de l'entrée; les chants et les danses cessent comme par un ordre impérieux. La cloche sonne la messe à Piedigrotta. Toute la foule se porte aussitôt de ce côté, envahit l'église, s'y presse, s'y entasse pour entendre l'office; le reste de la multitude est dehors. A peine la messe est-elle finie, que le peuple se souvient de la Villa-Reale. Le *lazarone*, le petit marchand, le *facchino*, le paysan, l'*acquaiuolo* avec sa boutique sur ses épaules, le confiseur avec son éventaire suspendu au cou, le vendeur de fruits, s'y sont déjà donné rendez-vous. La Villa offre l'aspect le plus pittoresque qu'on puisse imaginer. On mange, on crie, on chante, on danse, et tout cela se fait avec la pantomime la plus expressive. Le jardin ressemble à une ville prise d'assaut. Voyez le facchino marcher avec l'attitude d'un héros, pour faire honte aux statues qui peuplent les bosquets, se draper majestueusement dans ses haillons aux couleurs éclatantes, et se dresser pour donner un horion aux divinités de l'Olympe. Pendant ce temps, le lazarone se mesure avec l'Apollon, le gamin fait des grimaces au Faune et lui débite des vers de sa façon, le portefaix lève les épaules par dédain en face des prodiges d'Hercule, et cherche autour de lui s'il y a dans la foule quelque Antée qui se permette d'en sourire. Écoutez les lettrés de la plèbe expliquer à leur manière le rapt de Proserpine ou celui des Sabines, ou l'enlèvement d'Europe, et les autres fables de la mythologie. Ainsi se passe en jeux, en chants, en tapage surtout, cette fête du 8 septembre. Le soir arrive, l'Angélus tinte, le peuple s'aperçoit enfin qu'il est fatigué et se retire comme à regret de la Villa-Reale, se promettant bien de revenir l'année suivante prendre sa part à cette fête brillante, où le caractère napolitain peut se déployer tout à l'aise.

Près de Piedigrotta se trouve une autre église qu'on doit à la libéralité et aussi peut-être à la vanité de Sannazar. Le poète, qui avait une villa dans le voisinage, donna aux frères servites de Marie un vaste terrain pour y bâtir une église, à condition de la dédier à Santa-Maria del Parto, en souvenir de son poème latin sur l'enfantement de la Vierge (*De partu Virginis*), et il la dota d'un revenu annuel de six cents ducats. Au fond du chœur s'élève le monument de Sannazar, sur la base duquel le cardinal Bembo, exaltant beaucoup trop la valeur de son ami, a fait graver ces vers :

DA SACRO CINERI FLORES : HIC ILLE MARONI
SINCERVS, MVSA PROXIMVS VT TVMVLO

C'est beaucoup de rapprocher Sincerus (c'est le nom académique de Sannazar) du grand et immortel poète dont le tombeau est près de là. Un bas-relief représente Neptune, Pan, les Nymphes, les Satyres, les pasteurs, pour exprimer le genre favori du poète ; deux statues assises, figurant Apollon et Minerve, complètent cette décoration mythologique, qui serait beaucoup plus à sa place dans un jardin que dans un temple chrétien. Il est vrai que pour pallier à cette inconvenance, on a prétendu que ces deux statues représentaient David et Judith ; mais la couronne de laurier du premier et le casque de la seconde protestent hautement contre cette interprétation. Ces fautes de goût, qui nous choquent tant aujourd'hui, doivent être attribuées à l'engouement de l'époque pour la littérature et l'art de l'antiquité, engouement dont les meilleurs esprits avaient peine à se défendre, et qui atteignit ailleurs des proportions bien plus choquantes encore.

Quelques autres édifices religieux méritent d'être mentionnés ; nous le ferons ici très brièvement.

L'église Saint-François-de-Paule est située sur la place même du Palais-Royal, dans l'emplacement sur lequel le pieux ermite avait bâti, par concession de Ferdinand Ier d'Aragon, une petite chapelle et un couvent pour les frères de son institut. Un vœu fait par Ferdinand Ier de Bourbon, pendant que son royaume était occupé par les armées françaises, fut l'origine de l'église actuelle. Les travaux commencèrent en 1817. L'architecte, Pietro Bianchi di Lugano, adopta un plan circulaire, comme celui du Panthéon d'Agrippa, à Rome, et y souda deux chapelles accessoires. La coupole s'élève à deux cents palmes au-dessus du pavé, c'est-à-dire trente-cinq palmes plus haut que le Panthéon; mais le diamètre a vingt-quatre palmes de moins, et ne mesure que cent trente-six palmes. Sept tribunes sont distribuées sur le pourtour, au-dessus de la première corniche, pour le corps diplomatique et les invités dans les cérémonies officielles. Une chapelle souterraine, exactement semblable au temple supérieur, était destinée à recevoir les dépouilles mortelles des princes napolitains de la maison de Bourbon. Les marbres, les colonnes, les statues, les peintures ne sauraient enlever à cet édifice un grand aspect de froideur.

Il semble que chacune des nombreuses dynasties qui ont gouverné le royaume de Naples ait tenu à avoir son église spéciale et de prédilection. Celle de la maison d'Anjou fut fondée en 1310 par le roi Robert, sous le vocable de sainte Claire. Au moment de la consécration, en 1340, le roi établit que la procession du *Corpus Domini,* après être sortie de la cathédrale, viendrait faire une station à Santa-Chiara, escortée de toute la cour et des grands du royaume. De nombreuses querelles s'élevèrent entre les nobles et le peuple, qui se disputaient le privilège de porter les bâtons du dais. Le roi et le duc de Calabre, son fils aîné, portaient les deux premiers bâtons; cinq autres étaient réservés aux nobles, et le huitième appartenait à un délégué du peuple nommé par les quatre *places populaires,* c'est-à-dire par les assemblées qui se réunissaient en plein air pour délibérer sur leurs affaires. Ce privilège fut maintenu jusqu'en 1507.

Santa-Chiara étant érigée en chapelle royale, l'abside fut destinée pour la sépulture des princes de la maison d'Anjou. On y voit cinq monuments, élevés à la mémoire de Robert le Sage, de son fils aîné, Charles l'Illustre, de Jeanne Ire, de sa sœur Marie, et des petites princesses Agnès et Clémence. Ces tombeaux, œuvres importantes du xive siècle, sont intéressants pour l'histoire de la sculpture. — San-Domenico était affecté à la sépulture de la maison d'Aragon, et les tombes de ces princes méritent aussi une visite, non moins que celles de Pierre Navare et de Lautrec, dans l'église Santa-Maria-la-Nuova.

En pourrais-je dire autant des statues bizarres que les touristes vont admirer, sur la foi des guides, dans la fameuse chapelle de Santa-Maria-della-pietà de' Sangri, bâtie en 1590 par Francesco di Sangro, duc de

Torre? On vous y montrera la statue de la Pudeur, tout enveloppée d'un tissu léger de marbre qui trahit les moindres contours du corps au lieu de les voiler; un Christ sous un linceul qui laisse deviner son nez, ses épaules, ses genoux; puis la personnification allégorique d'une âme qui se dégage du vice, sous la figure d'un homme cherchant à sortir des mailles d'un filet de marbre qui l'enserre de toutes parts. Dans ces prétendus chefs-d'œuvre, il y a sans doute une grande habileté de ciseau, une *pratique* étonnante, comme disent les sculpteurs; mais je ne saurais y voir de l'art dans la noble acception de ce mot. Ce sont des tours de force, si l'on veut, des difficultés vaincues, mais rien de plus. Il n'y a plus là, dit un maître excellent, que l'exécution sans le style et le goût, que la main sans l'âme et l'esprit.

Je ne poursuivrai pas plus longtemps cette énumération, qui pourrait devenir fastidieuse, les églises de Naples se ressemblant presque toutes et n'offrant aucun côté architectural remarquable. Sous l'influence de la maison d'Anjou, l'architecture ogivale avait produit quelques monuments intéressants; mais ces restes de notre beau style français ont disparu presque partout sous la manie des décorations modernes. Il serait peut-être curieux de rechercher quelles modifications le génie grec de l'Italie méridionale avait fait subir à l'architecture du Nord; mais ce n'est pas à Naples qu'il convient de tenter cette comparaison.

Un grand nombre des églises et des chapelles de Naples appartiennent à de pieuses confréries de laïques établies dans le but d'accomplir quelque dévotion particulière ou quelque œuvre spéciale de la miséricorde. Ces confréries sont extrêmement nombreuses, et si l'on voulait en écrire l'histoire, on écrirait l'histoire de la charité napolitaine, ingénieuse à faire le bien sous toutes les formes. Toutes ces congrégations, en effet, ont été créées par quelque généreux fondateur et libéralement dotées; constituées en personnes civiles, elles reçoivent des legs et les administrent sans aucune ingérence du gouvernement. Citons seulement l'archiconfrérie noble des Sept-Douleurs, dont le roi de Naples était de droit le supérieur-né; la congrégation des Nobles, érigée dans la maison des pères jésuites, pour gouverner un mont-de-piété à l'usage des pauvres honteux; celle de Santa-Maria-della-Carità, qui s'occupe de pourvoir de médecins et de médicaments les malades et les infirmes; les confréries des Verts et des Blancs, ainsi nommées de la couleur de leur costume ou plutôt de leur sac, et qui s'adonnent spécialement à préparer les condamnés à la mort, à les accompagner au lieu du supplice, à donner la sépulture à leur corps, et à soulager leur famille; la congrégation du Saint-Esprit, qui recueille dans un *conservatoire* ou refuge les jeunes orphelines, les élève chrétiennement et les dote au moment de leur mariage, et la confrérie de Saint-Joseph-des-Nus, qui distribue des vêtements aux pauvres. Quelques-unes de ces congrégations ont une importance civile très considérable. Celle de la Sainte-Trinité, fondée dans l'origine pour recevoir les pèlerins et les convalescents, a créé avec ses seules ressources le plus grand hôpital de Naples, et l'administre au moyen d'un primicier, de trois gardiens nobles, et d'un quatrième gardien choisi dans le corps des artisans. La congrégation des Battants ou Flagellants, qui tire son nom de la discipline qu'elle porte suspendue à son sac, recueille les enfants trouvés et abandonnés, et pourvoit à leur éducation. L'établissement de la Pietà-de'-Turchini ou des Enfants-Bleus est une fondation du même genre, due au zèle de la confrérie de l'Incoronatella; on recueille dans cette pieuse maison les petits vagabonds qui errent par la ville, et on leur enseigne la musique. De ce conservatoire sont sortis un grand nombre de *maestri* distingués, qu'on peut regarder comme les pères de la musique napolitaine, et entre autres Scarlatti et Leonardo Leo. Toutes ces confréries ont leurs églises propres, leur clergé, leurs offices spéciaux.

Il en est absolument de même des corporations d'arts et métiers. On sait que chez les Romains toutes les industries qui n'étaient pas exercées par les esclaves étaient organisées en collèges, ayant à leur tête un chef ou préfet. Cette organisation survécut à l'empire, et traversa tout le moyen âge et toute l'ère moderne en se modifiant naturellement sous l'influence des idées chrétiennes. Les artisans, devenus chrétiens, ne se préoccupèrent plus seulement des avantages temporels qu'ils retiraient de l'association, mais ils pensèrent aussi aux biens spirituels qu'ils pouvaient en espérer. Dès lors ils se réunirent en congrégations religieuses spéciales, où ils n'admettaient que les hommes du même métier, se bâtirent des églises ou des chapelles, qu'ils ornèrent souvent de précieux objets d'art, et s'y assemblèrent régulièrement pour leurs offices comme dans des églises paroissiales. Dans les *fonctions* (expression italienne qui répond au mot français de *cérémonies*), dans les *fonctions* sacrées, les confrères revêtirent une livrée d'humilité, c'est-à-dire un sac attaché par une ceinture, et par-dessus un manteau de couleur variée, le tout approuvé par l'autorité ecclésiastique. Ainsi constituées, les corporations se cotisèrent d'abord pour subvenir aux besoins de leurs membres pauvres; puis, devenues riches par les legs des confrères, elles ne tardèrent pas à annexer à leurs églises des conservatoires où elles élevaient les orphelines dont les parents appartenaient à la confrérie.

Un grand nombre des églises et des établissements de bienfaisance de Naples doivent leur naissance aux institutions que nous venons de mentionner. C'est ainsi, par exemple, que les églises Saint-Joseph, Saint-

Pierre (San-Petrillo), Saint-Antoine et Sainte-Cécile ont été bâties par les menuisiers, les maçons, les jardiniers et les musiciens de la chapelle royale. Un notaire, Aniella Capestrice, fonda, en 1639, le conservatoire de Santa-Maria-della-Purità des Notaires, et il légua toute sa fortune à cette maison, afin d'en faire un lieu de retraite pour sept filles de ses confrères de Naples qui n'auraient pas trouvé à se marier. Les orfèvres ont aussi leur église, Sainte-Agathe des Orfèvres, dans le quartier de Pendino, où ils ont tous été groupés au XVIIe siècle par les soins du vice-roi Gaspare de Haro, marquis del Carpio; on y admire d'élégants reliquaires avec de charmantes statuettes de saints, exécutées par une excellente main *secentiste*[1], c'est-à-dire postérieure à l'an 1600 ou du XVIIe siècle. Leur conservatoire, où ils font élever toutes leurs filles, est suffisamment doté pour pourvoir à l'éducation gratuite et à la dot de huit indigentes; la corporation continue à payer volontairement à cet établissement une rente annuelle de 860 ducats, sous le titre bizarre de *Balayures*, parce que cette somme est censée provenir des balayures des boutiques d'orfèvres. Les artisans de la laine formaient autrefois une corporation puissante, organisée par Alphonse Ier d'Aragon, qui lui avait octroyé un tribunal, des prisons et d'autres privilèges; elle ne conserve plus aujourd'hui que son église de Santa-Rosa. L'industrie de la soie a eu la même organisation jusqu'à la fin du XVIIIe siècle. Son tribunal était composé de trois consuls, savoir, un marchand napolitain, un marchand étranger et un tisseur, d'un consulteur, d'un coadjuteur fiscal et d'un avocat des pauvres; il exerçait sa juridiction sur les marchands de soieries, les tisseurs, les teinturiers et toutes les autres industries qui se rattachent à la soie. Cette puissance est tombée à l'avènement de la domination française, et la corporation ne possède plus de nos jours que son église Saint-Philippe-et-Saint-Jacques, et le conservatoire où elle élève une centaine de jeunes filles. Il n'est pas jusqu'à la corporation des cordonniers qui n'ait voulu avoir, à côté de son église Saint-Crépin-et-Saint-Crépinien, un conservatoire pour les *demoiselles de l'art* (ce sont les termes de la fondation), avec des dots de cinquante ducats.

Toutes les autres industries napolitaines sont organisées de la même façon. Si cette institution peut soulever des critiques au point de vue économique, on ne saurait nier qu'elle ne porte l'empreinte d'un grand caractère de prévoyance et de charité, et qu'elle n'ait résolu depuis longtemps le problème de la mutualité.

On pense bien que les confréries et les corporations n'abandonnent

---

[1] Dans l'histoire des arts, les Italiens emploient très fréquemment les expressions *tresentiste, quattrocentiste, cinquecentiste, secentiste*, pour désigner les artistes du XIVe, du XVe, du XVIe et du XVIIe siècle.

as leurs membres au lit de la mort, et qu'elles les accompagnent jusqu'au cimetière. L'association n'embrasse pas seulement toute la vie de l'homme, elle s'étend même à la sépulture. On trouve déjà des traces de cet esprit dans ces antiques catacombes de Naples, vastes excavations qui s'ouvrent dans les flancs de la colline, au nord de la ville. Il est certain que ces cavernes, longues de plusieurs milles et distribuées en trois étages superposés, sont bien antérieures à l'ère chrétienne, et qu'elles servaient de nécropole au temps de la domination grecque. Pas plus que dans les catacombes de Rome, on ne saurait y voir des carrières de pierres; car rien n'y porte l'empreinte de travaux entrepris pour l'extraction du tuf volcanique, et le mineur semble, au contraire, avoir recherché avec soin les veines friables de pouzzolane et évité d'entamer la roche dure. Quelques tombeaux païens s'y sont rencontrés; mais quand les chrétiens furent devenus prépondérants, ils s'emparèrent naturellement de ces grottes souterraines, et firent disparaître peu à peu les traces du paganisme.

On pénètre aujourd'hui dans les catacombes par une ouverture qui se trouve derrière l'église San-Gennaro-de'-Poveri, au pied de la colline de Capodimonte. Ce sont d'immenses couloirs plus larges et plus hauts que ceux de Rome, parce que la veine de pouzzolane se prêtait mieux aux excavations; ces corridors obscurs s'enfoncent à de grandes profondeurs, se ramifient dans tous les sens, reviennent sur eux-mêmes, montent ou descendent dans les flancs du rocher; de distance en distance, des caveaux plus larges, des chambres sépulcrales, des chapelles, sont ménagés dans l'épaisseur du tuf. Les parois, à droite et à gauche, sont creusées de manière à recevoir latéralement un cercueil; il y a ainsi plusieurs étages de cercueils superposés. La niche, une fois remplie de la dépouille mortelle, était fermée par une plaque de marbre ou de tuf qui portait une inscription. Çà et là les murailles sont revêtues de stuc et peintes assez grossièrement de pieuses images, dont quelques-unes sont fort anciennes. On comprendra d'un seul mot le caractère de grandeur qui s'attache à ces catacombes, quand on saura qu'elles ont servi exclusivement de nécropole à toute la cité napolitaine depuis les temps les plus reculés jusqu'au milieu du XVIIIe siècle, à l'exception des rares sépultures qu'on accordait par honneur dans l'intérieur des églises.

Les pestes du XVe, du XVIe et du XVIIe siècle, en accumulant les cadavres, avaient comblé les grottes de la colline au levant de la ville, et il devenait urgent de prendre un parti et de renoncer à ces antiques sépultures. En même temps le grand hôpital des Incurables, qui jusqu'alors s'était contenté de précipiter les cadavres, au grand détriment de la santé publique, dans un gouffre profond qu'on appelait la Piscine, songea à établir un *Camposanto*. De nombreuses souscriptions l'y aidèrent, et le premier cimetière extérieur fut établi en 1762. Un autre *Camposanto* fut ouvert en 1820.

Ces établissements, comme la plupart des grands cimetières d'Italie, ont conservé, autant qu'il a été possible, la physionomie des catacombes. Lorsqu'on les parcourt pour la première fois et qu'on les juge avec nos yeux et nos habitudes françaises, on est étonné tout d'abord de l'aspect singulier qu'ils présentent. Ces longs cloîtres, où s'étagent de bas en haut huit ou dix cercueils superposés, sont bien différents de nos cimetières, où le plus pauvre d'entre nous veut occuper ses six pieds de terre dans le sol sacré. Mais quand on a visité les catacombes de Rome, on revient aussitôt de cette première impression, parce qu'on retrouve les traits principaux de ces cimetières vénérables dans les cimetières actuels d'Italie : il n'y manque que l'ombre, le silence, le mystère, la froideur sépulcrale des grottes; mais il faut ajouter que ce défaut leur enlève une grande partie de leur caractère religieux.

Le Camposanto de Naples est conçu d'après le même type. Établi en pente sur plusieurs petites collines, il présente de loin, avec son église, son couvent de capucins, ses chapelles, ses portiques, ses monuments funéraires, ses croix, ses arbres disséminés de toutes parts, un aspect singulièrement pittoresque. Un grand cloître en enveloppe de toutes parts la cour principale, au sommet de la colline, dessinant un parallélogramme long de quatre cent quatre-vingt-quatre palmes et large de quatre cents. D'autres petits portiques entourent les autres cours, et sous chacune des arcades s'ouvrent des sépultures de famille. Les confréries et les corporations ont acheté de vastes terrains où elles ont établi des caveaux que domine une chapelle plus ou moins riche, suivant les ressources de la confrérie; l'association se poursuit ainsi jusque dans la mort. Il y a déjà cent trente-sept chapelles funèbres érigées par les corporations, et il en manque encore trente-sept pour compléter le nombre total de ces pieuses sociétés. Les communautés religieuses ont aussi, dans un emplacement spécial, leurs propres chapelles. Qu'on ajoute à ce nombre déjà considérable de monuments plus ou moins importants les treize cents mausolées de famille, et l'on aura une idée du vaste ensemble qui se déploie aux yeux du haut de la terrasse du couvent.

Mais l'œil a bientôt quitté ce spectacle funèbre, tout intéressant qu'il est, pour aller plus loin chercher un plus splendide horizon. La ville de Naples avec ses collines, la mer, les îles lointaines, appellent invinciblement le regard, et l'on oublierait facilement qu'on est dans le champ de la mort, si le Vésuve ne se dressait au milieu de ces riantes campagnes comme une menace perpétuelle.

IV

PALAIS, CHATEAUX, VILLAS

Le *Palazzo-Reale*. — Théâtres de Naples. — Conservatoire de musique. — La musique napolitaine. — Le *Castel-Nuovo*. — Arc de triomphe d'Alphonse Ier d'Aragon. — Le château de l'Œuf. — Le château Saint-Elme. — Capodimonte. — Le *Poggio-Reale*. — Influence des jardins italiens sur les jardins français. — Les villas du Vomero et du Pausilippe. — Les jardins verts.

Aucun des palais de Naples n'offre ni la grâce exquise de Chenonceau, ni l'originalité pittoresque de Chambord, ni la splendeur architecturale de Fontainebleau, ni la grandeur élégante du Louvre et des Tuileries, encore moins le caractère imposant de Versailles. Ce sont de grandes fabriques à l'italienne, d'une physionomie toute moderne, où les lignes d'ensemble font généralement défaut, et où, comme dans les églises, la surcharge outrée des détails étouffe toutes les proportions.

Les circonstances politiques sont un peu la cause de cette pénurie de monuments civils. Les princes normands et les rois de la maison de Souabe demeurèrent dans l'île de Sicile autant que pouvait le leur permettre une vie troublée et sans cesse agitée par les soucis de la conquête et de la défense, et ils séjournèrent particulièrement à Palerme, qu'ils regardaient comme la ville la plus importante de leurs domaines. Les rois angevins furent les premiers qui s'installèrent à Naples, et après eux les princes de la maison d'Aragon; mais ils n'habitèrent que les châteaux forts de la cité, comme le Castel-Capuano (aujourd'hui siège des tribunaux), le Castel-Nuovo et le château de l'Œuf, selon que l'exigeaient les conditions de ces temps pleins de guerres et d'embûches.

L'idée de bâtir un édifice spécial pour la demeure royale naquit dans le temps que le Napolitain, étant devenu une province d'Espagne, se gouvernait par des vice-rois. Don Pierre de Tolède, lieutenant de Charles-Quint, en conçut la première pensée, et fit construire un palais dans le style militaire de l'époque, avec un pont-levis, des fossés, des créneaux et de grosses tours. Mais en 1600 le vice-roi comte de Lemos, voulant élever un palais plus digne de la grandeur des monarques espagnols, en confia l'exécution à l'architecte Domenico Fontana. De cet édifice il ne subsiste que la façade principale, longue de cinq cent vingt palmes et haute de cent dix, décorée de trois rangs de pilastres d'ordres différents placés les uns au-dessus des autres. Le reste du *Palazzo-Reale,* remanié pendant deux siècles, a été consumé par un incendie en 1837, et reconstruit à neuf depuis cette époque.

Nous n'essayerons point de décrire l'intérieur du palais, où l'on retrouve toutes les salles d'apparat qui doivent exister, avec plus ou moins de splendeurs et de dorures, dans tout édifice du même genre. L'extérieur, sans la façade de Fontana, ne mériterait pas un regard, car le palais est écrasé de tous les côtés par des constructions accessoires : à gauche, par le théâtre de Saint-Charles ; à droite, par l'arsenal militaire ; en arrière, par l'arsenal maritime et le port de guerre. Les jardins, qui, sur le bord de la mer, contribueraient à la décoration et au charme de l'habitation royale, sont réduits à une simple terrasse et remplacés par des forts. La façade seule offre quelque intérêt, et par elle-même, et par la place qu'elle commande. Cette place, la plus belle et la plus régulière de Naples, a la prétention malheureuse de vouloir imiter celle de Saint-Pierre de Rome : elle décrit en face du palais, de chaque côté de l'église Saint-François-de-Paule, un portique en demi-ellipse composé de deux *quadrants* ou quarts de cercles égaux, et soutenu, sur un développement de huit cents palmes, par quarante-quatre colonnes doriques tirées de la carrière de basalte de Pouzzoles ; le grand axe de l'ellipse partage la place, en courant du palais de la Foresteria au palais du prince de Salerne ; les deux foyers en sont occupés par les statues équestres en bronze de Charles III et de Ferdinand Ier, modelées par Canova et Cali, et fondues à Naples par Righetti. Huit autres statues, représentant les vertus théologales et cardinales, complètent la décoration des frontons qui terminent le portique à ses deux extrémités. Cet ensemble ne manque pas de style ; mais il manque de grandeur, et il est écrasé par les souvenirs qu'il évoque étourdiment.

Le grand théâtre de Naples est annexé à une aile du palais royal. De tout temps la population napolitaine semble avoir aimé avec passion les distractions des jeux de la scène et de la musique. Sous les Romains, l'antique théâtre était situé dans la rue qui s'appelle aujourd'hui *Via dell' Anticaglia,* où l'on en voit encore quelques ruines sans intérêt.

Suétone nous raconte que Néron y chanta publiquement ses vers, assisté par un chœur de cinq mille voix.

> Lo vide il mondo alfin tanto impazzato,
> Che passo sul teatro e sulla scena
> Dal domestico canto e dal privato;
> E credendosi ormai esser sirena,
> Poco gli parve aver delle sue glorie
> Napoli, e Roma, e tutta Italia piena.

« Le monde le vit à la fin devenir tellement fou, que, ne se contentant plus de chanter chez lui, il osa monter sur le théâtre et paraître sur la scène. Et, croyant désormais être une sirène, il estima que c'était peu de chose d'avoir seulement rempli de sa gloire Naples, Rome et toute l'Italie. » C'est Salvator Rosa, peintre et poète en même temps, qui s'exprime ainsi dans ses satires. Sénèque ajoute que l'empereur était sur le théâtre au moment même où l'effroyable tremblement de terre de l'année 63 ruina les villes les plus florissantes de la Campanie et ébranla Naples elle-même; on eut toutes les peines du monde à l'arracher de la scène, où il voulait absolument achever son grand air.

L'invasion des barbares et les troubles du moyen âge détruisirent les théâtres, et les représentations scéniques disparurent. Elles se remontrèrent plus tard, mais sous une forme adaptée aux mœurs nouvelles. Les faits de l'histoire ecclésiastique devinrent le thème naturel de ces compositions, comme chez nous les *mystères*, et elles prirent le nom d'*actions sacrées*. Les couvents de moines, les archiconfréries, les corporations d'arts et métiers se donnèrent chaque année, au jour de la fête de leur patron, de pieux spectacles dont les rôles étaient exécutés par les confrères eux-mêmes. Le souvenir de ces drames naïfs n'est point entièrement aboli à Naples, et au temps de Noël on peut encore y voir quelques troupes populaires, étrangement vêtues de peaux de bêtes, réciter et chanter le poème de la Visite des bergers à Jésus dans la crèche.

Ces actions sacrées des Napolitains furent le germe d'où sortirent des compositions dramatiques d'un caractère littéraire plus élevé. L'opéra proprement dit fut introduit à Naples, vers le milieu du xviie siècle, par le vice-roi comte d'Ognatte, et s'y naturalisa promptement, tant le génie musical semble propre à ce climat et à ce peuple. Les autres branches des arts, la peinture, la sculpture, l'architecture, n'y ont jeté qu'un faible éclat; mais la musique y a atteint un degré de perfection bien plus élevé que dans tout le reste de l'Italie. On peut même dire que la musique italienne, entre Palestrina et Rossini, tous deux des États romains, est la musique napolitaine. Les divers conservatoires de Naples ont produit une suite étonnante de *maestri* célèbres, dont les noms sont impérissables. Alessandro Scarlatti et son frère Domenico, Porpora, Leo, Durante, Leonardo Vinci, Pergolèse, Jomelli, Piccini (le rival de Gluck), Sacchini, Paisiello, Cimarosa, Guglielmi, Fioravanti, Zingarelli, Mercadante : voilà la véritable gloire de l'art napolitain. A ces noms il faut même ajouter ceux de Bellini et de Donizetti; car si l'un est né à Catane, en Sicile, et l'autre à Bergame, en Lombardie, ils sont tous deux élèves de la grande école musicale de Naples, et ils en expriment le caractère et le génie.

Le conservatoire de Naples fut fondé vers le milieu du xvie siècle, et ce fut tout d'abord un simple refuge où une pieuse confrérie recueillait des enfants abandonnés et de petits vagabonds, et on leur enseignait la musique pour leur donner un état et en faire des chantres d'église. On en regarde comme le fondateur le prêtre espagnol Giovanni di Tapia, qui, allant de bourgade en bourgade et de maison en maison, recueillit assez d'argent pour établir deux collèges, l'un de garçons, l'autre de jeunes filles, où il réunit jusqu'à huit cents élèves. Ces deux maisons prirent le titre de Santa-Maria-di-Loreto. Vingt ans plus tard, un autre homme également dévoué, Marcello Fossatoro, fondait un nouveau refuge appelé *Refuge des pauvres de Jésus-Christ*, où il éleva de petits pauvres de sept à onze ans. En 1600, une confrérie créa pour les orphelins le conservatoire de San-Onofrio; et peu de temps après la congrégation de l'Incoronatella, qui s'occupait de nourrir et d'instruire les enfants pauvres de son quartier, ouvrit dans le même but le conservatoire de la Pietà de' Turchini, ou des *Enfants-Bleus*. Ce dernier établissement acquit promptement une grande célébrité, et le nombre des étudiants y devint si considérable, que, les revenus de la maison ne suffisant plus pour les entretenir, il fallut utiliser les élèves, les uns à servir des messes dans les églises, les autres à représenter de petits anges dans les funérailles des enfants, d'autres enfin à louer leur voix pour les concerts et les opéras. Il sortit de ce conservatoire une foule de maestri distingués, qui cultivèrent avec un grand éclat toutes les branches de l'art musical, et répandirent dans toute l'Europe la gloire de l'école napolitaine.

Le collège musical de Naples est situé aujourd'hui à San-Pietro-a-Majella. Il comprend tout à la fois des classes d'externes et une pension où l'on reçoit plus de trois cents jeunes gens, dont un cent sont entretenus par l'État; les autres payent neuf ducats (trente-huit francs) par mois. Il y a dix-huit professeurs de musique, et huit professeurs de lettres, tous choisis au concours. Le conservatoire possède les archives musicales les plus riches du monde, montant à plus de huit mille volumes appartenant surtout à l'école napolitaine, sans exclure les œuvres des autres écoles et des autres pays; cette précieuse collection est accrue chaque jour avec le plus grand soin.

On peut juger, par cet aperçu rapide, du développement du goût musical chez les Napolitains. Aussi les théâtres sont-ils fort multipliés dans la ville, et comme le prix des places est extrêmement bas, toutes les classes de la population vont y chercher chaque soir leur plaisir

Vue de Naples. — Fort Saint-Elme.

favori. Cette passion est tellement générale, qu'en dehors des troupes qui jouent par état la comédie et l'opéra, il s'est formé un grand nombre de sociétés philodramatiques d'amateurs, qui se donnent le plaisir personnel des représentations scéniques et musicales, et jouent en présence d'un public d'invités pour les œuvres de bienfaisance. J'ai eu le plaisir d'assister à une de ces soirées. La musique y était fort bonne; mais j'en sortis tout agacé, le chef d'orchestre, suivant un usage barbare général en Italie, frappant bruyamment la mesure, et jetant incessamment le bruit sec de sa *battuta* au milieu des mélodies les plus suaves et des cantilènes les plus légères.

Le théâtre royal de San-Carlo, qui a entraîné cette digression sur la musique, est annexé au palais, dont il masque maladroitement les proportions d'un côté. En passant devant la façade du théâtre et devant le jardinet royal planté de palmiers qui y touche, on arrive au Castel-Nuovo. Ce château fut bâti par le roi Charles d'Anjou, d'après le plan des fortifications françaises, sur les dessins de Jean et de Nicolas de

Pise. Il se composait dans l'origine d'une enceinte flanquée de cinq énormes tours, baignées par la mer au midi, et protégées au nord par une vaste esplanade. La partie la plus intéressante de ce château est l'arc de triomphe qui fut élevé, au milieu du XVe siècle, entre les deux grosses tours de l'entrée, en l'honneur d'Alphonse Ier d'Aragon. Ce monument, aussi remarquable pour l'architecture que pour les sculptures, est entièrement construit dans le style de la renaissance italienne, et il nous montre à quel point de retour vers l'antique les Italiens en étaient déjà arrivés, lorsque chez nous nous en étions encore à la tradition gothique dégénérée. Quatre colonnes d'ordre corinthien en composent la base, et encadrent une porte en plein cintre; la frise présente cette inscription :

ALPHONSVS REX HISPANVS SICVLVS ITALICVS
PIVS CLEMENS INVICTVS

Au-dessus de ce premier compartiment s'en élève un second en forme d'attique, sur lequel est sculptée l'entrée triomphale du roi, bas-relief d'une exécution savante. Sur un fond d'architecture orné de pilastres, on voit un char attelé de quatre chevaux imités de quelque médaille antique ou de quelque intaille finement gravée. Le roi est assis sur le char, la tête sans couronne, et l'on ne voit point à ses pieds les six couronnes qui figurèrent dans la *fonction* pour représenter ses six royaumes de Naples, d'Aragon, de Sicile, de Majorque, de Sardaigne et de Corse. Au-dessus de l'attique s'ouvre une arcade en plein cintre encadrée de quatre colonnes, et surmontée de quatre niches à coquilles avec des statues. L'ensemble de l'arc de triomphe est bien conçu, et le sculpteur, Pietro di Martino, Milanais, a su tirer heureusement parti de l'espace étroit qui lui était concédé. Les détails sont finement traités, et font honneur à la main qui les exécuta.

Le Castel-Nuovo est un des trois forts qui défendent la ville de Naples; les deux autres sont le château de l'Œuf (*castello dell' Ovo*) et le château Saint-Elme.

Le château de l'Œuf, ainsi nommé de sa forme ovale, est assis dans la mer, sur un rocher détaché de la colline voisine par quelque révolution du sol. La tradition veut que là se soit élevée autrefois la villa qui faisait les délices de Lucullus, ou du moins que ce rocher, réuni à la terre ferme par un pont, ait appartenu à la villa du somptueux Romain. Quoi qu'il en soit, il est certain qu'il y avait sur cet écueil une tour de défense, et qu'Augustule, dernier empereur romain, et Odoacre, roi des Hérules, y furent enfermés. Guillaume Ier, qui avait bâti le Castel-Capuano pour défendre la ville du côté de la terre, fortifia l'écueil de Lucullus pour commander la mer. Frédéric II fit reconstruire ce même château, à la fin du xiie siècle, par les soins de Nicolas de Pise. En 1298, Marie, femme de Charles II d'Anjou, y établit un monastère de bénédictins. Charles VIII s'en empara en 1495. En 1503, les premières mines que l'on connut à Naples donnèrent la preuve de leur puissance sous les murs du château de l'Œuf, que Pierre Navarre renversa. Pierre de Tolède, lieutenant de Charles-Quint, le restaura, et sous Philippe II, en 1594, Giovani Zuniga le réunit à la terre par un pont.

Le château Saint-Elme, qui domine la colline à l'ouest de Naples, et qui par sa masse imposante joue un si grand rôle dans le relief pittoresque de la ville, est beaucoup plus important. Le roi Robert, en 1342, en jeta les fondements. Pierre de Tolède l'amplifia beaucoup, et, sous la direction de l'ingénieur militaire Luigi Scriva, en fit une citadelle redoutable. Mais en 1587 la foudre tomba sur une des tours, et, mettant le feu aux munitions et aux poudres, fit sauter la plus grande partie de la forteresse, tua cent cinquante personnes, et ébranla un grand nombre d'églises et d'édifices dans l'intérieur de la ville. Didaco Manriquez, marquis de Casella, restaura le château vers 1630. Malgré ces restaurations, le Saint-Elme a conservé la physionomie d'une forteresse du xvie siècle.

Ce ne sont là que des châteaux forts, dont le principal mérite gît dans l'importance militaire. La casina royale de Capodimonte, au nord de la ville, est un véritable château de plaisance situé dans la position la plus riante et la plus délicieuse; Charles III en jeta les fondements en 1738, et le fit exécuter par l'architecte Medrano de Palerme. Dans l'origine, on voulait en faire un musée, et de fait le roi y fit porter tous les tableaux de la maison Farnèse qui lui étaient venus en héritage par sa mère, les objets antiques trouvés à Herculanum, la collection de médailles et de camées, les livres de la bibliothèque royale, en un mot, tous les précieux objets d'art qui vinrent enrichir le royaume de Naples en vertu de la succession Farnèse. La casina n'était pas achevée que des lézardes s'y montrèrent de toutes parts, à cause des innombrables cavernes creusées dans les flancs de la colline, et il fallut reprendre l'édifice en sous-œuvre. Malgré les restaurations qui en ont été la conséquence, le palais de Capodimonte n'en est pas moins une belle et élégante demeure. Un vaste parc, tout rempli d'animaux de chasse, y est attenant. C'est une des plus agréables promenades qu'on puisse faire dans le voisinage immédiat de Naples.

Sur une autre colline, le Poggio-Reale, occupée maintenant par le Camposanto nouveau, s'élevait autrefois une délicieuse habitation de plaisance qu'Alphonse II avait fait construire étant duc de Calabre. Quoique cette villa ait aujourd'hui complètement disparu, nous lui consacrerons cependant quelques lignes, à cause de l'influence qu'elle exerça sur le développement de l'art des jardins en France à la fin du XVe siècle.

Les jardins italiens firent une profonde impression sur Charles VIII, qui sortait des simples vergers de la Touraine. A Florence, le jeune roi avait beaucoup admiré les célèbres *jardins de Mars*, alors célèbres dans toute l'Europe. L'admiration du roi s'accrut encore à Naples, en présence des jardins du Poggio-Reale. Dans les lettres qu'il écrivait à son beau-frère, le sire de Beaujeu, on aime à voir Charles VIII touché des beautés de l'Italie et s'ouvrant à l'art et à la poésie. Paysages, palais, villas, maisons des champs, jardins, arts, il admire tout, et avec une vivacité d'expression qui révèle une âme sincèrement émue. Écoutons-le :

« Au regard du pays, il n'est rien en ce monde plus plaisant et meilleur. Beaux lieux de plaisance, fontaines, jardins, où il y a citrons, oranges et toutes autres choses qu'il est possible de désirer, roses et autres fleurs de toutes sortes, oiseaux chantant plus plaisamment que rossignols... Vous ne pourriez croire les beaux jardins que j'ai vus en cette ville (Naples); car, sur ma foi, il semble qu'il n'y faille qu'Adam et Ève pour en faire un paradis terrestre. »

L'enthousiasme gagne le secrétaire Robertet lui-même. « Pour bien rendre, dit-il, ce qu'on voit, il faudrait le beau parler d'Alin Chartier, la subtilité de maître Jehan de Meun et la main de Foucquet; eux seuls pourraient dire, écrire ou peindre. » Il admire surtout la villa du *Poge-Royal*, où mènent « des allées d'orangers, de romarins et d'autres arbres. Fontaines, viviers, oiseaux, bêtes fauves, garennes de lièvres, faisans et perdrix, tout y est, et je crois que c'était toute la félicité des rois prédécesseurs ».

Malgré l'arrêt de Robertet, la poésie entreprit de chanter les jardins du Poggio-Reale, et André de la Vigne, un des auteurs du *Vergier d'honneur*, en parlait en ces termes :

> Et tost après il (*Charles VIII*) monta à cheval,
> Pour aller boire dedans Pouge-Réal,
> Qui est un lieu de plaisance confit.
> . . . .
> Ung parc tout clos où sont maintz herbes saines,
> Beaucoup plus grand que le bois de Vincennes,
> Plein d'oliviers, orangiers, grenadiers,
> Figuiers, dattiers, poiriers, allemandiers,
> Pommiers, lauriers, rommarins, marjolaines,
> Et giroflées sur toutes souveraines,

> Nobles heuilletz, plaisantes armeries,
> Qui en tous temps sont là dedans flories,
> Et de rosiers assez, bien dire l'ose,
> Pour en tirer huit ou dix muyds d'eau rose.
> D'aultres costés sont fossés et herbaiges,
> Là où que sont les grans bestes saulvaiges,
> Comme chevreulx à la course soudains,
> Cerfz haulx branchez, grosses biches et dains.

Les jardins du Poggio-Reale furent le type que Charles VIII entreprit de transplanter à Amboise. Dans ce but, il ramena avec lui de Naples messire Passelo de Mercogliano, fameux horticulteur du temps. Cet artiste, car nous ne saurions lui donner un autre nom, dessina et planta le parterre du château d'Amboise tel que nous le voyons reproduit dans l'œuvre de Ducerceau, disposa le parc qui couvrait une partie de la colline, et établit le potager royal de Château-Gaillard, sur les bords de l'Amasse, avec des serres naturelles dans les flancs du coteau. Louis XII, qui fit de Blois sa résidence favorite, emmena messire Passelo avec son fils Edme, lui confia la création et la direction des jardins royaux, avec le titre de jardinier concierge du jardin du roi, aux gages de trois cents livres par an, et lui donna un des canonicats de la collégiale de Saint-Sauveur de Blois. En 1505, il lui avait accordé comme récompense le Château-Gaillard, en chargeant ce domaine, entre autres redevances envers le roi, d'un bouquet de fleurs d'oranger tous les ans, sans doute pour rappeler que cet arbre venait d'être introduit en Touraine par le jardinier italien. Sous l'influence de Passelo, le goût de l'horticulture prit aussitôt un grand essor en France. C'est donc aux jardins napolitains que nous devons la création de cette première école de jardinage qui a précédé chez nous la grande école de le Nôtre. Ces souvenirs ne pouvaient être oubliés par un enfant de la Touraine en visitant les champs dévastés du Poggio-Reale.

La ceinture de collines qui environne Naples est toute couverte d'élégantes maisons de campagne, aussi remarquables par leur horizon que par leurs jardins et les objets d'art qui en peuplent les appartements. Les étrangers ne manquent pas de visiter les plus belles de ces délicieuses demeures, pour y prendre une idée des villas italiennes, et par contre-coup des antiques villas romaines, dont elles ne sont que la suite et la copie.

Le Vomero avait autrefois et a conservé de nos jours une grande célébrité de villégiature. Les écrivains, les artistes, les grands seigneurs aimaient à s'y installer pendant les deux mois de mai et d'octobre, qui, dans l'Italie méridionale, sont consacrés au repos et aux vacances.

Pontano, Jean-Baptiste della Porta, Pietro Giannone, Salvator Rosa, y eurent leurs maisons de campagne. Au XVIIe siècle, le plus célèbre de tous ces *casini* (on appelle ici *casino* toute maison de campagne faite pour la villégiature) était celle du prince de Belvedere, villa délicieuse pour l'aménité du lieu, et splendidement ornée de toutes sortes d'œuvres d'art. Le prince l'ouvrait au public pendant les vacances, et récréait par de joyeuses symphonies, tous les jeudis et tous les dimanches, les compagnies qui venaient y chercher le frais sous les allées ombreuses des jardins. Plus tard il y ajouta une foule de jeux mécaniques, des palestres pour la course et pour le saut, et des cirques pour les joutes et les tournois, ce qui attirait dans la villa un grand concours de peuple.

De nos jours, la plus belle villa du Vomero est la Floridiana. Ferdinand Ier l'acheta en 1816, et en fit don à sa seconde femme, Lucia Migliaccio, princesse de Partanna et duchesse de Floridia, qui lui donna son nom. A la mort de la princesse, les deux tiers de ce magnifique domaine échurent à son gendre, Nicolas Serra, comte de Monte Sant-Angelo, homme qui unit à une immense fortune la passion des arts, et qui n'a rien épargné pour conserver et améliorer les splendeurs de cette merveilleuse villa. Le grand casino est de forme rectangulaire, mesurant cent soixante palmes sur cent dix, et il a été bâti sur les plans du chevalier Antonio Niccolini. La façade principale, qui répond au midi, est ornée de deux magnifiques escaliers en marbre blanc, par lesquels, en suivant la pente naturelle de la colline, on descend des appartements aux allées inférieures des jardins, enrichies d'arbres rares, de plantes précieuses, de vasques, de fontaines, et de loges où l'on découvre les aspects les plus variés. L'intérieur du casino est digne du dehors, et les tentures, les vases de porcelaine de la fabrique impériale de Chine, les tableaux, les dessins, les statues, s'y disputent le regard et l'admiration.

L'autre tiers de la villa Floridiana, qui appartient aujourd'hui au comte de Grifeo, de la maison des princes de Partanna, a pris le nom de villa Lucia. Cette demeure n'est pas moins remarquable pour l'élégance de ses dispositions que pour les fabriques de divers genres qui en ornent les jardins. Un chemin tortueux descend de l'entrée de la villa à la terrasse du casino, en traversant un charmant pont de pierre, de forme ogivale, que l'architecte Niccolini fit construire pour franchir le vallon qui sépare la Lucia de la Floridiana. Le panorama dont on jouit du haut du balcon est un des plus beaux et des plus étendus que présente ce côté de la colline. Le palais est décoré à l'intérieur de très beaux ornements en stuc, et pourvu d'un bain de marbre et d'une étuve. Le parterre domine toute cette partie du golfe de Naples. Par une foule de petits escaliers taillés dans le tuf, par des grottes artificielles, et même par des chemins praticables aux voitures, on peut parcourir les différents étages de ces beaux jardins, qui, par leur variété en un si petit espace, l'emportent sur ceux de toutes les autres villas napolitaines. Autrefois la villa Floridiana possédait un grand nombre de bêtes fauves; on voit encore aujourd'hui les enceintes construites par l'architecte pour loger ces hôtes dangereux.

Une autre villa, due aussi au talent de Niccolini, est celle de la reine Isabelle, près du village et de la casina royale de Capodimonte. Le duc Gallo Morizio Mastrilli la fit bâtir et dessiner en 1809 par le célèbre architecte napolitain, qui lui donna un aspect extrêmement pittoresque. On y avait accès par une longue rampe, et tout le domaine, dont la contenance dépassait cent arpents, avait été disposé en jardin d'agrément. Quand la reine Isabelle en devint propriétaire, elle ne songea qu'à améliorer ce site délicieux, un peu délaissé et négligé par les héritiers du duc. Toute l'enceinte fut distribuée en bois, en parcs, en jardins, selon les dispositions naturelles que présentait le terrain, aucune autre partie de la colline n'offrant une si grande variété de terrasses, de pentes, de précipices, de vallons, qui se groupent, se heurtent, se traversent de mille façons. Un art savant vint encore ajouter à tant d'avantages naturels, et ce lieu, déjà enchanteur par lui-même, fut rempli d'arbres de toutes sortes, de vignes, de pins, de peupliers, de saules, et d'une quantité incroyable de plantes exotiques et de fleurs, choisies parmi les plus rares et les plus belles que l'industrie horticole puisse fournir. Le casino renferme un riche musée d'objets précieux, aussi importants pour l'histoire des sciences naturelles que pour l'histoire des arts.

La longue et riante colline du Pausilippe n'est pas moins noblement habitée que les collines de la ceinture de Naples, et les villas s'y succèdent sans intervalle jusqu'à la pointe du cap Coroglio, en face de la petite île de Nisida; la plage s'unit au coteau par des arches jetées sur la route. Toutes ces maisons possèdent, outre de vastes jardins accidentés, des terrasses sur la mer, des piscines, des bains, et de profondes cavernes creusées dans les flancs de la montagne voisine. Quelques-unes de ces grottes, envahies par la mer, sont assez vastes pour recevoir des bateaux de pêche ou de plaisance, et même des canonnières de la marine royale napolitaine; on en cite une qui peut contenir jusqu'à soixante grosses barques canonnières.

Aucun site n'est plus riant que celui du Pausilippe; aussi les Romains l'avaient-ils choisi de préférence pour y établir leur villégiature. Quand on parcourt en barque toute cette côte, à une faible distance du rivage, on est tout surpris de voir sortir de la mer d'énormes masses de maçonnerie, des murs en appareil réticulé, des fragments de colonnes. Ce sont autant de ruines de villas antiques; car les Romains ne s'étaient pas contentés de la terre ferme, et ils avaient poussé jusque dans la mer leurs constructions audacieuses.

Les jardins, qui, avec l'horizon, forment le principal charme des villas napolitaines, ont un caractère propre. Quoique le terrain se prête de lui-même à des mouvements et à des distributions naturelles, ce n'est pas toujours le style pittoresque des jardins anglais qui prédomine dans ces créations. Par une tradition ancienne dont elle n'a pu se dépouiller entièrement, l'Italie aime la symétrie et la régularité dans ses jardins; elle est classique plutôt que romantique, et, comme les Romains, elle peuple ses bosquets de statues, de groupes, de temples, de belvédères, de fabriques de toutes sortes. La main de l'homme étouffe trop la nature, et le jardinier fait trop souvent place à l'architecte. Malgré ces critiques, les jardins italiens, s'ils sont un peu froids, n'en sont pas moins agréables, et pendant la chaleur on apprécie à une haute valeur ces longues allées pleines d'ombre et de mystère, et ces fabriques où l'on peut échapper aux feux du soleil. Les *jardins verts,* composés exclusivement d'essences à feuilles persistantes, offrent aussi un grand charme pendant l'hiver. Dans ce climat si doux, où la mauvaise saison n'a point la tristesse de la nôtre, on aime à retrouver des jardins verdoyants, et la promenade peut se poursuivre au mois de décembre, avec les illusions du printemps, sous la verdure éternelle des lauriers, des romarins et des orangers.

V

VISITE AU MUSÉE

Peintures antiques. — Mosaïques. — La bataille d'Issus. — Chefs-d'œuvre de la sculpture antique. — L'Hercule Farnèse. — Le Taureau Farnèse. — Les modes féminines de l'antiquité. — Aristide. — Les grands bronzes. — Tête colossale de cheval. — Petits bronzes. — Bijouterie et orfèvrerie. — La tasse Farnèse. — Céramique. — Peintures modernes.

L'édifice actuel du musée national de Naples, avant de devenir un dépôt d'objets d'art, a passé par bien des vicissitudes. Le vice-roi duc d'Ossuna en jeta les fondements en 1587, avec le projet d'en faire une écurie. Son successeur, le comte de Lemos, abandonnant cette idée, adopta les plans de l'architecte Fontana, et pensa à y installer l'université *degli Studi*, qui y ouvrit, en effet, ses cours en 1616. Soixante-trois ans plus tard, les tribunaux en chassèrent l'université; mais ils en furent chassés à leur tour en 1705 par les soldats, qui en firent une caserne. L'université y rentra triomphante en 1767, pour céder bientôt sa place à l'Académie royale; enfin en 1816 l'édifice du duc d'Ossuna fut converti en musée par Ferdinand Ier, sous le titre de *Real Museo Borbonico*, et le roi y réunit tous les objets d'art et d'archéologie qu'il avait recueillis dans la succession Farnèse, et tous les monuments antiques disséminés dans les diverses résidences royales, avec la bibliothèque et la galerie de tableaux. Ainsi composé, le musée de Naples est le plus riche du monde. Il a sans doute des œuvres moins capitales que les grandes collections de Rome et de Florence; mais il possède une telle variété et une telle abondance d'objets antiques, souvent uniques, qu'il l'emporte en attrait et en intérêt sur les musées les plus célèbres. Nous allons y faire une excursion rapide, en nous arrêtant seulement devant les œuvres qui, par leur mérite artistique et leur caractère magistral, méritent toute l'attention du touriste.

Les fragments de peinture antique extraits des fouilles de Pompéi, d'Herculanum et de Stabia sont au nombre de plus de quinze cents, et occupent toute une aile du rez-de-chaussée. Les sujets abordés par les peintres sont extrêmement variés, et comprennent des traits d'histoire, des événements mythologiques, des paysages, des marines, des animaux, des fleurs, des fruits, des ornements d'architecture, des arabesques, et jusqu'à des caricatures. Ce ne sont évidemment pas là de grandes peintures dans le sens que les anciens attachaient à ce mot en parlant des tableaux des maîtres ou des fresques des palais de Rome; ce sont seulement des œuvres de peinture décorative, du badigeonnage si l'on veut; mais, même en les réduisant à ces modestes proportions, on y trouve généralement de la naïveté, de la grâce, une expression vive et vraie, quelquefois de la noblesse, de la vigueur, un goût exquis, et, comme dans tous les ouvrages du métier, plutôt l'éclat de la couleur que la sévérité du dessin. Il ne faut pas oublier que ces œuvres étaient dues, non à des peintres en renom, mais à des artistes du cru, c'est-à-dire aux artistes d'une petite ville située à cinquante lieues de la capitale, ce qui n'empêche pas qu'on n'y retrouve ces qualités simples et fortes que nous appelons l'*antique*.

Toutes ces peintures ne doivent pas remonter au delà du commencement de notre ère. Le genre de leurs ornements ressemble à ceux dont parle Vitruve, et dont Pline attribuait l'invention à un certain Ludius, qui vivait sous Auguste. Généralement elles ont pu être faites à peu d'années d'intervalle, et probablement dans un espace de cinquante à soixante ans, parce qu'elles sont l'œuvre d'un petit nombre de peintres dont on reconnaît au premier coup d'œil la main et le style. Peints sur le stuc ou sur l'enduit, ces tableaux auraient subi le même sort que les maisons qu'ils décoraient, et ils n'auraient pu subsister plus de deux à trois siècles sans restaurations importantes. Pline nous assure que les plus beaux tableaux ne s'exécutaient pas de cette façon, et qu'outre les peintures murales, il y avait des peintures mobiles qu'on pouvait facilement transporter d'un lieu à un autre. Toutes ces œuvres paraissent être des copies de bons originaux, et surtout celles de Stabia, qui, bien que de petite dimension, sont les plus gracieuses et les plus fines. En somme, il n'est pas à supposer que plus d'une vingtaine d'artistes plus ou moins habiles aient travaillé à toutes les peintures murales qui se conservent au musée.

Parmi les plus importantes de ces fresques, nous signalerons particulièrement : *le Sacrifice d'Iphigénie,* copie probable du fameux tableau de Timante, que Pline a décrit comme un chef-d'œuvre ; l'expression de tristesse de la jeune fille est merveilleuse ; mais le peintre, ayant épuisé sur cette figure toutes les ressources de son art, et se sentant impuissant à exprimer la douleur paternelle, a couvert d'un voile le visage d'Agamemnon, père de la victime ; — *les Trois Danseuses* de Pompéi, si légères, si aériennes, fréquemment reproduites par les peintres ; — *Hylas enlevé par les nymphes,* — *l'Éducation d'Achille par le centaure Chiron,* têtes admirables ; — *les Adieux d'Achille et de Briséis,* tableau plein de charme et de grâce, malheureusement mutilé ; — *Médée prête à tuer ses enfants,* figure vigoureusement traitée, empreinte d'une sombre et terrible résolution ; — *le Châtiment d'un écolier ;* pendant que le pédagogue fouette l'enfant, les autres écoliers, atterrés, n'osent pas lever les yeux sur leur malheureux camarade.

« Mais, dit M. L. Viardot dans ses *Musées d'Italie,* selon moi, de tous les débris de l'art antique dont les fouilles de Pompéi ont doté le musée de Naples, il n'en est pas de plus précieux que deux simples dessins au trait, faits avec un crayon rouge, une sorte de sanguine, sur des plaques de marbre blanc. Tous deux appartiennent au genre de tableaux nommés *monochromes,* ou d'une seule couleur, pour lequel on employait un rouge venu des Indes que Pline appelle *cinabris indica*. L'un, très bien conservé, représente *Thésée tuant le Minotaure ;* l'autre, plus altéré, un *Groupe de dames jouant aux osselets*. Ces deux compositions ne sont certainement pas l'œuvre des peintres décorateurs de Pompéi ; comme les beaux morceaux de sculpture, elles doivent être venues au moins de Rome, peut-être de la Grèce. Dans l'une et dans l'autre, le dessin, très savant, est d'une pureté, d'un fini remarquables, non seulement bien supérieur à celui des fresques proprement dites, qui brillent davantage par la couleur encore vive et belle dans la plupart, mais vraiment digne des artistes les plus sévères de l'école raphaélesque. C'est un noble et curieux échantillon de ce qu'on peut appeler l'art de la peinture dans l'antiquité. »

Les mosaïques ne sont pas moins intéressantes. Au témoignage de Pline, Sylla, après avoir dépouillé Athènes de ses statues et pillé les munuments et les temples les plus célèbres de la Grèce, introduisit à Rome l'usage des pavements en mosaïque de marbres variés et de pastilles de terres cuites ou de verres colorés. La passion pour ces travaux devint si grande, que toutes les habitations un peu élégantes eurent le dallage des chambres, le seuil et jusqu'à l'*atrium* décorés de tableaux en mosaïque. Au temps de Claude, on en ornait jusqu'aux murs des appartements. Les artistes grecs enseignèrent aux Romains l'art de tailler et de disposer les petites pierres de manière à former, non seulement de simples arabesques, mais même des tableaux d'histoire. L'*opus musivum*, comme l'appelaient les anciens, atteignit un haut degré de perfection au premier siècle de notre ère; mais bientôt, comme tous les autres arts, il ne tarda pas à tomber dans la décadence. Aussi la majeure partie des mosaïques qu'on a trouvées dans les ruines des villes et des habitations antiques sont-elles d'un travail fort ordinaire.

Il subsiste cependant de précieux débris de cet art au moment de sa plus grande perfection, et le musée de Naples, plus que tout autre, en possède des restes admirables qui nous donnent la plus haute idée de l'habileté des Grecs. Citons surtout parmi ces tableaux, charmants de naturel et de vérité, des poissons et des crustacés d'une exécution étonnante; un chat dévorant une caille; une guirlande de fleurs, de fruits et de feuillages entrelacés, soutenue par deux grands masques scéniques, œuvre où le coloris le dispute au dessin; des scènes de comédie d'un travail merveilleux, signées du nom de l'artiste, Dioscoride de Samos; une parodie des disputes philosophiques, sous la figure d'un homme vêtu d'un manteau (c'est le portrait de Socrate), présentant de l'herbe à un coq, etc. etc. Quelques grandes compositions méritent surtout l'examen, et particulièrement le tableau de Thésée tuant le Minotaure et l'étendant sur le sol au milieu de crânes et de squelettes; — la Sirène, au corps terminé en oiseau et aux grandes ailes déployées, qui tient de la main gauche un plat de fruits sur la tête, et de la main droite un vase d'où sortent des rameaux verdoyants, mosaïque que Winckelmann regardait comme un des plus précieux monuments de l'art: — un squelette en pied, d'une vérité effrayante, portant une urne de chaque main; — et le célèbre tableau de la répétition théâtrale qui s'accomplit dans le *choragium*, portique situé derrière la scène. Dans cette dernière composition, le *choragus*, ou directeur du théâtre, distribue des masques et des costumes aux acteurs; un *tibicen*, ou joueur de flûte, accorde son instrument, et près de lui est un siège couvert de pourpre sur lequel est placé un masque; les choristes, qui n'ont encore pour tout vêtement qu'une ceinture de peau, se disposent à mettre leurs masques et écoutent les dernières recommandations du directeur; l'un d'eux revêt sa tunique et se fait aider par son compagnon. Peu de mosaïques peuvent se comparer à ce tableau curieux et important, composé de sept figures, dont les gestes, l'attitude et l'expression annoncent la joie et l'enthousiasme.

Mais que dirons-nous de l'incomparable tableau, large de vingt palmes et haut de dix, représentant une des victoires d'Alexandre contre les Perses, probablement *la bataille d'Issus*, qu'on admire aujourd'hui dans la galerie de Jupiter? Ce travail est formé de cubes de marbres précieux naturellement colorés, et ces cubes sont tellement petits, qu'il en tient sept mille dans un palme carré ; le tableau ayant cent quatre-vingt dix-huit palmes (c'est-à-dire treize mètres cinquante centimètres carrés) de superficie, les fragments de marbre qui y entraient avant qu'il fût endommagé montaient au nombre de 1,380,000 environ. Avant l'éruption du Vésuve, il avait déjà été quelque peu gâté et restauré, mais non par la main d'un maître. Le fond de la composition est blanc, sans aucune perspective, quoique plusieurs antiquaires aient cru y reconnaître quelques teintes obscures et même de la neige sur le sol. Vers le milieu, au second plan, se dresse un vieux tronc d'arbre dépouillé de son feuillage.

Le tableau représente une bataille au moment décisif de la victoire. Vingt-six combattants y sont figurés en deux troupes, distinctes par les habits, les armes et la physionomie, avec quinze chevaux diversement équipés, tous aux trois quarts de la grandeur naturelle. Le chef des vainqueurs, d'un aspect juvénile, combat avec ardeur sur un cheval fougueux ; il n'a plus son casque sur la tête, comme s'il l'avait perdu en se jetant dans la mêlée ; il est protégé par une riche cuirasse où éclate la tête de Méduse, et sa chlamyde flotte derrière lui. Il se précipite sur les escadrons adverses, renversant tout ce qui s'oppose à son passage, et il plonge sa longue lance dans le corps d'un guerrier ennemi, vêtu à la manière des barbares, qui s'est jeté devant son maître pour le sauver. Au côté droit du tableau, où tout présente l'image d'un combat désespéré, s'élève sur un magnifique quadrige le roi barbare, couronné de la tiare, laissant flotter derrière ses épaules sa tunique et son manteau de pourpre, et bandant vainement un arc inutile. A la vue de son fidèle serviteur expirant sous ses yeux, il se trouble et donne le signal de la retraite ; un de ses officiers lui présente un cheval pour hâter sa fuite et l'empêcher de tomber mort ou vivant dans les mains du vainqueur. Pendant ce temps, le combat se poursuit avec acharnement ; les lances se choquent contre les lances ; quelques guerriers désarmés lèvent les mains au ciel en déplorant la fortune contraire ; d'autres, la pâleur de la mort sur le visage, gisent à côté de leurs chevaux ; on ne voit sur le terrain que des armes brisées et sanglantes.

L'heureuse conception des groupes autour des trois personnages principaux, la perfection du dessin, la hardiesse des raccourcis, l'ardeur des combattants, la fureur des blessés, les souffrances des mourants, le mouvement des chevaux, la somptuosité des vêtements, la multiplicité des armes, en un mot, la variété étonnante qui règne dans cette composition grandiose, font de cette mosaïque un monument classique de l'art. Comme elle ne peut être que la copie d'un tableau célèbre, et probablement d'un des tableaux grecs portés à Rome après la conquête, elle est, sans contredit, le plus curieux, le plus complet, le plus magnifique fragment qui nous soit parvenu de la peinture des anciens, et elle nous donne une haute idée de cette branche de leurs arts.

Quand M. Bianchi découvrit ce trésor, le 24 octobre 1731, dans la magnifique maison du Faune à Pompéi, il fut saisi d'une joie si vive, qu'il faillit en devenir fou. La population de Naples partagea son enthousiasme; la *bataille d'Issus* devint à la mode et envahit tout, jusqu'aux vases étrusques de fabrique récente, jusqu'aux tissus imprimés. Ce vertige est un peu tombé aujourd'hui; mais la mosaïque du Faune n'en demeure pas moins un objet d'art incomparable, et un des plus riches joyaux du musée national.

Et pourtant que de précieux trésors sont accumulés dans les deux portiques extérieurs, les trois portiques intérieurs et les sept galeries qui renferment les antiques de marbre, statues, statuettes et bustes au nombre de cinq cents environ! Quelle admirable collection de dieux, de héros, d'empereurs, de personnages célèbres, et même de figures de genre! Peu de morceaux sont tout à fait médiocres; le plus grand nombre sont excellents; quelques-uns sont hors ligne et méritent le nom de chefs-d'œuvre. C'est à ces derniers que nous nous attacherons exclusivement.

La galerie épigraphique, au milieu d'une infinité d'inscriptions antiques, renferme deux œuvres renommées de la statuaire grecque, l'*Hercule* et le *Taureau Farnèse*. L'*Hercule* fut trouvé en 1540, sous le pontificat de Paul III, de la maison Farnèse, dans les thermes de Caracalla, à Rome. On n'en découvrit d'abord que le torse, et le pape chargea Michel-Ange de restituer les jambes. Le grand artiste essaya; mais bientôt, effrayé de son audace, il brisa le modèle qu'il avait fait. Un sculpteur du second ordre, Gulielmo della Porta, fut moins timoré et n'hésita point à lutter avec l'Athénien Glycon, l'auteur de la statue, comme nous l'apprend une inscription grecque gravée sur le piédestal. Par bonheur, les jambes du torse furent retrouvées quelque temps après dans un puits, à trois milles des thermes; les Borghèse en firent présent aux Farnèse, qui purent ainsi compléter à peu près la statue antique. Ce colosse, par le sentiment qui éclate dans toutes ses parties, par la force des muscles au repos, le calme puissant de toutes les fibres du corps, l'air noble et sévèrement beau de l'idéal viril, figure merveilleusement, non seulement un géant, mais un géant fils de Jupiter, le plus fort de tous les héros de l'antiquité.

Le groupe énorme du *Taureau Farnèse,* trouvé aussi dans les thermes de Caracalla dans le même temps que l'*Hercule,* n'est pas moins digne d'éloges. Ce groupe, l'œuvre la plus considérable de statuaire que l'antiquité nous ait laissé, représente une scène tout entière. Antiope, femme de Licius, roi de Thèbes, outragée par Dircé, la fit attacher par ses deux fils aux cornes d'un taureau sauvage; mais, au moment où le taureau furieux allait s'élancer, Antiope s'attendrit et pardonna. Tel est le sujet traité par les deux artistes grecs, Apollonius et Tauriscus, sculpteurs de l'école de Rhodes. Les quatre personnages sont plus grands que nature, et le taureau, admirablement modelé, bondit avec fureur entre les mains de ceux qui veulent le dompter un moment. Ce vaste ensemble fut sculpté, au dire de Pline, dans un seul bloc de marbre, long de quatorze palmes, haut de seize. « Sa grandeur, dit M. Viardot, unique parmi les ouvrages du ciseau, suffirait sans doute à rendre importante cette immense composition de marbre; mais, bien que restaurée en plusieurs de ses parties, elle mérite aussi l'attention, l'admiration, par les beautés et la délicatesse du travail. Sans égaler, sous ce dernier rapport, le merveilleux *Laocoon,* le *Taureau Farnèse* peut être rangé parmi les plus belles œuvres de l'antiquité venues jusqu'à nous. »

Les neuf statues de la famille Balbus, trouvées ensemble dans le théâtre d'Herculanum, appellent une mention toute spéciale, à cause de leur mérite d'exécution, de l'intérêt de leur réunion, et de la lumière qu'elles jettent sur le protectorat exercé en faveur de populations entières par quelques patriciens. Les statues équestres du père et du fils sont très belles et très curieuses; les deux chevaux marchent l'amble, c'est-à-dire qu'ils lèvent simultanément les deux jambes du même côté, le corps étant soutenu par un appui en marbre. L'inscription suivante nous apprend que la première fut élevée à Marcus Nonius Balbus, fils de Marcus, préteur et proconsul, par un décret des décurions d'Herculanum :

M. NONIO. M. F. BALBO.
PR. PRO. COS.
D. D.

Les statues des femmes sont évidemment des portraits; elles n'ont rien d'idéal, et elles portent, au contraire, certains signes particuliers, comme la saillie des pommettes et la dépression du bas du visage, qui annoncent une individualité bien accusée. On remarque sur le front de quelques-unes d'entre elles des trous destinés à recevoir des ornements en métal ou peut-être des perruques à la mode. Il y avait, en effet, chez les Romains une grande variété d'artifices pour l'arrangement de la chevelure, et toutes les modes que nous avons vues défiler successivement chez nous depuis trente ans, y compris le chignon actuel, se trouvent dans les statues antiques. Jugez du désespoir d'une femme comme il faut de se voir représentée d'une façon ridicule à la mode de la saison dernière! Vite le sculpteur se mettait à l'œuvre, et il ajustait sur la tête de la statue une perruque où le galant édifice des cheveux se dressait en diadème, s'arrondissait en tour, se tordait en boucles, se tressait en nattes, se développait en flots ondoyants, se hérissait en toupet ou s'accumulait en chignon, suivant le caprice du jour. On poussait même l'attention plus loin, et quand c'était le tour de la couleur blonde d'être belle, on dorait la chevelure pour mieux imiter les reflets d'or des perruques qu'on empruntait aux filles de la Germanie. Si, au contraire, les cheveux noirs étaient en faveur (mode assez rare, attendu que cette nuance est trop naturelle en Italie), un marbre noir vous servait à souhait. Le vêtement, quand il existait, donnait moins de soucis; il se composait généralement d'une tunique et d'un pallium, dont les plis simples et harmonieux se prêtaient admirablement à la sculpture. Heureusement la crinoline n'était pas inventée; car, avec ses lignes antisculpturales, elle eût infailliblement tué la statuaire. Ne rions pas trop de ces caprices; car les modes, toutes futiles qu'elles sont, ont fourni aux archéologues des signes précieux pour reconnaître les différentes époques: pour eux les fantaisies de la vanité valent les caractères tirés de la facture même du travail.

Le musée *degli Studi* est tellement riche, qu'on peut y suivre une série ininterrompue d'œuvres originales de l'art grec de toutes les périodes. La Minerve et la Diane d'Herculanum, le groupe d'Oreste et d'Électre, sont des exemplaires rarissimes de facture archaïque; la tête de Junon, dans la galerie de Tibère, et les Athlètes Farnèse sont des monuments vraiment distingués de l'école sévère; l'admirable fragment de la Psyché et le bas-relief de Bacchus et des Grâces sont des types de style tendre et délicat; la Minerve debout, l'Hercule et le Taureau Farnèse, la Néréide du Pausilippe, le bas-relief d'Orphée et d'Eurydice, la Vénus de Capoue et l'Aristide d'Herculanum, sont des chefs-d'œuvre de la sculpture grecque au temps de sa plus grande splendeur. L'Aristide est vraiment merveilleux. L'artiste, renonçant à toute prétention, à tout effet, a représenté simplement un homme revêtu d'une tunique et d'un léger manteau, le bras droit enveloppé dans les plis du vêtement, le bras gauche passé par derrière pour soulever le pallium; aucun mouvement, aucune action; le visage n'a aucune expression particulière. Mais, avec ces éléments si simples, que cette statue est belle! Comme elle respire bien cette grandeur calme qui est le cachet le plus irrécusable de l'antique! Que c'est bien là l'homme maître de ses passions, bon, indulgent pour les autres, mais sévère pour lui-même, inflexible dans le devoir et portant sur toute sa personne la sérénité de la vertu ! Que c'est bien le *juste*, tel que le paganisme se le représentait! Ce caractère éclate tellement, (c'est là le comble de l'art), que tous les antiquaires, d'un commun accord, ont donné à cette statue le nom d'Aristide, quoique aucune inscription ne l'indique, et que le portrait du sage Athénien soit complètement inconnu. On ne l'a jamais vu ; mais on le reconnaît au premier coup d'œil. Quant à la Vénus, quoiqu'elle ait été trouvée à Capoue dans un amphithéâtre bâti au temps d'Adrien, c'est-à-dire à la meilleure époque de l'art romain, elle est si belle, qu'on l'attribue soit à Alcamène, soit à Praxitèle. Quelques antiquaires, la comparant à notre célèbre Vénus de Milo, supposent même qu'elle en serait l'original, dont celle-ci ne serait qu'une belle copie mutilée.

L'art romain n'est pas moins bien représenté à Naples, et l'on peut en suivre les progrès jusqu'au temps d'Adrien, au moyen des statues de Flore, des Balbus, d'Adonis, d'Antinoüs, et des bustes de Caracalla, de Puppienus, de Gallien, etc. etc., pour en noter ensuite la marche descendante, la décadence et la barbarie sous les Césars postérieurs. Ces comparaisons fournissent un objet d'étude des plus attrayants.

Le cadre de cet ouvrage ne comporte pas les longs développements que nécessiterait l'examen du musée de Naples. Toutefois, en parcourant les trois portiques des Miscellanées, des Dieux et des Empereurs, les sept galeries de la Flore, des Marbres de couleur, des Muses, d'Adonis, de Jupiter, d'Atlas ou des Hommes illustres et de Tibère, et la salle des Vénus, nous ne pouvons nous empêcher de mentionner quelques objets plus remarquables : un *Chasseur*, figure de paysan avec la barbe en pointe, coiffé du *pétase*, couvert d'un vêtement de peau, portant pendants sur son épaule gauche un lièvre et deux colombes, petit tableau charmant de naturel ; — le *Gladiateur blessé*, torse d'une rare perfection, avec des membres restaurés : les membres contractés par la douleur, les cuisses et les genoux frissonnants, le corps tombant en avant, donnent à cette statue une vérité surprenante ; — le *Vainqueur blessé*, étude de muscles et de mouvements dignes de Praxitèle : la parfaite exécution de l'œuvre, la beauté de l'attitude et le style achevé des plis de la chlamyde ont même fait supposer que l'original était en bronze, le bronze admettant plus de fini dans les détails ; — un buste de *Celius Caldus*, tête d'une expression étonnante, qui nous montre à quel point l'art peut donner l'illusion de la vie, et travaillée avec une *maestria* dont approchent bien peu de portraits en marbre ; circonstance singulière, cette tête ressemble parfaitement à celle de Napoléon jeune au moment du consulat ; — un *Apollon Cytharède*, que Winckelmann préférait à toutes les autres figures de ce dieu; — le *Ganymède enlevé par l'aigle*, où l'artiste a eu le talent de donner de l'expression à l'aigle lui-même; — l'*Antinoüs sous la figure de Mercure*, parfaitement semblable à la célèbre statue du Capitole : ce chef-d'œuvre peut se comparer aux travaux les plus splendides de l'art grec, et il nous donne la mesure de la perfection que l'art romain avait atteinte sous Adrien; — une *Agrippine assise et pleurant Germanicus*, que Winckelmann juge la plus belle des trois Agrippines les plus renommées; il est impossible d'exprimer d'une manière plus sobre une plus profonde douleur : cette tête baissée, ce regard fixe et morne, ces traits altérés, cette poitrine qui se gonfle sous le sanglot, ces mains serrées convulsivement, il n'en faut pas davantage pour nous émouvoir profondément, et l'on comprend que cette simplicité, cette sobriété de moyens, est l'essence même du beau antique; — un *Jules César*, admirable tête colossale où se reflète tout le génie du personnage; — un *Caracalla*, fameux buste que Lysippe lui-même, au dire de l'illustre critique allemand, n'aurait peut-être pas exécuté plus parfait; — la *Flore Farnèse*, trouvée dans les thermes de Caracalla, toute légère et gracieuse, quoique colossale; — enfin une riche collection de *Vénus* dans toutes les attitudes, exprimant la perfection des formes humaines. La plupart de ces statues sont très bien conservées; d'autres, mutilées, ont été restaurées plus ou moins heureusement, quelquefois avec des fragments antiques. Plusieurs ont souffert de la chaleur des cendres volcaniques qui les ont ensevelies; elles ont perdu leur patine ou sont légèrement calcinées à l'extérieur.

On ne saurait passer sous silence quelques bas-reliefs d'une exécution vraiment magistrale, des sarcophages, des fontaines lustrales, des trépieds, des urnes cinéraires, des *puteal* ou rebords de puits, des coupes, des candélabres, des cadrans solaires, des antéfixes, et une foule d'autres objets où le ciseau antique s'est exercé avec honneur. Citons surtout le grand cratère de Salpion l'Athénien, signé du nom de son auteur, et représentant *Bacchus enfant confié aux nymphes par Mercure*. Ce magnifique vase, qui est un des chefs-d'œuvre du beau idéal, provient de l'antique Formies, et fut longtemps abandonné sur la plage de Gaëte, où il servait aux matelots comme de borne pour amarrer leurs barques, et c'est à cette circonstance qu'il faut attribuer les profonds sillons qui en ont mutilé plusieurs personnages. Malgré ces dégradations, les figures n'en demeurent pas moins incomparables d'exécution.

Que dirons-nous maintenant des bronzes, où la délicatesse et le fini du travail ont atteint une perfection dont nos meilleurs bronzes modernes ne sauraient nous donner une idée, même lointaine? Ces chefs-d'œuvre sont d'autant plus dignes d'intérêt, qu'ils sont presque introuvables. Les barbares, dans leurs dévastations, ont quelquefois respecté les statues de marbre; mais ils n'ont point respecté les statues de métal, dont ils pouvaient immédiatement tirer un parti avantageux par la fusion. Il en résulte que les beaux travaux de la toreutique grecque sont extrêmement rares, et par conséquent très peu connus. Il faut aller à Naples pour les apprécier et les admirer, les ruines d'Herculanum et de Pompéi, d'où on les a presque tous extraits, ayant été soustraites à l'avidité des Hérules et des Vandales par la catastrophe de l'année 79. Le métal a un peu souffert de l'action des cendres brûlantes : les bronzes d'Herculanum ont la surface d'un vert foncé et relativement unie; ceux de Pompéi sont altérés, rongés, et ont une couleur vert bleuâtre qui fait qu'on en reconnaît à première vue la provenance.

Le musée de Naples possède cent quinze grands bronzes artistiques, d'une merveilleuse facture pour la plupart. Les plus célèbres sont le petit *Faune dansant,* vrai chef-d'œuvre de grâce et de légèreté aérienne; — le *Faune dormant,* d'une telle vérité, qu'on croit entendre sa respiration régulière et qu'on tremble de l'éveiller; — le *Silène ivre,* penché sur son outre vide, et faisant claquer ses doigts avec une suprême expression de contentement bachique; — un *Mercure au repos,* un des bronzes les plus parfaits de l'art grec, tant pour la beauté idéale des formes que pour le fini du travail; — les bustes de *Sénèque* et de *Platon,* si vivants, si expressifs, qu'on s'imagine qu'ils vont parler; — un cheval de grandeur naturelle, resté seul du quadrige de Néron, dont il faisait partie, et trouvé à Herculanum sous les ruines du temple d'Hercule; — enfin une tête colossale de cheval, reste admirable de l'antique sculpture grecque de Naples.

Cette tête appartenait à un cheval qui décorait la grande place du temple de Neptune, comme étant le symbole de la république napolitaine. Au moyen âge, le peuple croyait que ce cheval était l'œuvre des enchantements de Virgile, regardé par lui comme un grand magicien, et il en fit l'objet d'un culte superstitieux : on amenait les chevaux malades, et on leur faisait faire quelques tours autour du cheval de bronze, celui-ci ayant la vertu de les guérir parce qu'il avait été fondu sous l'influence d'une certaine constellation. Pour mettre fin à cette superstition, l'archevêque fondit le cheval de bronze en 1322, et en fit une des cloches de la cathédrale; la tête seule fut sauvée de la destruction. Le peuple fut ramené à des pratiques plus chrétiennes par cette mesure radicale, et dès lors il conduisit les chevaux malades, pour les faire bénir, devant l'église dédiée à saint Éloi, évêque de Noyon, dont le culte avait été introduit à Naples par les Angevins. Lorsque la guérison était obtenue, les fers du cheval étaient cloués, comme objets votifs, sur la porte de l'église Saint-Éloi. Aujourd'hui cette dévotion s'est transportée à l'église Saint-Antoine.

Si les grands bronzes sont essentiellement des œuvres d'art, les petits bronzes ne sont pas dépourvus de mérite artistique, bien loin de là. Le goût était si naturel chez les anciens, que tous les instruments façonnés dont ils se servaient, jusqu'aux ustensiles de cuisine, portent un cachet remarquable d'élégance et de distinction. C'est encore à Naples qu'il faut aller pour étudier et pour admirer cet art familier, ou, comme on dit aujourd'hui, cet *art industriel* des Romains. Les fouilles d'Herculanum, de Pompéi, de Stabia, ont mis à jour une quantité innombrable d'objets, plus de quinze mille, et ce chiffre s'accroît tous les jours. Ce n'est pas sans un vif intérêt qu'on parcourt les sept salles consacrées à cette curieuse collection, unique dans son genre. Ustensiles de cuisine, balances, poids et mesures, candélabres et lampes, patères, vases pour les sacrifices, instruments aratoires, outils, armures, billets de théâtre, objets de toilette, instruments de chirurgie, instruments de musique, encriers, styles, plumes, cachets, etc. etc., tout s'y trouve à profusion, sous mille formes variées, et l'on peut assister ainsi, par l'imagination, à la vie domestique des anciens.

Quelques-uns de ces objets, par le caractère artistique qui y brille, méritent une mention spéciale. Nous citerons donc un fourneau portatif, en forme de bastion crénelé, ayant aux angles quatre bastions également crénelés qui servaient de bouilloires; l'intérieur contenait le foyer, et les créneaux recevaient les broches pour faire rôtir les viandes; cet ustensile est d'une rare élégance; — des balances et des poids, vérifiés et étalonnés au Capitole, comme le porte une inscription; — des moules à pâtisseries, figurant en relief des coquillages, des poulets, des lièvres, des fruits, etc.; — des estampilles, pour imprimer des fleurs, des feuillages ou des dessins variés sur les pâtes; — un très beau candélabre trouvé dans la maison de Diomède à Pompéi: il représente un pilastre corinthien avec quatre bras légers pour soutenir quatre lampes aux formes gracieuses; tous les détails d'ornementation sont d'un goût exquis; — des chaises curules ornées de têtes d'aigle; — le plus magnifique trépied qui nous soit resté de l'antiquité, non moins remarquable par son élégance, la pureté de son dessin, que par la conservation parfaite de toutes ses parties; — de grands cratères ciselés, pour servir le vin à table, avec le nom de la propriétaire, Cornelia Scribonia; — et, pour ne pas nous arrêter plus longtemps, une foule d'autres objets et ustensiles d'un rare travail. Nos industriels devraient étudier cette collection, ils apprendraient bien vite à repousser les formes tourmentées et prétentieuses, pour revenir aux lignes pures, simples et calmes de l'antique.

Si l'art avait pénétré jusque dans l'industrie vulgaire, on peut juger de ce que pouvaient être la bijouterie et l'orfèvrerie. Le musée *degli Studi* possède environ dix-neuf cents ornements en métal ou en pierres précieuses, qui nous permettent d'apprécier à quel degré d'habileté en étaient arrivés les travaux du ciselet, du burin, du tour et de l'émeri, entre les mains des artistes grecs et romains. Tous les bijoux, colliers, bracelets, pendants d'oreilles, petits diadèmes, anneaux, amulettes, boutons, boucles, épingles, miroirs, etc., ont des formes élégantes, ingénieuses, toujours charmantes; l'or et l'argent dont ils sont composés, les pierres fines dont ils sont ornés, ont moins de valeur que la perfection de la ciselure. Quelle délicieuse paire de pendants d'oreilles, que ces petites balances dont les plateaux sont figurés par deux perles! Et que pensez-vous de ces merveilleux bracelets, qui imitent des serpents par le mouvement aussi bien que par l'aspect, et qui ajoutent à l'illusion par les fauves éclairs jaillissant des yeux d'escarboucles encastrés sur la tête des reptiles? Et ce miroir circulaire d'argent poli, de sept pouces de diamètre, représentant en fines ciselures la mort de Cléopâtre, n'est-il pas digne d'un palais? Les gemmes gravées, sardoines, calcédoines, cornalines, améthystes, agates, jaspes, aigues-marines, etc., au nombre de plus de trois cent cinquante, ne sont pas des œuvres d'art moins intéressantes. Ces intailles représentent des dieux, des têtes d'empereurs ou d'impératrices, des scènes de guerre, de chasse ou d'amour, des sacrifices, etc., et tous ces sujets sont traités de la manière la plus fine et la plus délicate. Les camées antiques, au nombre de onze cents, sont encore plus précieux. Quelques-uns atteignent véritablement la perfection de l'art, et nous citerons entre autres un Auguste, un Jupiter et un Silène au repos, d'une incomparable exécution. Plusieurs de ces œuvres sont signées de noms d'artistes grecs qui nous sont signalés par Pline, et ce détail ajoute singulièrement à leur valeur.

Mais le morceau le plus précieux de toute cette collection, c'est la fameuse tasse d'agate-sardoine orientale, d'un pied de diamètre, qu'on appelle *Tazza Farnesiana*, morceau unique au monde par la dimension et le travail. L'ampleur et la convenance de la composition, la hardiesse du style, la grâce et la noblesse des groupes et des attitudes, le caractère magistral du travail en font l'œuvre la plus étonnante de la sculpture sur pierres fines que l'antiquité nous ait laissée. C'est certainement le seul camée qui représente une grande composition sur chacune de ses faces. D'un côté sont taillées huit figures de proportions peu communes, où les archéologues ont cru reconnaître l'Égypte avec ses dieux tutélaires; de l'autre côté est la terrible égide de Minerve, portant au milieu la tête de Méduse, dont la chevelure hérissée de serpents est admirablement ciselée. Ce classique monument de l'époque d'Auguste n'avait pas souffert, lorsqu'un soldat de l'armée du connétable de Bourbon le trouva en 1527, pendant le siège de Rome, dans une tranchée ouverte au milieu des jardins de la villa d'Adrien. Malheureusement Paul III Farnèse, qui en devint acquéreur, fit percer un trou dans la tête de la Gorgone pour y insérer un pied d'or et faire de ce camée la plus belle coupe du monde.

Il est une autre branche d'industrie qui s'allie étroitement avec l'art : c'est la céramique. Naples possède aujourd'hui, répartis dans six salles, plus de trois mille vases peints, appartenant tous à ce genre qu'on nomme ordinairement le *genre étrusque,* et qui serait plus convenablement appelé le *style italo-grec,* puisque ces vases ont été fabriqués, non en Étrurie, mais dans l'Italie méridionale ou Grande-Grèce. Tous sont extrêmement remarquables pour le choix des sujets qui y sont peints, l'étendue et la beauté de la composition, la finesse du dessin, l'élégance des formes, l'importance archéologique et artistique, et surtout la vivacité des couleurs. Les plus précieux sont de l'espèce dite de Nola, bien reconnaissable au noir de jais, net et luisant, qui en compose le fond, et au beau rouge de brique dont sont peintes les figures. Ce sont en général des cratères ou calices, des patères, des vases à trois anses, des bouteilles, des urnes, des flacons à parfums, etc. Les sujets qui y sont représentés sont des scènes guerrières, des jeux, des sacrifices, des funérailles. Quelques-uns sont signés des artistes qui les ont façonnés et peints. Plusieurs sont des œuvres d'art du premier ordre.

Après cette belle collection, on ose à peine mentionner les terres cuites de l'époque romaine, quoiqu'elles aient une véritable valeur; mais, comme elles sont beaucoup plus connues que les premières, nous ne nous y arrêterons pas. Notons seulement en passant qu'il y a plus de trente mille lampes d'argile, aux dessins les plus variés et aux formes les plus élégantes. Les verres antiques, vases, bouteilles, coupes, etc., méritent aussi d'être signalés. Ils sont au nombre de plus de quatre mille, provenant pour la plupart des fabriques d'Égypte, et ils nous montrent que les anciens avaient des connaissances chimiques plus étendues qu'on ne le croit, et qu'ils savaient travailler le verre de toutes façons, pour la couleur et la ciselure, jusqu'au point de contrefaire les pierres précieuses. La plus remarquable pièce de cette collection secondaire est une grande amphore de verre bleu, sur laquelle se détachent, en bas-reliefs d'émail blanc travaillé au tour comme des camées, de petits amours faisant les vendanges.

Nous n'en avons pas fini avec les collections antiques du musée de

Naples. Pour être complet, il nous faudrait encore étudier les inscriptions grecques, latines et osques, gravées en creux, ou bien tracées au pinceau ou à la pointe; les monuments égyptiens, sculptures, bronzes, terres cuites, momies, amulettes; le papyrus d'Herculanum, dont nous aurons occasion de parler plus loin, et enfin la collection numismatique. Mais il faut savoir se borner. Nous nous arrachons donc avec regret à tant de merveilles, et nous entrons dans la pinacothèque pour y admirer un très petit nombre de tableaux modernes, l'étude de l'antique nous ayant rendus plus difficiles.

Au lieu de nous lancer dans les diverses galeries et d'y suivre péniblement, au milieu de la confusion des tableaux, les diverses écoles italiennes et étrangères, allons tout droit à la *salle des chefs-d'œuvre,* où se trouvent quarante-huit toiles jugées les meilleures parmi les sept à huit cents qui composent la collection. Là, attachons-nous seulement à trois ou quatre.

Voici d'abord un Ribera, *Silène ivre,* tableau où le père nourricier de Bacchus est couché à terre, recevant à boire des satyres qui l'entourent. Dans cet ouvrage, dit M. Viardot, se montre tout entier, avec ses qualités éminentes et ses défauts, qui ne sont que des qualités poussées à l'excès, ce grand peintre si haut placé parmi ceux que les Espagnols nomment *naturalistes,* par opposition d'*idéalistes,* parce qu'ils cherchent moins le beau que le vrai, et qu'ils expriment leur pensée par la reproduction matérielle de tous les objets qu'elle embrasse. On peut reprocher à l'Espagnol d'exagérer à dessein les oppositions de la lumière et de l'ombre pour produire quelques merveilleux résultats de clair-obscur; de choisir des têtes de vieillard chauves et barbues pour mieux montrer sa science de l'anatomie musculaire; de chercher d'ordinaire dans le choix de ses sujets, et dans tous les détails des scènes qu'il représente, ce qu'il y a de plus terrible, de plus sauvage, de plus hideux même et de plus repoussant, pour exciter l'émotion des spectateurs jusqu'à l'horreur et l'effroi; mais, ceci écarté, il faut convenir que tout est rendu avec une incomparable énergie de pinceau, que nul peintre de nulle école n'a porté plus loin dans l'exécution matérielle de ses œuvres la force, l'audace, la grandeur et l'éclat. Dans le *Silène,* Ribera s'est abandonné pleinement à sa fougueuse nature d'homme et d'artiste, et c'est ce qui fait le mérite de ce tableau. Contrairement aux prétentions des Napolitains, qui voudraient bien faire de Joseph de Ribera un des leurs en l'appelant *il cavaliere* Giuseppe Ribera, l'œuvre est signée du nom du peintre avec la qualité d'Espagnol: *Josephus a Ribera, Hispanus,* 1626. Cette inscription est tracée sur un écriteau que semble mordre et déchirer un serpent. Ribera, qui poursuivait ses rivaux par les cabales, le fer et le poison, avait-il bien le droit de se plaindre de l'envie?

La *Danaé*, du Titien, rappelle par la disposition, par la manière, les deux *Vénus* de la *Tribuna*, à Florence, et peut lutter avec la seconde. Cette peinture fut faite pour le duc Octave Farnèse, à Rome, lorsque, âgé de soixante-huit ans, le Titien céda aux pressantes sollicitations de Paul III, et se rendit à la cour pontificale, où Léon X n'avait pu l'attirer. On admira beaucoup ce tableau séduisant, plein de mollesse, de *morbidezza*; mais l'austère Michel-Ange, auquel il fut montré, fit du moins une réserve : « C'est grand dommage, dit-il, qu'à Venise on ne s'attache pas dès le principe à bien dessiner; cet homme n'aurait point d'égal, s'il eût fortifié son génie naturel par la science du dessin. »

Après ces deux chefs-d'œuvre de vigueur farouche et de grâce efféminée et sensuelle, admirons un chef-d'œuvre de noblesse, de sentiment et de piété. C'est une *Sainte Famille*, de Raphaël, et des meilleures de sa plus grande manière. Cette *Sainte Famille*, dit encore M. Viardot, n'a pas, que je sache, de dénomination propre; on pourrait lui donner le nom de *sainte Anne*[1]; car la mère du précurseur semble, cette fois, le principal personnage. C'est une vieille femme aussi belle, aussi noble, aussi charmante que peut l'être, parmi les jeunes femmes, non seulement la Vierge sa voisine, mais la *Vierge à la chaise* elle-même. On ne saurait trouver, sous les traits flétris par l'âge, plus de cette grâce indulgente et fine, de cette sensibilité dévouée et prudente qui fait la vraie beauté de la vieillesse. Le tableau conserve d'ailleurs, dans l'exécution de toutes ses parties, la même supériorité. C'est enfin une de ces compositions où Raphaël se montre à sa vraie place, où il paraît également grand sous tous les aspects. Les *Studi* possèdent un autre tableau de Raphaël presque égal à celui-là, et digne d'en être le pendant, quoiqu'il n'appartienne pas, comme l'autre, à sa grande manière. Il nous montre la Vierge sur un trône, tenant dans ses bras le *santo Bambino*, qui bénit saint Jean, agenouillé devant lui entre deux autres bienheureux. L'œuvre de Raphaël, au musée de Naples, est complétée par les portraits d'un cardinal et du *cavaliere* Tibaldi ou Tibaldeo, tous deux excellents, et par la répétition du grand portrait de Léon X, assis entre les deux cardinaux Louis de Rossi et Jules de Médicis, qui se trouve dans la galerie du palais Pitti à Florence; répétition qui, au dire des Florentins, serait une copie faite par Andrea del Sarto.

Je ne veux pas quitter la *Galleria de' capi d'opera* sans signaler une remarquable peinture du Zingaro, un des meilleurs maîtres de l'école

---

[1] M. Viardot aurait dû écrire *sainte Élisabeth*.

napolitaine. C'est une *Vierge glorieuse* entre saint Pierre, saint Paul, saint Sébastien et d'autres bienheureux. Ce tableau est d'un intérêt singulier, parce qu'on y peut lire toute la vie de son auteur. Antonio Salario, qui appartenait sans doute à cette race nomade qu'on appelle, suivant le pays qu'elle habite, *Zingari, Gitanos, Gipsies, Bohémiens,* fut d'abord chaudronnier ambulant. A vingt-sept ans il s'éprit de la fille de Col'-Antonio del Fiore, qui la lui refusa durement, ne voulant la donner qu'à un artiste de sa profession. L'amour fit le *Zingaro* peintre; il étudia, voyagea, et dix ans plus tard épousa sa fiancée, qui avait cru à son talent. C'est elle qu'il a représentée, dit-on, sous les traits de la Vierge; il s'est placé lui-même, le visage illuminé par l'extase, derrière un des personnages de sa toile; et l'on croit qu'un laid petit vieillard, blotti dans un coin, est le portrait de son beau-père. Douce et innocente malice de l'artiste parvenu au comble de ses vœux.

Je m'arrête ici, quoiqu'il y ait encore dans la pinacothèque une cinquantaine de magnifiques tableaux à visiter; mais le voisinage du reste du musée gâte les meilleures choses. J'ai encore dans l'œil un rayon d'antique, et ce rayon m'empêche de bien voir les chefs-d'œuvre de l'art moderne.

VI

A TRAVERS LES RUES

Vivacité du caractère napolitain. — L'*acquafrescaio*. — Les petits changeurs. — Dévotion à la *Santissima*. — Amulettes. — Les restaurants de Santa-Lucia. — *Pifferari* et chanteurs de poèmes. — Les confrères quêteurs. — Les boutiques des libraires et les vitrines des photographes. — Brigandage. — La morgue. — La colonne des faillis. — Quartier des orfèvres. — Quartier du port. — La loterie. — Les funérailles. — Le Polichinelle napolitain.

Depuis trois jours j'erre dans les rues de Naples sans but déterminé. Ce ne sont plus les églises, les palais, les monuments, les œuvres d'art que j'y cherche, c'est le peuple, avec ses allures, sa physionomie, son caractère propres. Cette étude a bien son charme, et pour celui qui aime la comédie, la grande, l'éternelle comédie humaine ne manque nulle part. C'est un plaisir innocent que j'aime à me donner partout dans mes voyages. A Naples, le spectacle du peuple et des choses populaires m'a semblé plus original que nulle part ailleurs.

Toute l'Italie méridionale est habitée par une population d'origine grecque. Le type, au moins tel que je l'ai vu à Naples et dans les environs immédiats de la capitale, n'en est pas beau, et ne se rapproche guère du magnifique type grec consacré par les chefs-d'œuvre de la statuaire et de la numismatique. Il a sans doute été altéré par les invasions qui tour à tour sont venues s'abattre sur cet infortuné pays, et qui lui ont apporté successivement le sang des Étrusques, des Romains, des barbares, des Allemands, des Français et des Espagnols; mais si le *facies* hellénique a disparu, les mœurs sont restées. Toute cette population est vive, agitée, turbulente, rieuse, folle, et même bouffonne; elle ne parle pas sans accompagner la parole de gestes animés, souvent violents; elle élève le ton, et à la moindre contradiction elle s'échauffe, elle s'emporte, elle éclate, même pour les sujets les plus futiles. Si vous lui parlez avec calme, elle croit que vous avez peur; car elle ne comprend rien au calme de la force. Si vous enflez vous-même le ton, si vous feignez l'emportement et la colère, aussitôt elle s'apaise et s'assouplit. Les populations méridionales de la France, toutes vives qu'elles sont, n'approchent pas de cette exubérance de vie et de mouvement. Le spectacle de cette animation est beaucoup plus frappant quand on arrive de Rome. Là le peuple est grave, digne, fièrement drapé dans ses haillons; il marche avec une certaine solennité, comme s'il posait encore devant l'univers subjugué; on dirait qu'il se sent toujours le maître du monde, le peuple-roi, et c'est pour cela qu'il revêt une physionomie majestueuse.

A Naples, nous sommes bien loin de cette gravité solennelle. Voici sur la *piazza del Castello* deux *facchini* qui se prennent de querelle. Ils parlent très haut, ils gesticulent, ils s'injurient, ils menacent, ils blasphèment, ils invoquent tous les saints du paradis, et enfin Neptune et Bacchus; il est probable que les couteaux vont jouer tout à l'heure et terminer la dispute par le sang. A Paris, une pareille scène serait bien vite le foyer d'un attroupement considérable, et les sergents de ville ne manqueraient pas d'accourir pour mettre le holà; à Naples, on n'y fait pas attention, tant c'est chose ordinaire. Je m'approche discrètement, en flânant, tremblant d'assister à une scène de sang, et j'apprends avec stupéfaction, au milieu des imprécations les plus terribles, qu'il s'agissait simplement de savoir si le mois avait commencé un mardi ou un mercredi.

Un *acquafrescaio* suivait de l'œil cette dispute avec un intérêt marqué, pensant bien que des gens si échauffés devaient avoir soif. Il s'approche, et démontre aux *facchini* que le mois a commencé un lundi. A cette découverte inattendue, les deux querelleurs tombent dans l'hilarité la plus expansive et la plus bruyante, chacun enchanté de voir son contradicteur convaincu d'erreur. Et, l'altercation n'ayant plus de motif, ils scellent leur réconciliation par un verre d'eau fraîche parfumée avec du citron ou du *sambuco* (extrait d'anis). L'*acquaiuolo* descend la boîte en tôle qu'il porte sur les épaules, l'agite pendant quelques instants pour mettre l'eau en contact avec le récipient de neige qui se trouve à l'intérieur, et sert, moyennant un *grano* (quatre centimes), les clients qu'il a su raccoler au passage. Ces petites boutiques ambulantes de marchands d'eau glacée ou de sorbets sont extrêmement communes à Naples, la fraîcheur des boissons étant un besoin du premier ordre dans un climat si chaud; mais comme la glace est complètement inconnue dans ce pays, et qu'il est nécessaire d'assurer le service des approvisionnements, on confie à une compagnie ou à un particulier le privilège de ramasser la neige dans les Apennins, et de la faire vendre, à un tarif fixé par le gouvernement, par les débitants privilégiés. Les marchands qui ont la *privativa di neve* sont tenus d'être toujours suffisamment pourvus de neige pour satisfaire aux besoins de la consommation publique.

En ce moment il n'est pas toujours facile à Naples d'avoir le *grano* nécessaire pour payer un verre d'eau glacée; car, par suite des événements politiques, le numéraire est devenu fort rare, et la monnaie de cuivre elle-même est presque introuvable. On a pourvu à cette pénurie par l'émission d'une quantité considérable de papier-monnaie, ou, si l'on aime mieux, de billets de banque avec cours forcé, dont les coupures descendent jusqu'à cinquante centimes, afin de faciliter les petites transactions. Pour compléter ce service, il s'est établi sur les places publiques, dans les rues, des boutiques de petits changeurs ou *cambiamonete*, qui changent l'or contre des billets, ou les billets contre de la menue monnaie de bronze, moyennant un agio de neuf à dix pour cent. On trouve dans presque toutes les rues les bancs de ces modestes banquiers, couverts de liasses de billets retenues par des cailloux contre les entreprises du vent, et de piles de gros sous. Il est curieux de voir les ménagères du peuple venir s'aboucher avec le *cambiamonete*, déployer d'abord la plus insinuante diplomatie pour gagner un demigrano sur le change d'un billet de banque de vingt sous, et finir par menacer le financier intraitable d'une prochaine révolution où tous les banquiers seront pendus; et on les pendra, ajoute la mégère, à ces lanternes du gaz, qui prétendent détrôner les lampes de la *Santissima!*

C'est là, en effet, un des griefs du peuple, chez lequel la dévotion à la Vierge est très ardente, contre le gaz et les réverbères. Tout le monde, hommes, femmes, enfants, suspend à son cou une pieuse médaille de Marie immaculée, et ce n'est pas sans étonnement qu'on voit les *facchini* demi-nus porter ostensiblement ce signe de piété sur leur poitrine velue et brûlée par le soleil. Presque toutes les boutiques, même les plus somptueuses, les restaurants, les cafés, placent dans une niche ou dans un lieu d'honneur les images de la Vierge et de saint Janvier, et y entretiennent une lampe constamment allumée. Les angles des rues, les surfaces des murailles offrent aussi, de distance en distance, des images saintes ou des fresques naïves. C'est le célèbre père Gregorio-Maria Rocco, ouvrier évangélique infatigable, regardé comme le père et la providence des lazaroni, qui introduisit au milieu du siècle dernier l'usage des lampes et des lanternes devant les nombreuses statuettes qui ornaient extérieurement les maisons, et il le fit, non seulement dans des vues de piété, mais aussi dans des vues de prudence humaine et de sécurité publique. Cette illumination pieuse a beaucoup souffert, il faut le reconnaître, de l'introduction des appareils modernes d'éclairage, et le peuple voit dans cette négligence une des causes de la colère du Ciel.

Tout en portant des médailles de dévotion, les Napolitains, même les plus instruits, ne se dispensent pas de porter certaines amulettes contre le mauvais œil et l'influence redoutable des jeteurs de sorts. La plus répandue est une petite corne de vermeil ou de corail qu'on suspend aux breloques de sa montre. Grâce à ce talisman, on n'a rien à craindre de ces ennemis cachés qui pourraient recourir aux maléfices contre vous. Ne riez pas de cette superstition : le Napolitain n'entend pas raillerie sur ce point délicat, et s'il vous soupçonnait d'être un *gettatore,* il pourrait bien vous faire un mauvais parti.

Tout en me promenant au hasard, j'étais arrivé au quai de Santa-Lucia, où se trouve le marché au poisson. Il était dix heures du matin, et les barques revenant de la pêche matinale déposaient mille coquillages variés, des solens, des tellines, des murex, des huîtres, des poissons, et tous ces *frutti di mare* dont le nom m'était inconnu aussi bien que l'aspect, mais qui étaient singulièrement appétissants. J'étais surtout tenté par de belles huîtres du lac de Fusaro, et je me disais, pour excuser cet excès de gourmandise, que je devais étudier sur nature ces procédés d'ostréiculture que M. Coste est venu observer à Naples pour les introduire sur nos côtes. C'est un repas scientifique que je vais faire là, me disais-je tout bas ; et je m'assis bravement à une petite table pour déjeuner en plein vent, à la napolitaine, en face de la mer. Je l'avouerai à ma honte, la science ne tarda pas à tourner à la gastronomie, et je fis un délicieux déjeuner de poissons, assaisonné d'un excellent vin de Capri.

J'étais tout absorbé par cette opération importante, lorsque des bruits aigus me firent sursauter sur mon banc. C'étaient deux *pifferari* associés avec un chanteur ambulant, lesquels, flairant en moi un opulent étranger (les étrangers sont toujours opulents), exploitaient sans pitié le goût musical qu'ils me supposaient. L'un était armé d'un fifre ou *piffero* aux sons aigus ; l'autre avait un instrument compliqué de trois flûtes, analogue à la *vèze* de notre Bretagne, dans lequel le réservoir d'air est formé par une outre en peau de bouc. Après une ouverture criarde, le chanteur de poèmes (*cantastorie*), tantôt chantant, tantôt déclamant, se mit à me raconter le poème de Nicolas le poisson. C'était, au temps de Frédéric d'Aragon, un fameux matelot et un nageur plus fameux encore. Toujours au milieu des flots, il passait des journées entières dans des grottes sous-marines, vivant familièrement avec les poissons et avec les nymphes. Toute la mythologie antique reparaissait dans le récit de mon conteur, et Nicolas, initié aux plus profonds mystères de la mer, servait de messager aux belles divinités de l'Océan. Je me laissai narrer tout au long cette fable gracieuse ; mais quand les pifferari recommencèrent une sonate, je payai en toute hâte mon tribut à Nicolas poisson, et je m'enfuis vers la ville, tout en tournant la tête de temps en temps pour voir si je n'étais pas suivi de mes persécuteurs.

Dans ma précipitation, je heurtai un personnage singulier dont le vêtement bizarre et funèbre me frappa d'étonnement. Qu'on se figure un homme vêtu d'un sac noir qu'une cordelière blanche ceint autour des reins, le visage couvert d'un capuchon de même couleur où s'ouvrent deux trous pour les yeux, avec un chapelet de têtes de mort en ivoire pendu à la ceinture. Ce noir fantôme tenait à la main une tirelire peinte de larmes, et j'appris par l'inscription qu'il faisait la quête à l'intention des âmes du purgatoire. C'était un membre de cette nombreuse corporation laïque qui gouverne l'église *Santa-Maria-de-Verticœli*, et dont les confrères vont tous les jours par la ville quêter en faveur des œuvres pies dont s'occupe la congrégation. Ces pieux quêteurs, dont le sac cache souvent des hommes du monde, sont partout accueillis avec une faveur marquée et reçoivent d'abondantes aumônes. Avec leurs revenus, les confrères font célébrer des messes et des offices funèbres pour les âmes du purgatoire, et ils entretiennent ainsi plusieurs églises qui sans eux seraient dénuées de toutes ressources, comme celle des Saints-Apôtres, celle du Mercato, et celle de *Santa-Maria-del-Pianto,* où la congrégation avait autrefois un cimetière particulier. Beaucoup d'autres confréries font aussi des quêtes par la ville, sous le sac propre de chaque corporation, en faveur des œuvres de bienfaisance qu'elles patronnent, et la charité napolitaine donne toujours. Une de ces congrégations, celle de l'*Ecce Homo,* est composée des gens les plus pauvres de la ville ; on en rencontre les confrères, vêtus d'une sale tunique rousse, mendiant dans tous les quartiers pour leur chapelle et pour l'œuvre de leur propre sépulture. Le bas peuple, qui y compte des parents et des amis, les connaît bien, et quand il veut parler d'un homme sale et déguenillé, il dit par manière de proverbe : C'est un confrère de l'*Ecce Homo!*

En traversant la *strada di Toledo,* je m'arrêtai aux magasins des libraires et aux expositions des photographes. On ne saurait se figurer la masse de renseignements précieux qu'on y recueille d'un seul coup d'œil sur l'état intellectuel et moral d'un pays ; on y voit les tendances de l'esprit public, la couleur des opinions dominantes, les idées et les choses qui ont la vogue. Sous ce rapport, les vitrines de toutes les librairies en Italie sont extrêmement curieuses à étudier. On y constate d'abord la pénurie de la littérature italienne contemporaine, réduite à peu près à trois noms qui ont su conquérir une réputation européenne :

je veux dire Manzoni, Pellico et Cantù. Toutes les autres productions sont dues à des célébrités départementales dont la gloire ne dépasse guère les limites de leur *circondario*. La science est beaucoup mieux représentée que les lettres, et elle peut citer cinq ou six noms dont les pays les plus avancés pourraient s'honorer. Ce qui abonde, ce sont les brochures politiques de toute nuance et de tout style, preuve manifeste des divisions profondes et violentes qui séparent aujourd'hui les esprits en Italie. En fait de littérature étrangère, il n'y a guère que la littérature française, et de la pire, celle qui comprend les plus détestables romans. Quant aux traductions, elles sont nombreuses, et elles appartiennent principalement au même genre. J'ai remarqué que tous nos livres classiques de science et d'histoire sont traduits ou imités partout. L'esprit français, net, clair, sobre, logique, méthodique, excelle dans la composition des livres élémentaires destinés aux collèges. Il n'en est pas de même, ni en Italie, où l'imagination la plus pompeuse et la plus brillante se donne toujours carrière au détriment de la vérité, qu'il faudrait montrer toute nue; ni en Angleterre, où la diffusion et la prolixité nuisent à la clarté et à la méthode; ni en Allemagne, où les théories les plus nuageuses ne manquent jamais de voiler les faits les plus simples. Aussi notre littérature classique est-elle recherchée partout.

Les expositions des photographes ne m'ont pas moins intéressé en me donnant un autre aperçu de l'esprit public. Les scandales n'y tiennent pas la place prédominante qu'ils occupent sur les boulevards de Paris. Ce qui abonde à Naples, c'est la glorification du brigandage. Approchez-vous de la première vitrine où vous remarquerez un groupe de curieux : vous y trouverez sûrement les portraits de Pace, de Guerra, de Fuoco, de Ciccone, de Matteo Centonze, et de tous les autres bandits dont s'honore l'Italie méridionale. Ces messieurs n'ont pas été photographiés en prison; car ils ne permettraient pas qu'on les représentât dans cet état de honte et d'humiliation. Ils sont descendus de leurs montagnes dans leurs plus beaux habits, et ils sont venus bravement à Naples, en plein soleil, poser pour ce bon public qui les admire. Quelques-uns ont eu la gentillesse de poser en héros de l'embuscade et du coup de feu, et on les voit, armés jusqu'aux dents, attendre derrière un rocher, la carabine rayée à la joue, l'arrivée de leur proie. Dans peu de temps on les verra munis d'un fusil Chassepot; car ils se tiennent fort au courant des progrès de la civilisation moderne en tout ce qui concerne leur partie. Leurs femmes, qui mènent avec eux la vie errante du brigandage, figurent aussi dans cette curieuse galerie, parées de leurs plus beaux atours, et quelquefois *ornées* de sabres et de pistolets. Il faut entendre les réflexions de la foule en face de cette exhibition, et les histoires effroyables qui circulent à propos de certains portraits, histoires devant lesquelles l'ogre de nos contes semblerait avoir la candeur du petit Poucet. Il ne s'agit que d'oreilles coupées, de nez abattus, de gens éventrés ou rissolés à petit feu. Brrrr! me dis-je en sentant un froid glacial me courir dans les vertèbres; et je passai à l'autre tableau qui faisait le pendant. O stupéfaction profonde! par un rapprochement odieux qui semble ne choquer personne à Naples, puisque la police ne l'interdit pas, ce tableau représentait tous les princes de l'Europe avec

Marché de Naples.

leurs familles. Un tel rapprochement en dit plus long que tout un volume sur la démoralisation des esprits dans l'Italie méridionale.

En poursuivant ma promenade au hasard, je tombai sur la place qui précède le palais de la Vicaria, ancien château bâti par Guillaume le Mauvais au XIIe siècle, et occupé aujourd'hui par les tribunaux. Une foule nombreuse stationnait près de la porte et s'entretenait avec une animation croissante. Je m'informai près d'un *facchino*, et j'appris que là était la morgue de Naples, en plein vent, au pied d'une colonne de marbre. « La mer, me dit mon voisin, a rejeté un cadavre, et, suivant nos usages, on l'a exposé ici pour être reconnu. A ses habits, c'est sans doute un pêcheur de la côte de Sorrente. Tous ceux qui meurent ainsi dans le port ou par la ville sans qu'on connaisse leur famille sont apportés sur cette place, et y demeurent aussi longtemps que l'état du cadavre le permet. Autrefois, seigneur, votre excellence eût trouvé ici un spectacle plus gai. Cette colonne est célèbre dans nos annales populaires. Quand un débiteur était impuissant à satisfaire ses créanciers, il venait ici déclarer publiquement sa banqueroute, et, monté sur un petit échafaud, il montrait son... dos tout nu à ses créanciers, pour leur signifier clairement qu'il ne possédait absolument rien. Cette *fonction,* un peu humiliante, lui valait une bonne quittance. Et nous disons encore parmi nous, en manière de proverbe, en parlant d'un homme qui ne paye pas ses dettes : Il a pris quittance à la Vicaria! » Je crus d'abord que mon ami le faquin me débitait une de ces facéties que le peuple en tout pays aime à conter aux étrangers ; mais quand je pus percer la foule et passer au premier rang, je lus sur la base de la colonne une inscription fort curieuse, et j'appris que cet usage singulier, d'origine aragonaise, avait été établi en l'année 1553 par le vice-roi don Pierre de Tolède, afin, dit l'inscription, que les faillis compensent par cet opprobre l'avantage de ne pas être poursuivis. *uti id commodum magno cum opprobrio compensent!*

Les hasards de ma promenade vagabonde me conduisirent de la Vicaria dans le quartier des orfèvres. A Naples, toutes les industries, tous les genres de commerce sont groupés dans un quartier, dans une rue spéciale, comme cela avait lieu dans nos villes de France au moyen âge, ainsi que le témoignent encore les noms de certaines de nos rues, à Paris, par exemple, rue de la Poterie, de la Vannerie, de la Tixeranderie, de la Féronnerie, etc. Tous les marchands du même article sont ainsi placés côte à côte, et c'est là surtout qu'il importe de ne pas confondre avec la boutique en face. Tous, du reste, paraissent vivre en bonne intelligence, parce qu'ils sont organisés en corporation et qu'ils obéissent à des syndics. En parcourant les quartiers industriels, on emporte une favorable idée de l'activité napolitaine, surtout quand on arrive de Rome, où tout semble endormi et silencieux. Il y a évidemment du travail, du mouvement, une animation laborieuse, quoique le climat prêche le repos et le doux farniente. Il est d'autant plus facile d'en juger, que tous les métiers s'exercent non à l'intérieur, où la chaleur serait étouffante, mais au dehors, en plein air, à l'abri de tentes qu'on dresse d'un côté de la rue à l'autre. Les rues sont donc encombrées de petites boutiques, d'ateliers, de métiers, et c'est tout au plus si on laisse au milieu une petite place pour la circulation. Toute cette population travaille, chante, rit, s'apostrophe bruyamment, interpelle les passants. C'est un tapage, une cohue indéfinissables. Si vous avez les oreilles délicates, n'allez pas dans le quartier des forgerons, qu'on a surnommé *l'enfer.* Il y a cinq cents enclumes et autant de fournaises ardentes. Les noires vapeurs qui flottent dans l'air, l'éclat des forges, le bruit formidable qui retentit de toutes parts, les débris de fer enflammé qui volent dans tous les sens, l'aspect de ces ouvriers noirs et demi-nus, vous feraient croire que vous êtes véritablement dans l'enfer.

Le quartier des orfèvres est un des plus curieux à visiter. De quelque côté que vous tourniez vos pas, ce ne sont que boutiques de joailliers et de marchands d'or et d'argent ouvré. Les objets les plus riches, les plus somptueux, sont exposés de toutes parts, et ce qui ajoute au caractère original de cette exposition, c'est qu'elle a lieu dans des ruelles étroites et sombres. Le quartier tout entier se compose de culs-de-sac immondes, de petites rues hideuses, de coupe-gorge effrayants ; on va, on vient, on détourne, on revient sur ses pas, on descend, on monte, on s'engage sous des arcades qui soutiennent les maisons ; c'est un dédale inextricable, où on regretterait de s'être engagé si la vue de ces riches boutiques ne rendait un peu de courage au touriste fourvoyé. Et pourtant, malgré l'aspect repoussant de cet affreux repaire, c'est de là que sortent tous les métaux précieux qui se vendent dans le Napolitain, tous les vases sacrés des églises, les statues d'argent et de vermeil qui ornent les autels, et toute l'argenterie des particuliers. Le contraste est singulièrement piquant.

C'est vers le soir, au moment où les travaux vont cesser, qu'il faut voir les rues du port. C'est comme un immense marché où l'on expose tout ce qui peut flatter le palais délicat du riche et satisfaire l'appétit robuste du batelier. Les cabarets, les restaurants dressent leur table en plein vent, et les marchands appellent la clientèle par toutes sortes d'invitations pressantes. Les marchandises elles-mêmes se chargent de l'inviter par les aromes appétissants qui s'exhalent de toutes parts. Les fritures, les macaroni, les viandes rôties, les poissons, répandent mille parfums attrayants. Les petites marchandes donnent un dernier coup de main à leur toilette, et se font aider par leurs compagnes. On les voit dans les rues étaler coquettement leurs belles chevelures noires qu'elles font peigner avec un grand soin. Un client arrive : vite on dépose sur la table l'instrument de toilette, et, quand le client est servi, l'opération reprend son cours sans que personne y trouve à redire. Ne faut-il pas être propre, surtout quand on vend des comestibles ? Rien de plus gai, de plus animé, de plus vivant que le spectacle du port vers le coucher du soleil. La foule y montre sa folle et insouciante gaieté, son intarissable faconde, sa verve spirituelle et bouffonne ; les marchands y annoncent leurs denrées avec mille lazzi ; les chanteurs de poèmes y sollicitent l'attention par leurs improvisations rimées ; les confrères y quêtent pour leur corporation ; les musiciens y donnent des sérénades, et, au milieu de cette cohue indéfinissable, les *corricoli*, les *calessini*, petites voitures où s'entassent de douze à quinze personnes, amènent de Portici et de Resina les ouvriers qui viennent souper sur le port.

Cette animation fébrile est bien diminuée le jour de la semaine où se clôt l'émission des billets de la loterie de l'État. Dans ce pays d'imagination, chacun vit sur l'espérance de gagner un quine ou un quaterne, ou tout au moins un terne, et de faire ainsi fortune d'un seul coup. Les gens du bas peuple s'imposent les plus durs sacrifices pour acheter quelques billets. Il faut les voir le vendredi soir faire queue jusqu'à minuit à la porte des bureaux de vente, multipliés dans presque toutes les rues. Mais quels numéros choisir? On interroge le sort, on fait attention aux moindres détails des songes, on fait brûler des cierges à Piedigrotta, on consulte surtout les combinaisons de nombres indiqués par la *Guida del lotto*, livre écrit pour guider les joueurs, et qui, en promettant toujours le gros lot, n'a jamais enrichi que l'auteur. La nuit qui va s'écouler sera remplie par des songes dorés: le malheureux qui vient de mettre à la loterie son dernier *quattrino* pour avoir un billet ne travaillera pas demain. A quoi bon travailler, quand on tient la fortune dans sa main? Enfin le samedi arrive. La matinée se passe dans une attente fiévreuse. A midi une foule immense se dirige vers la Vicaria, attendant que s'ouvre une fatale fenêtre du palais, de laquelle doit sortir l'annonce des cinq numéros gagnants. C'est pour le moraliste un spectacle navrant que celui de cette multitude possédée du démon du jeu. Ces visages ardents, ces yeux fixes, ce silence presque solennel, cette anxiété générale, donnent le frisson au curieux qui les observe en amateur. Il est une heure et demie; les conseillers de la cour des comptes sont à leur poste; un enfant de cinq à six ans, préalablement béni par le curé de Santa-Cattarina, a extrait les cinq boules de l'urne, et l'huissier, se mettant à la fenêtre, a crié les cinq numéros d'une voix de stentor. Pour un qui gagne, il y en a dix mille qui perdent. Qui dira les cris, les clameurs, les imprécations, les blasphèmes de tous ceux qui sont déçus, peut-être pour la millième fois? Ils se retirent, mais pour aller prendre de nouveaux billets et tenter encore une fois, le samedi suivant, une fortune qui s'obstine à tromper leurs vœux. Qu'importe si la femme et les enfants manquent de pain!

En rentrant un soir d'une promenade à la Villa-Reale, je rencontrai deux enterrements qui se rendaient à leur église paroissiale, les funérailles ayant toujours lieu au coucher du soleil. Le premier convoi était celui d'une petite fille de cinq à sept ans; le corps de l'enfant, couché dans sa bière blanche, avait le visage découvert et la tête couronnée de roses blanches, symbole de la candeur de son âge et de la récompense qu'elle venait d'obtenir au ciel; une foule d'enfants l'accompagnaient à l'église au milieu des chants et des sanglots; quelques-uns, vêtus en anges, chantaient des cantiques qui n'avaient rien de funèbre. L'autre convoi était celui d'un homme dans la force de l'âge. Le visage du mort n'était pas découvert. Le défunt appartenait sans doute à quelque corporation, car une centaine de confrères, revêtus de leur sac et le visage caché sous un capuchon, escortaient la bière. Je présumai aussi que le mort était de condition aisée, car cinquante pauvres de l'*Albergo de' Poveri*, portant des torches et des bannières, suivaient le cortège funèbre. La psalmodie lugubre des chants de l'Église jetait dans les airs ses notes tristes et plaintives.

Pifferari. — Corricolo.

Cette pompe m'avait ému, et je revenais de Chiaia avec une impression moins riante. Les cris de la ville et l'animation publique eurent bientôt dissipé ce sentiment. Et comme tout se succède brusquement dans la vie, j'avouerai à ma honte que moins d'un quart d'heure plus tard je riais à gorge déployée devant la loge de Polichinelle. Polichinelle est là sur son propre terrain, dans son pays natal; car il est Osque de naissance, et il a traversé les siècles pour venir jusqu'à nous. Les anciens le connaissaient sous le nom de Marcus, et déjà il bafouait le Casnar de la comédie romaine, tout comme il bafoue aujourd'hui, en le rouant de coups de bâton, le Cassandre de la comédie moderne. C'est toujours, moins quelques variantes dues à notre nationalité, le type que nous connaissons et qui a amusé notre enfance. Seulement à Naples Pulcinella n'a point les deux bosses qui le rendent ridicule, ni l'habit rouge et galonné, ni le chapeau menaçant. Là-bas c'est un Calabrais pur sang, beau garçon, sans aucune difformité, sauf la courbure trop prononcée de son nez, vêtu d'une camisole blanche et d'un large pantalon blanc, et coiffé d'un bonnet gris pyramidal. Mais, excepté le costume et la tournure, c'est toujours le même personnage, bruyant, hâbleur, vantard, éloquent, fanfaron, matamore, ennemi du gouvernement et de ceux qui le représentent. Il ne paye guère ses dettes ; il a recours à des ruses et à des subterfuges qui sentent le grec d'une lieue ; il se fâche et il devient violent quand il a tort, sauf à rabattre de sa jactance quand quelqu'un lui tient tête. Le peuple napolitain, qui, sous ce masque grotesque, reconnaît un des siens, est animé pour Pulcinella d'une véritable passion. Il vient l'entendre tous les soirs devant la loge que le héros a ouverte en plein vent près du port ; il l'encourage de ses applaudissements, et devient lui-même, par sa coopération involontaire, le plus curieux et le plus amusant des personnages de cette comédie improvisée ; mais, pendant que vous riez aux lazzi de Polichinelle, défiez-vous de vos voisins ; il y a là, dans la foule qui vous presse, plus d'une main subtile, prête à voler votre mouchoir, votre bourse ou votre montre, et si vous vous plaignez, si vous criez au voleur, ne comptez pas sur les Napolitains pour vous prêter main-forte. Le vol ici n'est guère moins honorable que le brigandage, et les filous de Naples en remontreraient aux filous de Londres ou de Paris. C'est un vice qui fait partie du caractère national. Un jour qu'en rentrant d'une longue course j'exprimais au maître d'hôtel, Génois d'origine, quelques inquiétudes sur l'argent que j'avais oublié dans ma chambre : « Ne craignez rien, me répondit-il avec simplicité ; je n'ai pas un seul Napolitain dans ma maison. » Ce mot peint toute une situation.

VII

HISTOIRE DU VÉSUVE

Existence antéhistorique du Vésuve. — Aspect du Vésuve au premier siècle de notre ère. — Son aspect actuel. — Tremblement de terre de l'an 63. — Récit de l'éruption de l'an 79 par Pline le Jeune. — Silence des anciens sur la catastrophe d'Herculanum et de Pompéi. — Transport des cendres volcaniques à de grandes distances. — Éruptions au moyen âge. — Relations du Vésuve et de l'Etna. — Éruptions modernes.

De ma fenêtre je voyais le Vésuve, et ce spectacle, quoique souvent insignifiant, était pour moi l'objet d'une attraction puissante. Pendant le jour, je passais parfois une longue heure à en contempler la cime, cherchant à y surprendre du regard quelque reste d'activité; mais le volcan s'enveloppait dans une inertie désespérante et demeurait impénétrable. De temps en temps il daignait récompenser mon ardeur à l'étudier par l'émission de quelque mince filet de fumée blanchâtre, dont je suivais avec ravissement la formation et la marche. D'une fissure ouverte sur les flancs de la montagne dans les laves récentes, ou du cratère lui-même, il s'échappait une légère vapeur à peine perceptible d'abord; la colonne devenait de plus en plus apparente et montait jusqu'à une certaine élévation où elle restait stationnaire, s'étendant en forme de nuage dans la couche d'air qui lui servait de support, et groupant autour du noyau primitif les nouvelles émissions de vapeurs qui se produisaient. Ce nuage, qui ne différait guère des nuages ordinaires par sa composition intime, se comportait exactement comme eux: du côté du soleil, il se colorait de tons chauds et brillants, et, du côté opposé, il se teignait de nuances ternes et sombres. Bientôt un coup de vent venait l'arracher à sa couche natale, et en dispersait les lambeaux dans l'atmosphère. Le soir, le spectacle avait quelques moments de magnificence passagère : parfois les bouches du cratère s'entr'ouvraient pour un jet de produits gazeux ; et les feux de la fournaise, se reflétant sur le nuage volcanique, l'ensanglantaient de teintes ardentes comme celles d'un incendie. Ce n'était qu'un éclair prolongé; puis les fissures se refermaient, l'apparition s'éteignait, et le miroir aérien, qui avait jeté à mes yeux éblouis un aspect des foyers incandescents, retombait dans la nuit.

Cet état actuel de repos et presque de candeur du Vésuve me faisait penser à ces effroyables conflagrations dont la montagne a été si souvent le théâtre, et surtout à cette première éruption de l'an 79 de l'ère chrétienne, dont quelques incidents nous ont été racontés d'une manière si dramatique par Pline le Jeune. Quand je dis *première* éruption, je ne veux point exclure par ce mot les phénomènes antérieurs du même genre qui se seraient accomplis pendant la période antéhistorique, et encore moins affirmer que le Vésuve n'ait jamais brûlé dans des temps plus anciens. Il est, au contraire, incontestable, pour tous les savants qui se sont occupés de la question, que la montagne a été en activité et a livré passage aux feux souterrains dès les temps les plus reculés. Son nom osque ou pélasgique de *Vebius*, qui signifie *foyer éteint*, en serait à lui seul une démonstration, et cette démonstration prend un véritable caractère d'évidence, si l'on réfléchit à la forme de cratère que le sommet affectait au siècle d'Auguste, et surtout à ces amas immenses de produits volcaniques qui couvrent le sol depuis Naples jusqu'à Salerne.

Nous est-il possible, au moyen des inductions géologiques, de pénétrer plus loin que l'histoire, et de raconter des faits inconnus à toute tradition, à toute poésie? Oui sans doute, et les éléments ne nous manquent point pour entreprendre cette tâche ardue. Si l'on fouille le sol au-dessous de la couche superficielle, entièrement composée de matières volcaniques, on rencontre un tuf dont l'origine marine n'est pas douteuse : dans les couches sédimentaires de cette roche on trouve, en effet, des serpules d'espèces récentes et d'autres coquilles marines appartenant à des espèces encore actuellement vivantes de la Méditerranée. On peut donc affirmer hardiment qu'à cette époque lointaine des âges géologiques toute cette région était plongée sous les eaux. A quelque distance s'élevaient d'une part les sommets calcaires des Apennins, d'autre part les collines du territoire alors insulaire de Sorrente, séparés par un golfe étroit; mais un jour les flots, jusque-là calmes et paisibles, bouillonnèrent avec violence ; le fond de la mer, soulevé par des forces intérieures, s'éleva peu à peu, et un nouveau rivage se montra. Puis, les forces volcaniques continuant d'agir, le sol récemment émergé se déchira en une longue fracture, et le Vésuve apparut comme une énorme boursouflure conique dont le sommet fut projeté au loin par une irrésistible explosion. Suivez le pourtour extérieur de la montagne, particulièrement au nord, et surtout dans le ravin qu'on désigne sous le nom de *Fosso Grande,* et vous reconnaîtrez sans peine des lits sédimentaires d'un tuf blanchâtre, renfermant des fossiles marins. Le volcan ainsi formé vomit pendant longtemps des feux et des laves. Dans une de ses plus terribles éruptions, il combla de ses produits le vaste et long golfe qui, par le détroit de l'antique Marcina (la Vietri de nos jours), se joignait à la mer de Salerne, donnant ainsi naissance à l'immense plaine de Nola, de Nocera et du Sarno.

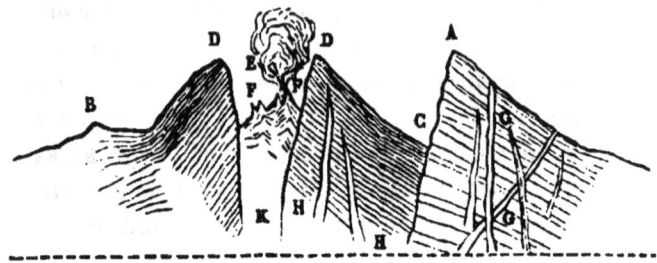

Coupe supposée du Vésuve et de la Somma.

A, la Somma, reste de l'ancien cône du Vésuve.
B, la Padimentina, éminence en forme de terrasse, qui entoure la base du cône récent du Vésuve, du côté du sud.
C, l'Atrio del Cavallo.
D D, cône actuel.
E, grand cratère.
F F, petits cônes adventifs dans l'intérieur du grand cratère.
G G, dykes intersectant la Somma.
H H, dykes coupant le cône récent du Vésuve.
K, communication du cratère avec les foyers souterrains.

La mémoire de ces catastrophes s'était perdue dans la nuit des temps, et il n'en était demeuré qu'un vague souvenir dont Vitruve s'est fait l'écho. Les naturalistes seuls pouvaient reconnaître un volcan dans le Vésuve. Strabon nous représente cette montagne comme étant d'une extrême fertilité sur ses pentes; elle offrait, dit-il, un sommet tronqué en grande partie uni, entièrement stérile, d'un aspect brûlé, montrant des cavités remplies de crevasses et de pierres calcinées, indices manifestes que ces lieux avaient été autrefois des cratères brûlants, éteints après la destruction de toutes les matières combustibles. Le savant géographe expliquait par cette raison l'étonnante fertilité des campagnes voisines, qu'il comparait à celles des environs de Catane, où les terrains mêlés aux cendres de l'Etna étaient devenus de riches vignobles, parce que, selon lui, la terre calcinée de cette manière devait conserver une matière grasse et des sels qui la rendaient plus féconde.

D'après la description de Strabon, le Vésuve n'avait point de son temps la figure qu'il affecte aujourd'hui. Le sommet de la montagne présentait une dépression considérable, une sorte de précipice à parois abruptes, avec de petits lacs, des bois et des buissons. On n'y voyait aucune trace de ce que nous appelons maintenant le Vésuve proprement dit, dont l'origine n'est certainement pas antérieure à l'an 79 ; car il est évident que si ce cône si remarquable eût existé, l'écrivain latin n'eût pas manqué de le signaler. De ce grand cratère primitif, qui formait probablement un cirque complet, il subsiste encore une partie importante dans les crêtes en demi-cercle qui s'élèvent au nord, et qu'on désigne de nos jours sous le nom de la *Somma*. Le Vésuve actuel présente donc une figure assez complexe, comme on peut le voir dans la coupe ci-jointe. A est la Somma, reste de l'ancien cône du Vésuve, tel qu'il existait du temps de Strabon ; B, la *Padimentina*, éminence en forme de terrasse qui entoure la base du cône récent du Vésuve du côté du sud, est un faible débris du cirque primitif ; C, l'*Atrio del Cavallo*, ainsi nommé parce que les voyageurs qui font l'ascension du cône y laissent leurs chevaux, est une profonde vallée de cinq cents mètres de large, appartenant au premier cratère, située entre la Somma et le cône actuel ; DD est le grand cône actuel, dû à l'éruption de 79 ; E en est le grand cratère ; FF sont deux petits cônes produits par la dernière éruption au fond du grand cratère, ayant chacun un orifice cratériforme.

Tel est de nos jours l'aspect général du volcan, aspect terrible et plein de sombres menaces ; mais au premier siècle de notre ère, comme je l'ai dit plus haut, la montagne n'avait pas une physionomie aussi sinistre. A la veille des révolutions qui devaient la bouleverser de fond en comble, l'heureuse Campanie, comme l'appellent les anciens, était calme, souriante, et toute livrée au luxe et au plaisir. Elle jouissait d'un climat incomparable, où le souffle du ciel faisait sentir sa douce et bienfaisante influence ; une nature vigoureuse et luxuriante y prodiguait les trésors d'une végétation sans pareille, et ses rivages, qui étaient l'Élysée des poètes, étaient aussi la retraite favorite des grands hommes. Il n'était pas jusqu'aux tyrans du genre humain qui n'eussent affectionné eux-mêmes cette attrayante région ; et comme s'ils eussent été gagnés par la douceur et la mollesse du climat, loin de la ravager, ils l'avaient ornée et embellie. Une seule menace était venue du haut de la montagne, lorsque Spartacus avait fait camper son armée de dix mille gladiateurs dans l'ancien cratère du Vésuve ; mais ce n'était pas là une menace volcanique, et d'ailleurs les terribles bandits étaient pour les populations du voisinage un bien plus juste objet de terreur que les feux éteints du volcan. Sur ces rivages fortunés, tout était joie et plaisir.

Le premier avertissement de la catastrophe qui devait engloutir Herculanum, Pompéi, Stabia, Retina, Oplonti, Teclano et d'autres cités de moindre importance dont le nom n'est pas parvenu jusqu'à nous, fut donné à la Campanie seize ans auparavant. L'an 63, un affreux tremblement de terre ruina toutes ses villes et se propagea jusqu'à Naples. Sénèque, qui vivait précisément à cette époque, nous en a laissé la description dans ses *Questions naturelles*. « Pompéi, dit-il, ville célèbre de la Campanie, près de laquelle le rivage de Sorrente et de Stabia d'un côté, et celui d'Herculanum de l'autre, forment par leurs sinuosités un golfe délicieux, se trouve présentement en ruine, ainsi que ses environs, par suite d'un tremblement de terre qui s'est fait sentir en hiver, c'est-à-dire dans une saison que nos ancêtres croyaient à l'abri de pareils dangers. Jusqu'à nos jours la Campanie n'avait jamais été sans crainte, quoiqu'elle n'eût point eu à souffrir véritablement, et elle n'avait guère eu d'autre mal que celui de la peur ; mais aux nones de février, sous le consulat de Regulus et de Virgilius, elle fut en grande partie dévastée par de violentes commotions du sol. Une portion de la ville d'Herculanum a été détruite, et ce qui en reste n'est pas encore à l'abri de tout péril. Si la colonie de Nuceria n'a pas été entièrement ravagée, elle a été éprouvée d'une manière cruelle. Naples a souffert des dommages privés plutôt que publics, et elle n'a été que légèrement frappée par cet épouvantable fléau. Beaucoup de villes assises sur le sommet des montagnes n'ont ressenti que des commotions inoffensives. On raconte qu'un troupeau de six cents moutons fut suffoqué, que plusieurs statues furent brisées dans leur chute, et qu'à la suite de ce funeste accident on vit errer dans la campagne des hommes privés de leur raison. »

Après cette catastrophe, les malheureux habitants de la Campanie se mirent de toutes parts à relever leurs ruines, à réparer leurs maisons, et à reprendre la vie gaie, heureuse et insouciante des jours passés. Pendant ce temps, les forces volcaniques, qui venaient de donner un premier symptôme de leur réveil, s'agitaient sourdement, sans bruit, sans signe extérieur. Enfin un jour elles éclatèrent soudainement par la plus formidable des explosions. C'était sous le règne de Titus, l'an 79 de notre ère. Il faut lire dans deux lettres de Pline le Jeune adressées à Tacite les détails de ce prodigieux bouleversement de la nature. Le grand historien lui avait demandé des renseignements sur la mort de son oncle, Pline l'Ancien ou le Naturaliste, afin de les transmettre à la postérité dans ses Annales ; Pline le Jeune lui répondit :

« Tu désires savoir par le menu tous les incidents relatifs à la mort de mon oncle, afin de les transmettre à la postérité. Je te suis reconnaissant de cette faveur, parce que je suis sûr qu'il en retirera une gloire immortelle, si tu lui donnes une place parmi les écrivains latins, bien qu'il ait été enveloppé dans un malheur qui a désolé les plus beaux pays du monde, et que sa mort ait été occasionnée par une catastrophe à jamais mémorable, dont le souvenir éternisera la mémoire avec celle des cités et des populations qui ont partagé le même sort. Et, bien qu'il ait écrit beaucoup de livres qui demeureront éternellement, je pense toutefois que l'immortalité des tiens ne contribuera pas peu à celle qu'il doit attendre. Pour moi, je répute heureux ceux auxquels les dieux ont accordé de faire des choses dignes d'être écrites, et d'écrire des livres dignes d'être lus; et plus heureux encore ceux qui ont obtenu la faveur de ce double privilège. Mon oncle tiendra sa place parmi ces derniers autant par tes écrits que par les siens. »

Après ce préambule louangeur, Pline aborde le récit de l'événement. « Il se trouvait à Misène, où il commandait la flotte, le 23 du mois de novembre. Il était environ une heure après midi, quand ma mère l'avertit qu'on voyait apparaître dans le ciel un nuage d'une grandeur et d'une figure extraordinaires. Après s'être quelque temps étendu au soleil, selon sa coutume, et avoir bu un peu d'eau fraîche, il s'était jeté sur son lit, où il étudiait. Il se lève et monte en un lieu d'où il pouvait facilement considérer ce phénomène. Il était difficile de distinguer de loin de quelle montagne sortait le nuage. On sut depuis que c'était du Vésuve. La figure du nuage ressemblait plus à celle d'un pin qu'à celle de tout autre arbre, parce qu'après s'être élevé très haut en droite ligne, la cime présentait une surface plane et se divisait comme en une multitude de rameaux. Je m'imagine qu'un vent souterrain chassait la vapeur devant lui avec impétuosité et la soutenait ensuite dans les airs; mais, soit que l'impulsion cessât peu à peu, soit que le nuage fût emporté par son propre poids, on le voyait se dilater et se répandre dans tous les sens. Il paraissait tantôt blanc, tantôt noirâtre, tantôt de diverses couleurs, selon qu'il était plus ou moins chargé de cendres ou de sables.

« Un tel prodige émerveilla mon oncle, et il le jugea digne d'être contemplé de plus près. Il ordonne de préparer sa galère légère, et me propose de l'accompagner. Je lui répondis que je préférais étudier, et il se trouvait par aventure qu'il m'avait donné quelque chose à écrire. Il sortait de la maison, ses tablettes à la main, quand les matelots, effrayés du péril évident qui menaçait Retina (ce bourg est, en effet, assis précisément au pied de la montagne et n'avait pas d'autre moyen de salut que par la voie de la mer), vinrent le supplier de ne pas les exposer à un si grand danger; mais il ne changea point de sentiment, et, au contraire, il poursuivit avec un courage héroïque ce que tout d'abord il n'avait entrepris que par simple curiosité. Il appelle à lui les galères, monte, et part avec le ferme projet de voir quel secours on pourrait porter, non seulement à Retina, mais encore à tous les autres villages de cette plage, fort nombreux à cause de l'aménité du site. Il a hâte d'arriver au lieu d'où tous s'enfuient, et au point où le péril est le plus imminent. Il agissait avec une si grande liberté d'esprit, que quand il observait quelque changement ou quelque forme extraordinaire dans le phénomène, il dictait des notes.

« Déjà il pleuvait sur les galères une cendre extrêmement épaisse, qui devenait de plus en plus chaude à mesure qu'on approchait davantage ; il tombait aussi autour d'eux des pierres calcinées et des cailloux noircis, brûlés et pulvérisés par la violence du feu ; le rivage se montrait inaccessible, à cause d'énormes masses détachées de la montagne qui le recouvraient. Il s'arrêta un instant et parut incertain s'il avancerait ou reculerait ; puis il dit au pilote, qui lui conseillait de prendre le large : « La fortune favorise le courage ; tourne la proue du « côté de la maison de Pomponianus. » Pomponianus était à Stabia, dans un lieu séparé par une petite baie que la mer forme insensiblement sur ces bords découpés. Là, à l'aspect du péril encore lointain, mais de plus en plus menaçant, il avait mis tous ses effets sur ses navires, et n'attendait qu'un vent favorable pour s'éloigner de ces lieux. Mon oncle le trouve épouvanté et tremblant ; il l'embrasse, le rassure, l'encourage ; et, pour bannir par sa propre assurance les terreurs de son ami, il se fait conduire au bain. Ensuite il se met à table, et soupe avec un visage gai, ou au moins (ce qui est tout aussi admirable) avec l'apparence de sa gaieté ordinaire.

« Pendant ce temps-là, des flancs du Vésuve s'échappaient çà et là des lueurs et des flammes qui, éclatant tout à coup au sein des ténèbres, en augmentaient l'horreur. Mon oncle, pour ranimer le courage des personnes qui l'accompagnaient, affirmait que ce que l'on voyait brûler n'était pas autre chose que les villages des paysans, abandonnés faute de secours. Ensuite il se coucha et s'endormit profondément, à tel point qu'on l'entendait ronfler de l'antichambre. Mais on fut bientôt obligé de l'éveiller, parce que la cour par laquelle on entrait dans sa chambre commençait à se remplir d'une si grande quantité de cendres, que, pour peu qu'il y fût demeuré plus longtemps, il n'aurait pu en sortir.

« Alors il rejoignit Pomponianus et les autres qui se tenaient sur leurs gardes, et ils se consultèrent ensemble, pour savoir s'il valait mieux se renfermer dans la maison ou se jeter dans la campagne. En effet, les édifices étaient tellement secoués par de fréquents tremblements de terre, qu'on les eût crus arrachés de leurs fondements et lancés tantôt d'un côté, tantôt de l'autre, puis remis en leur place ; au dehors des habitations le péril n'était pas moins grand, à cause de la chute des pierres, bien qu'elles fussent légères et calcinées par le feu.

« Entre ces divers périls, on choisit ceux de la pleine campagne. Dans l'esprit de ceux qui le suivaient, une terreur éveillait une autre terreur; dans le sien, au contraire, la partie supérieure de l'âme commandait à la partie la plus faible. Ils sortent donc en se couvrant la tête d'oreillers assujettis avec des mouchoirs, précaution indispensable contre les coups des projectiles qui tombaient du ciel. Ailleurs le jour commençait à reparaître, mais où ils se trouvaient la nuit continuait, la plus épaisse et la plus horrible des nuits, éclairée seulement de temps en temps par la lueur des flammes et des éclairs. On jugea convenable de se rapprocher du rivage, et d'examiner de plus près ce que la mer permettait de faire; mais la mer prenait déjà les allures de la tempête. Alors mon oncle, ayant demandé de l'eau et bu deux fois, fit jeter un coussin sur le sol et s'y coucha. En ce moment les flammes, qui s'étendaient de plus en plus, et l'odeur du soufre qui en annonçait l'approche, mirent tout le monde en fuite. Il se releva tout soucieux, appuyé sur le bras de deux esclaves, avec le projet de s'enfuir; mais au même instant il tomba mort. Je pense qu'une vapeur très épaisse le suffoqua, d'autant plus facilement qu'il avait la poitrine faible et de temps en temps la respiration asthmatique.

« Quand la lumière reparut, ce qui n'arriva que trois jours plus tard, on retrouva son corps à la même place, dans un état parfait de conservation, couvert du même habit qu'il portait au moment de sa mort, et plutôt dans l'attitude d'un homme endormi que d'un homme privé de la vie. Nous nous trouvions alors à Misène, ma mère et moi. Mais ceci n'a point de raport avec ton livre, puisque tu ne veux être informé que de la mort de mon oncle. Je m'arrêterai donc ici en ajoutant un seul mot, c'est que je n'ai rien dit que je n'aie vu de mes propres yeux ou appris de témoins oculaires, dans ces moments où la vérité de faits si récents n'a pu encore être altérée ni défigurée. Il t'appartient maintenant de choisir parmi ces détails ce qui te semblera plus important, parce que grande est la différence entre écrire une simple lettre ou une histoire, entre écrire à un ami ou bien pour la postérité. Adieu. »

Dans une autre missive, Pline le Jeune revient sur le même sujet, et répond en ces termes à Tacite, qui lui avait demandé de nouvelles particularités sur ce grand événement.

« Ma lettre a éveillé en toi le désir de savoir quelles terreurs et quels périls j'éprouvai à Misène, où j'étais demeuré, jusqu'au point où je m'arrêtai dans ma dernière lettre. Je le ferai, quoique mon esprit repousse avec horreur tous ces souvenirs de deuil :

> Quanquam animus meminisse horret luctuque refugit,
> Incipiam...

« Après le départ de mon oncle, je continuai le travail qui m'avait empêché de le suivre. Je pris un bain, et je soupai pour me coucher; mais je dormis peu et d'un sommeil fréquemment interrompu. Pendant plusieurs jours consécutifs, des secousses de tremblements de terre s'étaient fait sentir; cela ne nous avait pas autrement étonnés, parce que non seulement les bourgades, mais encore les villes de la Campanie y sont assez sujettes. Toutefois, pendant cette nuit, le phénomène redoubla avec tant de violence, qu'on eût dit que tout était, non pas seulement agité, mais bouleversé sens dessus dessous. Ma mère entra brusquement dans ma chambre au moment même où je me levais pour l'éveiller, dans le cas qu'elle se serait endormie. Nous nous assîmes dans la cour qui sépare l'édifice de la mer par un étroit intervalle.

« Comme je n'avais encore que dix-huit ans, je ne sais si je dois appeler imprudence ou fermeté ce que je fis alors. Je demandai le volume de Tite-Live, et je me mis à le lire et à l'annoter, tout comme j'aurais fait au milieu du plus grand calme. En ce moment arriva à l'improviste un ami de mon oncle, récemment venu d'Espagne pour le voir. Ayant rencontré ma mère et moi assis à terre un livre à la main, il lui reprocha, à elle sa tranquillité, et à moi ma confiance; je ne relevai cependant pas les yeux du livre. Il était déjà la treizième heure du matin[1], et l'on ne voyait encore apparaître qu'une faible lueur comparable à celle du crépuscule. Alors les édifices furent ébranlés, et les secousses devinrent si violentes, qu'il n'y avait pas plus de sécurité à rester en un lieu ouvert qu'en un lieu fermé. Nous prîmes donc la résolution d'abandonner la ville. Le peuple épouvanté nous suivit en foule, parce que ce qui inspire la terreur tient lieu de prudence, et que chacun croit plus sûr ce qu'il voit faire aux autres.

« Une fois sortis de la ville, nous nous arrêtâmes. Là nouveaux prodiges et nouveaux épouvantements. Les chars que nous avions emmenés avec nous étaient de temps à autre tellement agités, que, bien qu'en pleine campagne, on ne pouvait les retenir sur place qu'en les assujettissant avec de grosses pierres. La mer semblait se retirer en roulant sur elle-même, chassée qu'elle était du littoral par les secousses du sol, de sorte que le rivage, devenant plus large, se trouvait couvert de poissons restés à sec sur le sable. Du côté opposé, un nuage noir, épouvantable, sillonné par des feux qui s'en échappaient en jets tortueux, se déchira en vomissant des rayons de feu semblables à de longs éclairs étincelants. Alors l'ami dont je viens de parler se mit à insister plus vivement.

---

[1] On sait que les Romains divisaient la journée en vingt-quatre heures, à partir du coucher du soleil; il en est de même aujourd'hui.

« Si votre frère, si votre oncle est vivant, nous dit-il, il désire sans « aucun doute que vous vous sauviez, et s'il est mort, il a désiré que « vous lui surviviez. Qu'attendez-vous encore ? Pourquoi ne cherchez-« vous pas votre salut dans la fuite ? » Nous lui répondîmes que nous ne pouvions penser à notre propre sûreté, tant que nous serions incertains du sort de Pline. A ces mots l'Espagnol s'éloigna de nous sans tarder davantage, et chercha son salut dans une fuite précipitée.

« Au même instant le nuage s'abattit sur la terre et couvrit toute la mer, dérobant à nos regards l'île de Capri, et nous cachant jusqu'à la vue du promontoire de Misène.

« Ma mère me presse, me conjure, me commande de me sauver de quelque manière que ce soit ; elle me montre que cela est facile à mon âge, mais que pour elle, accablée par les ans et par une certaine corpulence, il n'y faut pas songer ; elle ajoute qu'elle mourrait contente, pourvu qu'elle ne fût pas cause de ma mort. Je lui déclare qu'il n'y a point de salut pour moi sans elle ; je la prends par la main, et je la contrains de m'accompagner ; elle cède avec beaucoup de peine à mes instances réitérées, en se reprochant de n'être qu'un embarras pour moi.

« Déjà la cendre commençait à tomber sur nous, mais en petite quantité. Je tourne la tête, et je vois derrière nous une épaisse fumée qui nous suivait en se répandant sur la terre comme un torrent. « Pendant « que nous y voyons encore, dis-je à ma mère, abandonnons la grande « route pour ne pas être foulés aux pieds et étouffés par la foule qui « nous suit. » Nous venions à peine de quitter la voie consulaire ; les ténèbres augmentèrent à tel point, qu'on se serait cru, non dans une de ces nuits affreusement noires et sans lune, mais dans une chambre close où toutes les lumières seraient éteintes. On n'entendait que lamentations des femmes, gémissements des enfants et clameurs des hommes. L'un appelait son père, l'autre son fils, un troisième sa femme, car on ne pouvait se reconnaître qu'à la voix. Celui-ci déplorait sa propre infortune, celui-là le sort de ses parents ; il y en avait d'autres à qui la crainte de la mort faisait appeler la mort elle-même. Beaucoup invoquaient le secours des dieux ; beaucoup croyaient que les dieux n'existaient plus, et s'imaginaient que cette nuit était la dernière, l'éternelle nuit dans laquelle l'univers devait être enseveli pour toujours. Il ne manquait pas non plus de gens qui augmentaient une crainte déjà trop juste et trop raisonnable par des terreurs imaginaires et chimériques. On disait que Misène avait été englouti, que le feu s'était déclaré en d'autres points, et l'épouvante générale donnait crédit à toutes les fables.

« Bientôt apparut une lueur blafarde qui annonçait non pas le retour du jour, mais l'approche du feu qui nous menaçait ; cependant l'incendie s'arrêta loin de nous. Puis les ténèbres recommencèrent, ainsi que la pluie de cendres, de plus en plus épaisse et plus forte. Nous en étions réduits à nous lever de temps en temps pour secouer nos habits, autrement nous en aurions été entièrement couverts. Et néanmoins je puis me vanter que, au milieu de si affreux périls, je ne me laissai aller ni à aucun acte de faiblesse, ni même à une seule plainte. J'étais soutenu par cette pensée consolante, peu généreuse, il est vrai, mais bien naturelle à l'homme, que tout l'univers périssait avec moi.

« Finalement cette noire et épaisse vapeur se dissipa peu à peu et s'évanouit entièrement. Bientôt après le jour reparut, et le soleil se montra, mais terne et jaunâtre, comme dans une éclipse. Tout semblait changé à nos yeux, et en réalité il n'y avait pas un objet qui ne fût caché sous des monceaux de cendres, comme sous la neige. Nous retournâmes à Misène, et l'on s'y accommoda comme on put. Nous y passâmes une autre nuit entre la crainte et l'espérance, mais où la crainte avait la plus grande part, parce que le tremblement de terre continuait toujours.

« On ne rencontrait que des hommes épouvantés qui nourissaient leurs propres terreurs et celles des autres par les plus sinistres prédictions. Quant à nous, il ne nous vint pas à l'idée de nous retirer avant d'avoir reçu des nouvelles de Pline, bien que nous fussions encore sous la menace et dans l'attente de l'épouvantable péril que nous avions vu de si près. Tu ne liras pas ce récit pour le transcrire, parce qu'il ne mérite pas d'être inséré dans ton histoire, et si tu n'y trouves rien qui soit même digne d'être lu, tu ne dois t'en prendre qu'à toi-même qui l'as voulu. Adieu. »

Chose étrange ! dans ces deux lettres émouvantes écrites par l'éminent historien latin, Pline ne mentionne ni Pompéi ni Herculanum, et garde le plus absolu silence sur la catastrophe qui engloutit ces deux villes sous les cendres volcaniques. Exclusivement préoccupé de la mort de son oncle et de ses propres périls, il donne une foule de détails circonstanciés sur un grand nombre de faits physiques; il décrit l'éruption, le tremblement de terre, ainsi que la pluie de cendres, et il se tait sur ce qui nous semble la partie capitale de l'événement. Cette omission, vraiment inexplicable, se retrouve dans Tacite, l'ami et le correspondant de Pline : l'historien se contente de faire allusion, en termes généraux, aux convulsions souterraines qui donnèrent lieu à cette catastrophe, et il ajoute simplement, sans aucune parole d'émotion, que « des villes furent consumées et englouties ». Quoique parlant incidemment de l'éruption, Suétone garde le même silence à l'égard des malheureuses villes. Martial, dans une épigramme, les indique comme ayant été enfouies dans des scories. Le premier historien qui en fasse véritablement mention, en les désignant par leur nom, est Dion Cassius, qui florissait un siècle et demi environ après Pline le Jeune; mais son récit, véridique dans ses particularités les plus essentielles, est mêlé de beaucoup de fables. Il paraît avoir puisé ses renseignements dans les traditions des habitants, et avoir cité indistinctement tous les faits et tous les contes qu'il put recueillir. Ainsi il dit que, pendant l'éruption, une multitude d'hommes, ressemblant à des géants par leur taille extraordinaire, apparaissaient tantôt sur la montagne et tantôt dans les environs; que le soleil se cachait, et que, tandis que les sons de la trompette se faisaient entendre, les géants semblaient grandir encore, etc. etc.; enfin il rapporte que deux villes entières, Herculanum et Pompéi, furent englouties sous des pluies de cendres, pendant que le peuple prenait place au théâtre. On voit, par quelques-uns de ces détails, comment la légende s'empare promptement de l'histoire pour la dénaturer et y ajouter des circonstances merveilleuses.

D'après les récits des historiens anciens comparés à l'état actuel des lieux, nous pouvons nous former aujourd'hui une idée assez exacte de la catastrophe de l'an 79. Le vieux cratère du Vésuve, obstrué depuis un temps immémorial, s'ouvrit de nouveau aux feux souterrains. Les blocs de rochers qui fermaient la cheminée volcanique, brisés et projetés en l'air par les forces intérieures, retombèrent dans le cratère ou sur ses pentes extérieures. Au milieu de ces convulsions effroyables, une partie importante du pourtour du cratère s'écroula du côté de la mer, ensevelissant les plus riches campagnes sous ses débris calcinés. Ainsi se trouverait justifiée l'expression *ruina montis* employée par Pline le Jeune. En même temps une multitude de projectiles incandescents furent lancés au loin avec violence, et semèrent l'incendie dans leur chute; une portion de ces fragments, retombant sur elle-même dans le cratère, s'accumula en cône et forma ce qu'on nomme aujourd'hui le Vésuve proprement dit. Les projectiles les plus ténus emplirent le ciel comme un nuage de cendres, et couvrirent d'une couche épaisse les villes voisines. D'immenses colonnes de vapeurs accompagnèrent l'émission de ces produits solides, et il en résulta une pluie abondante qui agglomérait les cendres et en fit une pâte semi-liquide. A cette date, le volcan ne vomit pas de laves, comme on le croit communément; ce n'est que beaucoup plus tard qu'on vit apparaître cette matière dans les déjections du Vésuve.

Telle est, dans sa substance essentielle, l'histoire du grand et mémorable phénomène qui marqua, au premier siècle de notre ère, le réveil du volcan. Depuis cette époque jusqu'à nos jours, la montagne n'a pas cessé de donner des signes manifestes de son activité; mais ses convulsions ont eu de fréquentes intermittences de repos. Nous allons les enregistrer ici brièvement, en signalant les principaux incidents qui les ont marquées.

En 203, les grondements et les tonnerres souterrains furent si terribles, qu'ils se firent entendre jusqu'à Capoue, à plus de cinquante kilomètres de distance. Nous tenons ce fait de Dion Cassius, dans sa Vie de Septime Sévère. Pendant les années 204, 243, 305 et 321, il y eut d'autres commotions dans la montagne; mais les détails à ce sujet nous font entièrement défaut.

472. Pendant deux années la montagne donna des signes d'agitations continuelles. Procope raconte que dans cette éruption les cendres volcaniques furent disséminées dans une partie de l'Europe, et atteignirent même Constantinople. Ce phénomène extraordinaire, qu'on serait tout d'abord tenté de révoquer en doute, n'a cependant rien que de très vraisemblable. Les cendres émises par les volcans, formées de poussières ponceuses, sont d'une telle légèreté, que le vent les transporte fréquemment à des distances considérables. Un certain nombre de faits plus récents, dont l'authenticité est incontestable, sont venus donner crédit au témoignage de Procope. C'est ainsi qu'en 1794 les cendres du même volcan furent poussées jusqu'à Naples et jusqu'au fond de la Calabre. En 1812, celles du volcan de Saint-Vincent, dans les Antilles, furent entraînées à l'est jusqu'à la Barbade, et y répandirent au milieu du jour l'obscurité de la nuit. En 1815, pendant l'éruption du volcan de l'île de Sumbawa, la pluie de cendres fut si considérable, qu'elle rendit inhabitables plusieurs maisons à soixante kilomètres de distance; du côté de Java, ce nuage fut emporté jusqu'à cinq cents kilomètres, et l'obscurité fut si grande, que celle qui règne pendant les nuits les plus sombres ne pouvait lui être comparée. Une partie des molécules les plus ténues fut même poussée jusqu'aux îles d'Amboine et de Banda, quoique cette dernière soit à plus de douze cents kilomètres à l'est du volcan, et quoique la mousson sud-est y régnât alors. De tels faits, parfaitement établis, ne donnent-ils pas raison à l'historien Procope?

474. Selon le même Procope, les désastres causés par les feux du Vésuve furent universels dans toute la région circonvoisine.

512. Les cendres de cette éruption se répandirent dans plusieurs provinces de l'Italie méridionale. Comme dans les cas précédents, le phénomène fut annoncé par de violents mugissements souterrains. Une circonstance digne de remarque, c'est que, d'après Procope et Cassiodore, cette éruption fut accompagnée de laves. C'est donc à tort que plusieurs historiens du Vésuve ont affirmé que le volcan n'avait commencé à vomir de laves qu'au XIe siècle.

557, au mois de mars. Cet incendie de la montagne dura un grand nombre de jours, avec de fortes explosions et une émission abondante de sables et de *lapilli*. Des événements du même genre, mais sans incidents notables, se renouvelèrent dans les années 879, 883, 897, 980 et 983.

En 993, autre éruption mentionnée par Raoul Glaber, écrivain français. Le bon moine, qui, de son monastère de Cluny, n'était guère en mesure d'apprécier les distances, raconte que les feux arrivèrent jusqu'à Rome, c'est-à-dire à deux cent soixante kilomètres de Naples, exagération ridicule qui se réfute suffisamment d'elle-même.

En 1036, le 27 février (c'était la septième éruption depuis le réveil du volcan), des torrents de lave incandescente s'échappèrent, non seulement des bouches latérales ouvertes sur les flancs de la montagne, mais encore par le sommet même du cratère, et coulèrent jusqu'à la mer. Les torrents de feu se renouvelèrent en 1037, au témoignage de saint Pierre Damien, et en 1049, d'après Léon Marsicano, évêque d'Ostie.

En 1138, l'incendie se déclara le 29 mai et dura quarante jours. Il fut précédé d'une immense fumée qui, selon l'image empruntée par Pline à un arbre caractéristique des paysages d'Italie, avait la figure d'un pin, la colonne de vapeurs s'élevant d'abord verticalement du cratère comme un tronc, puis s'étendant latéralement de toutes parts. La fumée fut suivie d'explosions et de projections de matières incandescentes. Des sables furent vomis en telle abondance, qu'ils obscurcirent l'atmosphère à une grande distance, allèrent tomber dans les deux Principautés et jusque dans les Calabres. L'année suivante, l'éruption se répéta et dura trente-trois jours.

Nous trouvons ensuite un intervalle de repos qui ne dura pas moins de cent soixante-huit ans. Pendant cette longue trêve il ne se produisit, dans le district volcanique dont le Vésuve est le foyer principal d'activité, que deux éruptions en deux points assez distants l'un de l'autre : l'une à la solfatare de Pouzzoles, en 1198 ; l'autre dans l'île d'Ischia, en 1302. Il semble que les forces volcaniques se soient un moment détournées de leur centre habituel d'action, et que les fluides élastiques emprisonnés dans le sein de la terre se soient échappés par une autre issue : le feu central n'a pas qu'une seule soupape de sûreté.

Le Vésuve sortit de sa longue inaction en 1306. Entre cette date et 1631, il n'y eut que deux éruptions, l'une en 1500, l'autre en 1568, toutes deux peu importantes. On a remarqué que, pendant tout le cours de cette période, l'Etna fut dans un état d'activité extraordinaire : preuve nouvelle que ce grand volcan peut servir quelquefois de canal de décharge, malgré son éloignement, aux fluides élastiques et à la lave, qui sans lui s'élèveraient jusqu'aux bouches de la Campanie. C'est aussi dans le même intervalle, en 1538, que se souleva le Monte-Nuovo, à l'ouest de Naples, dans les champs Phlégréens, entre le lac Averne et le Monte-Barbaro.

Les voisins du Vésuve s'étaient tellement habitués à son calme, que la montagne, au commencement du xviie siècle, était cultivée jusqu'au sommet. Le cratère se trouvait alors exactement dans l'état où est aujourd'hui le volcan éteint d'Astroni, près de Naples. Bracini, qui visita le Vésuve peu de temps avant l'explosion de 1631, donne de l'intérieur du volcan une intéressante description. « Le cratère, dit-il, avait cinq milles de circonférence et environ mille pas de profondeur; ses flancs étaient couverts de broussailles, et au fond se trouvait une plaine dans laquelle paissait le bétail. Les parties boisées servaient souvent de refuge aux sangliers; et dans une certaine partie de la plaine, couverte de cendres, on observait trois petits étangs, dont un était rempli d'eau chaude et amère; un autre, d'eau plus salée que celle de la mer, et le troisième enfin, d'eau chaude, mais sans saveur. » L'approche de l'éruption fut signalée par la disparition de l'eau dans les puits (phénomène assez ordinaire en ces circonstances) et par de fréquents tremblements de terre. Le feu éclata le 16 décembre et dura vingt jours. De la cime et de plusieurs bouches latérales le volcan rejeta des laves, des blocs de rochers incandescents et des sables. Sept courants de lave sortirent à la fois du cratère en divers sens, et inondèrent de leurs flots brûlants plusieurs villages situés sur les flancs et au pied de la montagne. La bourgade de Résina, en partie construite sur l'ancien emplacement d'Herculanum, fut consumée par le torrent de feu. Les inondations de boue ne furent pas moins destructives que celles de la lave elle-même, comme cela arrive fréquemment dans le cours de ces catastrophes; car telle est l'abondance des pluies dues à la masse de vapeurs aqueuses lancées dans l'atmosphère, qu'il se précipite le long des flancs du cône de véritables torrents qui, entraînant avec eux des sables et des cendres incohérentes, acquièrent assez de consistance pour mériter le nom de laves aqueuses, *lava d'acqua*, qu'on leur donne ordinairement par opposition aux laves de feu, *lava di fuoco*. San-Giorgio-a-Cremano, San-Giovanni-a-Teduccio, Portici, Torre-del-Greco, Massa, San-Sebastiano, la Madonna-dell'-Arco, furent les lieux les plus maltraités. Naples même eut à souffrir, et l'on rapporte que les cendres y atteignirent la hauteur d'un palme. Les écrivains contemporains portent jusqu'à dix mille le nombre des victimes, et évaluent à vingt millions de ducats (le ducat napolitain valait environ quatre francs) le chiffre des dégâts matériels. Quand bien même ces évaluations seraient empreintes de quelque exagération, il n'en demeure pas moins certain que l'éruption de 1631 fut la plus désastreuse de toutes après celle de l'an 79.

Les convulsions volcaniques se renouvelèrent en 1660, 1682 et 1694, avec la série des mêmes phénomènes que nous avons déjà signalés plusieurs fois. En 1694, il semble que la montagne ait repris une nouvelle phase d'activité presque continuelle, et soit devenue l'unique cheminée par laquelle s'échappent les produits gazeux enfermés dans les couches profondes du globe.

Depuis cette époque, en effet, jusqu'à nos jours, il s'est rarement écoulé douze à quinze ans sans que des éruptions plus ou moins considérables se soient manifestées. Nous mentionnerons particulièrement les années 1701, 1704-1708, 1712-1714, 1715, 1716, 1717-1719. Un courant de lave de cette dernière éruption causa à lui seul deux cent quarante mille écus de désastres. Les crises recommencèrent en 1730 et durèrent quatre ans consécutifs, pour se reproduire avec une violence singulière en 1737, et vomir alors une telle masse de matériaux, qu'on en a évalué le volume à six cents millions de palmes cubes. En 1751, le 25 octobre, la montagne se fissura du côté de l'Atrio del Cavallo, et le torrent de feu se répandit sur les lieux voisins, envahissant deux cents arpents de vignes et cinq cents arpents de bois du prince d'Ottajano, estimés quatre-vingt mille ducats. Les années 1754, 1756, 1759 et 1760 furent continuellement agitées. Un monticule de quatre-vingt-dix palmes de hauteur et de six mille sept cents palmes de tour à la base, qui s'était formé dans l'intérieur du cratère, disparut dans les gouffres de la montagne avec un bruit et une secousse épouvantables. La lave, marchant avec une vitesse inaccoutumée, parcourut quatre milles en cinq heures, et envahit la grande route de Torre-dell'-Annunziata sur une largeur de front de trois mille six cents palmes. De nouveaux désastres se produisirent en 1766, 1767, 1779 et 1790.

La fin du xviiie siècle fut marquée par une forte éruption qui dura trois semaines, du 15 juin au 8 juillet 1794. Les laves s'échappèrent des flancs de la montagne par cinq bouches latérales, et leur émission était accompagnée de bruits formidables, comparables à des décharges d'artillerie. A Caserte, c'est-à-dire à quarante kilomètres du volcan, les ténèbres furent si épaisses, qu'il fallut allumer des torches pour cheminer au milieu du jour. Les cendres arrivèrent jusqu'à Tarente et jusqu'au fond des Calabres, le torrent de feu prit dans le principe la direction de Resina; puis, changeant subitement son cours et marchant sur un front de deux mille palmes de largeur, il se dirigea vers Torre-del-Greco. De cette belle ville, qui comptait alors quinze mille habitants, les quatre cinquièmes furent complètement détruits, et quatre cents personnes y perdirent la vie. La lave enveloppa les maisons d'une masse solide de douze à quarante pieds d'épaisseur; l'église fut à moitié ensevelie, mais sa partie supérieure a depuis servi de fondement à un nouvel édifice. Le courant alla s'éteindre en mugissant dans la mer, où il pénétra à une distance de sept cents palmes. On a évalué à six cents millions de palmes cubes la quantité de laves vomies par le Vésuve dans cette éruption. Les traces de cette catastrophe sont encore parfaitement visibles; la rue principale de Torre-del-Greco est tranformée aujourd'hui en une importante carrière de laves, d'où l'on a extrait depuis soixante-dix ans tous les matériaux nécessaires à la reconstruction de la malheureuse ville: le torrent de feu est devenu un gisement d'excellentes pierres à bâtir.

L'éruption de 1794 présenta, quant à la projection des blocs incandescents, des phénomènes semblables à ceux de l'année 1779, si bien étudiés et décrits par sir William Hamilton. Selon cet observateur, des jets de lave liquide, mêlée de pierres et de scories, furent lancés à plus de trois mille mètres de hauteur, offrant l'aspect d'une colonne de feu. Quelques-uns de ces jets furent emportés par les vents dans la direction d'Ottajano; d'autres, encore rouges et liquides, couvrirent, en retombant presque perpendiculairement sur le Vésuve, la totalité de son cône, une partie de la Somma, et la vallée située entre ces deux montagnes. La matière qui retombait sur le sol, étant presque aussi vivement embrasée que celle qui sortait sans cesse du cratère, formait avec celle-ci une masse de feu dont la largeur était au moins de quatre kilomètres, et qui, s'élevant à la hauteur prodigieuse que nous venons d'indiquer, répandait de la chaleur à près de dix kilomètres de distance. De même en 1793, selon le docteur Clarke, des millions de pierres échauffées jusqu'au rouge étaient lancées dans l'atmosphère à une hauteur au moins égale à la moitié du cône lui-même, autour duquel elles retombaient ensuite en décrivant une parabole; à mesure que tombaient ces blocs incandescents, ils recouvraient de feu près de la moitié du volcan.

Le XIXe siècle ne fut guère moins agité que le siècle précédent. Pendant les éruptions des années 1804, 1810, 1813, 1816, 1817 et 1820, le grand cratère du Vésuve s'était graduellement comblé par la lave qui s'échappait en bouillonnant de bas en haut, et par les pierres qui retombaient sur la montagne. Ainsi, au lieu d'une cavité régulière, on y voyait une plaine inégale et rocheuse, couverte de blocs de lave et de scories, et coupée de nombreuses fissures d'où s'échappaient des nuages de vapeur; mais cet état de choses fut entièrement changé par l'éruption d'octobre 1822. Pendant plus de vingt jours eurent lieu de violentes explosions, qui, lançant au dehors cette masse de matières accumulées, donnèrent naissance à un gouffre immense, de forme irrégulière, mais un peu elliptique, et dont la circonférence, mesurée sur la ligne irrégulière et très sinueuse de sa limite, était d'environ cinq kilomètres; son plus grand diamètre, qui se dirigeait du nord-est au sud-ouest, était d'un peu plus de cinq cents mètres. Quant à la profondeur de cet effroyable abîme, elle a été diversement évaluée, ayant constamment diminué depuis le moment de sa formation, par suite de la dégradation de ses parois. Selon quelques auteurs, elle était originairement de plus de six cents mètres à partir du sommet; mais lorsque, peu de temps après l'éruption, l'Anglais Scrope eut occasion d'observer cette cavité, il en estima la profondeur à moins de trois cents mètres. Diverses explosions enlevèrent au cône plus de deux cent quarante mètres au sommet, de sorte que la hauteur de la montagne fut réduite à mille quarante mètres, au lieu de douze cent quatre-vingts qu'elle avait d'abord. On comprend par ces chiffres quelle effroyable masse de débris fut précipitée sur les flancs du Vésuve. Le 21 octobre, la pluie de sable fut tellement épaisse, qu'on donna à ce jour le nom de *jour obscur*. Un des blocs, pesant plusieurs milliers de kilogrammes, fut projeté jusque dans le jardin du prince d'Ottajano, à une distance de cinq kilomètres.

Nouveaux phénomènes volcaniques continuels de 1827 à 1830. Pendant cette dernière année, on vit surgir sur le plateau du cratère un petit cône de trente-cinq mètres d'élévation. En 1832, 1833, 1834, 1837, 1846 et 1850, la montagne ne cessa pas de donner des signes d'activité. L'éruption de 1855, qui jeta les plus vives inquiétudes dans tous les villages voisins, et qui menaça d'occasionner les plus grands désastres, fut étudiée et suivie dans tous ses détails par le savant Palmieri, directeur de l'Observatoire vésuvien. Elle s'annonça, comme il arrive le plus souvent, par le tarissement des puits et par des secousses de tremblement de terre. Le grand plateau de lave qui fermait l'orifice supérieur du cratère s'écroula dans les profondeurs de l'abîme, ouvrant un gouffre qui ne mesurait pas moins de cent mètres de diamètre. Les crevasses émirent d'abondantes fumées, et la montagne fit entendre de sourds gémissements dans ses hautes régions. L'aiguille de déclinaison de l'Observatoire météorologique montra des perturbations extraordinaires. A la suite de tous ces symptômes menaçants, le premier jour de mai, la montagne s'ouvrit par quatre bouches sur le flanc septentrional du cône; bientôt il y eut sept bouches d'éruption, puis onze, s'ouvrant en droite ligne de la base au sommet. Le torrent de feu inonda la partie la plus méridionale de l'Atrio del Cavallo, se précipita dans le Vetrana, puis dans le fossé de Pharaon, et s'étendit jusqu'aux premières maisons de Massa et de San-Sebastiano, en enveloppant le pont qui unissait ces deux communes. Divers rameaux secondaires se détachèrent du courant principal, et, suivant les ravins creusés par les eaux pluviales, allèrent porter leurs ravages sur le territoire de San-Giorgio-a-Cremano. Le torrent parcourut ainsi dix milles, sur une épaisseur de dix pieds. On évalua toute la masse vomie à dix-sept cents millions de palmes cubes, représentant un poids de trente-quatre millions de tonnes.

Les années suivantes ne furent pas épargnées, et 1856, 1858, 1861 et 1866 virent se renouveler les pluies de sables brûlants, de blocs incandescents, et les courants de laves sur les pentes de la montagne. On peut dire sans aucune exagération que le Vésuve est dans un état permanent d'activité, et que depuis bientôt deux siècles il n'est pas entré dans une véritable période de calme et de repos. Il feint de sommeiller; mais ses fumerolles incessantes, ses émissions de vapeurs, ses émanations sulfureuses, disent assez que le feu couve à une médiocre profondeur. Nous apprenons par les journaux, au moment même où nous écrivons ces lignes (novembre 1867), qu'une nouvelle recrudescence vient de se manifester dans le volcan, si pacifique en apparence quelques jours auparavant.

VIII

L'ÉRUPTION DE 1858

Le seigneur Gennaro. — Récit de l'éruption de 1858. — L'Observatoire vésuvien. — Marche des courants de lave. — Dévotion populaire. — L'orphelin de Resina. — Chaleur et fluidité des laves. — Laves de feu. — La tempête sur le Vésuve. — Alluvions et laves d'eau. — Les voleurs du Vésuve.

Je venais de lire en me couchant la relation des éruptions du Vésuve, écrite par une société de savants napolitains pour le congrès scientifique qui se tint à Naples en 1845. J'avais trouvé dans cette relation, dont j'ai présenté dans les pages précédentes une courte analyse, une excellente préparation à l'ascension du Vésuve que je méditais pour le lendemain. Mon sommeil se ressentit de mes préoccupations. Toute la nuit je rêvai que j'avais été surpris dans le cratère par une soudaine éruption. Environné de flammes, suffoqué par les vapeurs sulfureuses, blessé par une pluie de projectiles brûlants, je courais au hasard, cherchant une issue, lorsqu'un courant de lave me coupa la retraite. J'allais être atteint par le torrent de feu ; mais une explosion me lança à deux kilomètres en l'air sans me faire aucun mal. O merveille ! j'avais des ailes, et, devenu un être tout aérien, je jetais sans danger mes regards dans le gouffre béant, plongé dans le ravissement par la grandeur incomparable du spectacle que j'avais sous les yeux. Je projetais d'étudier à fond le phénomène comme personne n'a pu le faire jusqu'ici, et je me flattais d'étonner le monde savant par la nouveauté et l'importance de mes découvertes, lorsque le garçon d'hôtel, en m'éveillant, me ramena brusquement sur la terre.

Il était deux heures du matin. C'était le moment que nous avions fixé pour notre départ, afin de profiter, autant que possible, de la fraîcheur de la matinée. Je ne saurais trop engager les touristes à suivre mon exemple, et à éviter de faire l'ascension de la montagne sous les rayons du soleil. Le cône terminal est si raide, et l'escalade en est si laborieuse, qu'il est impossible de mener cet exercice jusqu'au bout sans provoquer, par le seul jeu des mouvements musculaires, un développement considérable de la chaleur corporelle, et par suite une abondante transpiration : effet redoutable dans toutes les saisons, par les vents froids qui règnent au sommet du cratère.

Notre guide Gennaro nous attendait en bas. Gennaro est un véritable Napolitain, presque un Grec : léger, insouciant, grand bavard, vaniteux, poëte à ses heures, superstitieux, crédule, artiste, ardent et timide à la fois, il nous offrait un type curieux de cette race mêlée où le sang grec s'est uni au sang pélasgique. Enfant de Resina, il avait été bercé par les secousses des tremblements de terre, et son baptême avait été carillonné, à l'en croire, par les explosions volcaniques de 1822, qui avaient envoyé sur son berceau, en guise de dragées, plusieurs milliers de bombes de lave. Il avait employé ses premières années à courir sur toutes les pentes du Vésuve, occupé à ramasser des minéraux pour les vendre aux étrangers. Un père capucin, qui faisait sa quête chaque semaine dans le village, lui avait appris à lire en passant. Il n'en avait pas fallu davantage pour faire de Gennaro un lettré. Son mérite naissant l'avait appelé comme garçon de salle à l'Observatoire vésuvien, et Gennaro avait apporté à ces modestes fonctions le soin pieux que peut y mettre un futur docteur de la royale Université. Mais un beau jour, par l'excès d'un zèle indiscret, et pour faire des expériences nouvelles, le garçon de salle avait dérangé les principaux appareils, et opéré, sans s'en douter le moins du monde, une véritable révolution météorologique. Le sismographe, affolé de vaines terreurs, avait annoncé une épouvantable perturbation de la montagne, et présagé la secousse la plus formidable que le sol napolitain eût jamais ressentie. Devant ces menaces sinistres, le directeur de l'Observatoire sonna partout l'alarme et fit jouer le télégraphe dans tous les sens. Hélas! le Vésuve ne bougea pas et *fuma sa pipe* aussi tranquillement qu'à l'ordinaire, au grand désespoir des touristes et des météorologistes. Qui avait pu apporter un tel scandale dans l'olympe vésuvien? Quand la fraude fut découverte, Gennaro fut congédié honteusement, et ce fut la seule convulsion éprouvée par la montagne.

Malgré cet échec humiliant, notre guide avait conservé de ses premières fonctions une véritable importance, et il parlait familièrement du Vésuve comme d'un intime ami à lui, un peu tapageur, il est vrai, assez mauvais caractère, sujet à des quintes et à des frasques, mais au fond bon enfant. « Je le connais, me disait-il, je le connais bien. J'ai parcouru tous ses abîmes, j'ai sondé tous ses précipices, j'ai écouté de près la respiration de ses fournaises. Eh bien, *per Bacco!* il n'est pas méchant. La Madone et mon bienheureux patron saint Janvier l'ont dompté. Si nous ne péchions pas, il demeurerait inoffensif; s'il s'agite, par la permission de Dieu, c'est pour nous punir de nos péchés. Pauvre volcan! on l'a bien calomnié. Aujourd'hui il ne tire plus guère que des feux d'artifice. »

Gennaro discourut longtemps sur le même thème avec un véritable enthousiasme, vantant les charmes et les services de son volcan. « Vous autres étrangers, me disait-il avec chaleur, vous ne voyez en lui qu'un ravageur, et vous avez tort. Il a, j'en conviens, ses jours de colère ou plutôt de punition; mais ses châtiments eux-mêmes sont salutaires pour nous. Il ravage, il est vrai, quelques arpents de terre; mais ses sables et ses cendres sont le plus précieux des engrais et constituent les plus fertiles de tous nos terrains. Vingt villes florissantes sont disséminées sur tout le pourtour de la montagne, et en exploitent les pentes à leur grand profit. Tenez, voici à gauche la route qui enveloppe le volcan du côté du nord et va rejoindre Pompéi. Suivez-la, et vous verrez avec étonnement, dans ce pays que vous croyez ravagé et désert, se succéder les riches bourgades de San-Giorgio-a-Cremano, San-Sebastiano, Massa, Pollena, Trocchia, Santa-Anastasia, Somma, Ottajano, Torsigno et San-Pietro. Devant nous, sur le versant méridional, voici Portici, Resina, Torre-del-Greco, les Camaldules, Torre-dell'-Annunziata, Cirillo, Bosco-Tre-Case et Bosco-Reale. Partout est l'aisance, la joie, la sécurité. Quatre-vingt mille personnes vivent du Vésuve et sur le Vésuve. Que demandez-vous de plus pour vous convaincre de l'innocence de la montagne? D'ailleurs, le gouvernement n'a-t-il pas établi la poudrière de Naples à l'Annunziata, sous les feux mêmes du cratère, et à la merci de la première bombe volcanique? N'est-ce pas là, comme vous dites, un brevet de moralité? »

En ce moment nous sortions du pont de Maddalena, qui franchit le Sebeto près de son embouchure. Notre guide, ôtant son chapeau calabrais, fit un signe de croix et récita une dévote oraison. « Tenez, me dit-il, voici notre véritable protecteur contre les accès de mauvaise humeur du volcan. Cette statue de saint Janvier que vous voyez a été modelée, au siècle dernier, par notre fameux sculpteur Francesco Celebrano, à la demande du P. Rocco, célèbre prédicateur dominicain, et placée ici en 1777. De la main droite le bienheureux évêque commande au volcan, et lui trace la limite que ses fureurs ne doivent point franchir. Et, en effet, depuis que la statue est ici, le Vésuve n'a pas osé lancer une seule de ses bombes sur la ville de Naples.

— Seigneur Gennaro, lui dis-je, puisque vous étiez à l'Observatoire en 1858, racontez-nous donc quelques-uns des incidents de cette mémorable éruption.

— Personne mieux que moi, répliqua-t-il avec emphase, ne saurait vous renseigner sur un sujet si intéressant. Depuis l'incendie de 1855, la montagne n'avait jamais eu un instant de repos : tantôt elle jetait des flammes au sommet et à de courts intervalles, tantôt elle mugissait profondément dans ses abîmes. Nous étions donc certains qu'elle n'était pas retournée à son état habituel de tranquillité, quand, le 24 mai, le sismographe de l'Observatoire, indicateur des mouvements intérieurs du sol, enregistra d'abord une légère secousse de bas en haut, puis des ondulations horizontales. Cet instrument est d'une sensibilité extraordinaire; car les gens de Resina et de Novello n'avaient absolument rien senti. Pour moi, j'avais remarqué d'autres signes que nos savants dédaignent, mais qui, malgré leurs railleries, n'en sont pas moins certains. Une multitude de ces petits insectes que nous nommons *coccinelles* s'étaient abattus sur toutes les pentes du Vésuve, et nos contadins y avaient vu un avertissement du Ciel et le présage d'une prochaine éruption. En effet, le 27, après une nouvelle secousse qui ne fut saisie que par les instruments de l'Observatoire, le cône se fendit sans grand bruit vers son milieu, dans la direction de la *bouche du Français* ou *bouche de Coutrel*, ainsi appelée du nom de ce malheureux Français qui s'y précipita le 20 janvier 1820; quelques moments plus tard, le cône se brisa vers le côté septentrional, près des crevasses de 1855.

« De la première fente il sortit un feu de courte durée, dont les torrents liquides allèrent se consolider dans l'Atrio del Cavallo; aucun cône ne s'éleva sur cette fente, et après le courant de lave elle répandit, en vapeurs aqueuses, une grande quantité de sel ordinaire, dont les cristaux faisaient sur la montagne l'effet d'une couche de neige. De l'autre bouche sortirent, du 27 au 29, quatre petits cônes, d'où il descendit un courant de lave qui remplissait tous les fonds et nivelait toutes les irrégularités du terrain. Une troisième bouche s'ouvrit un peu plus bas, et bientôt donna seule une issue aux matières fondues, pendant que les autres fentes faisaient entendre de sourds mugissements.

« Le 30 mai, on aperçut de l'Observatoire, sur le côté embrasé du cône, près de sa base, quatre nouvelles ouvertures qui vomirent des torrents de lave. J'y courus aussitôt avec le professeur Palmieri, pour étudier de plus près ces courants, très singuliers dans leurs allures, à cause de la fluidité de leur pâte et de la manière tranquille dont ils sortaient du sol : on eût dit une calme fontaine. Nous y étions à peine arrivés, que les choses changèrent brusquement d'aspect. Les bouches lancèrent en l'air des masses incandescentes, et il s'y forma, en moins de vingt minutes, quatre petits cônes qui tonnèrent et jetèrent du feu jusqu'au soir; le sommet de la montagne répondait d'en haut à leurs salves d'artillerie par des mugissements plus sourds. Les matières embrasées, après avoir couvert les terrains morts, c'est-à-dire ceux qui sont occupés par les courants pétrifiés des éruptions précédentes, envahirent les terres vives, livrées à de riches cultures, et se précipitèrent dans le Fosso-Grande. C'est un épouvantable ravin qui descend des hauteurs de la montagne en contournant un de ses promontoires; quoiqu'il eût servi de lit aux torrents de feu des éruptions de 1631, 1696, 1767, 1839, et de plusieurs autres, il offrait encore une profondeur à donner le vertige. En peu de jours on ne le vit pas sans étonnement rempli en grande partie. Je le connaissais bien, ce ravin; car j'y ai passé les meilleures années de ma jeunesse, occupé à y rechercher, au milieu des laves, ces pierres calcaires magnésifères que nos artistes travaillent en camées pour orner les colliers et les bracelets; j'y recherchais aussi, et quelquefois avec profit, les grenats et les autres gemmes du Vésuve. Aujourd'hui cette mine précieuse est comblée.

« De l'autre côté de la colline du Salvatore, la marche des courants n'était pas moins menaçante. Cette colline est un promontoire élevé de dix à douze mètres au-dessus de la plaine voisine, qui court du pied même du cône dans la direction de Naples. Vous pouvez facilement la reconnaître d'ici aux premières lueurs du jour; car c'est sur cette éminence naturelle, mise par son élévation à l'abri des courants, qu'on a bâti l'Observatoire et l'ermitage de San-Salvatore. Au nord de la colline s'ouvre un ravin qui communique directement avec l'Atrio del Cavallo. Là le torrent qui débouchait de l'Atrio s'engouffra dans le ravin de Pharaon, à la grande épouvante des populations de Massa et San-Sebastiano, sur lesquelles il se dirigeait.

« Ainsi, de ces divers centres ignivomes, les menaces du volcan prenaient la direction de San-Sebastiano, de San-Jorio, de Portici et surtout de Resina. Dans tous ces points, la terreur fut bientôt à son comble, surtout chez les propriétaires du plateau de San-Vito, où vient aboutir le Fosso-Grande, et chez les cultivateurs de la sommité des Tironi. Tous ensemble coururent à l'église mère de Santa-Maria-de-Pugliano, pour qu'on portât processionnellement les saints protecteurs sur le lieu du péril. Ce pieux désir fut aussitôt exaucé. Du haut de l'Observatoire, nous voyions la procession, composée d'une foule innombrable distribuée sur deux rangs, monter par la voie neuve de San-Vito, et se déployer lentement sur les lacets de la route. On portait une petite statuette de la Vierge des Grâces, connue très anciennement sous le nom de la Madona de Pugliano, et le buste en bois de saint Janvier, de grandeur naturelle, ces deux puissants protecteurs ayant toujours été invoqués dans les grands désastres du pays. La psalmodie monotone des prêtres et le chant des litanies exerçaient une merveilleuse influence sur l'esprit de cette foule suppliante ; tous, passant de l'épouvante à une consolation qui n'était pas entièrement exempte de crainte, rendaient grâce, suppliaient, se lamentaient avec des paroles émues dont l'accent reflétait ces divers sentiments. La ferveur d'une foi sans bornes et les démonstrations religieuses qui en sont la conséquence naturelle se manifestaient sur le plateau de San-Vito par des cris, des larmes, des sanglots ; puis la foule se remit à se lamenter, à prier, à rendre grâce de nouveau. Un profond silence succéda à ces manifestations, au moment où l'on fit des abjurations solennelles au démon de la montagne. Le peuple ne se contenta pas de toutes ces pieuses cérémonies, et, animé d'un zèle religieux que la parole ne peut décrire, il voulait retenir sur le lieu du danger la Madone et saint Janvier, en demandant à grands cris la cessation du fléau. Au milieu de ces émotions populaires il est nécessaire d'agir avec beaucoup de prudence : le clergé consentit donc à laisser dans la chapelle de San-Vito le buste de saint Janvier, et reporta la statuette de la Madone dans l'église de la paroisse.

« Le lendemain, premier jour de juin, les torrents de feu s'avancèrent sur toutes les lignes, menaçant de plus en plus tous les territoires du voisinage ; on disait même que de nouvelles bouches s'étaient ouvertes du côté d'Ottajano, et que le cratère principal s'était approfondi de cent pieds. Ici les courants des jours précédents, durcis à la surface en guise de fourreau et vidés à l'intérieur par l'écoulement des laves, se remplissaient de matières ardentes et reprenaient une redoutable activité ; là les flots incandescents recouvraient les débris pétrifiés des flots de la veille, ailleurs le feu se frayait de nouveaux sentiers. La bataille s'engageait donc sur vingt points à la fois, et le fléau envahissait les champs, les vignes, les moissons, et coupait la route neuve de l'Observatoire en plusieurs endroits. Quand le torrent de feu enveloppait un arbre, on ne tardait pas à voir l'écorce craquer, éclater, et laisser échapper quelques filets de vapeur ; puis les feuilles se fanaient et bientôt se desséchaient. Au bout de quelques minutes l'arbre le plus verdoyant était devenu un tronc mort et flétri, à demi consumé par les ardeurs de la lave. Le spectacle était surtout merveilleux pendant la nuit. Du haut de notre colline du Salvatore nous voyions les lignes de feu se dessiner dans l'ombre avec des teintes ardentes, jetant sur tous les objets voisins des reflets rougeâtres comme ceux qui s'échappent d'une fournaise. De temps à autre le grand cratère vomissait une colonne de flammes et de projectiles brûlants, et une lueur sinistre illuminait pour un moment tout le pays. En quelques points, la lave se présentant d'une certaine hauteur, il semblait qu'une cascade de feu tombât lentement en masses pâteuses. Ajoutez-y les clameurs, les malédictions, les prières, les sanglots des propriétaires qui voyaient leurs champs dévastés, et vous aurez une idée de ce spectacle grandiose et terrible.

« Un incident singulièrement émouvant signala cette même nuit. Je veux vous le raconter, pour vous montrer par un trait l'ardeur et le

Éruption du Vésuve en 1858. — Vue prise de l'Observatoire.

dévouement de la charité napolitaine; car vous autres Français, vous croyez trop facilement avoir le monopole de cette sublime vertu. Un orphelin, comme il y en a tant à Resina, avait suivi la foule la veille au soir, moins pour voir le feu que pour tirer quelques *grani* des étrangers, comme nous appelons sur le Vésuve tous ceux qui viennent de Naples pour contempler de plus près les merveilles de la montagne. Il n'avait guère que neuf ans, et il s'appelait Giovanni Olivieri. Il courut çà et là jusqu'à deux heures après minuit; à la fin, fatigué du chemin et accablé par le sommeil, il s'endormit assez loin du torrent de lave qui encombrait la vigne de Cozzolino, derrière San-Vito. Personne ne fit plus attention à lui. Mais bientôt on entendit des cris d'épouvante partir d'un point qu'enveloppait une langue de feu, dont les replis ardents se resserrèrent de plus en plus autour d'un étroit espace demeuré intact jusque-là. C'étaient les cris du petit orphelin, qui, réveillé par la chaleur, ne trouvait aucun passage pour sortir de cet immense bûcher, ici ardent et lumineux, là noirci à la surface, mais brûlant sous sa croûte. Dans la multitude accourue de toutes parts, on faisait de loin des vœux bruyants pour le salut de l'enfant; mais personne ne fut plus touché du péril imminent qu'il courait qu'un brave citoyen, un cousin à moi, nommé Pasquale Pacifico, commis juré de la commune de Resina, et chef des gardes urbaines du pays. En le voyant se mettre en mesure de sauver l'enfant, beaucoup de spectateurs criaient qu'il courait à une mort inévitable; d'autres le taxaient de stupide audace; d'autres le traitaient d'insensé, qui ne connaissait pas la nature du feu. Le vaillant homme ne se laissa point effrayer par ces vaines clameurs; plus soucieux de la vie de l'orphelin que de son propre salut, il s'avance avec un courage invincible sur les scories brûlantes, dont la chaleur calcine ses chaussures. Un grand silence s'était fait dans la foule anxieuse, et l'on entendait pétiller les sarments gagnés par le feu, pendant que le petit Giovanni, de plus en plus resserré sur son îlot par le cordon incendiaire, s'était jeté à genoux et baisait ardemment la médaille suspendue à son cou. Cependant Pasquale s'avançait avec lenteur sur la croûte du torrent, arrêté à chaque pas par la fluidité et la haute température des laves. On se demandait avec horreur s'il n'allait pas enfoncer à mi-corps dans le courant de feu, épais en cet endroit de plusieurs pieds, et brûler sous les yeux de la foule comme une torche vivante. Il arrive enfin sur l'îlot, saisit dans ses bras et serre contre sa poitrine l'enfant muet et presque évanoui, et reprend le même chemin. Hélas! avec ce précieux fardeau, le retour était encore plus difficile et plus périlleux, et Pacifico, en sentant mollir la lave sous ses pieds meurtris et sanglants, était inondé d'une sueur froide. O bonheur! ils sont sauvés. *Evviva Maria santissima!* La foule éclate en transports, en applaudissements frénétiques, et veut porter le sauveur en triomphe. Mais rien ne fut plus doux au cœur de Pasquale que les embrassements de celui qu'il venait de sauver : une larme ardente, tombée sur sa main au milieu des baisers, le paya amplement du sacrifice de sa vie qu'il venait de faire avec tant de noblesse et de simplicité. Depuis ce jour-là, l'orphelin a un père.

— Comment se fait-il, messer Gennaro, dis-je à notre guide, que votre héros ait ainsi pu marcher sur la lave récente? Avec la chaleur énorme nécessaire pour fondre ces roches, cela me semble de toute impossibilité.

— Votre Seigneurie le comprendra facilement, répliqua Gennaro, quand elle saura que la lave, malgré la haute chaleur qu'elle est forcée d'absorber pour se liquéfier, est un très mauvais conducteur du calorique, comme dit le professeur Palmieri. La surface se refroidit promptement au contact de l'air, et cesse de faire corps avec la lave fluide qu'elle abrite et qu'elle renferme. Il en résulte donc une sorte de croûte à demi solide, assez dure pour supporter sans beaucoup fléchir le poids d'un homme. Pendant ce temps, la lave liquide de l'intérieur, protégée contre le refroidissement par son enveloppe pierreuse, continue à marcher d'une manière invisible tant que la source volcanique fournit de la matière, et finit par s'écouler peu à peu, en laissant son fourreau entièrement vide. Vous comprenez dès lors que Pasquale a pu, non sans péril toutefois, affronter ce chemin redoutable.

« Nos laves sont extrêmement variables dans leur fluidité. Les unes, presque aussi liquides que de l'eau bourbeuse, coulent avec une grande vitesse; d'autres, au contraire, sont lourdes, épaisses, excessivement pâteuses, à peine fondues, pour ainsi dire, et sont poussées plutôt qu'elles ne marchent. J'ai eu maintes fois occasion de faire des observations à ce sujet. Des corps légers, dont le poids n'excède pas douze à quinze livres, n'occasionnent souvent à la surface de la lave qu'une empreinte très faible ou même n'en produisent pas du tout. J'ai vu des corps de soixante, soixante-dix et même quatre-vingts livres former une sorte de couche à la surface de la lave et flotter avec elle. Dans cette même éruption de 1858, je remarquai une pierre de trois cents livres pesant qui avait été rejetée par le cratère, et qui était tombée près de la source d'un des courants. Je la soulevai par une de ses extrémités, puis la laissai tomber sur la lave liquide, où elle s'enfonça graduellement, jusqu'à ce qu'elle finit par disparaître entièrement. Si je voulais décrire la manière dont cela se passa, je ne saurais mieux comparer ma pierre qu'à un morceau de pain qui, jeté dans un vase plein d'un miel très épais, s'enfoncerait peu à peu dans ce pesant liquide, et finirait par arriver lentement jusqu'au fond.

« L'éruption du Vésuve continua ainsi pendant tout le mois de juin, diminuant chaque jour d'intensité; la Madone et saint Janvier nous protégèrent contre de plus grands désastres. Vers le milieu du mois, le volcan vomit en abondance des sables et des cendres, présages ordinaires de la fin des éruptions. Ces cendres brûlantes, étant tombées pendant la nuit dans un rayon assez étendu autour de la montagne, surprirent une multitude de limaces, qui s'en allaient à la maraude en rampant, suivant leur usage, et, après les avoir cuites et desséchées, les convertirent en autant de petites momies. Nos contadins, qui ne reconnurent pas sous cette nouvelle forme les ennemis habituels de leurs jardins, les prirent pour des *fruits de mer*, comme nous disons ici, et le bruit se répandit au loin que le Vésuve avait vomi une multitude de poissons tout frits. Quelques-uns de ces imbéciles essayèrent d'en manger, et, pour gagner quelques convives et quelques dupes de plus, ils prétendirent que la friture était tout assaisonnée. Je le crois sans peine, d'autant mieux que les cendres volcaniques, au moment de leur chute, sont toujours imprégnées de sel et d'acide chlorhydrique. Ah! mes seigneurs, l'ignorance de nos paysans est bien grande!

« Aux épouvantes qui venaient du volcan s'ajoutèrent bientôt des épouvantes d'une nature bien diverse, et la consternation se répandit non seulement à Resina, mais même à Portici. Le 22 juin, à la douzième heure d'Italie, c'est-à-dire vers le lever du soleil, le ciel se couvrit de nuages noirs, épais et lourds, qui venaient du septentrion; le tonnerre retentit avec un horrible fracas, et les couches inférieures de l'atmosphère furent déchirées par des éclairs incessants. L'orage se concentra particulièrement sur le sommet du Vésuve, et, lançant de toutes parts ses flèches de feu, ne tarda pas à se convertir en un véritable déluge. Il pleuvait à torrents depuis une demi-heure, quand un insensé, saisi d'une terreur panique, se mit à courir dans les rues de Resina en criant d'une voix stridente : « Fuyez! fuyez! l'eau et le feu! » Ce cri sinistre glaça tous ceux qui l'entendirent; et bientôt l'affreuse nouvelle s'étant propagée avec la rapidité de la foudre, tous les habitants sortirent de leurs maisons pour savoir de quel côté le danger les menaçait.

« On prête une oreille attentive au milieu des bruits croissants de la tempête... Non, ce n'est point une hallucination; on ne saurait douter de la triste réalité. On entend d'abord confusément, puis d'une manière parfaitement distincte, comme le fracas lointain d'un torrent qui bondit et se précipite du haut de la montagne, entraînant dans sa course impétueuse des rochers et tout ce qui s'oppose à son passage. La peur s'accroît en un moment : les uns vont se serrer autour des autels et demander à Dieu sa protection contre un danger imminent; les autres courent à leurs maisons pour sauver ce qu'ils ont de plus précieux; d'autres fuient à travers la campagne. Les femmes, les enfants, les vieillards, poussant des cris de terreur, appellent à leur secours... Aux sons lugubres du tocsin, on accourt des points les plus éloignés, et, sous les torrents de pluie, on demande la nouvelle. En apprenant que la montagne s'effondre et descend dans la plaine, les gens de Resina et de Portici partagent l'épouvante générale. On va, on vient, on court çà et là; le désordre, la confusion, sont à leur comble. De quel côté chercher le salut contre un péril imminent, inconnu, terrible? Les questions les plus confuses se pressent de toutes parts, et ne reçoivent que des réponses plus confuses encore.

« Ce fut bien pis quand on vit arriver des hauteurs des torrents d'eau qui roulaient d'énormes rochers, des scories, des arbres entiers, comme il arrive ordinairement après un déluge au pied des montagnes. Les pentes du Vésuve, tant de fois couvertes par des courants de lave, ne peuvent offrir aux eaux un écoulement régulier dans des canaux préparés à l'avance. Repoussées et déviées par mille obstacles nouveaux, les eaux se creusent à chaque instant mille nouveaux ravins et s'y précipitent avec fureur. En cette circonstance elles atteignirent une hauteur considérable dans les rues de Resina, et y débouchèrent en vingt torrents furieux qu'il était impossible de traverser à gué sans courir le risque d'être emporté et même d'être cuit, car les eaux étaient bouillantes.

« Ajoutez qu'il n'arrive jamais un malheur à un homme sans qu'un autre homme songe à en tirer un profit personnel. On vit plus d'un inconnu à figure sinistre courir deçà et delà dans le pays, au milieu de l'ouragan, des éclairs et de la pluie, et, comme si l'inondation et les rochers roulés par les torrents ne les atteignaient point, se préoccuper exclusivement du salut des autres. « Sortez, criaient-ils dans toutes les maisons, fuyez, sauvez-vous, la montagne va nous engloutir. » Et, tout en donnant ces avis charitables, ils jetaient un coup d'œil à droite et à gauche pour juger du butin qu'il y avait à faire. Mais les gens de Resina savent par expérience que c'est là un des fléaux ordinaires des éruptions du Vésuve, et les vieillards rappelaient qu'en 1794 quelques habiles étaient devenus tout à coup fort riches au milieu du feu qui dévasta Torre-del-Greco : c'était pendant la nuit, et les habitants de Torre, fuyant avec leurs femmes et leurs enfants, furent complètement dévalisés, non seulement dans leurs maisons, mais même sur la grande route. On racontait aussi les tristes faits de 1822, dans le *jour obscur,* comme on l'appelle, quand le volcan vomit une si grande quantité de cendres, qu'il y en avait un demi-pied sur le pavé de Naples, et plus d'un pied dans les rues de Resina. L'obscurité fut telle à la vingtième heure de la journée (c'est-à-dire à deux heures après midi, selon votre mode de France), qu'on se crut à l'*Ave Maria* du soir, et qu'il fallut partout allumer les lampes. Ce fut un beau jour pour les larrons; mais j'ai quelque honte, Messieurs, à vous raconter ces choses, et vous allez prendre une mauvaise idée des Napolitains.

— Non, non, Gennaro. Ne craignez rien; ces faits ne changeront rien à la réputation de votre pays. Continuez votre récit.

— Ces traditions, éveillées par le passage de ces faces patibulaires, jetaient un nouveau trouble dans les esprits. Les pauvres gens sont ainsi faits, et je pense qu'ils sont dans votre pays comme dans le nôtre : ils sont plus affectés par le péril de leurs meubles et de leur petite fortune que par leurs propres dangers. Attachés au fond des entrailles à leurs *quattrini,* ils aiment mieux s'exposer à une mort presque certaine que d'abandonner l'armoire ou le coffre où leur idole est enfermée.

« Le bruit de ces tumultes et de ces terreurs arriva jusqu'à la ville de Naples, et le Vésuve devint aussitôt le point de mire de tous les regards. On crut d'abord que l'incendie s'était rallumé, et que les courants de lave, reprenant une nouvelle activité par l'émission abondante de matières fondues, s'avançaient sur tous les points à la fois, et menaçaient le quart tout entier de la circonférence de la montagne. Ce qui confirmait cette opinion, c'est qu'on voyait d'épaisses fumées s'élever de toutes parts sur la ligne des torrents de feu.

« Rien de plus facile à expliquer que ce phénomène. Souvent, dans les grandes éruptions, nous avons ici des pluies abondantes. Nos professeurs prétendent que les vapeurs d'eau vomies par le volcan, se refroidissant en montant dans l'atmosphère, se résolvent en pluies. En 1858, il y eut autre chose. Au moment du solstice d'été et de l'équinoxe d'automne, nous avons ici d'épouvantables tempêtes : les premières s'appellent chez nous des ouragans, et les secondes *ruptures du temps*. Elles viennent ordinairement de l'occident, et se condensent de préférence autour de la montagne, comme si le sommet les attirait. Quand un ouragan éclate, le ciel devient obscur, l'atmosphère se refroidit, le nuage orageux gronde sans relâche, les éclairs multipliés ne donnent pas un seul moment de répit aux yeux éblouis, et vingt coups de foudre frappent les clochers et les arbres.

« Or c'est une de ces tempêtes de saison qui éclata le matin du 22 juin. Les torrents d'une pluie diluvienne, roulant avec impétuosité sur les pentes de la montagne et suivant naturellement les déclivités du sol, rencontrèrent les torrents de feu qui avaient suivi précisément le même chemin. Vous devinez ce qui se passa. L'eau, pénétrant à travers les scories jusqu'au feu vif, se convertit en vapeurs épaisses qui prirent l'apparence d'une fumée et s'élevèrent en hautes colonnes. En même temps les vapeurs renfermées accidentellement sous la croûte des laves les brisèrent avec explosion, et mirent à nu une plus grande surface de matières incandescentes. La pluie, passant sur ces foyers embrasés, les refroidissait en s'échauffant elle-même, et nous arrivait en torrents d'eau bouillante, roulant toute sorte de débris volcaniques, cendres, lapilli, scories, arrachées aux hauteurs. On eût dit qu'un nouveau gouffre s'était ouvert, vomissant à la fois des torrents de feu et des torrents d'eau, mélange affreux, sorte de boue brûlante qui causa mille désastres locaux.

« Nos paysans ne partagent pas cette opinion, et attribuent aux gouffres du Vésuve l'origine de ces *alluvions* terribles qui entraînent tout sur leur passage et ensevelissent sous leurs débris les champs, les maisons, les villages. Vous ne leur ôteriez jamais de l'esprit que le volcan rejette de ses abîmes des fleuves d'eau bouillante, et ils vous citeront à ce sujet mille faits lamentables. Il est très vrai que, dans la fameuse éruption de 1631, des torrents de ce genre renversèrent un grand nombre de maisons et firent périr trois mille personnes dans la plaine. Dans toutes les autres éruptions plus récentes, de semblables désastres ont eu lieu. Notre Vésuve n'est donc pas seulement redoutable par ses feux, il l'est encore par les pluies qui accompagnent invariablement ses incendies, et quand on a échappé aux torrents de lave, il faut encore se défier des torrents de boue.

« J'ai pu suivre sans danger, du haut de l'Observatoire, les phases principales de l'incident que je viens de raconter à Vos Seigneuries, et je partage l'opinion de nos professeurs au sujet de l'origine des alluvions, parce que j'ai vu l'alluvion se former, pour ainsi dire, sous mes yeux. A l'Observatoire, nous étions enveloppés de tous côtés par des lignes de feu, et nous ne pouvions gagner la plaine que par des sentiers escarpés attachés aux flancs de la montagne. Aussi pendant plusieurs heures fûmes-nous plongés dans un brouillard intense provoqué par la vaporisation des eaux en contact avec les laves. Nous entendions autour de nous des bruissements et des sifflements singuliers, comme ceux d'un fer rouge qu'on éteint. Je voulus voir de plus près; mais une horrible explosion de croûtes de laves, provoquée par la vapeur d'eau, me chassa bien loin. Du côté du nord, le phénomène revêtit une grande magnificence, parce qu'un courant de lave, qui provenait de l'Atrio del Cavallo, promenait ses flots embrasés dans le ravin de la Vetrana au milieu des flots d'un véritable déluge. Vous dire l'épouvantable combat que se livrèrent les deux éléments serait vraiment impossible. Je conserverai toute ma vie de ce spectacle un souvenir d'horreur.

« Mais nous voici à Resina, et j'aperçois à sa porte Giacomo avec les chevaux qui doivent vous conduire à l'ermitage. — Holà! Giacomo! *Iddo sia benedetto! — Evviva Maria santissima!* » répliqua Giacomo.

IX

ASCENSION DU VÉSUVE

Forme et aspect de la montagne. — États des courants de lave. — Fertilité des courants volcaniques. — L'ermitage de Salvatore. — Les gardes champêtres du volcan. — Ces galants hommes de brigands. — Ascension du cône. — Le *lacryma-christi*. — Le cratère en 1867. — Idée d'une éruption. — Produits de l'éruption. — Appréciation de l'énergie volcanique. — Panorama du Vésuve. — Théories diverses sur les volcans. — Nouvelle ascension du Vésuve en 1877.

A Monsieur Georges de Villiers, à Paris.

Mon cher Georges,

En vous quittant l'autre jour à Paris pour aller assister aux incomparables fêtes du centenaire de saint Pierre, je vous fis la promesse, imprudente peut-être, de vous raconter en détail mon ascension sur le Vésuve. Je descends à l'instant de la montagne, et quoique je sois horriblement fatigué de cette course, je ne veux pas laisser figer mes émotions et mes souvenirs, et je vous les sers tout chauds. Excusez cette comparaison vulgaire, que le volcan m'a naturellement inspirée.

J'avais formé le projet de l'ascension avec une douzaine de compagnons, connaissances de hasard, rencontrées à l'hôtel et sur le paquebot. Nous étions partis de Naples de grand matin, et nous étions à quatre heures à Resina, petite ville de dix mille habitants, bâtie sur l'emplacement de *Retina*, l'ancien port d'Herculanum. Une belle route conduisait naguère de Resina à l'Observatoire, au pied du grand cône; mais les dernières éruptions l'ont interceptée en bien des points par des courants de lave. Il ne fallait donc pas songer à monter en voiture. Ceux d'entre nous qui n'osaient pas affronter les épreuves d'une longue marche à pied prirent des chevaux. Moi, que les courses de montagne ont familiarisé avec les fatigues de la vie de touriste, je me mis résolument dans l'infanterie. J'y trouvais doublement mon compte; car je pouvais étudier de près tous les incidents de la route, m'arrêter aux points les plus curieux, et profiter en même temps du bavardage intéressant de notre guide Gennaro, un véritable enfant du Vésuve.

Vous saurez, mon cher Georges, que le Vésuve n'est point une montagne comme celles que vous avez vues dans les Alpes et dans les Pyrénées. C'est une masse complètement isolée, qui ne se lie à aucune chaîne, qui ne se rattache à aucun mouvement de terrain. Elle sort du sol comme une énorme ampoule, comme une boursouflure. Quand on la voit de la mer, elle se détache sur l'horizon avec une grande vigueur; son sommet noirci et brûlé, ses flancs rayés de longues traînées de laves qui serpentent au milieu de la plus riche végétation, lui donnent le plus singulier aspect. On distingue parfaitement, à leurs teintes diverses, les courants qui s'en sont échappés depuis un siècle : les uns sont blanchâtres; d'autres tournent au rouge, comme s'ils sortaient récemment de la fournaise; la plupart sont noirâtres. Voici à droite, plus loin que Pompéi, la coulée de 1818, qui menaça Torre-del-Mauro; devant nous, le double torrent de 1806, qui se dirigea sur les Camaldules et sur Torre-del-Greco; à gauche, du côté de l'ermitage, des laves de 1767 et de 1794, et les coulées multiples qui sont issues du pied du cône depuis trente ans.

En sortant de Resina, nous rencontrons la plus récente de toutes, celle de 1866. Gennaro nous la montre dans le jardin du presbytère, au milieu de débris de murailles, à vingt mètres seulement de l'église. C'est là qu'elle est venue s'éteindre et mourir après un parcours de plus de trois kilomètres. Vous pouvez juger de l'épouvante du pays; si la source embrasée eût continué de couler, le torrent de feu, prenant la ville en écharpe, y eût fait une trouée de soixante mètres de large. Aussi les habitants, ne pouvant rien par eux-mêmes contre l'invincible fléau, eurent recours à la prière, une prière ardente et pleine de foi, capable de transporter les montagnes. Un autel fut dressé sur le chemin de la lave, à quelques pas du torrent, et le saint Sacrement, *il Santissimo*, comme on dit ici, fut exposé au milieu des sanglots à la piété populaire. On semblait ainsi tracer la limite au courant. Le Ciel récompensa une confiance si vive et si profonde, et la menace expira au pied de l'autel.

J'examinai avec beaucoup de curiosité l'extrémité du courant. Il ne se termine pas en s'amincissant, comme vous pourriez le croire, à la manière d'une matière visqueuse. Tout au contraire, il finit par une sorte de poche ou de culot plus volumineux que les parties supérieures.

A mesure que la lave s'éloigne de sa source, elle se refroidit, elle se fige, et dans cet abaissement progressif de sa température, les matières les plus fluides coulent jusqu'à la base et s'y accumulent dans le sac terminal.

A mesure que nous montons, tantôt par la grande route, tantôt par des sentiers plus courts, nous trouvons vingt courants d'âges divers qui se croisent dans tous les sens, se recouvrent, et se précipitent en vagues pétrifiées dans les ravins de la montagne. Rien de plus curieux que la surface de ces torrents. Ici la lave s'est étalée et aplanie comme les eaux d'un lac; là, plus visqueuse sans doute, elle s'est tordue, étirée, cordelée, accumulée en bourrelets; plus loin, la croûte extérieure, brisée par le dégagement des gaz emprisonnés dans la matière fluide, s'est disloquée de mille manières bizarres, et présente au pied un sentier hérissé de scories. Dans un autre point, le sac ou tuyau formé par le refroidissement des couches superficielles s'est vidé par l'écoulement de la lave, et résonne sous le pied comme une caverne. *Guarda!* s'écrie Gennaro. Et au même moment voilà un de nos compagnons qui disparaît, comme par une trappe, dans une cavité ouverte subitement sous ses pieds. Le nouvel Empédocle ne tarda pas à sortir sain et sauf de son tombeau, en riant le premier de sa mésaventure.

Les pentes que nous escaladons sont admirablement cultivées, en dehors, bien entendu, des lignes de lave qui les traversent. Quelques-uns de ces courants, attaqués par les agents atmosphériques, commencent déjà à se décomposer, à se convertir en une sorte d'argile, et à préparer à l'avenir des terrains d'une richesse exceptionnelle, à cause de la grande quantité de potasse qu'ils renferment. Aussi les propriétaires des champs envahis conservent-ils précieusement leurs droits, et attendent patiemment du temps la résurrection de leur sol pétrifié. En dehors des courants, dans les sables et les cendres volcaniques, il y avait naguère de riches vignobles. Le terrible oïdium s'y est mis et a détruit les récoltes. En vain le volcan, docile aux leçons de nos docteurs de France, les imprégnait quotidiennement de ses émanations sulfureuses; en vain les vignerons soufraient à leur manière: l'oïdium tint bon, et avec tant de persistance, qu'il fallut arracher les vignes et planter partout des mûriers, des figuiers et des abricotiers, dont le produit est beaucoup plus sûr. Gennaro nous fit remarquer sur les feuilles des arbres et sur les fruits des taches d'un jaune rougeâtre. On attribue ces taches aux gouttes de pluie qui traversent *le pin de fumée* exhalé par la montagne: l'eau dissout une partie de l'acide chlorhydrique dont la colonne de vapeurs est toujours chargée, et là où elle tombe, elle fait l'effet d'un caustique et brûle les feuilles et les fruits.

Le chemin côtoie un ravin profond où cent courants de lave sont venus tour à tour se précipiter et se briser. Bientôt nous atteignons une sorte de plateau qui présente l'image la plus affreuse du chaos. Nous sommes au pied du grand cône, aux sources mêmes des laves, sur les bouches, aujourd'hui oblitérées qui leur ont donné issue. Figurez-vous des torrents déchaînés, précipités les uns contre les autres avec une indicible violence, et subitement saisis par la gelée dans les mouvements désordonnés de leur flot en furie. On ne marche que sur des tables de lave brisées par les explosions, hérissées, accumulées les unes sur les autres dans les situations les plus étranges. Çà et là quelques minces filets de fumée acide s'échappent en sifflant de quelques fentes, et nous annoncent une communication directe avec des foyers souterrains. Gardez-vous de vous arrêter trop longtemps sur ces points qui sollicitent naturellement votre attention : les vapeurs acides attaquent les vêtements et les teignent en rouge, et les chaussures, racornies par la chaleur, brûlent les pieds du touriste trop curieux.

Il faut deux heures d'une marche pénible à travers les blocs de lave et les scories pour arriver à l'ermitage, dont la chapelle et le campanile appellent de loin le voyageur. Nous voici enfin sur la colline du Salvatore, et la caravane débouche sur une petite place plantée d'arbres, en face de la chapelle. Un homme gros, bouffi, ventru, au teint rouge, se présente à nous le chapeau à la main, et d'un ton obséquieux nous invite à entrer. « Quoi ! me direz-vous, ce portrait est-il celui d'un ermite? — Non, mon cher Georges, la *civilisation*, comme vous dites à Paris, a chassé les ermites et les moines de toutes les stations dangereuses où ils rendaient tant de services, en Suisse et en Italie. Elle les a remplacés partout par l'aubergiste, qui est bien le produit le plus clair d'une certaine civilisation. Nous avions devant nous un des meilleurs types du genre, et je vous assure que ce gros homme rubicond faisait une singulière figure à l'ombre de cette chapelle dont il est devenu le gardien indifférent.

Jusque-là, malgré les aspérités de la route, nous n'avions guère connu que les douceurs de l'ascension : la partie la plus laborieuse de notre entreprise restait à accomplir, je veux dire l'escalade du cône. On s'y rend directement de l'ermitage de San-Salvatore en suivant sur la crête la colline du même nom, que les courants de lave ont toujours épargnée, à cause de son élévation relative. Nous venions de passer devant l'Observatoire vésuvien, quand nous fîmes la rencontre de deux personnages barbus, à figure sinistre, armés d'un sabre et d'un fusil. A leur aspect, je ne pus retenir un mouvement d'effroi qui trahit ma pensée. Gennaro se mit à rire. « Ne craignez rien, me dit-il, ce sont les deux gardes champêtres du Vésuve, Michele et Angiolino, deux galants hommes, je vous jure. » Celui qui s'appelait du doux nom d'Angiolino, doué au plus haut degré du physique de l'emploi, avait bien la physionomie la plus horrible et la plus sauvage qu'on pût voir, comme il convient, du reste, à un garde champêtre volcanique, et je comparais instinctivement cette face de brigand à la figure débonnaire et placide de nos gardes ruraux, si peu terribles d'ordinaire, même pour les maraudeurs. J'en fis tout bas la remarque à mon guide. « Oui, me répliqua-t-il, cela est vrai, Angiolino a fait pendant quelque temps, comme nous avons tous fait, qui plus, qui moins, *la guerre de montagne.* Mais il s'est amendé, il a fait sa soumission au gouvernement, et le voilà maintenant chargé de protéger les voyageurs qu'il détroussait autrefois. »

A ces mots, je fis un soubresaut comme si j'avais marché sur un aspic. « Hé quoi! dis-je à Gennaro avec une amertume mal contenue, ce matin même vous me parliez avec un profond mépris des voleurs qui pillent les maisons pendant les éruptions du Vésuve, et vous faites sans façon l'éloge des brigands! — Oh! Monsieur, quelle différence! répliqua vivement mon interlocuteur. Les brigands sont de galants hommes qui font la guerre à leurs risques et périls. N'ont-ils pas le même droit que vos princes, que vous admirez si fort quand ils ont tué dix mille hommes en une seule bataille? Tout cela n'est-il pas du brigandage au même titre? Je t'attaque, défends-toi : voilà la loi d'une guerre loyale, comme nous savons la faire dans nos montagnes. C'est d'ailleurs un rude métier, plein d'audace et de péril, où l'on joue souvent sa vie pour peu de chose, et c'est là ce qui en fait la noblesse. Mais ne me parlez pas de ces vils coquins qui demandent à la ruse et à la fourberie ce qu'ils n'osent pas demander à la force ouverte. Ces gens-là sont l'opprobre de la société. »

Devant cette exposition naïve et convaincue d'une théorie antisociale, je vis que je ne gagnerais rien à discuter avec Gennaro, et je gardai le silence. Nous étions au pied du grand cône, et je n'avais pas trop de toute mon attention, de toute ma vigilance pour faire cette escalade. Le cône, en effet, se dresse avec une inclinaison de quarante-cinq degrés à une hauteur de plus de quatre cents mètres. Ce n'est pas seulement la raideur de la pente qui en rend l'ascension laborieuse, c'est aussi l'état de la surface sur laquelle on est appelé à gravir. Les parois sont entièrement recouvertes de blocs de lave arrondis, rejetés par le volcan dans ses explosions, mal assis les uns sur les autres, branlant au plus léger choc, essentiellement mobiles dans leur assiette, et roulant avec rapidité sur la pente au moindre trouble de leur équilibre. C'est sur ce terrain mouvant qu'il nous fallait gravir ou plutôt ramper péniblement. Chacun se met résolument à l'œuvre, se penche en avant, affermit le pied sur un bloc chancelant, se hisse avec effort, éprouve la solidité des pierres sur lesquelles il croit pouvoir trouver un appui et recommence mille fois les mêmes tâtonnements et les mêmes manœuvres. Un bloc se détache sous la poussée du pied, menaçant dans les bonds de sa chute les compagnons qui vous suivent : *Guardati!* c'est le mot d'ordre sur toute la ligne. Point de sentier frayé, point de paliers de repos sur cette rampe ardue. Il faut monter, monter toujours, sans pouvoir s'arrêter sur ce sol mouvant. On gémit, on souffle, on regarde la cime avec découragement, on essuie la sueur qui vous inonde, on est rendu. Marche! marche!

Pendant que nous escaladions ainsi sans dire un seul mot les premières pentes du cône, je ne voyais pas sans inquiétude une douzaine de figures patibulaires nous suivre pas à pas et épier avec un intérêt marqué tous nos mouvements. J'en étais à regretter la figure d'Angiolino, même avec son sabre et son fusil. « Qui sont ces messieurs? dis-je à Gennaro. — Ce sont de braves gens de mes amis, Carlo, Roberto, Luca, Barbaro, tous *galantuomini*. Ils viennent prêter leurs services à Vos Seigneuries, si elles en sentent le besoin. — Merci, dis-je avec humeur, merci! » Et je continuai mon escalade avec une ardeur nouvelle, bien décidé à me passer des services de seigneurs de la montagne. En vain Barbaro se mit à ma disposition, me présenta son bras, me tendit sa bretelle ou sa ceinture; je repoussai ses offres avec énergie, presque avec horreur. Marche! marche! Hélas! j'étais à bout de forces, je faiblissais, je cherchais du regard le premier roc où je pourrais m'asseoir, mais sans rien trahir de mon découragement. Le rusé coquin, qui me suivait toujours avec acharnement, me jugeant sans doute accessible à la vanité, essaya de me séduire par ses flatteries. « *Per Bacco!* me dit-il, Votre Seigneurie a des jarrets d'acier; elle est infatigable. Quel bon brigand elle ferait! »

O mystères insondables du cœur humain! vous l'avouerai-je, mon cher Georges? ce fut ce mot qui me décida. Au risque de détruire la bonne opinion que Barbaro avait conçue de moi, je saisis sa ceinture par derrière, et je me laissai hisser sans vergogne. *Hisser* est bien l'expression convenable en pareil cas. Le touriste, transformé tout à coup en un fardeau inerte et soulevé pas à pas par son guide, est ainsi porté peu glorieusement jusqu'au sommet du cône. Tous mes compagnons, depuis longtemps démoralisés, avaient adopté le même moyen de transport, moyen peu économique; car chaque colis dut payer trois à quatre francs à l'arrivée. L'ascension avait duré cinquante minutes. Quand tous les paquets eurent été détachés de leurs bretelles ou de leurs ceintures sur le plateau du cône, ils se regardèrent d'abord assez piteusement; mais bientôt un éclat de rire universel chassa la fausse honte qui commençait à nous envahir. Quels pauvres brigands nous ferions ! pensai-je à part moi.

A cette hauteur, il faisait froid, et, malgré les douceurs un peu étranges de la fin de l'escalade, nous étions en nage. Nos guides improvisés y avaient pensé, et l'un d'eux avait apporté dans un panier sur sa tête du vin muscat, du pain et des œufs. Quel vin délicieux, mon cher ami, que ce *lacryma-christi* récolté sur les pentes du Vésuve et dans les cendres volcaniques! Je n'ai jamais rien bu de comparable, de plus suave, de plus moelleux, de plus chaud, de plus fortifiant. Il est vrai que l'hospitalité est chère sur le cône et que le service laisse un peu à désirer, mais le menu est digne de la bouche des rois.

Quand ce petit repas nous eut restaurés, notre attention se porta tout entière sur le cratère. Quel spectacle étonnant! quelle scène grandiose! Le cône, qui de loin et de sa base paraît se terminer en pointe, offre, au contraire, à son sommet, une large surface de douze à quinze hectares de superficie, terminée de toutes parts par des précipices. La partie plane de cette surface est un dôme de lave peu tourmenté, formé par un épanchement des matières fondues, quand elles sortirent, en 1866, par la brèche ouverte dans les parois du cratère. C'est bien un dôme, une voûte; car elle résonne bruyamment sous le pied qui la frappe, et l'on sent qu'il y a sous cette croûte assez mince des abîmes insondables. Des gerçures qui la traversent en différents sens laissent échapper quelques vapeurs. De petits cônes, hauts d'un mètre à deux, la hérissent çà et là, et émettent sans cesse des fumées sulfureuses ; nous remarquons surtout une petite bouche tout incrustée de brillantes cristallisations de soufre, et tout auprès une multitude de cadavres de coccinelles.

Mais ce n'est pas là l'objet le plus digne de notre attention, et le cratère nous appelle. Il s'ouvre en ce moment à l'extrémité méridionale du plateau terminal, et ses bords escarpés ne permettraient point d'y pénétrer, si les laves dont il était rempli au moment de la dernière éruption, pesant de tout leur poids sur les parois de la coupe, n'y avaient ouvert une large brèche du côté du nord. Nous pénétrons dans la forteresse par cette brèche, et nous voilà dans la fournaise elle-même, ou, si vous l'aimez mieux, dans la cheminée. Des vapeurs d'acide sulfureux nous saisissent fortement à l'odorat et provoquent une toux assez vive; des bouffées d'un air brûlant viennent de temps à autre caresser nos visages, et de toute la surface, crevassée en mille sens, nos yeux voient s'échapper mille filets de gaz qui montent en ondulant dans les rayons du soleil. Ne restez pas trop longtemps au même point; car bientôt une chaleur intolérable vous avertit que vos chaussures commencent à brûler. Ici, dans une fissure, on aperçoit distinctement la lueur rougeâtre de la lave embrasée; un bâton qu'on y plonge s'allume aussitôt, et vous apporte un petit fragment de matière incandescente sur laquelle vous pourrez imprimer une médaille. Là le volcan, prenant des allures plus modestes, se borne à n'être qu'un simple fourneau de cuisine, et nos guides y font cuire les œufs destinés à notre déjeuner. O humiliation! être un volcan, et se trouver réduit à cuire des œufs à la coque!

Le cratère actuel peut avoir environ trois cents mètres de diamètre, ce qui lui donne sept hectares de superficie. Vers le nord de la coupe s'élèvent deux petits cônes jumeaux, l'un de vingt-cinq mètres, l'autre de trente mètres de hauteur, ouverts au sommet, et ayant chacun un cratère spécial de quatre à cinq mètres de diamètre. Ces deux bouches ne rejettent plus ni laves ni projectiles; mais elles sont demeurées en communication directe avec les entrailles du volcan, et elles émettent sans cesse des vapeurs suffocantes. Nous y montons par un petit sentier que les guides ont pratiqué sur les flancs. Un gros bloc que nous y projetons tombe dans le gouffre en rebondissant sur les parois, et, descendu à des profondeurs où l'oreille ne peut plus en saisir la marche, y éveille bientôt des grondements sourds et prolongés. Est-ce une menace du volcan, insulté jusque dans ses abîmes? ou bien n'est-ce qu'un ronflement du géant endormi?

Au sud du plus grand des deux petits cônes le cratère principal s'approfondit, et ses parois se colorent de nuances extrêmement riches, passant, par mille tons, du jaune le plus vif au rouge le plus ardent et au vert le plus intense, grâce aux sulfures et aux chlorures qui s'exhalent des fissures de la lave et s'y déposent en cristaux brillants. Cette partie du cratère est complètement inaccessible, et le touriste, qui serait si désireux d'emporter quelques beaux échantillons recueillis par lui-même dans l'intérieur du gouffre, est obligé de se tenir à distance respectueuse de ces cristaux tentants. S'il faisait quelques pas de plus vers cette carrière de minéraux, il serait bientôt plongé dans une atmosphère de gaz mortels, et, le sol ferme manquant sous ses pieds, il entrerait tout entier dans des boues brûlantes, résidus de la décomposition des roches par les gaz à haute température qui les traversent. Un jour un malheureux guide, étourdi par les libations du lacryma-christi, roula dans cet abîme du haut de l'escarpement. Il ne s'était point tué dans sa chute. On le vit se débattre faiblement au milieu des étreintes de l'asphyxie, et s'enfoncer à demi dans son ardent tombeau. Ses ossements ne sont plus là : le volcan a dévoré toute sa proie.

Pour se former une idée complète du cratère, et surtout de sa région inaccessible, il est indispensable d'en faire le tour en suivant la corniche qui le couronne. C'est un sentier assez périlleux, très étroit, tracé sur la pointe extrême des parois du gouffre, entre deux précipices : d'une part l'abîme aux émanations mortelles, d'autre part les pentes extérieures, tombant brusquement à quatre à cinq cents mètres. Il faut avoir la tête solide pour s'aventurer sur cette petite bande de terrain, large à peine d'un mètre, et comparable, par sa situation, au bord d'un vase ; mais qu'on est bien payé de sa peine et de son émotion ! De ce point élevé on domine tout l'ensemble du cratère, et, si l'on a un peu d'imagination, on peut facilement, avec les éléments qu'on a sous les yeux, avec les machines de la scène, pour ainsi dire, se donner par la pensée le spectacle d'une éruption.

Permettez-moi, mon cher Georges, de le tenter, et laissez-moi crayonner ici un croquis bien imparfait de cet incomparable tableau.

Le volcan est dans sa période d'activité. De sourds mugissements sortent de ses abîmes, et la montagne tout entière est ébranlée sous l'effort des forces intérieures. Une vie nouvelle se manifeste sur le plateau de laves qui ferme l'orifice du grand cratère. Les matières, jusque-là solidifiées, ne tardent pas à se fondre et à entrer en ébullition. Nous avons sous les yeux, dans cette vaste fournaise, un liquide épais, visqueux, noirâtre, luisant comme du métal fondu, comme le fer sortant du haut fourneau. Cette nappe liquide oscille en montant et en descendant régulièrement par intervalles rythmiques, poussée par la tension des vapeurs élastiques renfermées dans son intérieur. Le jeu de cette colonne, dont le niveau s'élève et s'abaisse par intervalles, est singulièrement curieux à observer. On entend un bruit particulier, semblable aux sifflements de l'air chassé par un soufflet dans un fourneau de mine, et, dans ces moments de crise, la surface du liquide métallique devient plus rougeâtre et plus ardente. Un ballon de vapeurs blanches sort à chaque sifflement, en soulevant la nappe de lave, qui retombe lourdement après sa sortie. Ces bouffées de vapeurs arrachent à la surface du liquide des scories incandescentes, qu'elles ballottent en des sens divers, comme par des mains invisibles, dans le jeu des différents jets.

Mais ce ne sont là que les préliminaires de l'éruption. De temps en temps cette marche si régulière est interrompue par des mouvements plus tumultueux. La masse des vapeurs tourbillonnantes fait alors un mouvement saccadé de retour, comme si elle était aspirée par le cratère, au fond duquel la lave monte à sa rencontre. Le sol tremble, les parois du cratère tressaillent en s'inclinant sous nos pieds, et la bouche fait entendre un mugissement terrible et prolongé. Puis un ballon immense de vapeurs crève à la surface de la lave, soulevée avec un bruit de tonnerre, et lance en l'air des esquilles incandescentes. Une gerbe enflammée passe devant nos visages, entraînant dans son tourbillon de feu des cendres, des lapilli, des blocs énormes, et retombe en pluie ardente sur les environs. Quelques bombes s'élèvent à deux à trois cents mètres de hauteur, et décrivent, en passant par-dessus nos têtes, des paraboles lumineuses. Après cette éjection, la lave rentre sans bruit dans la cheminée volcanique, qui s'ouvre noire et béante à nos yeux; mais bientôt nous voyons remonter jusqu'aux bords de la coupe le flot luisant, qui recommence le jeu tumultueux de ses mouvements alternatifs d'ascension et de dépression, en jetant à nos visages des bouffées d'un air ardent. Le cratère est plein : le flot métallique, exerçant une pression énorme sur les parois ébranlées de la coupe qui les contient, les brise, les emporte et s'écoule comme un torrent de feu, torrent terrible, implacable, irrésistible, qui va porter sur les pentes de la montagne le ravage et la désolation. Soulagé par cette évacuation, le monstre devient plus calme, et le flot de lave s'abaisse avec lenteur dans les profondeurs de l'abîme. Son activité persiste seulement en deux ou trois points, orifices par lesquels s'échappe la matière embrasée qui s'accumule en forme de cône autour de la bouche d'émission. C'est l'effort expirant d'une fureur qui s'éteint.

Voilà, mon cher Georges, ce qu'il me semble voir s'accomplir sous mes yeux : tant le spectacle, tout mort qu'il est, est encore vivant dans les principaux traits de son activité! La lave est là, noire, luisante, crevassée, sans cesse traversée par des courants de vapeur qui nous fouettent le visage de leurs effluves ardents; on reconnaît, aux fragments qu'elle a laissés sur les parois intérieures du cratère, les points où elle est montée dans le jeu alternatif de ses mouvements. Le sol que nous foulons est tout couvert de produits de l'éruption. Ici ce sont d'énormes blocs, du volume de près d'un mètre cube, vomis par le volcan dans le paroxysme de sa fureur; là ce sont des scories anguleuses arrachées aux abîmes, et rejetées, comme une mitraille redoutable, sur tout le pourtour du cône; ailleurs ce sont de menus fragments, comparables à des amandes et à des dragées, désignés par les Italiens sous le nom de lapilli, qui sont tombés comme une pluie de feu; plus loin ce sont des débris tout à fait pulvérulents, des cendres grises ou noirâtres, qui s'étalent en couches profondes sur les parois du cône. Quelques-uns de ces produits affectent une forme singulière qui appelle notre attention, et ressemblent à des bombes ou à des larmes. Les premières sont des fragments de matière pâteuse qui se sont arrondis en roulant dans l'atmosphère pendant l'éruption, et qui, s'étant refroidis par leur passage dans les couches de l'air, sont retombés sous forme de boulets; dans les seconds, la matière pâteuse ayant différents degrés de consistance, les parties les plus fluides sont restées un peu en arrière de la partie la plus lourde, et y ont formé une queue qui donne l'apparence d'une larme. Plusieurs de ces blocs, placés sur des fissures en communication avec des fournaises intérieures, sont encore brûlants, comme s'ils venaient d'être vomis par le volcan. Tout cela est grand, solennel, terrible, et nous n'avons pas besoin de voir passer devant nos visages le tourbillon de feu et de pierres incandescentes pour concevoir une image saisissante de la convulsion volcanique.

Quand la curiosité a épuisé tous les objets d'étude qui se pressent sous les yeux, et que le premier enthousiasme s'est un peu refroidi, on se prend instinctivement à trembler à la pensée du péril étrange, horrible, avec lequel on joue familièrement. Nous sommes, me disais-je avec un secret effroi, nous sommes dans la gueule d'un monstre endormi, et rien ne nous prouve que son réveil n'est pas imminent. Nous sommes dans la fournaise, à peine séparés des feux par un dôme de lave si mince, que nos pieds n'en peuvent tolérer la chaleur. Un seul souffle sorti de ces abîmes suffirait à nous envoyer à trois kilomètres en l'air. Horreur! Et nous sommes là, calmes, insouciants, savourant avec délices le lacryma-christi!

Et alors je calculais la force prodigieuse qui gît dans les gouffres volcaniques. Quoique la hauteur du Vésuve au-dessus de la mer soit essentiellement mobile, à cause des modifications que chaque éruption entraîne avec elle à la pointe du cône, soit en accumulant de nouvelles matières au-dessus des orifices d'émission, soit en engloutissant une portion du sommet, et que depuis 1778 jusqu'à nos jours les savants napolitains l'aient vu varier de 1,189 mètres à 1,204, on peut admettre que l'altitude du cratère est de 1,200 mètres en nombre rond. Or vous savez, comme tout le monde, que s'il s'agissait de faire monter une colonne d'eau à 1,200 mètres au-dessus du niveau de la mer, il faudrait déployer une puissance égale à 120 atmosphères, la pression d'une atmosphère ne pouvant déterminer l'ascension d'une colonne liquide qu'à dix mètres environ. La lave atteint souvent dans le Vésuve le bord du cratère (j'en touche la preuve de la main); et, comme elle pèse à peu près deux fois et demi plus que l'eau sous le même volume, elle ne peut être soutenue à cette hauteur que par une force égale à 300 atmosphères. Il est impossible de se former une idée exacte de cette puissance; car nous n'avons dans l'industrie humaine aucune force qui approche, même de bien loin, de ces formidables leviers de la nature, puisque nos plus puissantes machines à vapeur ne dépassent jamais dix atmosphères de pression.

Jusque-là, absorbés par la grandeur et la nouveauté du spectacle qui se déployait à nos yeux, nous n'avions point songé à jeter nos regards plus loin que le cratère. Ce moment vint enfin, et un cri unanime d'admiration s'échappa de nos lèvres. Comment vous décrire ce magnifique horizon? Tout autour de nous, sous nos pieds en quelque sorte, un abîme affreux, hérissé de rochers noirâtres et de blocs calcinés, et tout sillonné de courants de lave : l'image la plus exacte de l'horreur et de la désolation. Aucune verdure n'égaye cette région de la mort; aucun oiseau n'y fait entendre ses chants joyeux; c'est le domaine incontesté du volcan, et personne n'est assez hardi pour lui en disputer l'empire. Au nord se dresse en demi-cercle une haute colline, la Somma, débris du vaste cirque qui formait le cratère primitif au temps de Strabon, avant la naissance du cône actuel du Vésuve. Ce cirque, brisé par la convulsion de l'année 79, s'est écroulé sur deux points : à l'est, vers Pompéi; à l'ouest, vers Herculanum et Naples. C'est là le côté terrible et grandiose du tableau, le *repoussoir* du paysage. Au delà de la montagne se déploie la nature la plus riche, la plus riante, la plus gracieuse qu'on puisse rêver. A l'occident, la ville de Naples s'étage en amphithéâtre sur ses collines, baignée par les flots d'une lumière splendide, tout illuminée des rayons du soleil matinal. On en aperçoit très distinctement (car nous n'en sommes guère qu'à dix kilomètres en droite ligne) les monuments, les palais, les églises, et l'on comprend sans peine qu'à cette faible distance le Vésuve est pour elle une menace et un danger permanents. Devant nous, au midi, le golfe arrondit amoureusement ses contours, et caresse de ses eaux admirables les îles d'Ischia et de Capri. Au levant, c'est le promontoire de Sorrente avec ses montagnes; c'est Castellamare, paresseusement couchée au bord de la mer; c'est surtout Pompéi, dont on aperçoit à huit kilomètres la masse inerte et sombre. Nos yeux ne peuvent se détacher de ce point obscur, où pas un mouvement ne se trahit.

Mais il est temps de songer à descendre; car déjà le soleil, quoiqu'il soit à peine neuf heures du matin, nous dévore de ses rayons brûlants. Nous nous arrachons avec peine à cette horreur sublime; et, jetant un dernier regard sur le cratère, sur Naples, sur le golfe, sur le cadavre de Pompéi, nous prenons la route de l'ermitage. On ne descend point par où l'on a monté, la descente sur ces blocs roulants serait extrêmement périlleuse; mais au nord, en face de la Somma, une pente de cendres offre au touriste la voie la plus facile et la plus rapide; les pieds pénètrent sans effort dans cette couche pulvérulente; on glisse plutôt qu'on ne marche, et en sept ou huit minutes on est au pied de ce même cône, pour l'escalade duquel il avait fallu près d'une heure. Nous arrivons ainsi, par une course folle et désordonnée, pleine de rires joyeux et d'incidents comiques, dans l'Atrio del Cavallo, où nous retrouvons nos chevaux.

En faisant l'ascension du grand cône, nous avions pu croire, à son aspect extérieur, qu'il n'était qu'une masse de matériaux incohérents, un amas de débris entassés pêle-mêle. La structure en est beaucoup plus régulière qu'il ne semble au premier abord, et nous pûmes nous en convaincre en examinant une large fissure ouverte à la base du cône, du côté de la Somma. A en juger par ce point, on dirait que le cône entier se compose d'un certain nombre de couches concentriques de laves, de scories et de sables alternants. L'un de nos compagnons soutenait cette thèse, que chaque pluie de projectiles tombée de la partie supérieure a pris la forme de la surface extérieure de la colline, de sorte qu'une suite d'enveloppes coniques se sont superposées les unes aux autres, depuis la création du noyau primitif jusqu'à ce que l'agrégation de la montagne entière fût complète. J'avoue que je ne partage pas cette opinion, quoiqu'elle ait été soutenue avec talent par l'éminent géologue Lyell, et j'aime mieux croire avec de Buch que le noyau primitif du Vésuve a été formé par voie de soulèvement du sol, et non par l'accumulation des matériaux en forme de cône autour de la bouche centrale d'éruption.

Vous pensez bien qu'en revenant à l'ermitage le Vésuve fut l'unique objet de notre conversation. Pour la plupart, nous voyions dans les orifices volcaniques des évents, des soupapes de sûreté, destinés à donner issue aux matières embrasées et aux fluides élastiques produits par le feu central, et à prévenir ainsi la rupture et l'explosion de la frêle enveloppe de notre globe. A ce sujet, un de nos amis nous expliquait l'ingénieuse théorie de Cordier. Selon cet habile géologue, nous disait-il, il n'y a là qu'un résultat simple et naturel du refroidissement intérieur du globe. Ce refroidissement entraîne un double effet : d'une part, l'écorce solide se contracte de plus en plus par la diminution graduelle de la chaleur, et de l'autre, le rayon terrestre se trouvant raccourci, l'enveloppe terrestre, par suite de l'accélération insensible du mouvement de rotation, perd chaque année de sa capacité intérieure. Il en résulte que la masse fluide interne est soumise à une pression croissante occasionnée par ces deux forces, dont la puissance est immense, quoique les effets en soient très peu sensibles en eux-mêmes. Cette pression fait jaillir les laves au dehors par les soupapes de sûreté, je veux dire par les bouches volcaniques. En prenant, disait Cordier, un kilomètre cube comme le produit maximum d'une éruption, et en supposant à l'écorce du globe une épaisseur moyenne de cent kilomètres, il suffirait d'une contraction capable de raccourcir le rayon moyen de la masse centrale de $\frac{1}{m}$ de millimètre pour produire la masse d'une éruption. En partant de ces données, et en supposant cinq éruptions considérables par an, le résultat raccourcira le rayon terrestre d'à peine un millimètre par siècle! « Comme vous le voyez, concluait notre interlocuteur, il suffit d'une action infiniment petite, mais constante, pour produire des phénomènes gigantesques à nos yeux.

— Pour moi, disait un autre, je ne saurais admettre votre fameuse hypothèse du feu central. En vain vous me citez l'accroissement de température à mesure qu'on pénètre dans les couches profondes du globe, la chaleur des eaux des puits artésiens, les sources thermales, etc.; je vous répondrai que ce sont là des phénomènes tout extérieurs, et qui ne peuvent rien faire préjuger de ce qui se passe plus bas. Quoi! vous êtes à peine descendu à un kilomètre, vous n'avez fait que gratter la surface, et vous avez la prétention de savoir ce qu'il y a au centre! Votre feu central n'est que la plus gratuite de toutes les hypothèses. Pour moi, je ne vois dans les volcans que des effets locaux, dus à des causes toutes locales. Vous connaissez sans doute la curieuse expérience faite par Lemery. Mêlez une grande quantité de limaille de fer avec une proportion encore plus grande de soufre, et avec assez d'eau pour amener le mélange à l'état de pâte ferme; puis enterrez votre préparation dans le sol et pressez fortement. En peu d'heures le mélange s'échauffe et se gonfle au point de soulever le sol; des vapeurs sulfureuses, et même quelquefois des flammes, se font jour à travers les crevasses. Si le feu est actif, il y aura explosion, et si les substances qui composent le mélange incendiaire sont en quantités considérables, la chaleur et le feu se maintiendront pendant fort longtemps. N'est-ce pas là l'image en raccourci, mais parfaite, de ce que nous venons de voir là-haut? Augmentez les proportions jusqu'à la taille d'une montagne, et, au lieu d'avoir une expérience de laboratoire, vous aurez un véritable volcan.

— Votre idée n'est pas mauvaise, disait un troisième, et elle se rapproche beaucoup de la théorie émise par Davy. Selon le grand chimiste anglais, il y aurait à une médiocre profondeur, au-dessous de la croûte oxydée de notre planète, des amas énormes de ces métaux à l'état simple, potassium, sodium, calcium, dont on connaît la violente affinité pour l'oxygène. Faites arriver un courant d'eau sur ces métaux, et aussitôt l'eau sera décomposée avec violence. De cette décomposition chimique résultera une chaleur assez considérable pour fondre les roches environnantes, et la pression des fluides élastiques suffira pour élever les matières fondues jusque dans le cratère. Gay-Lussac, s'emparant à son tour de cette théorie chimique, attribua les éruptions et la production des gaz à l'action de l'eau sur les chlorures métalliques, et fit remarquer que presque tous les volcans sont à proximité de la mer, et que vraisemblablement la mer pénètre jusqu'au foyer par de larges fissures. Ce qui confirme cette dernière hypothèse, c'est que la vapeur et les gaz qui se dégagent des volcans, vapeurs aqueuses, gaz hydrogène sulfuré, sel marin, sel ammoniac, etc., sont tout à fait analogues à ceux qui résulteraient de la décomposition de l'eau salée. Vous m'objecterez peut-être que certains volcans sont fort éloignés de la mer. Cela est vrai, je le reconnais; mais je vous ferai remarquer que ces foyers d'éruption sont placés sur une longue fente annoncée par une chaîne de montagnes, qu'ils se lient à toute une série de bouches volcaniques alignées dans le même sens, et que rien ne répugne, vu le peu d'épaisseur relative de l'écorce terrestre, à admettre l'existence d'une longue fissure extérieure communiquant avec l'Océan. En voulez-vous une preuve palpable? Remarquez ces efflorescences cristallines qui brillent à la surface de ce courant de lave. Eh bien, c'est du sel marin.

— Bravo! interrompit le loustic de la bande. Décidément le Vésuve est un parfait cuisinier. Il a fait cuire nos œufs, il fournit le sel. Messieurs, déjeunons. »

Cette saillie opportune interrompit une discussion qui menaçait de prendre un caractère volcanique. Nous arrivons à l'ermitage, et l'ermite, je veux dire le cabaretier, nous attendait avec l'impatience d'un cordon-bleu qui craint de manquer une sauce. Nous nous étendîmes sur le *plan* du Salvatore, à l'ombre des arbres, et là, en vue d'une incomparable nature, en vue de Naples et de son golfe, nous fîmes un excellent déjeuner avec des provisions apportées de la ville. Vous l'avouerai-je? ce lacryma-christi qui, sur le plateau du cratère, m'avait semblé si délicieux, me parut alors fade, doucereux, médiocre. C'était l'escalade laborieuse du cône qui lui avait donné toutes ces qualités. Pourtant, mon cher Georges, je vous en enverrai quelques bouteilles de choix, mais à une condition expresse : c'est que vous ne révélerez à personne les aptitudes au brigandage qu'a reconnues en moi ce galant homme de Barbaro. Adieu. (Juillet 1867.)

A M. l'abbé Quincarlet, à Tours.

Mon cher ami,

Je viens de faire une seconde visite au Vésuve, dix ans après la première. Ne criez pas à l'imprudence. En 1867, j'avais pu agir en vrai touriste, et exécuter à pied l'ascension complète de la montagne depuis Resina jusqu'au sommet du cône, et revenir ensuite au point de départ; mais cette fois-ci (les ans en sont la cause) je me suis un peu dorloté. Une bonne voiture m'a conduit d'abord à l'ermitage par une excellente route, à deux kilomètres du cône, et ensuite une chaise à quatre porteurs m'a doucement mené au sommet de la montagne, et ramené en bas sans fatigue et sans effort de ma part.

Le Vésuve a bien changé d'aspect par suite de l'éruption qui a marqué la fin de l'année 1867 et les premiers mois de 1868. Les convulsions de la montagne ont secoué le manteau de blocs arrondis qui rendaient autrefois l'escalade si difficile et si pénible, et aujourd'hui on monte par un sentier de rocher et de cendres durcies beaucoup plus praticable. Le vaste dôme de lave figée qui occupait une partie du sommet a disparu complètement, et maintenant il n'y a plus qu'un abîme béant. En outre, le volcan est en activité continue, mais une activité qui n'est qu'un spectacle sans menace et sans péril. Du sommet du cône, on plongeait le regard dans le cratère encombré de vapeurs, et l'on y distinguait de moment en moment de longues flammes qui déchiraient ce rideau avec des détonations sourdes. Désireux de mieux voir, nous sommes descendus dans le cratère même, de rocher en rocher, à une profondeur d'environ quarante mètres, jusqu'à une petite esplanade que l'honnête volcan semble avoir ménagée tout exprès pour la plus grande commodité des curieux. En effet, au sommet du cône, les vapeurs se condensent en pénétrant dans un air plus froid, et forment un épais nuage qui intercepte la vue. Mais plus bas, comme elles sont encore brûlantes, elles demeurent transparentes.

Là nous avons eu un magnifique et horrible spectacle. A vingt mètres de nous, au fond du gouffre, une large bouche était ouverte, vomissant avec bruit de longues flammes et d'immenses jets de vapeurs embrasées. Un mouvement singulier se fait dans cette fournaise, où la lave bouillonnait avec des bruits sourds que percevait notre oreille. Lorsque cette lave, en s'accumulant sous l'effort qui la poussait au dehors, venait à fermer l'orifice, un léger calme d'un moment se faisait; puis les gaz emprisonnés, brisant violemment la frêle enveloppe qui les contenait, s'échappaient avec le tonnerre d'un coup de canon, et projetaient en gerbe, à quarante ou cinquante mètres en l'air, une pluie de débris de lave incandescente. Ces débris, lancés verticalement, ne s'écartaient guère de cette ligne, et retombaient en traits de feu sur les bords du petit cône de la bouche ignivome; ils tombaient avec une molle lenteur, comme des papiers enflammés (à cause de leur légèreté et de leur porosité), et nous donnaient ainsi le magnifique spectacle d'un feu d'artifice infernal. Parfois la détonation était plus forte, et les blocs, chassés plus irrégulièrement, venaient pleuvoir jusque dans nos rangs, où, le premier moment de panique passé, nous nous empressions de les recueillir et d'y encastrer quelque pièce de monnaie pendant qu'ils étaient encore pâteux. C'est un trophée qu'on aime à emporter du Vésuve.

Par une chance heureuse, nous avons vu une nouvelle bouche s'ouvrir, avec une explosion formidable, à la base du petit cône dont je viens de parler, et nous saluer de son artillerie inoffensive. Je dois ajouter cependant que ce phénomène nous effraya un peu, parce qu'il nous surprit par son éclat et sa soudaineté, et qu'il nous envoya beaucoup de projectiles brûlants sur lesquels nous ne comptions point. Alors le spectacle devint double, les deux bouches semblant se répondre et alterner dans leur jeu.

Une troisième bouche s'ouvrit un peu plus tard au pied de la paroi que nous occupions; mais, comme il était imprudent de se pencher sur ces bords escarpés et peut-être minés, et d'ailleurs ébranlés à tout instant par les détonations, nous ne pûmes pas la voir de nos yeux. Ajoutez à cela, mon cher ami, qu'autour de nous, sous nos pieds, mille fissures laissaient échapper en sifflant de chaudes vapeurs d'acide sulfureux et d'acide carbonique, et vous aurez une idée de la grandeur imposante du spectacle auquel il nous était donné d'assister de si près. Nous restâmes là une heure entière, muets d'admiration en face de cette pyrotechnie infernale, et c'est avec peine que nous nous décidâmes à quitter ce gouffre, effroyable et sublime à la fois. Voilà ce qui s'appelle faire visite à un volcan, chez lui, parlant à sa personne.

A notre retour, nous apprîmes des Napolitains que cette descente dans le cratère se faisait très rarement, et seulement par des audacieux, et l'on admirait beaucoup les trois ou quatre dames qui s'étaient aventurées avec nous dans l'abîme brûlant. Mon guide m'assura qu'il n'était pas près de recommencer, même pour mille francs. Je crois, en effet, que pour tenter cette excursion il faut réunir tout un ensemble de circonstances favorables. Si le vent, au lieu de chasser au dehors les vapeurs suffocantes de la fournaise, les eût poussées vers nous, sur cette esplanade où nous nous croyions en sûreté, nous aurions pu être asphyxiés en quelques instants. Il est donc nécessaire d'étudier toutes les circonstances du phénomène avant de se lancer dans un gouffre où l'on peut rencontrer des émanations mortelles.

J'ai fait aussi la course de Pouzzoles. Mais, hélas! j'ai trouvé la solfatare presque muette et réduite au quart de son volume de 1867. Ce n'est, à vrai dire, qu'une soupape du Vésuve, et quand le Vésuve marche, la soupape se tait. Il en est de même de la grotte du Chien, où les exhalaisons d'acide carbonique sont beaucoup moins abondantes qu'autrefois. Mais ce n'est là qu'un accident passager, et si les bouches du volcan se referment, tous ces phénomènes secondaires reprendront sans aucun doute une activité nouvelle.

Que n'êtes-vous ici avec ceux de nos amis qui, comme vous, savent si bien se passionner pour la nature et pour les arts! Au milieu de tant de sublimités, vous me manquez. Adieu. (Octobre 1877.)

X

CATASTROPHE ET RÉSURRECTION DE POMPÉI

Histoire de Pompéi. — Querelle des Pompéiens et des Nucériens. — Tremblement de terre de l'an 63. — Éruption de l'an 79. — Ruines de Pompéi. — Incidents de la catastrophe. — Fouilles antiques de Pompéi. — Dégagement d'acide carbonique. — Résurrection de Pompéi. — Maison de Julia Félix. — État actuel des fouilles. — Murailles antiques. — Population de la ville. — Rues de Pompéi. — Aspect saisissant des ruines.

Pompéi était une des villes les plus anciennes de la Campanie. D'après les écrivains de l'antiquité, elle fut fondée vers l'an 1250 avant notre ère, soit par les Osques, soit par les Ausoniens. Plus tard les Étrusques, qui occupaient la partie de l'Italie située entre le Tibre et les Alpes, subjuguèrent les Osques et s'emparèrent des Champs Phlégréens aux environs de Cumes et de Nola. Dans ces temps reculés, les villes de la Campanie, parmi lesquelles on distingue Nola, Acerra, Naples, Herculanum et Pompéi, étaient liées par une confédération dont Capoue était le centre, et se gouvernaient comme autant de républiques. En étudiant les ruines de ces antiques cités, leurs murs, leurs amphithéâtres, leurs temples, on y reconnaît, mieux que par les rares passages des écrivains latins, la grandeur et la prospérité de ces petits gouvernements; on y retrouve les œuvres d'une première civilisation dont ces peuples déchurent peu à peu, à mesure qu'ils se laissèrent énerver par le luxe et par les plaisirs. Aussi les Samnites, montagnards intrépides que tentaient ces riches contrées, n'eurent-ils pas de peine à les soumettre, et ils les gardèrent pendant cinq siècles. Leur domination devint si lourde, que les vaincus appelèrent les Romains à leur secours, moins comme des alliés que comme de nouveaux maîtres. Les Romains, tout aussi avides que les Samnites, accoururent avec empressement, et s'emparèrent de la Campanie. Pompéi fut soumise l'an 441 de la fondation de Rome.

Cependant le joug des libérateurs n'était pas moins dur que celui des premiers conquérants. Un moment la Campanie espéra se racheter en embrassant le parti d'Annibal, mais pour retomber bientôt sous une domination plus étroite et plus rigoureuse qu'auparavant. Isolées les unes des autres, ne pouvant contracter d'alliance entre elles, épuisées d'hommes et d'argent par leurs maîtres, les cités de l'Italie méridionale se virent bientôt enlever des portions importantes de leur territoire, où les Romains établissaient çà et là des colonies, véritables places fortifiées avec des armées permanentes et des camps d'observation. N'espérant plus sortir de leurs fers par la révolte, les peuplades italiques se bornèrent à demander le droit de cité. Le refus du sénat entraîna la guerre sociale, guerre terrible, où la république romaine ne fut sauvée que par le génie de ses meilleurs capitaines. Pompéi, quoique témoin du triste sort des villes voisines, résolut cependant de se défendre jusqu'au bout. Cluvius, général plein de courage, arrêta deux fois les efforts de Sylla; mais il succomba dans une troisième rencontre et fut tué près de Nola. Avec lui tomba la liberté de sa ville natale.

Néanmoins, quand la lutte fut terminée, le sénat comprit que, dans l'intérêt même de la paix et de la grandeur future de la république, il devait accorder le droit de cité aux peuples d'Italie; ce qu'il fit, à l'exception des Samnites. Le dictateur Sylla ordonna que Pompéi fût gouvernée comme une colonie militaire, et il en confia l'administration à son neveu Publius Sylla. La ville prit le nom de *Colonia Veneria Cornelia Physica*, du nom de sa principale divinité, *Venus Physica*, et de celui de la famille de son patron. Ce ne fut que sous le règne d'Auguste que Pompéi et Herculanum devinrent des municipes fonciers (*municipia fundana*), où la propriété du sol conférait les droits municipaux, par opposition aux municipes-colonies, où ces droits étaient tout personnels. L'empereur y expédia une colonie de vétérans, et y fonda un bourg sous le nom de *Pagus Augustus Felix Suburbanus*, dont Marcus Arrius Diomède fut élu plus tard le patron.

Auguste vint à Pompéi pour attirer Cicéron à son parti contre Antoine. Cicéron y avait une maison. Quand ses amis essayaient de le consoler de la mort de sa fille Tullia par la pensée des vicissitudes humaines, et lui rappelaient les ruines des cités qu'il avait vues à son retour d'Asie, le grand orateur romain ne pensait pas qu'une désolation plus grande encore devait bientôt anéantir la ville et la maison qui faisaient ses délices : *Tusculum et Pompeianum valde me delectant*.

Sous le règne de Néron, Pompéi fut élevée à la dignité de colonie romaine, et alors elle eut des patrons, des custodes et des défenseurs, comme nous lisons dans plusieurs inscriptions. C'est à cette époque qu'eut lieu la querelle sanglante des Pompéiens et des Nucériens, à l'occasion du droit qu'avaient ces derniers d'assister aux spectacles et aux combats de gladiateurs dans l'amphithéâtre de Pompéi, aux frais de Livineius Regulus. Des injures on en vint aux pierres, et enfin aux armes. Les Pompéiens eurent le dessus; beaucoup de Nucériens furent blessés ou tués. Le sénat évoqua l'affaire, suspendit pour dix ans tous spectacles à Pompéi, prononça la dissolution des collèges de gladiateurs, et exila Livineius, promoteur des désordres. Nous connaissons ce fait par Tacite. Chose curieuse, on en trouve la confirmation à Pompéi même dans un dessin grotesque, grossièrement exécuté à la pointe sur un des murs extérieurs de la rue de Mercure : un soldat armé tient une palme dans sa main droite, pendant qu'un orateur plaide devant un tribunal sur lequel se lève un personnage vêtu de la toge pour prononcer la sentence; sous le soldat on lit ces deux lignes ironiques: *Campani, victoria una cum Nucerinis periistis* : « Campaniens (c'est-à-dire Pompéiens), malgré votre victoire vous avez succombé avec les Nucériens. » N'est-ce pas là une singulière rencontre?

A l'époque de sa catastrophe, Pompéi était une des villes les plus populeuses et les plus florissantes de la Campanie. Elle était assise dans une situation délicieuse, au milieu d'un territoire fertile, sur une petite colline formée par les éruptions du Vésuve, preuve évidente que le volcan a été en activité dans les temps les plus reculés. Tout près de là le Sarno, alors navigable, se jetait dans le golfe et transportait les riches produits des villes voisines. Aujourd'hui le fleuve a été rejeté à huit cents mètres des anciennes murailles par l'accumulation des déjections volcaniques. Pompéi était sur la mer, dont elle est maintenant éloignée de deux kilomètres, et elle avait un port vaste et commode, capable, selon Tite-Live et Florus, de recevoir une flotte entière; la mer s'est retirée, non par le soulèvement du rivage, car il paraît que les degrés inférieurs de l'échelle du port sont encore exactement de niveau avec la mer, comme en l'an 79, mais par l'invasion des pierres et des sables volcaniques sur les eaux.

Pompéi jouissait en paix de sa prospérité, quand un premier avertissement de sa future destinée lui fut donné l'an 63. Un affreux tremblement de terre ravagea la plupart des villes de la Campanie et se fit sentir jusqu'à Naples. A ce moment même Néron était sur le théâtre de Naples, et, en virtuose intrépide qu'il était, il se garda bien de se déranger pour si peu et continua de chanter son grand air; on ne put l'arracher de la scène qu'en l'avertissant du péril qu'il courait. A Herculanum, les murs, les portes et le temple de Cybèle souffrirent de graves dégradations. A Pompéi, le temple d'Isis et plusieurs édifices publics, comme la basilique et le Forum, furent renversés. Les habitants, épouvantés, quittèrent leurs maisons et leurs cités ruinées. Le désastre fut si grand, que le sénat de Rome mit en délibération s'il fallait abandonner Herculanum et Pompéi, ou bien encourager la restauration de ces villes croulantes.

Cependant les habitants, revenant à leurs demeures, se mirent avec ardeur à relever leurs ruines et à rétablir leurs édifices privés et publics. Ils étaient bien loin de soupçonner que le tremblement de terre était le prélude de la catastrophe la plus horrible et la plus mémorable qui devait les faire disparaître en quelques heures de la surface de la terre. Les travaux de restauration n'étaient point encore terminés en l'an 79 : on a trouvé en plusieurs points, notamment près de l'amphithéâtre et dans la rue des Tombeaux, des matériaux de différentes natures, pierres, marbres, pouzzolane, chaux, tuiles, amassés avec l'intention évidente de faire des réparations. Un grand nombre de maisons présentent aussi des lézardes, témoignage manifeste du tremblement de terre.

L'incendie, comme disent les Napolitains, arriva subitement le 23 du mois de novembre de l'an 79, à la dix-septième heure du jour, c'est-à-dire vers onze heures du matin. Aucun signe précurseur, à ce qu'il paraît, n'avait annoncé que le volcan, depuis si longtemps assoupi, allait éclater avec une violence inouïe. Plein de sécurité, le peuple était au théâtre, tout entier aux combats de gladiateurs. Il se passionnait sans doute pour les *rouges* ou pour les *verts,* quand tout à coup une explosion formidable imposa silence aux clameurs de la multitude. Au milieu de la terreur générale, tous les yeux se portèrent vers le Vésuve, dont le sommet, éloigné de six milles et demi, était le siège de phénomènes extraordinaires. Une épaisse colonne de fumée, s'épanouissant en forme de pin, sortait du gouffre, traversée par d'immenses jets de flammes. Bientôt les vapeurs, s'étendant tout autour de la montagne, interceptèrent la lumière du jour et amenèrent une nuit noire et horrible, illuminée de temps à autre par les lueurs blafardes du volcan. En même temps il tomba une pluie de cendres brûlantes, accompagnée de pierres incandescentes qui traçaient un sillon de feu dans les ténèbres.

Devant ce péril étrange, inconnu, qui semblait annoncer la dissolution et l'embrasement de tout l'univers, le peuple se mit à fuir de toutes parts. Mais de quel côté chercher le salut? Dans ces ténèbres affreuses, où porter ses pas? Les uns couraient vers le rivage et gagnaient le port; mais dans cette convulsion de la nature la mer elle-même semblait agitée d'un courroux terrible, et se déchaînait avec violence contre le nouveau rivage qui envahissait son empire. Les autres, dans leur épouvante, abandonnaient femmes, enfants, trésors, se jetaient dans la campagne ou erraient dans les rues sans pouvoir trouver une issue. D'autres, voulant sauver leur famille ou peut-être leur fortune, revenaient à leur maison, mais sans pouvoir la trouver au milieu de ces ténèbres horribles. On entendait dans la nuit des voix qui appelaient, des cris de terreur, des invocations aux dieux, des blasphèmes, des imprécations. Dans tous les sens la foule courait, se heurtait, revenait sur ses pas. Au milieu de ce désordre général, les cendres brûlantes ne cessaient de tomber, couvrant d'une couche épaisse le pavé des rues et les toits des maisons; elles pénétraient dans les habits et causaient de cuisantes douleurs aux infortunées victimes du volcan; elles entraient dans la bouche avec la respiration, et suffoquaient les malheureux Pompéiens. Enfin presque tous purent gagner la campagne et aller au loin chercher un refuge contre ce supplice nouveau. Les lueurs sinistres du cratère leur montrèrent leur misérable ville ensevelie sous un épais linceul. La catastrophe avait duré trois jours.

On s'explique ainsi comment, dans les fouilles de Pompéi, on a trouvé un si petit nombre de cadavres, cent cinquante tout au plus. L'éruption ayant eu lieu au milieu de la journée, pendant que le peuple était au théâtre, la plupart s'enfuirent et échappèrent au désastre. Il n'y eut que ceux qui furent surpris à la maison ou qui s'obstinèrent à y retourner pour chercher leurs trésors, qui succombèrent au milieu des cendres et y trouvèrent leur tombeau.

Quelques-uns de ces faits méritent d'être signalés ici; car ils jettent une certaine lumière sur les circonstances de cet événement à jamais lamentable, dont les pérépéties nous sont ainsi révélées. On trouva dans l'école des gladiateurs plusieurs squelettes dont les pieds étaient retenus dans des ceps; les malheureux prisonniers, qui sans doute avaient été oubliés au milieu du désordre général, furent suffoqués sans pouvoir faire un seul mouvement pour échapper au danger auquel ils ne durent rien comprendre. Dans une des chambres attenantes au temple d'Isis, un prêtre avait été enfermé par la pluie des ponces et des lapilli qui obstruaient la porte; il avait saisi une hache pour rompre la muraille, sans se douter que par l'ouverture qu'il pratiquait ce n'était pas le salut, c'était la mort qui allait lui arriver. Quand on déterra son cadavre, sa main était encore armée de la hache, et près de lui on trouva les restes de son repas interrompu, des coquilles d'œufs et des os de poulet. Les souterrains de la maison de Diomède ont aussi offert une vingtaine de squelettes. C'étaient sans aucun doute les habitants de cette opulente demeure, et il y avait des femmes, une jeune fille, des esclaves. Chassés des étages supérieurs par la pluie de cendres, ils étaient tous descendus dans les caves, confiants dans la solidité de la voûte et des portes. Vain espoir! une fine poussière s'insinue par les moindres fissures, épaissit l'atmosphère et la rend irrespirable. En vain les infortunés s'enveloppent la tête de leurs vêtements, la cendre pénètre à travers les plis les plus épais, et les étouffe. Un de ces squelettes avait les mains pleines de monnaies d'or et d'argent qu'il voulait emporter dans sa fuite. La pluie qui survint au milieu de l'éruption ayant donné une certaine consistance aux cendres, les corps furent moulés comme dans une pâte; on en détacha un morceau où l'on aperçoit l'impression de la gorge, des épaules et des bras d'une jeune fille vêtue d'une étoffe de la plus grande finesse, et la tête d'une autre femme, avec des cheveux encore adhérents. La guérite placée près de la porte d'Herculanum, à l'entrée de la rue des Tombeaux, présenta un spectacle non moins émouvant. Le soldat qui était de garde ne voulut pas abandonner le poste qu'on lui avait confié : esclave de la discipline jusqu'au bout, il vit la cendre monter peu à peu, et il assista ainsi à son propre ensevelissement, attendant, en vrai Romain, qu'on vînt le relever de sa faction. Ce fut la mort qui s'en chargea. On conserve au musée de Naples le casque avec le crâne de cet intrépide soldat.

Les empreintes de corps ne sont pas rares à Pompéi, tous les cadavres ayant été enveloppés dans une sorte de boue qui en a modelé exactement les contours. Mais il n'est pas facile de retrouver ces empreintes intactes; car la pioche travaille nécessairement au hasard. Depuis quelques années cependant on surveille les moindres indices, et quand on peut soupçonner la présence d'un corps, on marche avec la plus grande précaution. On est ainsi parvenu à obtenir quatre moulages singulièrement intéressants. Une petite cavité s'étant présentée devant la pioche et quelques ossements humains y ayant été reconnus, le directeur des fouilles, M. Fiorelli, fit injecter du plâtre liquide dans cette cavité pour en avoir le moulage, persuadé que c'était l'empreinte d'un cadavre. Il ne s'était pas trompé : le plâtre reproduisit exactement la figure de deux femmes, la mère et la fille sans doute, qui, par le jeu de leur physionomie, la contraction des membres et la posture du corps, révélaient la plus affreuse agonie. Deux autres empreintes furent relevées dans le voisinage : l'une appartenait vraisemblablement à une femme de naissance distinguée, si l'on en juge par la délicatesse de ses membres; l'autre, à un homme d'une condition inférieure. Ces quatre statues, prises sur nature, racontent éloquemment le plus douloureux des drames, et il est impossible de les voir sans être saisi d'une pitié profonde : il semble qu'on assiste à leur agonie et qu'on recueille leur dernier soupir.

La destruction de Pompéi et d'Herculanum excita une vive émotion dans le monde romain. L'empereur Titus, en apprenant les effroyables désastres de ces florissantes contrées, vint lui-même en Campanie secourir ces malheureuses villes, et s'occupa du sort des citoyens avec une généreuse et paternelle sollicitude. Il députa deux hommes consulaires, sous le titre de *correcteurs*, pour prendre soin des infortunés Campaniens; il assigna les biens des familles éteintes pour la restauration des édifices, suspendit le payement des impôts, et prodigua tous

Porte d'Herculanum. — Voie des Tombeaux.

les soulagements qu'exigeait une si terrible calamité. En même temps il invita les habitants d'Herculanum et de Pompéi qui avaient pu s'échapper à s'établir à Naples. Beaucoup d'entre eux néanmoins, invinciblement attirés par le sol natal, retournèrent sur les ruines bâtir de nouvelles maisons près de leurs anciennes demeures : tant l'amour de la patrie est puissant sur le cœur de l'homme !

On pense bien que la ville ensevelie ne fut pas complètement abandonnée, et que les survivants cherchèrent à retrouver dans les cendres les objets précieux qu'ils avaient laissés. Des fouilles furent donc entreprises dès l'origine, et c'est ainsi qu'on s'explique la disparition d'un certain nombre de statues de leurs piédestaux et de leurs niches, l'enlèvement de colonnes de marbre et de meubles rares, la fracture de plusieurs coffres-forts, etc. On a retrouvé les puits par lesquels ces fouilles avaient été entreprises, et les ouvertures qu'il avait fallu pratiquer dans les murs pour passer d'un appartement à l'autre. Ces travaux sont dirigés avec tant de précision et avec une connaissance si évidente des lieux, qu'on ne peut les attribuer qu'aux anciens propriétaires. On a même rencontré le squelette de plusieurs individus qui avaient péri dans ces excavations en recherchant leurs trésors.

Quel obstacle a pu arrêter les chercheurs et empêcher, dès les temps anciens, le déblaiement de la cité, où l'on était sûr de trouver tant de richesses? On n'en saurait douter, c'est à l'acide carbonique qu'est due la conservation presque parfaite de la plus grande curiosité de l'Italie. En remuant les lapilli et les ponces qui forment la base de la couche volcanique, les premiers fouilleurs déterminèrent des émanations de ce gaz irrespirable, et ils y succombèrent. Il ne faudrait pas s'étonner de ce fait, quelque étonnant qu'il paraisse au premier abord. Les volcans, en effet, même quand ils semblent complètement éteints, conservent encore un reste d'activité qui se manifeste par un dégagement plus ou moins abondant d'acide carbonique, et laissent échapper ce gaz par les fissures du sol. Les déjections volcaniques retiennent aussi emprisonnées et condensées dans les cellules innombrables des ponces, des lapilli et des laves, des masses considérables du même gaz. En Auvergne, par exemple, quoique les volcans de cette région soient éteints au moins depuis la période historique, il suffit de remuer les tas de lapilli qui se trouvent en abondance aux environs de Clermont pour déterminer des dégagements prodigieux de ce gaz. On en a eu un exemple bien remarquable lorsqu'on a rouvert les mines de plomb argentifère de Pontgibaud, déjà exploitées par les Romains, et peut-être abandonnées par eux à cause de ces émanations mortelles: l'ingénieur eut souvent à lutter contre les éructations d'acide carbonique qui se produisaient parfois avec une abondance extraordinaire et une puissance explosive. Il en a été de même à Pompéi dans plusieurs excavations modernes: lorsqu'on fouilla, par exemple, les caves de la maison de Diomède, les travaux furent souvent interrompus par le dégagement de la *mofette* (air irrespirable). Si les ouvriers n'avaient pas pris la précaution de sortir du souterrain, ils eussent sans doute été asphyxiés par l'acide carbonique, comme l'ont été leurs devanciers du premier siècle.

Ce fait, presque contemporain, nous explique pourquoi les premières fouilles furent abandonnées par les survivants de Pompéi, la mofette étant alors beaucoup plus abondante qu'elle ne l'est aujourd'hui. Les malheureux habitants virent dans ces prodiges un nouveau signe de la colère des dieux, et, abandonnant sans retour des ruines qui semblaient vouées à une irrémédiable destruction, ils allèrent chercher, assez loin de ces lieux maudits, une patrie plus fortunée. Hélas! le village qu'ils fondèrent fut poursuivi lui-même par la colère divine, et moins de quatre siècles après, l'an 472 de notre ère, il subit exactement le même sort que Pompéi, et fut à son tour victime des fureurs du volcan.

Le nom même de Pompéi disparut pendant tout le moyen âge, et ce n'est guère qu'à la Renaissance que le souvenir de la catastrophe de l'an 79 fut réveillé par les érudits. Sannazar prétend que de son temps, c'est-à-dire vers l'an 1500, on voyait distinctement les tours, les maisons et les théâtres presque entiers de Pompéi. Il y a sans doute un peu d'exagération dans ces paroles; mais il ne répugne pas de croire qu'on pouvait alors apercevoir le sommet des tours et de quelques édifices publics. La ville, en effet, sous son linceul de cendres, forme une masse tellement arrêtée, tellement détachée du paysage environnant et si singulière dans sa forme, qu'il est étonnant qu'on n'ait pas songé plus tôt à la fouiller. Mais au XVe siècle on était persuadé que la destruction de Pompéi avait été un châtiment du Ciel, pour punir les désordres abominables du paganisme, châtiment comparable à celui de Sodome et de Gomorrhe, et l'on eût regardé comme une impiété d'arracher de son tombeau une cité maudite.

Il faut bénir ce préjugé, car c'est lui qui a sauvé Pompéi d'une seconde ruine non moins terrible que la première, et a laissé ensevelis sous les cendres et les matières volcaniques les trésors de la civilisation antique pour les rendre de nos jours seulement à une autre civilisation capable de les comprendre. C'est à ce préjugé que nous devons la conservation d'une multitude incroyable d'œuvres artistiques, la plupart d'une rare beauté. Grâce à lui, nous avons été initiés au secret de la vie domestique des Romains, et nous avons enfin compris les passages les plus obscurs des écrivains classiques relatifs à la vie publique des anciens et à l'architecture de leurs édifices.

Les premières fouilles de Pompéi furent faites accidentellement à la fin du XVIe siècle. Vers l'année 1592, comme il fallait construire un aqueduc pour porter les eaux du Sarno à Torre-dell'-Annunziata, l'architecte Domenico Fontana fit pratiquer des fossés qui laissèrent plusieurs monuments à découvert. Ces indices, malgré leur importance, furent négligés et oubliés pendant un siècle et demi. Les fouilles d'Herculanum avaient été commencées dès l'année 1711 à Resina, et les trouvailles, toutes remarquables qu'elles étaient, n'avaient point rappelé l'attention publique sur sa sœur d'infortune. Ce n'est qu'en 1748 que des paysans, creusant par aventure des fossés dans une vigne, mirent au jour quelques objets antiques et une inscription qui faisait mention de Pompéi. Les ruines ainsi découvertes n'étaient rien moins que l'amphithéâtre.

A cette révélation le roi Charles III n'hésita plus; il fit l'acquisition de tout le terrain qui couvrait la ville, dont l'enceinte était nettement déterminée, et il ordonna de poursuivre régulièrement les fouilles. Les travaux marchèrent mollement, quoique aucun obstacle ne vînt du sol lui-même, entièrement occupé par des vignes et des champs, sans aucune maison; mais les fonds alloués pour les excavations étaient insuffisants, et l'on n'employait que huit personnes, savoir : un maître maçon, un mineur, deux ouvriers et quatre enfants. Sur d'autres points les recherches étaient poussées avec beaucoup plus de vigueur; car on occupait à Herculanum cinquante-trois personnes, y compris les galériens, et dix-neuf à Stabia.

On marchait ainsi lentement, sans faire de découvertes bien importantes, lorsqu'en 1755 on mit au jour l'opulente maison de Julia Felix, aujourd'hui recouverte. Elle dut son nom à une inscription marquée au pinceau sur le mur d'un édifice contigu, près de l'amphithéâtre, et qui fut aussi enterré de nouveau après avoir été fouillé. Cette inscription, qu'on peut voir au musée de Naples, et qui est une des plus singulières de la collection épigraphique, nous donne une haute idée de l'opulence incroyable de certains citoyens de Pompéi, et de l'importance prodigieuse du commerce de cette antique cité. Elle est trop curieuse pour ne pas trouver sa place ici :

IN. PRAEDIIS. IVLIAE. SP. FELICIS. LOCANTVR
BALNEVM. VENERIVM. ET. NONGENTVM
TABERNAE. PERGVLAE[1]
CENACVLA. EX. IDIBVS. AVG. PRIMIS
IN. IDVS. AVG. SEXTAS. ANNOS. CONTINVOS
QVINQVE
S. Q. D. L. E. N. C.

c'est-à-dire : *A louer, dans les domaines de Julia Felix, fille de Spurius, du premier au six des ides d'août, un bain, un salon et neuf cents boutiques, échoppes et appartements, pour cinq années consécutives.* L'affiche se termine par la formule ordinaire, usitée pour toutes les locations: s. q. d. l. e. n. c. Ces sigles ont beaucoup divisé les savants quant à leur interprétation. Quelques-uns ont voulu y voir une réserve expresse en faveur des mœurs; mais cette leçon n'est plus admise aujourd'hui, et on trouve dans ces sept lettres les initiales des sept

---

[1] Les *tabernæ* étaient les boutiques proprement dites ; *pergulæ*, les loges ou étaux où les marchands exposaient leurs denrées ; et *cenacula*, les chambres au premier étage pour servir d'habitation.

mots : SI QVINQVENNIVM DECVRRERIT LOCATIO ERIT NVDO CONSENSV. *Après le terme de cinq ans la location continuera par simple consentement.* C'est la forme de bail par tacite réconduction. Telle est du moins l'interprétation proposée par M. Fiorelli.

La maison de Julia Felix fut la première qu'on découvrit entièrement. Sa forme était carrée, et le vestibule avait un bel ordre de pilastres revêtus de stuc semblable à du marbre, avec des chapiteaux de l'ordre corinthien. Des figures grotesques [1] en décoraient l'entrée, où l'on voyait dans les niches latérales des statues de marbre et de terre cuite. Les chambres qui s'ouvraient au fond du vestibule avaient été affectées à l'usage des bains chauds et froids. Elles étaient à côté d'un laraire, petit temple domestique dédié à Isis, comme l'indiquent les images peintes de cette déesse, d'Anubis, d'Osiris et d'Harpocrate, qu'on en a retirées. Au milieu de cet oratoire on trouva le fameux trépied de bronze, soutenu par trois faunes, qu'on voit maintenant au musée secret de Naples. C'est un travail dont on admirerait mieux l'étonnante perfection, s'il n'était pas d'une obscénité révoltante. Une table de marbre blanc présentait, entre autres amulettes, un Harpocrate avec un croissant d'argent; une boucle d'or, d'où pendait un fil d'or qui soutenait une petite lame du même métal, fermée par une autre petite agrafe; une statuette en bronze, avec l'index sur la bouche, d'un travail exquis; et enfin beaucoup d'autres statuettes votives d'argile et d'ivoire.

Cette belle maison est aujourd'hui recouverte de terre et de débris. Dans les premiers temps, on n'avait pas l'idée de rendre Pompéi à la lumière; et, quand on avait déblayé une maison pour en extraire les marbres, les peintures, les statues, les meubles et tous les objets de quelque valeur, on se hâtait de la recouvrir avec les déblais des édifices voisins. Cette méthode déplorable fut promptement abandonnée, et l'on comprit bientôt qu'il fallait restituer au grand jour toute la ville antique, en y laissant tous les objets dont la disparition ou la détérioration n'étaient pas à craindre. N'était-ce pas le seul moyen de conserver à cette inappréciable relique sa physionomie saisissante, son caractère unique? Il faut, autant que possible, que Pompéi devienne son propre musée. Ce système est appliqué aujourd'hui avec beaucoup de sagacité sous la direction de M. Fiorelli. Les fouilles sont conduites d'une manière méthodique, et tous les déblais, après avoir été minutieusement examinés, triés et même passés au crible, sont portés au loin par un petit chemin de fer de service; le édifices trop ébranlés par les poids des terres sont

---

[1] Ce nom de grotesque fut appliqué pour la première fois aux fresques déterrées par Raphaël dans les *grottes* ou corridors souterrains des thermes de Titus à Rome.

consolidés sans perdre leur cachet particulier; quelques maisons ont été entièrement restaurées pour recevoir les débris qui ne pouvaient demeurer en place; enfin rien n'est négligé pour faire revivre Pompéi, et le présenter à la curiosité des savants tel qu'il était au milieu du premier siècle de notre ère.

La découverte de la maison de Julia Felix et des choses précieuses qui y étaient enfermées, en excitant l'enthousiasme universel, communiqua un vif essor aux travaux. De 1763 à 1796, on déterra successivement l'amphithéâtre, la porte dite d'Herculanum et toutes les habitations de la rue qui y aboutit, jusqu'à la première fontaine; les deux théâtres et leurs alentours, le quartier des soldats au marché, avec la rue qui passe devant le temple d'Isis, la maison de Diomède dans le faubourg, et le temple d'Isis. Les fouilles furent ensuite interrompues jusqu'en 1811. De 1811 à 1830, on mit au jour les maisons de Pansa et de Salluste, le forum civil, l'école de Verna, les temples de Mercure, de Vénus, de Jupiter, et le Panthéon, la Fullonica, les maisons du poète tragique et du Navire, les rues des Marchands, de Mercure et de la Fortune. Plusieurs de ces fouilles furent exécutées en présence des têtes couronnées qui vinrent visiter Pompéi: le grand-duc de Russie, les rois de Suède et de Hollande, l'archiduchesse de Parme, le roi et la famille royale de Naples, etc. Nous voyons ensuite paraître à la lumière, de 1830 à 1847, un grand nombre d'autres habitations et de monuments, en présence de la reine d'Angleterre, du roi de Bavière, du comte de Chambord, des princes Charles et Albert de Prusse, de l'empereur de Russie, et des savants réunis au septième congrès scientifique d'Italie, tenu à Naples en 1845. Après une interruption de trois ans, motivée par les inquiétudes qu'excita en Europe la révolution de février 1848, les déblais reprirent en 1851. On ouvrit alors la poste de Stabia, où l'on trouva une inscription en langue osque fort précieuse pour la philologie, et l'on fouilla les nouveaux thermes de la rue de Stabia. Depuis quelques années les travaux ont été poussés avec une activité nouvelle, et il ne se passe guère de mois où l'on ne fasse quelque découverte importante. Grâce à cette activité, un bon tiers de la ville est aujourd'hui déblayé et rendu à l'étude.

Au moment de sa catastrophe, Pompéi était entouré de ses vieilles murailles, excepté cependant du côté de la mer, où l'on présume que l'enceinte était interrompue à cause de son inutilité. Je dois dire pourtant qu'on a trouvé en 1863, précisément de ce côté, la porte de la Marine, porte mise sous la protection de Minerve, dont la statue en terre cuite se voit dans une niche à droite en entrant. Ce fait semblerait indiquer que l'enceinte était continue dans l'origine; mais les fortifications ayant beaucoup perdu de leur importance sous Auguste, cette portion des murs fut démolie ou occupée par des habitations particulières; la ligne de circonvallation, qui mesure quatre milles de développement, a la forme d'un polygone irrégulier. En allant du rivage occidental au rivage oriental par le nord, on y comptait sept portes, savoir : d'Herculanum, du Vésuve, de Capoue, de Nola, du Sarno, de Nocera, de Stabia, et celle de la Marine sur le port, qui formait la huitième. Au couchant les murs sont parfaitement conservés avec leurs créneaux; la construction de cette partie remonte à l'époque des Osques, ainsi que le prouvent le genre même de la maçonnerie et les caractères antiques qu'on y voit tracés en langue osque. Douze tours carrées flanquent les murs et y ajoutent un nouvel élément de défense. La porte d'Herculanum, la mieux conservée de toutes, a trois arcades, celle du milieu pour les chars et deux latérales pour les piétons. On voit dans l'arcade du milieu les coulisses de la herse qui fermait la porte en tombant d'en haut. Les Italiens, ayant oublié que la herse a été employée par leurs pères, appellent cet appareil *saracinesca,* comme s'ils le tenaient des Sarrasins. La porte de Stabia, au contraire, était en bois et à deux battants, et se fermait en roulant sur des gonds. En dehors des portes était une guérite pour le factionnaire.

Dans l'état actuel, les fouilles de Pompéi n'ont guère mis à jour que la région de l'ancien port, des portes d'Herculanum et du Vésuve, d'une part, à la porte de Stabia, d'autre part, avec une portion du faubourg Auguste Felix. Une grande rue, la rue des Thermes, nommée plus loin rue de la Fortune, coupe la ville en deux parties inégales, depuis le port antique jusqu'à la porte de Nola au nord-est. Six rues transversales, partant de celle-ci et se dirigeant à l'ouest, sont coupées par une rue parallèle à celle des Thermes, et divisent cet espace en douze îlots de maisons (*insulæ*). A l'est, le terrain compris entre la porte de la Marine, la porte de Stabia, la rue Stabienne et la rue de la Fortune, a une distribution beaucoup plus irrégulière; on y compte dix-huit îlots.

Quelle pouvait être la population de Pompéi? Il serait bien difficile de le dire aujourd'hui, à cause de la différence des mœurs et des civilisations. Toutes les chambres à coucher sont fort étroites et ne comprennent guère que la place du lit. Puis les esclaves, qui jouaient un si grand rôle dans la vie romaine, étaient entassés, quelquefois par centaines, dans de misérables réduits. Avec des éléments aussi incertains d'appréciation, on ne saurait évaluer la population à moins de quinze mille habitants. L'amphithéâtre, il est vrai, pouvait contenir vingt mille spectateurs; mais il ne faut pas oublier que les villes voisines avaient droit d'y prendre place.

Les rues sont très étroites, et ne permettaient que le passage d'un seul char. Comme toutes les voies antiques, elles étaient construites de manière à réunir à beaucoup de commodité tous les éléments possibles de durée. Au milieu est une chaussée, *agger*, pavée de gros blocs polygonaux de lave basaltique, assujettis sur un lit formé de trois couches différentes étendues l'une au-dessus de l'autre : l'inférieure, composée de petites pierres ou gravier; la moyenne, de blocailles ou de pierres cassées empâtées dans de la chaux; la supérieure, épaisse d'un demi-pied, formée de fragments de briques et de poteries mêlés de ciment. On remarque encore dans les blocs de lave les ornières qu'y ont creusées les roues des voitures. De chaque côté de la chaussée est un trottoir élevé destiné aux piétons, flanqué dans toute sa longueur de pierres de bordure qui, dans quelques cas, sont reliées de place en place par de gros blocs uniformes pour serrer et consolider la masse. De distance en distance, des blocs saillants sont fixés sur l'*agger* en dehors des espaces nécessaires pour les roues des chars, et permettaient de passer d'un trottoir à l'autre en échappant à la pluie et à la boue des rues. Çà et là de modestes fontaines, assez semblables à nos bornes-fontaines, jetaient de l'eau sur la voie par la bouche d'un mascaron.

Quand on parcourt les rues de Pompéi, on ne saurait se défendre d'une tristesse profonde. Ce squelette de ville, avec ses voies désertes, ses places silencieuses, ses maisons ouvertes et croulantes, ses colonnes renversées et brisées, porte une telle empreinte de désolation, que l'imagination en est vivement saisie. Une ruine a toujours quelque chose de mélancolique; mais quand cette ruine est une ville entière avec des centaines de maisons, l'impression grandit outre mesure. Quand on a dominé ce premier sentiment, on parcourt avec le plus vif intérêt ces maisons, ces temples, ces théâtres, ces bains, ces édifices publics, où la vie antique se manifeste à nous jusque dans ses plus petits détails. On se trouve alors reporté de dix-huit siècles en arrière; on cesse d'être un homme moderne pour un homme de l'antiquité, et l'illusion devient bientôt si forte, qu'en visitant l'habitation de Diomède ou celle de Pansa, on craint à chaque instant de voir entrer le maitre du logis suivi de ses esclaves, et d'être jeté à la porte comme un indiscret. A chaque détour de rue, on s'imagine volontiers qu'on va voir apparaître quelque décemvir de la cité porté dans sa litière, et on se range à l'avance pour laisser passer ce personnage important. Cette illusion dure jusqu'au bout, malgré le silence sépulcral de la ville; mais quand on sort par la porte d'Herculanum, et qu'on suit dans toute sa longueur la rue des Tombeaux, quand surtout on aperçoit le Vésuve avec son aigrette de vapeurs, on revient à soi, comme à la fin d'un rêve, et l'on se dit que Pompéi n'est qu'un immense tombeau où dort l'antiquité.

Je voudrais faire faire à mon lecteur ce voyage dans l'antiquité, que je viens d'exécuter moi-même avec un intérêt si puissant et si soutenu. Qu'il me permette donc de le prendre par la main et de l'introduire dans les habitations pompéiennes. Quand nous aurons vu les Romains chez eux, dans la vie privée, nous les suivrons au dehors dans les divers actes de la vie publique, et nous serons initiés ainsi à tout un côté de la vieille civilisation.

XI

LES POMPÉIENS CHEZ EUX

Description d'une maison romaine. — La maison de Pansa. — Atrium, tablinum, péristyle, chambres, triclinium, jardin. — Disposition ornementale des habitations. — Maçonneries, stucs, peintures, mosaïques, plafonds, colonnades, jardins. — La maison de Diomède. — La ferme de Diomède. — La maison de Sallustius. — La maison du Faune. — Mobilier des maisons antiques. — Les boutiques. — Vente des denrées du propriétaire. — Boulangeries. — La Fullonica. — Peintres.

Les monuments publics des Romains semblent construits pour attester à la postérité la plus reculée la grandeur du peuple-roi et l'importance des affaires d'État qu'il y traitait. Les édifices privés, au contraire, montraient la modération et la simplicité des citoyens, qui étaient peu de chose par eux-mêmes et devaient toute leur gloire à leur patrie. Bâties de matériaux moins solides, ces maisons particulières avaient presque entièrement disparu du sol, et tout au plus en voyait-on çà et là quelques débris informes, souvent incompréhensibles, objet des conjectures les plus opposées. La découverte de Pompéi a pu seule nous révéler les secrets de la vie domestique des anciens, et nous permettre de les suivre, pour ainsi dire, pas à pas dans l'intérieur de leurs maisons. Nous les connaissons ainsi intimement, non seulement dans la vie rude et modeste des premiers temps, mais aussi dans les habitudes molles et luxueuses de l'ère impériale; car, par une bonne fortune inappréciable pour nous, Pompéi a été enfoui au moment où la corruption de l'empire commençait à modifier profondément les mœurs des anciens Romains.

A Rome, les maisons étaient très petites au temps de la république, et on ne saurait les comparer même aux plus simples de Pompéi. Plus tard, elles s'agrandirent au point de pouvoir loger quatre cents esclaves, et il n'était point rare d'en trouver de cette dimension. Dans la ville, où le terrain, par suite de l'augmentation de la population, avait acquis une immense valeur, on vit des maisons s'élever jusqu'à onze étages. Auguste, dans sa vieillesse, fut obligé, par des motifs de sécurité et de santé publiques, d'en fixer la hauteur par décret à soixante-dix pieds, et Trajan la réduisit plus tard à soixante.

Il ne faut pas s'attendre à trouver à Pompéi des édifices particuliers aussi considérables; car cette ville était loin de la cour, et n'était point habitée par les grands de l'empire. Sa population se composait en grande partie de marins, d'artisans, de négociants, d'affranchis, avec des degrés de fortune très variés. Il y avait aussi quelques familles opulentes, des magistrats, de riches marchands, de grands propriétaires. Nous avons là, pour ainsi dire, un résumé de la société romaine, et avec ses éléments on peut se faire une idée assez exacte de la civilisation matérielle et même morale des anciens, tout comme on pourrait juger la nôtre en étudiant les habitations de nos chefs-lieux de préfecture.

Nous allons mettre sous les yeux de nos lecteurs le plan d'une habitation romaine, et pour cela nous choisissons l'habitation bourgeoise d'un magistrat, celle de l'édile Caïus Cuspius Pansa, une des plus considérables et des plus somptueuses de Pompéi. Avec les quinze boutiques qui l'entouraient, elle formait à elle seule un îlot, c'est-à-dire un ensemble isolé par des rues, comme une île dans l'eau; car elle communiquait avec quatre rues : la rue des Thermes par la porte principale, celles de la Fullonica et de Fortunata, à l'est et à l'ouest, et celle de Mercure au nord. Elle mesure quatre-vingt-dix-huit mètres de longueur dans un sens, et trente-huit mètres dans l'autre. Elle doit son nom à l'inscription suivante, peinte en caractères rouges, qu'on lisait sur le mur à côté de l'entrée principale :

PANSAM AED. PARATVS ROGAT

c'est-à-dire : *Paratus sollicite la protection de l'édile Pansa,* formule adulatrice très fréquente à Pompéi; ou bien : *Paratus vote pour que Pansa soit nommé édile,* interprétation qui paraît moins vraisemblable.

Voici quelle était la distribution des appartements (voyez la figure page 169). Sur la rue des Thermes est la porte extérieure, *janua,* avec le *prothyrum,* passage d'entrée placé entre la porte de la rue et l'*atrium,* que fermait une autre porte intérieure, *ostium.* La première était probablement toujours ouverte pendant le jour, comme cela se pratique encore en Italie; mais la seconde était close et empêchait les regards indiscrets de pénétrer dans la maison.

Puis vient l'*atrium,* ou vestibule. C'était une assez grande pièce, la première des deux parties principales d'une maison romaine. Dans l'origine elle servait à la famille de lieu de réunion ou de pièce publique où les femmes travaillaient à leurs métiers, où les statues de la famille et les images des ancêtres étaient exposées; elle contenait les dieux domestiques et leur autel aussi bien que le foyer de la cuisine. Quant à sa structure intérieure, c'était un appartement rectangulaire, recouvert d'un toit qui, le plus souvent, avait une ouverture carrée au centre, *compluvium;* un bassin, *impluvium,* y correspondait dans le plancher, et était destiné à recevoir la pluie qui tombait par l'ouverture. Le toit lui-même était souvent supporté par des colonnes qui formaient ainsi tout autour une colonnade ou une galerie. L'atrium de la maison de Pansa était du genre toscan, le plus simple et probablement le plus ancien de tous, emprunté par les Romains aux Étrusques. On ne pouvait l'employer que dans un appartement de petite dimension; car le caractère de cet atrium est de n'avoir point de colonne pour supporter la toiture; le toit courait autour des parois, soutenu sur quatre poutres entre-croisées qui laissaient entre elles une ouverture carrée pour le passage de la lumière. Au centre de l'atrium est l'impluvium, pour recevoir l'eau amenée par les toits; on y trouva un seau attaché à une corde. Tout auprès de ce bassin est un piédestal ou petit autel pour les dieux domestiques, dont la place habituelle était près de l'impluvium. Les statuettes des lares étaient quelquefois placées dans une niche à l'entrée, comme pour mettre la maison sous leur protection. Au lieu de statues, ce n'étaient parfois que de simples images, par exemple celle de deux serpents affrontés, peintes sur les murs ou exécutées en mosaïque sur le seuil.

Les pièces *c* sont les *alæ* ou ailes de l'atrium, une de chaque côté; elles étaient munies de sièges et fermées par des rideaux. Si nous nous en rapportons aux ressemblances avec les maisons de la Turquie moderne, qui ont précisément dans leurs galeries deux pièces semblables, closes de tentures et pourvues de divans, les alæ étaient destinées à recevoir la visite des clients ou des gens d'affaires, avec lesquels on n'était pas tenu à beaucoup d'étiquette. C'était le petit salon, ou, si l'on veut, le bureau, le cabinet. Les ailes ont exactement les deux septièmes de la longueur de l'atrium, et l'atrium lui-même est une fois et demie aussi long qu'il est large, suivant les prescriptions de Vitruve. Cinq petites chambres (*cubicula*), marquées *a a a a a* sur le plan, servaient à la réception des hôtes ou peut-être au logement des esclaves. Tous ces appartements n'ont point de fenêtres extérieures et ne recevaient qu'un jour douteux sur l'atrium, par l'ouverture du compluvium.

Le *tablinum* est une vaste pièce intermédiaire entre l'atrium et le péristyle, et s'ouvrant sur les deux. On y conservait les archives et les registres de la famille (*tabulæ rationum*), et les images des ancêtres, masques de cire moulés sur le visage des morts et en reproduisant exactement tous les traits. C'était le salon de cérémonie. Lorsque le tablinum était ouvert de chaque côté, une personne, en entrant par la porte principale, avait vue sur l'étendue entière de l'édifice, et découvrait, au delà de la colonnade du péristyle, l'*œcus* et le jardin, ce qui devait être une perspective fort belle et fort imposante; mais ordinairement cet appartement était fermé, soit par des rideaux, soit par des cloisons ou paravents mobiles (*tabulæ*), pour empêcher que les serviteurs ne fissent de la pièce d'honneur une chambre de passage. La communication entre l'atrium et la partie intérieure de la maison avait lieu au moyen de deux corridors (*fauces*) ouverts de chaque côté du tablinum. Chez Pansa, il n'y en avait qu'un seul, contrairement à l'usage. La chambre marquée *d* est une pièce dont on ignore l'usage : elle pouvait servir de salle à manger, ou de bibliothèque, ou de galerie de tableaux, ou de salon de réception.

Nous n'avons parcouru jusqu'ici que la partie extérieure en quelque sorte de l'habitation, celle qui était ouverte aux clients, au public. Nous allons pénétrer maintenant par le corridor de communication dans la partie plus intérieure, celle qui était exclusivement réservée à la famille et aux amis intimes. On remarquera dans cette seconde division une grande analogie avec la première.

Le *peristylium* forme l'élément principal de cette seconde division. Le péristyle comprenait un espace découvert, entouré sur tous les côtés d'une colonnade, comme l'atrium, mais occupant un champ plus large, quelquefois disposé en jardin, avec une fontaine ou un bassin et un impluvium au centre; les appartements habités par la famille étaient distribués sur les côtés du péristyle, et s'ouvraient sur la colonnade. Chez Pansa, le toit était supporté par seize colonnes d'ordre corinthien. Au milieu de la cour est une piscine de marbre où l'on nourrissait diverses espèces de poissons. Cette piscine était alimentée par les eaux pluviales, et le bord en était sans doute orné de fleurs et de plantes aquatiques. Comme l'atrium, le péristyle avait des ailes; *e e e* sont quatre petites chambres à coucher; une autre pièce, celle qui est attenante au passage, semble avoir été destinée au portier de la maison (*ostiarius*), ou à l'esclave *atriensis* chargé du soin de l'atrium. En effet, elle communiquait directement et immédiatement avec les deux divisions de la maison, et de là on pouvait avoir l'œil sur l'entrée dérobée de la rue latérale. Le *triclinium*, ou salle à manger, était à un angle du péristyle; la chambre qui y touche était probablement une office destinée aux gens de service. La cuisine était de l'autre côté, en *k*, avec une arrière-cuisine (*h*) munie de murs bas sur lesquels on déposait les jarres à l'huile, les ustensiles, etc., et une cour contiguë à une des rues latérales, sur laquelle elle a une porte de derrière. Les latrines étaient près de la cuisine.

Nous avons encore à indiquer une autre pièce, élevée de deux degrés au-dessus du péristyle, et s'ouvrant sur le jardin (*xystus*) par une large fenêtre : c'est l'*œcus*. D'origine et d'invention grecques, cet appartement avait été ensuite adopté par les architectes romains avec des changements et des perfectionnements. Quoiqu'il ne fût pas affecté exclusivement à un seul usage, il servait surtout de salle de festins; mais il surpassait en hauteur et en largeur, aussi bien qu'en éclat, le triclinium ordinaire. Un corridor latéral faisait communiquer le péristyle avec une galerie couverte, élevée le long d'un des côtés du jardin. Le jardin, où les plates-bandes étaient encore indiquées clairement, avait une citerne alimentée par un réservoir. On remarquera dans cette description que la maison avait plusieurs entrées distinctes, mais qu'elle n'avait pas une seule fenêtre sur les rues, tous les jours se prenant à l'intérieur sur l'atrium et le péristyle : la vie privée était complètement murée.

Outre le rez-de-chaussée, l'habitation de Pansa avait un premier étage. Les chambres principales étaient sans doute affectées au gynécée ou appartement des femmes; les objets et ornements qu'on y recueillit, tous d'un usage féminin, semblent confirmer cette conjecture. Les pièces supérieures qui donnaient sur la rue étaient probablement l'*ergastulum*, ou logement des esclaves. On y avait accès par un étroit escalier placé dans un angle de l'arrière-cuisine.

Après cette description générale du plan de la maison de Pansa, le lecteur ne sera peut-être pas fâché de savoir ce que les fouilles rencontrèrent dans cette belle habitation. La porte principale, ouverte entre deux pilastres d'ordre corinthien, était doublée de lames de bronze, et attachée à des gonds saillants dont la tête soutenait le stuc qui revêtait les murs. Les anciens paraissent avoir employé cet expédient pour empêcher que l'humidité des maçonneries neuves ne détériorât les ornements de la maison. L'atrium est pavé de dalles de marbre et de mosaïques. On y lit sur le seuil le salut ordinaire : Salve. Les murs intérieurs sont revêtus de stuc et couverts d'arabesques peintes avec une extrême délicatesse. Près du mur du jardin on trouva dans une chaudière le précieux groupe de Bacchus et d'Ampelus, finement incrusté d'argent, qu'on admire aujourd'hui dans la salle des grands bronzes du musée de Naples. On y trouva aussi deux grandes ailes de bronze d'un travail admirable, qui devaient appartenir à une statue; le terrain avait été anciennement fouillé en ce point, comme il fut facile de s'en convaincre, et la statue avait été enlevée, sans doute par les ordres de Pansa lui-même. Au fond du jardin était une salle couverte, une sorte de kiosque où la famille se réunissait les soirs d'été pour souper et prendre le frais. Les fourneaux de la cuisine étaient aussi élevés que les nôtres (les Romains ne connaissaient pas nos cheminées), et contenaient leurs cendres. Deux serpents gardiens de l'autel consacré à la déesse Fornax, l'importante déesse qui présidait aux fourneaux, étaient peints sur les murs avec d'autres images gastronomiques : un jambon, un lièvre, un porc, une hure de sanglier, des poissons, et des côtelettes de veau taillées dans la forme qu'on leur donne encore aujourd'hui. Cette cuisine, si brillamment décorée, possédait une grande quantité d'ustensiles en bronze et de vaisselle en terre cuite. Tous ces objets ont été recueillis avec soin et transportés au musée de Naples.

Le plan de la maison de Pansa nous donne une idée parfaite de toutes les habitations bourgeoises de cette époque. Toutes se composent invariablement de deux parties bien distinctes : l'atrium avec ses petites cellules, son tablinum et ses corridors, — et le péristyle avec ses chambres à coucher, le triclinium, l'œcus, la cuisine et le jardin. On ne s'écartait pas sensiblement de ces données fondamentales indiquées par Vitruve, et qu'on retrouve figurées avec tant de précision sur les fragments du grand plan en marbre de la ville de Rome, exécuté sous Septime Sévère, et conservé maintenant au Capitole. Les maisons ne différaient guère que par l'ampleur de l'atrium, du péristyle et du jardin, le nombre des chambres à coucher, le luxe de l'ornementation et la hauteur des étages. Les plus modestes n'avaient qu'une simple terrasse, *solarium*, au-dessus du rez-de-chaussée, pour aller y jouir du soleil ou de la brise, comme cela se fait encore habituellement à Naples et dans l'Orient. La plupart cependant avaient un premier étage; quelquefois cet étage s'avançait dans la rue, grâce à un entablement muni de poutres saillantes, et formait un balcon garni de fenêtres. On voit encore en Italie des dispositions semblables, et il n'est point rare de rencontrer aux étages supérieurs des *loges* en saillie, avec des fenêtres de face et des fenêtres latérales protégées par des jalousies, pour inspecter curieusement la rue dans toutes les directions sans se montrer.

Il convient maintenant de dire un mot des dispositions ornementales qu'on appliquait aux habitations. La maçonnerie était habituellement formée de briques ou de moellons irréguliers, plus rarement en appareil réticulé, c'est-à-dire composé de petites pierres cubiques placées l'angle en bas, de manière à imiter par les joints les mailles d'un réseau. Dans le premier cas, l'irrégularité de la maçonnerie était dissimulée par un enduit de stuc, *opus albarium*, dont on couvrait les murailles. Ce stuc se composait de grès, de brique et de marbre, réduits en poudre et broyés ensemble pour les revêtements plus grossiers de l'extérieur, ou de gypse pour les ornements plus recherchés de l'intérieur des édifices, tels que des frises, des corniches, des pilastres, des reliefs. Les ciments extérieurs étaient souvent peints de ces couleurs brillantes, comme le rouge, le bleu et le jaune, qu'on aime tant dans les pays du Midi. A l'intérieur, c'étaient de véritables peintures murales, représen-

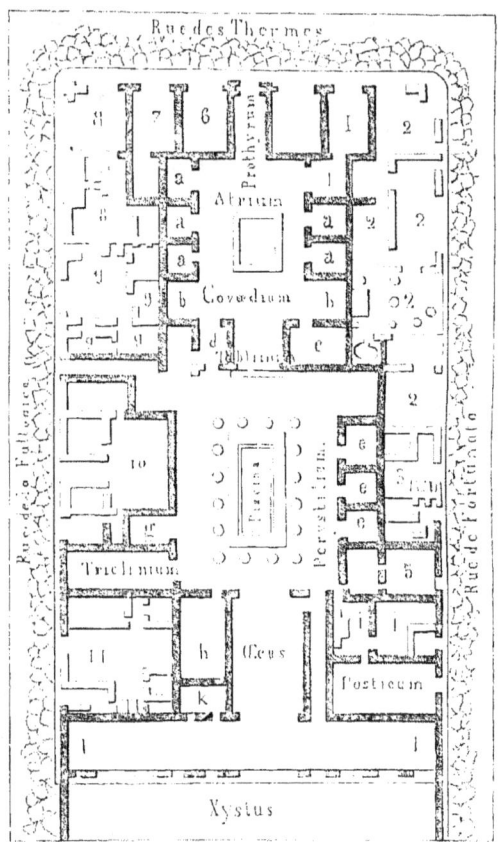

Pompéi. — Plan de la maison de Pansa.

tant des paysages, des marines, des animaux, des bambochades ou de simples arabesques, le tout traité avec une délicatesse singulière et une étonnante fraîcheur de coloris. Dans les maisons plus importantes, on abordait la peinture de genre et même la peinture d'histoire, et l'on ne craignait pas de représenter en grand les actions des héros et des dieux, et les faits importants de l'histoire chez les Grecs et chez les Romains. Un très petit nombre de ces images étaient peintes sur des tablettes de bois. On n'en a trouvé aucune; mais on suppose qu'il y avait quelques tableaux suspendus dans une maison où l'on a remarqué dans la muraille des encastrements pratiqués comme pour les recevoir. Aucune de ces peintures n'est absolument médiocre; toutes accusent une main exercée, un vif sentiment de la couleur; quelques-unes même annoncent une touche magistrale, quant à la conception de l'ensemble et à l'ordonnance du dessin. Il est probable que ces derniers n'étaient que des copies ou des réductions de tableaux célèbres. S'il faut louer généralement la grâce, la composition, le dessin et le coloris des peintures pompéiennes, on ne saurait blâmer trop énergiquement l'obscénité d'un grand nombre de ces tableaux. En les voyant, on se demande avec épouvante quelle devait être la corruption de cette civilisation antique, qui ne rougissait pas d'exposer des images aussi licencieuses dans le sanctuaire sacré de la famille, sous les yeux des enfants. Et cependant on n'était point encore tombé dans l'abîme de la dépravation que l'ère impériale commençait à ouvrir; mais qu'on était déjà loin de la réserve commandée par le poète:

> Maxima debetur puero reverentia; si quid
> Turpe paras, ne tu pueri contempseris annos.

Il fallait le christianisme pour faire disparaître toutes ces souillures, au moins de la face du soleil; mais le christianisme venait à peine de s'affirmer à Rome, sa future capitale, par le martyre de saint Pierre et de saint Paul en l'année 67, et dans cet intervalle de douze ans son action naissante n'avait guère eu le temps de se propager jusqu'à Pompéi. Jusqu'à présent on n'a trouvé dans les ruines de cette ville aucun signe de la religion chrétienne; mais il est possible qu'on soit plus heureux dans les fouilles qui restent à faire sur les deux tiers de l'emplacement antique. Une inscription, une image grossière, une caricature peut-être, viendront un jour témoigner de la lutte qui commençait à partager le monde entre les deux cultes, entre la vérité et l'erreur. Ces indices, quels qu'ils soient, même s'ils nous outragent, seront pieusement accueillis de tous les catholiques. Ce n'est pas sans une profonde émotion que j'ai contemplé à Rome, au musée Kircher, une odieuse caricature tracée à la pointe par quelque soldat sur les murs des corps de garde du palais de Tibère au Palatin, et représentant Jésus-Christ en croix avec des oreilles d'âne. Cette image révolte profondément le sens chrétien; mais, par une permission spéciale de la Providence, ce blasphème horrible n'apporte-t-il pas une preuve matérielle, palpable, du christianisme? Espérons que Pompéi nous réserve quelque surprise de ce genre.

Le pavage des maisons de Pompéi est toujours en mosaïque. Dans les habitations les plus humbles, c'est une mosaïque rustique composée de tuiles ou de poteries brisées en tout petits morceaux et mêlées de mortier, puis battues avec la hie jusqu'à former un sol compact et solide aux couleurs variées : c'est ce qu'on appelait l'*opus signinum*, ainsi nommée de la ville de Signia (maintenant Segni), fameuse jadis par ses tuiles, et où on l'avait inventé. On rencontre encore aujourd'hui dans quelques-unes de nos modestes églises de campagne quelques débris de ces pavages grossiers, où des cailloux de différentes couleurs et des fragments de briques, noyés dans un lit de mortier, composent une mosaïque rustique. Dans les maisons plus riches, le pavage est plus somptueux. Des marbres diversement colorés, coupés en morceaux de figures et de dimensions régulières, s'adaptent les uns aux autres, de manière à former un dessin régulier ou des figures géométriques. Lorsque les lignes sont composées dans un système de deux couleurs seulement, le rouge et le noir, par exemple, sur un fond blanc, on a le genre alexandrin, *Alexandrinum opus*. Lorsque les parties composantes sont des tablettes carrées, à l'exclusion de toute autre forme, on a le pavage en damier. Le plus souvent la mosaïque représente, comme une peinture, avec leurs formes et leurs couleurs, des objets animés et inanimés; elle est alors composée de petits morceaux de marbres variés, enfoncés dans un lit de très fort ciment. On arrivait ainsi à des effets qui pouvaient le disputer à ceux qu'obtiennent la peinture, et les mosaïstes abordaient avec bonheur, non seulement la représentation d'animaux, de bouquets de fleurs, de guirlandes de fruits, mais encore la reproduction de scènes de genre et même de tableaux de grande dimension à nombreux personnages. Tous ces tableaux témoignent de l'habileté des artisans de cette époque. Plusieurs sont signés des artistes qui les ont exécutés.

Les plafonds étaient constitués par l'ensemble des poutres et des chevrons qui supportaient le toit ou le plancher de l'étage supérieur, en se croisant à angles droits. Entre les pièces de bois étaient des caissons ou compartiments carrés, couverts de stuc et peints comme les murailles. Il n'en subsiste point à Pompéi, les plafonds s'étant écroulés sous le poids des cendres, et les bois s'étant carbonisés dans le sein de la terre. Les colonnes qui supportaient les maîtresses poutres de l'atrium et du péristyle étaient de marbre, ou de briques revêtues de stuc. On en a cependant trouvé quatre en mosaïque, dans la villa attribuée à Cicéron ou à Marcus Crassus Frugi. Ce genre singulier, qu'on rencontre fréquemment dans les vieilles basiliques de Rome datant du IVe au VIe siècle, doit être considéré comme un signe de décadence et une faute capitale de goût. La colonne est un soutien, et par conséquent suppose la solidité; il est absurde de la représenter comme un appui de mortier revêtu de petites pierres. C'est ne pas comprendre la colonne que de la dénaturer ainsi.

Les jardins méritent aussi un mot. Généralement assez petits, ils étaient distribués en une foule de plates-bandes régulières et d'allées étroites d'un effet mesquin. Un bassin en occupait souvent le centre, et le bord en était orné de statuettes, de grenouilles et de lézards de marbre, véritables jouets enfantins. On y voyait, par exemple, de petits pêcheurs en bronze pêchant à la ligne, ou, fatigués sans doute de l'inutilité de cet exercice, dormant sur le rivage dans leur capuchon, pendant qu'un rat d'eau venait fureter dans leur panier. Au fond du jardin était la fontaine, en forme de niche, embellie de mosaïques, de rocailles rustiques et de coquillages. Un mascaron versait l'eau sur un escalier à huit gradins, haut chacun de quatre à cinq centimètres, pour figurer une cascade, et deux autres masques de marbre recevaient la nuit une lampe dont la lumière se projetait par les yeux et par la bouche. Qui aurait jamais pensé que le style *rococo* et le genre *rocaille* dataient du premier siècle de notre ère? En voyant ces mièvreries, je pensais à ces maisons de campagne des environs de Paris, où, sur un espace de cinq cents mètres carrés, les heureux propriétaires trouvent le moyen d'entasser un hôtel, une serre, un jardin fleuriste, un parc, un ruisseau aux méandres capricieux, un lac, une cascade, une montagne et un chalet. Le mauvais goût est de tous les temps.

Il faut ajouter cependant que quelques-uns des caprices qui ornaient les bassins et les fontaines des jardins de Pompéi sont des œuvres d'art d'un rare mérite. Je signalerai, entre autres, deux génies tenant sous le bras une oie inquiète dont le bec sert de jet d'eau, et surtout le célèbre groupe en bronze d'Hercule atteignant à la course la biche aux pieds d'airain, dont la gueule versait l'eau dans une vasque de marbre blanc. Cette œuvre incomparable, certainement due à un artiste grec, est maintenant au musée de Palerme; mais on peut en prendre une idée dans un moulage en plâtre que possède le musée de Naples. On peut juger par ce petit groupe, non moins que par les chefs-d'œuvre de la statuaire grecque, de la perfection étonnante à laquelle les anciens ont porté les arts plastiques.

Ces traits, d'un caractère nécessairement général, déterminent d'une manière assez nette, ce me semble, la physionomie des habitations pompéiennes. Il me reste, pour donner une sorte de coloris à mon dessin, à ouvrir au lecteur quelques-unes des maisons les plus célèbres de cette ville. Cette promenade ne sera pas sans attrait et sans instruction.

Voici d'abord la maison de campagne d'Arrius Diomède, située hors de la porte d'Herculanum, dans le faubourg Augustus Felix, au milieu des tombeaux qui bordent l'ancienne voie Domitienne. C'est une des villas les plus somptueuses de Pompéi, comme on peut en juger par sa grandeur, la variété et le nombre de ses appartements, et la position sociale de son propriétaire. Sur la rue elle n'a qu'un étage; mais, comme le terrain est en pente vers la mer, elle en a deux sur le jardin, avec des soubassements. On y entre par deux marches revêtues de marbre, ayant de chaque côté une petite colonne de briques, et on pénètre dans le péristyle, sorte de cloître entouré de quatorze colonnes en briques revêtues de stuc. Ce corps de bâtiment, s'étendant intérieurement sur une loge découverte, domine le jardin et la mer, et un autre appartement disposé en contre-bas.

A gauche du péristyle est l'appartement des bains avec toutes ses dépendances; car déjà le luxe des mœurs romaines avait introduit ces habitudes confortables dans un grand nombre d'habitations particulières. On voit dans la première chambre un bassin pour l'eau froide, environné d'un petit portique à colonnes octogones, et à côté un fourneau avec un vase pour préparer les boissons chaudes qu'on était dans l'usage de prendre après le bain, puis un cabinet où l'on se déshabillait. Les peintures qui décoraient les murs de toutes ces pièces, représentant des poissons nageant dans leur élément, faisaient allusion à la destination de cette partie de l'appartement. Tout près était l'hypocauste ou fourneau; trois vases de cuivre y étaient placés l'un au-dessus de l'autre et se communiquaient la chaleur, de sorte qu'on avait les trois espèces d'eau requises par les anciens pour les bains. En traversant une autre chambre on se trouvait dans le *sudatorium,* étuve chauffée par la vapeur qui s'engageait dans des conduits ménagés exprès sous le plancher. La fenêtre en était garnie de verre double; ce verre, analysé par les chimistes, a présenté une composition presque identique à celle de nos verres modernes.

Par un petit escalier on descend dans l'appartement inférieur au niveau du jardin. Les chambres en sont voûtées et décorées de peintures, et le pavage était en mosaïque. Du jardin on pénètre dans un souterrain éclairé par des soupiraux. Ce caveau semble avoir été destiné à conserver le vin. On y voit encore à présent quantité d'amphores adossées au mur, fixées dans le sable par la pointe, et agglutinées entre elles par la cendre volcanique durcie. C'est là qu'on déterra, au milieu des émanations d'acide carbonique, les dix-huit squelettes dont nous avons parlé.

Au centre du jardin était un réservoir avec sa fontaine, et à côté une enceinte qui paraît avoir été un *sphæristerium,* où l'on s'exerçait au jeu de boules.

A la maison de Diomède se trouvait annexée une exploitation rurale avec toutes ses dépendances, la cuisine, le four, les chambres pour les esclaves cultivateurs, l'habitation du colon, les écuries, les étables et autres servitudes. On y trouva quarante morceaux de verre très épais, dont plusieurs étaient longs de soixante-douze centimètres sur cinquante-quatre, ce qui annonce l'habileté des industriels romains; différents vases; une amphore pleine de miel, des lampes et quantité d'instruments d'agriculture, et enfin un squelette humain à côté d'un squelette de chèvre avec sa sonnette. Sous le portique était un fourneau avec une casserole en place, et contre le mur un pot suspendu à un clou.

C'était là une maison suburbaine, une villa où le confortable de la vie s'associait à certaines habitudes champêtres. L'habitation de Caius Sallustius, fils de Marcus, était, au contraire, une maison de ville, plus élégante et plus recherchée dans son luxe. Elle s'ouvre sur la voie Domitienne ; elle est limitée sur deux autres côtés par la ruelle de Mercure et la rue de Modestus. On l'attribue à Salluste parce que, suivant un usage encore assez commun en Italie, le propriétaire avait fait peindre son nom sur le mur extérieur :

C. SALLVST. M. F.

La porte principale se fermait à quatre battants, dont deux se repliaient l'un sur l'autre pendant le jour, ouvrant entre eux un passage assez étroit. Au dehors elle est ornée de deux pilastres avec leurs chapiteaux en stuc, et on avait peint sur l'imposte Marsyas montrant à Olympe à jouer de la flûte. Au milieu de l'impluvium, une base de marbre soutenait l'admirable groupe d'Hercule et de la biche aux pieds d'airain que nous venons de mentionner. Les deux chambres qui s'ouvrent sur l'atrium étaient ornées de masques scéniques en stuc, et de poissons et de quadrupèdes sur des fonds de diverses couleurs. L'appartement secret, destiné à la maîtresse de la maison, communiquait avec un portique soutenu par huit colonnes octogones de stuc rouge, et était décoré de peintures licencieuses. L'*exedra*, ou salon de compagnie, offrait sur ses murs l'image des Bacchantes, — Achille tirant l'épée contre Agamemnon et retenu par Minerve, — le même héros travesti en femme et reconnu par Ulysse à la cour de Lycomède, — et Ulysse déguisé en mendiant et secouru par le fidèle Eumée. Le péristyle avait aussi des peintures sur trois faces : Diane au bain, surprise par Actéon, — Europe enlevée par Jupiter, — et la fuite de Phryxus et d'Hellé sur le bélier à toison d'or. En face de l'exedra, à droite, se trouve une petite chapelle domestique couverte également de peintures, où l'on recueillit une idole de bronze, un vase d'or du poids de trois onces et quelques médailles de Vespasien. A gauche, dans la chambre à coucher, on trouva huit colonnettes de marbre qui avaient servi à des lits, avec quelques fragments de bois doré. Enfin, dans la troisième cour, on découvrit un coffre-fort maçonné dans le pavé, et contenant encore des pièces d'or et d'argent; la chambre contiguë était pavée d'une mosaïque de marbre à méandres de diverses couleurs.

Dans les fouilles de la rue voisine on déterra quatre squelettes qui portaient sur eux cinq bracelets, deux anneaux avec des pierres fines gravées, et deux pendants d'oreilles à quatre mailles, le tout en or, un plat d'argent et trente-deux pièces de monnaie de métal, et un candélabre de bronze avec divers vases. Ces quatre infortunés étaient peut-être la maîtresse de la maison de Salluste et ses esclaves.

A peu de distance de la maison de Salluste se trouve celle de Cœcilius Capella, déjà fouillée et dévastée par les anciens eux-mêmes. Outre l'épigraphe I. C. C. DVVMVIR, on lit sur le mur une inscription osque que l'Académie d'Herculanum a interprétée de cette manière : *Voyageur, si tu vas d'ici à la deuxième tour, tu y trouveras Sarinus, fils de Publius, qui tient auberge. Salut.* C'est tout simplement une affiche.

Si la maison précédente se recommandait par les peintures, la maison du Faune était surtout riche en mosaïques. Le pavé du vestibule est de différents marbres variés, d'albâtre oriental et de jaspe sanguin. En entrant, on admirait sur le seuil une gracieuse guirlande de fleurs et de fruits, avec des masques de théâtre et des images d'animaux. Les murs de l'atrium, couronnés d'une corniche de style grec, sont couverts d'un stuc brillant, capable de lutter avec le marbre par son éclat et sa dureté. Deux ornements d'un genre unique à Pompéi, placés à la partie supérieure des murs, méritent une attention particulière. Cinq têtes de lion en ronde-bosse, sortant de la muraille où leurs corps s'appuient sur les pattes postérieures, soutiennent autant de médaillons sur lesquels repose une corniche; cette corniche supporte un petit édicule ouvert au milieu, une sorte de *pronaos* à quatre colonnes, dont les chapiteaux en stuc sont artistement travaillés. Dans l'aile à gauche on remarque un petit tableau en mosaïque représentant trois colombes qui tirent un collier de perles d'une cassette, œuvre charmante de naturel et de vérité. Au milieu de l'impluvium, sur un socle de marbre, était l'admirable statue en bronze du Faune dansant, qui a donné son nom à l'habitation. Cette statue et la plupart des mosaïques ont été transportées à Naples.

Le tablinum possédait l'incomparable pavé en mosaïque qui représente la bataille d'Alexandre contre Darius, à Arbelles ou sur l'Issus, et dont les personnages sont aussi grands que nature. Le seuil, également en mosaïque, figure le Nil avec ses poissons et ses animaux amphibies. Dans le premier triclinium se trouvait une autre précieuse mosaïque exprimant Acratus, c'est-à-dire le génie du vin, monté sur une panthère, emblème ingénieux de la puissance de Bacchus. Celle qui représente un lion est encore à sa place ; mais malheureusement elle est fort dégradée. Enfin deux autres petits tableaux du même genre, celui du chat dévorant une caille, et l'autre figurant des crustacés et des poissons échoués sur un écueil, œuvre d'une réalité toute vivante, complétaient la décoration de cette pièce.

On trouva dans les différentes chambres deux bracelets d'or d'un poids considérable, deux pendants d'oreilles, sept anneaux, trois vases d'argent pourvus d'anses, un brasier de bronze, un grand nombre de vases du même métal d'une forme très élégante, beaucoup de pièces de monnaie d'or, d'argent, de bronze, et enfin un pied de lit en ivoire, d'un travail vraiment merveilleux. Près du puits (*puteale*) d'une des piscines on rencontra une magnifique table de marbre blanc figurant un sphinx, excellent morceau de sculpture grecque.

La grande salle des banquets et des danses est placée entre le jardin et le verger. Ce magnifique appartement, orné à son entrée de deux colonnes d'ordre corinthien peintes en rouge, n'est fermé que sur ses deux petits côtés, et il demeure ouvert sur les deux autres, avec la perspective des jardins. Il communique ainsi avec deux cours carrées décorées de portiques, dont l'un compte vingt-huit colonnes et l'autre quarante-deux. Du fond on découvre en enfilade la salle des banquets, le péristyle, le tablinum, l'atrium et le vestibule. Deux fontaines de marbre augmentent singulièrement la beauté de cette perspective monumentale, à laquelle les fleurs et les ornements du jardin venaient ajouter un nouveau cachet de grâce et d'élégance.

On chercherait vainement dans cette habitation de grandes peintures murales : son lustre principal gît dans les mosaïques du pavage, véritables chefs-d'œuvre du genre, et dans les dispositions architecturales de ses portiques. On ne saurait nier cependant que ce ne soit la maison la plus magnifique de Pompéi. Il faut signaler ici, comme une singularité notable, que tous ses murs sont intérieurement garnis de lames de plomb fixées par des attaches de fer, dont les têtes saillantes soutiennent le stuc dont le mur est revêtu, en laissant un petit intervalle entre la maçonnerie et l'enduit. Il semble, comme nous l'avons déjà fait observer, que les anciens avaient recours à ce procédé pour empêcher que l'humidité des constructions neuves ne détériorât les ornements de l'enduit : précaution indispensable ici, car la maison du Faune est splendidement décorée de stucs.

Nous n'avons parlé jusqu'ici que du plan et des dispositions ornementales des maisons romaines; jetons maintenant un coup d'œil sur le mobilier.

Les sièges étaient de plusieurs sortes. Il y avait la *sella*, simple tabouret, sans dossier et sans bras, dont se servaient ordinairement les femmes et les artisans à occupations sédentaires; le pliant, qu'on ouvrait et fermait à volonté, et dont la construction était fort simple; la chaise curule, véritable pliant, mais beaucoup plus orné que le précédent, et réservé, comme privilège honorifique, aux consuls, aux préteurs, aux édiles curules de la république, qui pliaient ce siège pour l'emporter plus commodément avec eux; le *biselium*, autre siège d'honneur sans dossier, garni d'un coussin et d'un tabouret; et enfin la *cathedra*, chaise à dossier et à bras, offerte aux femmes et aux professeurs. La monture de ces sièges était ordinairement en bronze, et non en bois.

Le plus souvent les sièges mobiles étaient remplacés par des banquettes en maçonnerie établies le long des murailles et recouvertes de coussins et de matelas. Les anciens préféraient beaucoup ces espèces de sofas, où ils pouvaient s'étendre à leur aise pour se reposer, pour faire la sieste au milieu du jour, et même pour recevoir leurs amis sans cérémonie. Dans leurs mœurs, cette attitude n'avait rien de blessant pour les visiteurs, et l'on se couchait même pour manger, quoique cette posture dût être fort incommode. Trois lits ou trois banquettes de maçonnerie étaient disposées à cet effet sur les trois côtés de la salle à manger (de là le nom de triclinium, tiré du grec), le quatrième côté restant ouvert pour le service.

Les tables affectaient différentes formes, parfaitement semblables à celles qui sont en usage aujourd'hui. Les unes étaient carrées ou oblongues, portant sur des châssis de bois à quatre ou six pieds; les autres étaient rondes et s'appuyaient sur trois pieds; d'autres avaient seulement deux larges supports contournés en forme de consoles. L'*abacus*, sorte de buffet pour exposer la vaisselle d'argent, les vases à boire et les ustensiles de table dans le triclinium, se composait de deux tables : l'inférieure supportée par deux pieds très bas, et la supérieure par un pied unique en console, qui reposait sur la table inférieure. Les buffets du genre le plus simple étaient de marbre, et les plus précieux de bronze; la surface en était quelquefois percée de trous pour recevoir les vases qui se terminaient en pointe ou par une base étroite, et qui par conséquent ne pouvaient se tenir debout. Le pied de l'abacus s'appelait *trapézophore*. C'étaient souvent des morceaux de prix façonnés par d'habiles artistes et vendus par eux à des particuliers, qui y faisaient adapter un dessus et une base. Quelquefois ces pieds sont composés d'une figure unique, qui est très souvent un sphinx; d'autres fois ils sont formés de la tête et des pieds de différents oiseaux et animaux. On a trouvé un grand nombre d'objets de ce genre dans différentes fouilles.

Les lits pour dormir différaient un peu des nôtres. Ils étaient faits comme ceux de nos sofas qui ont les plus grandes dimensions, avec un montant derrière la tête, quelquefois un autre aux pieds, et un dossier élevé sur l'un des côtés du lit, tandis que celui par lequel on y pénétrait était entièrement ouvert. Des sangles passées dans la monture de la couchette supportaient un épais sommier sur lequel étaient placés un traversin et un oreiller. Un lit semblable, mais de moindre dimension, faisait partie du mobilier habituel d'un cabinet d'étude. On avait coutume de s'y étendre tout de son long, pour lire ou même pour écrire, en appuyant ses tablettes contre un de ses genoux, qu'on levait de manière à servir de support. Très souvent le lit, au lieu d'être un meuble, n'était qu'une simple banquette de maçonnerie sur laquelle on étendait un matelas. On voit encore à Pompéi un grand nombre de ces lits dans les petites cellules qui servaient de chambres à coucher.

Les armoires, cabinets ou buffets, pour serrer les ustensiles de ménage, les habits, l'argent, les objets de prix ou tous les articles d'un usage journalier, ressemblaient beaucoup aux nôtres. Cette pièce du mobilier, fixée d'ordinaire contre les parois d'une chambre, était divisée en compartiments par des rayons et fermée par des portes.

La cheminée était inconnue, excepté pour les fours des boulangers. A la cuisine, on la remplaçait par des fourneaux montés sur des appuis en maçonnerie. Les maîtres de la maison se chauffaient dans l'atrium, au foyer. Le foyer, *focus,* consistait en une plate-forme carrée de pierre ou de briques, élevée un peu au-dessus du sol. C'est là que le feu était allumé avec des bûches de bois reposant sur des chenets; la fumée s'échappait comme elle pouvait par l'ouverture du compluvium. Chez les Romains, le foyer était mis sous la protection des dieux lares, et placé près de leur autel. De là l'expression *pro aris et focis,* qui associe dans un même sentiment de respect, d'amour et de dévouement, le sanctuaire domestique et le foyer. Dans les autres appartements on se servait d'un brasier ou réchaud dans lequel on brûlait du charbon. Le feu était animé au moyen d'un soufflet analogue aux nôtres.

L'éclairage se faisait au moyen de lampes. Dans l'origine, on s'était servi de chandelles composées de poix, de cire ou de suif, avec la moelle d'un jonc pour mèche; ces chandelles étaient placées sur un candélabre muni d'une cavité ou armé d'une pointe pour recevoir la bougie; mais, après l'invention de la lampe à huile, on laissa aux pauvres le premier mode d'éclairage. Les lampes (*lucerna*) étaient faites généralement de terre cuite ou de bronze, en forme de nacelle, avec une poignée d'un côté, et de l'autre un ou plusieurs becs pour la mèche, et au centre un orifice pour recevoir l'huile. On les suspendait par des chaînes, soit au plafond, soit au lampadaire, ou bien on les posait sur le plateau d'un candélabre. Ces candélabres étaient souvent d'une hauteur considérable, et consistaient en une tige haute et élancée, imitant la tige d'une plante, ou représentaient une colonne effilée surmontée d'un plateau. C'est au *candelabra* de ce dernier genre que Vitruve fait allusion quand il blâme l'habitude, adoptée par les artistes de son temps et visible à chaque instant dans les arabesques décoratives des maisons de Pompéi, de les introduire à la place de colonnes comme supports donnés à des architraves et à d'autres parties de l'édifice sans aucune proportion avec ces tiges frêles et élancées.

Les ustensiles de cuisine n'offrent rien de particulier, et sont généralement semblables aux nôtres. Les cuisiniers (ce n'étaient pas alors de petites gens, pas plus qu'aujourd'hui) avaient même inventé des moules pour donner aux mets et aux pâtisseries des formes d'animaux réels ou fantastiques. Tous ces instruments étaient en bronze, et la vaisselle en terre cuite ou en argent.

En exécutant des fouilles dans une maison de Pompéi, on découvrit, le 29 mars 1867, une marmite de bronze placée sur un trépied de fer. Un couvercle, aussi de bronze, muni d'un bord circulaire extérieur qui recouvrait exactement le bord intérieur du vase, s'adaptait à l'ouverture de manière que l'eau, en tombant sur lui, ne pouvait pénétrer en dedans. Le fond de la marmite était tapissé d'une couche épaisse d'incrustations, et, vers la partie centrale du sol où était placé le trépied, on ramassa quelques fragments charbonneux, restes du feu qu'on y avait allumé pour faire bouillir l'eau dans le vase. Après avoir soulevé le couvercle sans trop grande difficulté, on remarqua avec étonnement que le vase était plein d'eau. Comme ce liquide ne pouvait y pénétrer de la partie supérieure, on s'imagina que cette eau était celle-là même que les anciens y avaient introduite il y a dix-huit siècles, que c'était de *l'eau antique!* Cette interprétation, autour de laquelle on a fait beaucoup de bruit, nous paraît peu probable. Il ne semble guère admissible que de l'eau puisse se conserver pendant dix-huit siècles dans un vase non hermétiquement fermé, et d'ailleurs les cinq à six litres que la marmite peut contenir n'auraient jamais pu donner un résidu cristallin dont le poids s'élève à plusieurs centaines de grammes. Il est donc plus que probable que la première eau s'est évaporée, et qu'ensuite, par la chute des grandes pluies, l'eau s'élevant au-dessus de la hauteur du vase, y a pénétré de bas en haut en s'introduisant entre les deux bords du couvercle et du vase. Cet effet successif d'évaporation et de remplissage a pu s'opérer des milliers de fois, et cela explique le poids considérable des incrustations. Si l'on veut absolument de l'eau antique, il faut aller au musée, et agiter un robinet de bronze trouvé à Pompéi: les anciens travaillaient les métaux avec tant de perfection, que cet appareil conserve encore l'eau qui s'y trouvait enfermée au moment de l'éruption.

Nous n'avons parlé jusqu'ici que des habitations bourgeoises; notre étude sur l'intérieur des maisons romaines serait incomplète si nous ne disions un mot des boutiques.

Si le lecteur veut bien jeter un coup d'œil sur le plan de la maison de Pansa, il y remarquera, disposées tout autour de l'habitation principale, un certain nombre de chambres qui s'ouvrent directement sur la rue : ce sont les boutiques. Elles se composent généralement d'une échoppe extérieure avec des comptoirs ou étaux en maçonnerie pour étaler les denrées et marchandises, d'un arrière-magasin qui servait de dépôt, et d'un premier étage pour l'habitation du marchand avec une terrasse. Toute espèce de luxe décoratif n'en est pas bannie, et l'on y trouve assez souvent, avec des dallages de marbre, des mosaïques et des peintures murales dont l'image indique l'objet du négoce ou la profession de l'artisan. Elles se fermaient au dehors par un système de devanture que nous employons encore aujourd'hui. Dans deux rainures, l'une supérieure, l'autre inférieure, on faisait glisser des volets mobiles dont le jeu était ensuite arrêté par la fermeture de la porte d'entrée. Cette méthode, simple et facile, avait l'avantage de laisser toute la surface extérieure des murailles à l'inscription des actes publics et aux affiches des particuliers. Le nom du marchand était souvent inscrit à sa porte.

Chez Pansa, comme dans toutes les autres habitations bourgeoises de Pompéi, une des boutiques communiquait avec l'intérieur de la maison. C'est là que le propriétaire faisait vendre au détail par son esclave intendant (*dispensator*) tous les produits de ses fermes : le blé, le vin, l'huile, les fruits, etc. Cet usage était alors général, et il n'a point disparu des mœurs de l'Italie moderne. C'est ainsi qu'à Florence les nobles détaillent aujourd'hui le produit de leurs vignes, *à pot renversé*, dans une petite chambre au rez-de-chaussée de leurs somptueux palais: le chaland passe à travers un guichet son *fiasco* vide avec le prix connu; un bras sort, et le fiasco revient plein. On vante surtout le *chianti* du baron Ricasoli; le *carmignano* du comte de Galli; le *san-martino* chez Ricardi, et le *montisone* chez le signor Torrigiani. Les nobles débitants se font assez souvent des guerres de concurrence commerciale ou de politique à propos de leurs vins, et les intendants, épousant les querelles de leurs maîtres, se jettent quelquefois les flacons à la tête dans les journaux. Je me rappelle avoir lu à Florence, dans les annonces de la *Gazetta del popolo*, des articles fort amusants où le *pomino* du comte B. se plaignait avec amertume du ton aigre de son confrère l'*aleatico* du baron M., et celui-ci (je parle du vin) répondait avec verdeur aux attaques de son rival. « Quel style trouble ! lui disait-il ; quelle parole fade et doucereuse ! quel langage sans chaleur ! *Per Bacco !* on voit bien de quel vin vous buvez ! Le style, c'est le vin !!! » Égayé par cette polémique, je portai mon fiasco chez les concurrents pour les juger, et je trouvai qu'ils n'avaient tort ni l'un ni l'autre.

On croira peut-être que ce sont là des mœurs toutes modernes. On se tromperait. Si les anciens n'avaient pas nos journaux, ils avaient les murailles, et c'est là souvent que se vidaient les querelles entre particuliers par des inscriptions injurieuses. J'ai lu à la porte d'un cabaret de Pompéi les trois mots suivants, tracés à la pointe, pour accuser sans doute le perfide aubergiste : *Oppi, fur, furuncule !* c'est-à-dire *voleur, filou d'Oppius !* Il y avait vis-à-vis, sur l'autre trottoir, un autre cabaret plus élégant, et je soupçonne beaucoup celui-ci d'avoir poursuivi son rival : ne pas confondre avec la boutique d'en face !

Entrons, si vous le voulez bien, dans quelques-unes de ces boutiques, et visitons surtout celles qui diffèrent le plus des nôtres. Dans les dépendances de la maison de Pansa il y avait deux boulangeries. On y trouva des moulins à bras pour moudre le blé, des vasques de maçonnerie ou *pétrins* pour préparer la pâte, des amphores pleines de farine, des étagères pour placer les pains, le four avec sa cheminée, et un réservoir pour l'eau. Les moulins à bras, qu'on rencontre si fréquemment en France dans les fouilles, méritent une mention particulière. Cet appareil se compose essentiellement de deux pièces de pierres dures, marbre brut, grève ou lave. La base est formée d'un plateau d'où sort une saillie conique plus ou moins haute, qui constitue la meule intérieure ; la meule extérieure a exactement la forme d'un sablier, de sorte qu'une moitié de cette pièce s'adaptait comme un chapeau à la surface conique de la meule inférieure, et que l'autre moitié restait en saillie comme un entonnoir. Le blé était versé dans l'entonnoir, et descendait graduellement, par quatre trous ménagés au fond de la trémie, sur le cône solide intérieur, où il était engagé entre les aspérités des deux meules. Un double levier de bois, introduit dans un trou de l'appareil, permettait de le mettre en mouvement et de broyer le grain ; la farine tombait tout autour du cône dans une cavité ménagée à sa base. Ce travail, extrêmement pénible, était réservé aux esclaves; mais on aurait pu le faire exécuter par des chevaux ou par des chutes d'eau, car les moulins à eau étaient déjà inventés. On faisait si peu de cas de l'esclave, que les animaux et les machines n'étaient employés que comme des auxiliaires, quand les forces de la machine humaine étaient épuisées. Un pauvre esclave, ayant achevé sa tâche et cédé sa place à un âne, dessinait sur le mur le portrait de son compagnon tournant la meule, et inscrivait auprès cet encouragement ironique : *Labora, aselle, quomodo laboravi, et proderit tibi.* « Travaille, ânon, comme j'ai travaillé; cela te fera du bien. »

On n'a pas seulement trouvé les boulangeries, on a même trouvé soixante-onze pains dans un four attenant à l'hôtellerie de Modestus. Ces pains, de la forme et de la dimension de nos pains de munition, comme on les fait encore aujourd'hui à Naples, sont parfaitement conservés, et on peut les étudier dans les musées de Naples et de Pompéi. On pourrait même les servir sur la table, si Modestus, un peu troublé au moment de son départ précipité, ne les avait laissés brûler.

De la boulangerie passons chez le blanchisseur-teinturier. Nous voici dans la *fullonica*, vaste établissement ouvert sur deux rues, avec ses cours, ses séchoirs, ses vasques pour laver le linge et les étoffes, ses chaudières en cuivre, son four et sa fontaine jaillissante. Les foulons, *fullones*, nettoyeurs et dégraisseurs d'étoffes, formaient à Pompéi une corporation riche et puissante; car ils avaient des prêtres, et ils élevèrent à leurs frais une fort belle statue à la prêtresse Eumachia. Ils étaient spécialement occupés, comme nos blanchisseurs, à nettoyer et à blanchir les vêtements après qu'on les avait portés. Les peintures murales qu'on trouva dans la fullonica nous permettent d'assister à toutes les opérations des foulons. Le linge était ordinairement nettoyé, dans les bassins de la buanderie, par une simple opération de lavage et de rinçage, favorisée par l'emploi du savon, de l'argile à foulon et quelquefois de la chaux. Les étoffes sales étaient foulées avec les pieds dans de larges cuves où l'eau était mêlée à de l'argile (*luttus fullonicus*) et à de l'urine qu'on recueillait dans des vases disposés à cet effet au coin des rues. Les détails du nettoyage des vêtements avaient paru si importants aux Romains, que la loi Metella, édictée l'an 534 de Rome, et depuis la loi des censeurs Lucius Æmilius et Caius Flaminius, n'avaient pas dédaigné de s'en occuper. Après le lavage, on séchait et on blanchissait l'étoffe en la posant sur un châssis au-dessus duquel était un pot de soufre allumé, émettant des vapeurs sulfureuses; après quoi on la suspendait et on en arrangeait le poil avec une brosse ou un chardon à carder; enfin on la portait à la presse, où on lui rendait sa première finesse par une forte compression. On voit par l'ensemble de ces opérations que la corporation dont le siège était à la fullonica avait beaucoup à faire à Pompéi.

Les peintres devaient aussi être fort occupés, car il y a bien peu de maisons qui n'offrent quelques peintures murales plus ou moins importantes. Je parle ici tout à la fois des peintres en bâtiment, des peintres décorateurs et des artistes; car il est vraisemblable que ces attributions se confondaient chez le même personnage, comme elles se sont confondues chez nous jusqu'au XVIe siècle. On a trouvé à Pompéi plusieurs boutiques de droguistes ou marchands de couleurs, avec dix espèces de pains de couleurs de tons admirables; une amphore était pleine d'un jaune brillant mêlé à de la gomme ou à une substance résineuse, sans doute pour peindre à la détrempe ou à la colle les boiseries et les meubles. On rencontra aussi des pains hémisphériques de blanc de plomb avec le cachet du fabricant :

```
┌─────────────────┐
│    ATTIORVM     │
└─────────────────┘
```

formule qui équivaut à celle-ci : *Attius frères* ou *Attius et Cie*.

Outre la peinture à la détrempe, qu'ils ont connue et pratiquée, les anciens employaient de préférence la peinture à l'encaustique. Il semble y avoir eu plusieurs méthodes d'encaustique. Tantôt on se servait de couleurs mêlées de cire, appliquées avec une brosse sèche, puis fixées par le feu au moyen d'un instrument spécial appelé *cauterium;* tantôt on liquéfiait la cire dans laquelle les couleurs étaient mêlées, puis on trempait la brosse dans cette mixture liquide, et on appliquait la couleur à l'état fluide, comme on le fait pour les couleurs à l'eau, en laissant à l'action de la chaleur le soin d'égaliser et de fondre la couche. Quel que soit le procédé qu'on ait employé à Pompéi, le résultat en est étonnant; car les couleurs, malgré le milieu humide où elles se sont trouvées emprisonnées pendant dix-huit siècles, ont conservé une fraîcheur de coloris très remarquable.

Les boutiques des droguistes renfermaient aussi une grande quantité de pierres ponces, pour donner le poli aux surfaces appelées à recevoir la peinture. Les modernes emploient les ponces comme la nature les fournit; mais les anciens, plus raffinés que nous dans leurs arts, choisissaient ces pierres avec le plus grand soin, leur donnaient la figure d'une demi-sphère de mesure uniforme, proportionnée à la grandeur de la main, et les enfermaient dans une sorte de manche hémisphérique qui permettait de les manœuvrer très facilement.

Les boutiques de Pompéi ont offert une autre matière dont la découverte inattendue excita un vif étonnement. Chez Attius et Cie on trouva une masse considérable d'asphalte. Cette substance, qui nous semble si moderne, n'est qu'une vieillerie, et les anciens l'employaient avant nous. Plusieurs boutiques et le marchepied des thermes sont dallés en bitume. Allez donc prendre un brevet pour voir vos inventions revendiquées par les maçons de Pompéi !

XII

LES POMPÉIENS EN VILLE

Tavernes de bas étage. — La salutation des clients. — La maison du poëte tragique. — Mouvement matinal des rues. — Les écoles de Pompéi. — Le marché. — Les hôtelleries. — La douane et le bureau des mesures publiques. — La maison du questeur. — Le quartier des soldats. — Inscriptions des murailles. — Police municipale et voirie. — Forum civil. — Basilique. — Temples. — Le secret des oracles. — Bains publics. — Thermopoles. — Théâtres et amphithéâtre. — Funérailles et tombeaux.

La petitesse des habitations romaines ne devait pas être favorable à la vie domestique, à la vie de famille. Les riches et les oisifs (c'est d'eux surtout que nous parlons), ne trouvant pas à la maison ce genre de confortable qui fait qu'on s'attache à son *chez soi*, allaient chercher au dehors les distractions et les plaisirs d'une vie désœuvrée. On les trouvait surtout au forum, dans les basiliques, aux temples, aux bains, aux *cafés*, dans les tripots de jeu, au théâtre, sous les portiques. C'était là le rendez-vous du monde élégant. C'est là aussi que nous allons le suivre, pour montrer quelle était la physionomie mondaine d'une petite ville de province au premier siècle de notre ère; mais auparavant nous allons étudier en ville le petit peuple et les commerçants.

Dès le matin le petit peuple s'agite, et une grande animation remplit les rues de la cité. Les esclaves, auxquels les travaux serviles sont presque exclusivement réservés, quittent la maison de leur maître pour gagner les chantiers et les ateliers où ils exercent leur état à son profit. Les maçons, les charpentiers, les portefaix, etc., sont ainsi loués chaque jour à des entrepreneurs par ceux qui les possèdent; mais, avant de se mettre au travail, ils vont dépenser au cabaret la petite gratification qui leur a été accordée. Nous les trouvons dans les maisons de Modestus, de Sarinus, de Fortunata, tavernes de bas étage, où ils se rencontrent avec la lie du peuple et les soldats, et où les querelles et la débauche se mêlent à l'ivresse. Modestus a pourtant pris la précaution de faire peindre sur les murs Ulysse repoussant le breuvage que lui présente la magicienne Circé, et qui devait le transformer, lui et ses compagnons, en autant d'animaux immondes et de bêtes féroces. Cette allégorie transparente n'est pas comprise, et Modestus lui-même, qui prêche une si belle morale sur les murs, ne sait peut-être pas refuser au client aviné la liqueur enivrante qui va achever de lui faire perdre la raison. D'ailleurs, les verres, les amphores, les ustensiles de cuisine sont là exposés sur les étagères de marbre, et prêchent mieux qu'Ulysse. « Amis, buvons! la vie est courte et dure, il faut la couronner de fleurs! » Il paraît que cette clientèle ne payait pas toujours très bien; car un aubergiste a pris soin de faire peindre comme enseigne un Mercure avec une bourse à la main, un honnête Mercure, non celui qui vole adroitement, mais celui qui paye ses dettes. Cette image disait d'une manière intelligible que quiconque voulait boire devait payer; elle équivalait à ces peintures naïves qu'on trouve dans les auberges de nos villages avec cette légende ingénieuse : *Crédit est mort! les mauvais payeurs l'ont tué!*

Ailleurs les taverniers ne sont pas aussi bien inspirés, et les peintures de leurs cabarets sont plus propres à pousser à l'orgie. On y voit représentés sur les murs des hommes et des femmes assis à table devant des bols pleins de vin où ils puisent avec des cornes, ou bien gisant sur le sol, dans un état de demi-ivresse, le verre à la main. A côté sont tracés à la pointe les comptes du cabaretier et les écots des consommateurs. Ceux-ci ont ajouté aux peintures des inscriptions et des croquis de leur goût. Un soldat s'adresse au garçon : *Da frigidum pocillum!* « Garçon, du plus frais! » Plus loin, un autre soldat présente un verre de vin à un homme du peuple, et lui dit : *Marcus Furius Pila Marcum Tullium*, c'est-à-dire *Marcus Furius Pila invite Marcus Tullius*. A l'entrée de cette maison mal fréquentée et sans doute mal famée, on déterra quatre squelettes avec quatre bracelets, quatre anneaux, une monnaie d'or et vingt-huit pièces de bronze. Les malheureux, surpris par l'éruption, n'avaient pas voulu laisser la bouteille à moitié pleine. On a trouvé sur la table de marbre où ils avaient pris la dernière *consommation* les verres, les flacons et des taches circulaires comme celles que ferait un liquide sucré ou mélangé de miel.

Pendant que les esclaves artisans vont ainsi noyer leurs soucis dans les pots, au risque d'être battus par l'entrepreneur et fouettés par leur maître, les hommes libres vont saluer les personnages dont ils sont les clients. On les voit se hâter par la ville pour assister au lever des patrons. Quelques-uns portent sur la tête leurs vases culinaires pour recevoir leur pitance journalière; car il est d'usage que le patron nourrisse son client pauvre et lui distribue chaque jour la *sportule*, provision de vivres de médiocre qualité. Mais, hélas! les vases sont trop petits pour la faim du pauvre ou trop grands pour la libéralité du maître. Les clients riches ou simplement aisés dédaignent la sportule, et vont simplement remplir un devoir d'étiquette, avec l'espoir d'en recevoir un jour la récompense par quelques services.

Pénétrons avec eux dans la maison du patron, par exemple chez le poète tragique, personnage important et considéré à Pompéi. Les riches, les amis du maître entrent sans difficulté, et vont attendre son lever sous le portique de l'atrium. Il n'en est pas de même pour les autres, foule affamée et mendiante dont les esclaves eux-mêmes font peu de cas. Sur le seuil du vestibule, une mosaïque à dessins noirs sur fond blanc représente un chien s'élançant en fureur au bout de sa chaîne, avec cette légende : CAVE CANEM : *Prenez garde au chien!* Il n'y a pas de chien dans sa niche, mais un esclave portier plus terrible que Cerbère en personne. L'impitoyable gardien, avec la servilité et l'insolence habituelles aux valets, salue humblement les riches, laisse les pauvres se morfondre au dehors, et ne s'attendrit qu'à la vue d'une pièce de monnaie. Tout en faisant antichambre, les clients examinent pour la centième fois les grandes peintures homériques qui ornent l'atrium, copies admirables des chefs-d'œuvre des peintres de l'antiquité. Voici à droite Chryséis renvoyée à son père; Achille qui accompagne Briséis et lui dit adieu; Thétys qui prie Jupiter de venger l'affront fait à son fils par Agamemnon. Les plus belles scènes de l'Iliade passent ainsi sous les yeux du visiteur. A gauche on voit Vénus, dans l'attitude de la Vénus de Médicis, ayant à ses pieds une colombe avec un épi dans le bec; Dédale au milieu des airs, dirigeant son vol vers la Grande-Grèce ; et Icare, oublieux des avis de son père, se noyant dans la mer Égée, malgré les efforts d'une divinité marine pour le sauver. D'autres peintures remplissent les ailes de l'atrium; mais elles sollicitent moins l'attention que celle du tablinum, toute médiocre qu'elle est. Celle-ci représente un poète déclamant des vers qu'il lit sur un papyrus en présence d'un auditoire de six personnes, parmi lesquelles Apollon et Minerve témoignent la plus vive admiration. C'est là évidemment le portrait du maître de la maison. Si Apollon et Minerve admirent ses œuvres, que ne doivent pas faire de simples clients! Aussi ne parle-t-on guère que du succès de sa dernière pièce, et quelques-uns même en déclament les tirades les plus applaudies, avec l'espérance que ce bruit flatteur arrivera jusqu'aux oreilles du maître.

Enfin le poète paraît, encore appesanti par le sommeil et par le vin. Il accueille ses amis avec affabilité, salue ses clients aisés d'un signe de tête protecteur, et n'abaisse qu'un regard dédaigneux sur la troupe des mendiants, foule inconnue, dont son esclave *nomenclateur* lui souffle les noms à l'oreille. La présentation est faite, la sportule est distribuée, et les clients pauvres vont recommencer chez un autre patron la même cérémonie humiliante. Les gros clients restent seuls et se partagent l'emploi de la journée près du patron : les uns le suivront au forum et aux thermes; les autres l'accompagneront au théâtre, où l'on répète une nouvelle pièce; d'autres iront avec lui offrir un sacrifice à Apollon et aux Muses. Jamais le poète ne sera seul, et du matin au soir il aura près de lui une petite cour de flatteurs et d'empressés.

Cependant les boutiques s'ouvrent, les magasins étalent leurs marchandises. Une foule confuse et bourdonnante se presse dans les rues trop étroites et se dirige vers le port, où plusieurs navires sont en déchargement. Mille cris se croisent de toutes parts. Des chariots chargés de marchandises circulent dans les rues, traînés par deux bœufs. Ce sont de lourdes machines composées d'une plate-forme en planches, avec des roues sans rayons, pleines, faites d'un seul morceau de bois rond soudé à l'essieu; tout tourne ensemble, l'essieu de la roue, sur les pavés inégaux de la rue, avec des bruits stridents. Les rues sont tellement étroites, que les chariots doivent s'attendre aux carrefours; et, comme la patience n'est pas la vertu dominante des charretiers, il en résulte des imprécations terribles où passent tous les dieux de l'Olympe et de l'enfer, malgré la présence des *lares compitales* dans leurs niches au coin de la rue.

C'est l'heure où les enfants vont à l'école; car tout le monde n'a pas le moyen de posséder un esclave grammairien et littérateur, ou un poète comme Plaute et comme Térence, pour montrer à lire aux enfants. Les magisters sont cependant presque tous des esclaves; mais ils exercent cette industrie au profit de leur maître. Il y en a trois à Pompéi qui ont une certaine réputation. Verna tient l'école publique en face de la basilique, dans une magnifique salle carrée, avec une tribune en hémicycle ornée de statues dans des niches. Une inscription en lettres rouges placée à la porte de son établissement nous apprend qu'il s'était mis sous la protection de Caius Capella, dont il était peut-être l'affranchi, et dont il souhaitait avec ses écoliers la promotion à la magistrature duumvirale:

C. CAPELLAM D. V. I. D. O. V. F. VERNA. CVM DISCENTIBVS.

Caium Capellam duum virum justitiæ dicendæ orat ut facialis Verna cum discentibus. Tout en face, un concurrent, nommé Valentinus, avait ouvert une autre école et l'avait mise, par une inscription analogue, sous la protection des édiles; mais il devait faire peu de tort à Verna; car le brave magister, si soucieux de se mettre en règle avec l'autorité municipale, est moins préoccupé des légitimes exigences de la syntaxe, et il écrit hardiment à sa porte : VALENTINVS CVM DISCENTES SVOS. Si cette enseigne malheureuse n'est pas l'espièglerie d'un écolier malin, il faut croire que Valentinus n'était pas fort et ne recevait chez lui que les enfants de la lie du peuple. Un autre maître d'école de Pompéi a eu une idée plus malencontreuse encore. Croyant avoir besoin d'une enseigne pour appeler ses jeunes clients, il s'était fait peindre un fouet à la main, flagellant rudement un enfant nu que tenaient deux de ses camarades.

Pompéi. — Forum triangulaire.

Je ne sais si le digne homme avait beaucoup de monde dans sa classe; mais je suppose que c'était un vieil esclave jaloux de rendre avec usure aux jeunes générations les coups qu'il avait reçus de son maître.

C'est aujourd'hui les *nundines*, jour de marché chez les Romains. Une foule considérable de colons et d'esclaves cultivateurs accourt des campagnes voisines par les huit portes de la ville, et se dirige, en annonçant ses marchandises à grands cris, vers le forum triangulaire. Cette place, spécialement affectée tous les neuf jours à la vente des denrées, *forum nundinarium*, sert aussi de portique et de *foyer* au grand théâtre qui lui est contigu. Elle s'ouvre par un vestibule ou propylée de huit colonnes ioniques, et elle se déploie sur deux de ses côtés par deux portiques formés de quatre-vingt-dix colonnes doriques. C'est sous ces longues galeries que s'étalent tous les comestibles, les légumes, les fruits, le poisson. C'est là que les ménagères viennent acheter leurs provisions pour la semaine, à moins que, redoutant les embarras de circulation qui obstruent toutes les voies aux alentours du forum, elles n'arrêtent les marchands au passage. Les plus paresseuses ne se donnent même pas la peine de descendre du premier étage (c'est une peinture de cabaret qui nous révèle ce détail) : le marché se conclut à haute voix par la fenêtre, et un panier soutenu par une corde vient recevoir la marchandise pour la transporter sans fatigue à l'étage supérieur.

Après avoir vendu leurs denrées, les colons et les propriétaires ruraux retournent à leurs hôtelleries. Il y en a plusieurs à Pompéi. L'une d'elles, la plus belle de toutes, est située dans le faubourg Augustus Félix, comme si elle avait voulu échapper à l'octroi. Elle se compose d'un vaste établissement de forme triangulaire, précédé d'un portique soutenu par vingt-deux colonnes, et elle est distribuée en treize boutiques avec arrière-magasins qui servaient sans doute de dépôt provisoire ou d'entrepôt; ces boutiques avaient un premier étage et des terrasses décorées de colonnes; il y avait en outre un hôtel proprement dit, des écuries et une fontaine avec son abreuvoir. On y a trouvé les restes d'un char dont les roues étaient garnies de dix rais, le squelette d'un mulet avec le mors de bronze entre les dents, des sceaux de bronze, un mortier de marbre, des bouteilles, des verres, des plats de terre cuite, des fuseaux, des dés à jouer, un candélabre, un peson, des poêles et des casseroles placées sur les fourneaux. Quel a dû être le désespoir du cuisinier en abandonnant ses sauces à tous les hasards de l'imprévu!

En entrant en ville par la porte d'Herculanum, on rencontre à main droite l'hôtel d'Albinus, indiqué par cette simple enseigne : ALBINVS. comme une maison bien connue qui n'a pas besoin d'en dire plus long. Les fouilles y ont fait découvrir une écurie avec des ossements de chevaux et de mulets, des cercles de roues, des fragments de chars et des anneaux fixés dans le mur. Un peu plus loin, l'auberge de Jules Polybe, non moins importante que la précédente, logeait aussi à pied et à cheval. Agathus Vaius paraît avoir eu une clientèle moins distinguée, si l'on en juge par l'inscription suivante peinte sur le mur à l'entrée :

C. CVSPIVM. PANSAM. AED. MVLIONES
VNIVERSI. R. CVM. AGATHO. VAIO
IVLIVS. POLVBIVS. COLLEGA. FECIT.

« Tous les muletiers, réunis à Agathus Vaius, sollicitent la protection de l'édile Caius Cuspius Pansa. Fait par son confrère ou son associé Jules Polybe. »

Une difficulté s'élève entre deux marchands au sujet d'une transaction. Pour la trancher, ils se rendent au *telonium*, sorte de douane où l'on acquittait les impôts commerciaux et où étaient déposés les étalons des poids et mesures. Il s'y trouve, en effet, une quantité considérable de gros pois en marbre et en basalte, de différentes formes et grandeurs, les uns de cent livres, marqués des sigles C. PON. (*centum ponderis*), les autres d'un talent marqué TAL. Beaucoup de petits poids en plomb de figure rectangulaire portent cette double inscription : EME, HABBEBIS, *achète, tu auras*. Il y a aussi toute une série parfaitement assortie de poids plus petits, rentrant les uns dans les autres, et étant, comme ceux dont nous nous servons, des multiples les uns des autres. Les balances en bronze ont la forme bien connue du peson; le contrepoids mobile est aussi de bronze et représente ou une divinité comme Mercure, le dieu du commerce, ou l'image d'une région symbolisée sous la figure d'une femme, comme l'Afrique, avec la tête couverte de la peau d'un éléphant, ou enfin le buste d'un empereur ou d'une impératrice. La plus remarquable de ces balances est celle qui porte l'inscription suivante, attestant qu'elle a été étalonnée au Capitole sous le huitième consulat de Vespasien, et sous le sixième consulat de Titus :

IMP. VESP. AVG. IIX. C. IMP. AVG.
T. VI. C. EXACTA. IN. CAPITO.

Selon Vitruve, c'est au forum que doit se trouver le module officiel des mesures publiques; c'est aussi au forum civil que nous le trouvons à Pompéi. Il consiste en un bloc de tuf de forme rectangulaire, percé d'un certain nombre de cavités régulières, de capacités différentes, pour mesurer les matières sèches et les liquides. Chaque cavité est protégée par un couvercle de bronze, et a un orifice d'écoulement à la partie inférieure pour en retirer les matières après l'opération. S'il pouvait rester le moindre doute sur la destination de ce monument important, l'inscription qu'il porte lèverait toute difficulté, en nous apprenant que « Aulus Clodius Flaccus et Numerus Arelliamus Caledo, duumvirs de justice, furent chargés, par décret des décurions, de vérifier les mesures publiques ».

Quelques citoyens passent chez le questeur, dans la maison de Castor et Pollux, pour payer leurs impôts. Pompéi, qui faisait un grand commerce avec les villes les plus riches de la fertile Campanie, devait avoir, sinon un questeur, du moins un délégué du fisc. La maison de cet officier public est une des plus belles et des plus nobles de la cité, comme il convenait à un homme de finance. La façade principale en est revêtue d'admirables travaux de stuc blanc sur fond rouge, où les creux des bas-reliefs sont de couleur bleu de ciel; la corniche est modelée en stuc, et les parties saillantes sont rouges et noires sur fond bleu, ce qui produit un effet charmant. La maison comprend deux appartements distincts, l'un pour traiter les affaires publiques, l'autre pour servir d'habitation. Tous les murs sont couverts de précieuses peintures, parmi lesquelles on distingue, par leur délicatesse et leur fini, celles de Castor et de Pollux ; une des salles était entièrement revêtue de marbres rares; mais elle avait été dépouillée en grande partie de cette riche ornementation par le propriétaire lui-même après la catastrophe, car le terrain avait été évidemment fouillé en plusieurs points, sans aucun doute pour enlever les trésors enfouis dans cette splendide habitation. Les caisses publiques, deux belles caisses garnies de bronze avec des ornements en argent, munies de fortes serrures et d'armatures, avaient été dévalisées; on n'y recueillit de nos jours que quarante-cinq monnaies impériales d'or et cinq d'argent, avec un bas-relief de bronze et le buste de la Fortune, symbole des richesses qu'elles devaient contenir. Deux squelettes de femmes, encore parées de magnifiques joyaux, furent déterrés de l'atrium.

Une querelle s'est élevée dans le port, entre plusieurs matelots, à la suite de copieuses libations chez Fortunata, qui est sans doute la femme d'un marin absent pour le cabotage. Le motif de la querelle est futile; mais avec les populations du midi de l'Italie il faut peu de chose pour enflammer les colères. Des propos grossiers sont d'abord échangés, puis des coups, puis les couteaux se montrent, et le sang ne tarde pas à couler. Un des querelleurs a été tué, et les assassins s'enfuient. La police arrive avec une patrouille de soldats et s'empare du coupable, malgré la résistance obstinée de ses camarades. On lui met les menottes et on le conduit en prison, dans le quartier des soldats. Cet édifice, situé près du forum triangulaire, en face du grand théâtre, présente un vaste carré environné de soixante-quatorze colonnes qui soutenaient la toiture d'un portique d'architecture dorique. Tout autour de ce portique, au rez-de-chaussée, sont disposées quarante-deux chambres, dont une servait de prison. Les entraves y étaient encore, avec plusieurs squelettes enchaînés. Cette machine, qui servait de punition et qu'on voit aujourd'hui au musée, est parfaitement semblable aux ceps qu'on observe dans plusieurs prisons du moyen âge, par exemple au donjon de Loches; elle est formée d'une longue barre de fer qui s'engage dans les anneaux de vingt entraves; lorsque les pieds des coupables sont entrés dans les entraves, on engage la barre dans les anneaux, et les pieds du prisonnier ne peuvent plus se retirer, la tringle de fer étant d'ailleurs arrêtée par ses extrémités. On trouva dans les chambres du quartier diverses pièces d'armures, des armes, des galons tissus d'or, un instrument de musique semblable à la clarinette, mais avec plus d'ouvertures et de clefs, le tout d'ivoire garni de bronze, avec une multitude d'autres objets qui semblent avoir appartenu à un établissement militaire. Je dois ajouter cependant que plusieurs antiquaires refusent de voir dans cet édifice une caserne, et n'y reconnaissent qu'une école de gladiateurs, *ludus gladiatorius,* c'est-à-dire le lieu où le *lanista* apprenait aux gladiateurs à faire des armes. Cette opinion est appuyée sur d'assez bonnes raisons; mais elle n'explique pas comment on a pu rencontrer jusqu'à soixante-trois squelettes dans les chambres de l'étage supérieur : la discipline militaire peut seule rendre compte d'un fait aussi singulier.

En retournant du quartier des soldats au forum civil, nous flânerons

Pompéi. — Maison de Castor et de Pollux.

dans les rues, et nous examinerons avec soin les *albums,* c'est-à-dire les pans de murailles enduits de plâtre blanc où l'on peignait les annonces officielles, les avis au public et même de simples inscriptions plaisantes ou satiriques. Nous ne serons pas seuls à faire cette étude, et avec les gens graves, les hommes d'affaires, les désœuvrés qui cherchent à tuer le temps, nous y trouverons les *gamins* de Pompéi crayonnant des caricatures. Comme nous sommes au temps des élections, les affiches électorales couvrent les murs, et les amis des candidats ont fait peindre partout des invitations semblables à celle-ci :

HOLCONIVM. PRISCVM. D. R. P. II. V.
O. V. F. IVVENEM, FRVCTV...

Holconium Priscum dignum rei publicæ duum virum oro vos faciatis, juvenem fructuosum; ce qui signifie : « Je vous prie de nommer duumvir de la république Holconius Priscus; il en est digne, car c'est un jeune

Naples.

homme plein d'habileté. » La même candidature est appuyée plus loin, dans des termes identiques, par tous les jardiniers (*pomarii*) unis à Helvius Vestalis; mais Holconius a deux concurrents, Sottius Conjunctus et Capella, et l'un des électeurs n'a pas craint de signer son affiche : il s'appelle Heracla.

A côté des réclames électorales abondent les formules par lesquelles les employés ou les marchands se mettent sous la protection de tel ou tel personnage, formule dont nous avons déjà cité quelques exemples. Ici c'est le scribe Issus qui sollicite le patronage de l'édile Marcus Cerrinius Vattia, affirmant qu'il en *est* digne : *M. Cerrinium Vattiam æd. o. scr. Issus; dignus est.* Cette phrase, cent fois répétée sur les murs, semble avoir été l'équivalent de ces annonces modernes : *Sous le patronage de la famille royale,* ou *fournisseur breveté de...* Là c'est Proculus qui invoque l'appui de l'édile Popidius. Chaque boutiquier veut avoir dans la magistrature locale un protecteur reconnu, et les noms de ces protecteurs, solennellement inscrits à la porte de la boutique, sont souvent accompagnés d'un souhait de prospérité : *Nummiano feliciter!* « Bonheur à Nummianus! » C'est par cette acclamation, qui correspond exactement à nos vivats, que la foule, au dire de Phèdre, avait coutume d'accueillir les personnages puissants.

On pense bien que les plaisants n'ont pas manqué de glisser au milieu de ces graves formules quelques phrases satiriques. Au moment où l'on agite la nomination des édiles, voici Macerion et tous les dormeurs de la ville qui portent leur suffrage sur Vattia : *Vattiam æd. rogant Macerio dormientes universi.* Sans doute Vattia était lui-même un peu paresseux, et l'on espérait que pendant le temps de sa magistrature il ferait cesser les cris des vendeurs, qui troublaient le sommeil si doux du matin. Ailleurs un mauvais plaisant annonce en style lapidaire que « sous le consulat de L. Nonius Asprenas et d'A. Plotius, il lui est né un... ânon »! Voilà une magistrature illustrée par un grand événement. Plus loin les jeunes gens de Nola souhaitent galamment mille prospérités aux jeunes filles de Stabia : *Nolani feliciter Stabanius puellas!* Dans un coin, un écolier a crayonné les premiers vers de l'*Énéide;* mais, comme les Pompéiens, descendants des Osques, prononçaient la lettre r comme la lettre *l,* il a écrit, en substituant partout la seconde lettre à la première :

Alma vilumque cano Tlo...

pour : *Arma virumque cano Trojæ...* Un autre, après avoir dessiné deux gladiateurs faisant des armes, a voulu mettre son croquis sous la protection de la Vénus Pompéienne, en menaçant de toute la colère de la déesse ceux qui l'effaceraient : *Abiat (habeat) Venere Pompeiana iradam qui hoc læsærit!* Il faut croire que celui qui a écrit cette imprécation, où abondent les fautes de langue, devait sortir de l'école de Valentinus.

Terminons par un distique touchant, écrit dans un coin par une main amie :

Hic ego fut......... formosa coma puella,
Laudata a multis, sed lutus intus erat.

C'est en quelque sorte l'épitaphe d'une jeune fille à la belle chevelure, que tout le monde admirait. Hélas! cette beauté n'était qu'un peu de cendre et de poussière. Ce souvenir de mort, inscrit sur des ruines, a quelque chose de mélancolique; c'est la seule inscription de ce genre, même parmi les inscriptions funèbres, qu'on puisse signaler à Pompéi.

Puisque nous flânons dans les rues, il est bon de dire un mot de la police municipale et de la propreté de la voirie. Le soin de la voirie était particulièrement confié aux édiles, assistés de quatre officiers spéciaux appelés, de leur nombre, *quatuorvirs*. Ces officiers veillaient à ce que les riverains n'empiétassent pas sur la voie publique, et faisaient enlever les boues et les immondices des rues en se servant des habitants comme auxiliaires forcés. Quant à certaines malpropretés que la police d'une petite ville, quelque vigilante qu'elle soit, ne saurait empêcher totalement, on avait imaginé quelques mesures préventives qui les dissimulaient un peu sans en pallier tous les inconvénients. A Rome, il y avait dans beaucoup d'endroits des latrines publiques, et dans presque tous les carrefours des tonneaux sciés ou de larges amphores, qui rendaient le même service que nos *vespasiennes*. Les foulons avaient même pris à ferme le produit de ces amphores pour les opérations de leur industrie, et le fisc en tirait un impôt dont Vespasien, pour le défendre contre les critiques de Titus, faisait remarquer à son fils le caractère inodore. Pompéi devait avoir une organisation semblable. Malgré ces précautions, les boutiques, les édifices publics, les temples eux-mêmes étaient souvent souillés. On imagina alors de mettre les murailles sous la protection des dieux lares en y peignant des serpents, image des gardiens du foyer et de l'autel domestique : cet emblème religieux rendait le lieu sacré; mais, il faut bien l'avouer, les enfants et les ivrognes n'avaient pas tardé à s'habituer à cet épouvantail. Les prêtres, pour protéger leurs temples, avaient eu alors recours à des inscriptions en toutes lettres, où le latin dans les mots bravait l'honnêteté. Une de ces inscriptions, peinte sur un temple de Pompéi, ne menace de rien moins que de la colère des douze grands dieux et de Jupiter Très Bon et Très Grand les gens grossiers qui... Le reste de l'imprécation n'est bon qu'en latin. Hélas ! n'en déplaise aux douze grands dieux, cette menace paraît avoir été impuissante. Jupiter se sera peut-être trouvé trop grand pour descendre à ces bas détails, ou trop bon pour punir les délinquants.

Nous voici au forum civil, vaste place quadrangulaire d'un aspect imposant. Ses portiques couverts, décorés de colonnes de marbre, soutiennent de vastes et élégantes terrasses destinées à la promenade; un grand nombre de rues, autrefois fermées par des grilles de fer dont on a reconnu les attaches, y aboutissent de toutes parts et en font comme le centre de la cité. Deux arcs de triomphe en décorent l'entrée : l'un est presque en ruines, et l'autre n'a plus aucun ornement. On était en train de réparer les dégâts que leur avait causés le tremblement de terre de l'an 63, quand est arrivée la catastrophe de l'an 79. Dans les entre-colonnements du portique on a remarqué un grand nombre de piédestaux, destinés sans aucun doute à porter les statues des citoyens qui avaient bien mérité de leur ville natale; sur l'un d'eux on lit le nom de Q. Sallvstivs, et sur un autre celui de C. Pansa, deux personnages importants que nous avons déjà eu l'occasion de signaler.

Le forum était une place publique où le peuple se réunissait pour discuter les affaires de la cité et procéder aux élections. C'était le centre politique de toute agglomération d'habitants. Il n'y avait pas de ville, si petite qu'elle fût, qui n'eût au moins un forum. Les plus grandes en avaient deux : l'un pour les affaires civiles et judiciaires, l'autre pour les affaires de commerce. Au premier étaient rattachés tous les services publics, les tribunaux, les salles du conseil, le trésor et même les temples. Le forum de Pompéi se trouve dans ces conditions; il n'est pas seulement imposant par lui-même et par ses vastes proportions, il l'est encore par les monuments qui l'entourent : au midi, le temple de Vénus; à l'est, la basilique et les trois curies; au nord l'édifice d'Eumachia, le temple de Mercure, la salle du sénat et le Panthéon ou temple d'Auguste; enfin, au couchant, le temple de Jupiter, qui occupe tout un côté de la place publique. Cet ensemble complet de colonnades, de portiques, d'arcs de triomphe, de frontons, de statues, a quelque chose de vraiment grandiose.

La salle du sénat offre peu d'intérêt. C'est un vaste édifice semi-circulaire, avec des sièges de maçonnerie et des niches qui contenaient autant de statues de décurions. Au milieu s'élève une espèce d'autel qui pourrait bien avoir été la base de quelque statue. On n'y a pas rencontré d'inscriptions ; mais on suppose justement, d'après les descriptions de Vitruve, que cet emplacement était destiné aux séances publiques des décurions, officiers qui étaient en quelque sorte le conseil municipal de la ville.

La basilique ou tribunal est de beaucoup l'édifice civil le plus important de Pompéi. C'est une construction quadrangulaire, de deux cent cinquante palmes de longueur sur cent palmes de large, divisée en trois nefs par deux rangées de colonnes ioniques. La nef du milieu est découverte; les nefs latérales sont couvertes et supportent une loge ornée d'une colonnade d'ordre corinthien, laquelle loge s'ouvre sur la nef centrale pour permettre au peuple d'assister aux discussions et aux plaidoiries. Au fond est la tribune élevée pour les magistrats qui rendaient la justice. Sur le pavé de la tribune sont deux ouvertures grillées pour éclairer la prison, qui est au-dessous, et dans laquelle on descendait par deux petits escaliers extérieurs. En face de la tribune, sous les quatre colonnes du péristyle, s'élève un grand piédestal revêtu de marbre blanc, destiné sans doute à supporter quelque statue équestre dont on a trouvé les fragments de bronze doré. Les portiques étaient aussi ornés de statues de marbre et de bustes de bronze en forme d'hermès; car on en a recueilli de nombreux débris. Ces *hermès* sont une espèce particulière de statues dans lesquelles on ne sculptait que la tête et quelquefois le buste, le reste formant un poteau nu à quatre faces. Cette coutume venait de la vieille manière pélasgique de représenter le dieu Mercure. Des piliers de ce genre étaient fort employés à plusieurs fins, surtout comme poteaux indicateurs et comme montants dans une barrière d'ornement. Il est probable qu'à la basilique de Pompéi ils servaient à séparer les nefs latérales de la nef majeure, réservée aux plaideurs et aux témoins.

Les murs du portique sont recouverts d'un enduit de stuc peint de manière à imiter de larges plaques de marbres colorés. Ce stuc est si brillant et si compact, qu'on le prendrait volontiers pour du marbre. On y a relevé quelques inscriptions tracées à la pointe ou au pinceau, réflexions populaires sans portée : *Non est ex albo judex patre Ægyptio.* « Il n'y a pas de juge inscrit sur l'album (tableau officiel) dont le père soit Égyptien. » — *Lucrio et salus hic fuerunt.* « C'est ici le rendez-vous de l'intéressé et du désœuvré. » — Une autre inscription nous apprend que Caius Pumidius Dipilus avait comparu devant le tribunal le jour des nones d'octobre, sous le consulat de Lepidus et de Catulus, c'est-à-dire l'an 78 avant Jésus-Christ, l'année même de la mort de Sylla. C'était peut-être une des dernières victimes de la tyrannie du dictateur.

A côté de la basilique s'ouvrent trois salles, de forme quadrangulaire, avec un hémicycle au fond, qu'on appelle curies ou salles du conseil. C'étaient sans doute des bureaux pour les employés du barreau, ou peut-être des tribunaux pour juger les causes de moindre importance.

Pendant que les négociants courent à leurs affaires, que des plaideurs envahissent la basilique, et que les hommes politiques fréquentent les portiques du forum et du sénat, d'autres, plus sensibles aux sentiments religieux ou plus enclins à la superstition, vont dans les temples offrir des sacrifices et consulter les dieux. Le plus somptueux et le plus grand de tous les temples jusqu'ici déterrés à Pompéi est celui de Vénus. Il comprend une aire quadrangulaire entourée sur trois côtés d'un portique couvert soutenu par quarante-huit colonnes de marbre d'ordre corinthien. Au milieu de cette aire est le sanctuaire, décoré d'un péristyle de trente-quatre colonnes; il s'élève de quelques pieds au-dessus du sol, et l'on y monte par seize degrés de marbre. Au fond du sanctuaire est la *cella*, petit édifice destiné à recevoir l'image de Vénus et quelques autres statues. L'autel des sacrifices n'est pas dans la cella; il est dans l'aire, devant le sanctuaire. Cette disposition, qui répond si peu à celle des temples chrétiens, était très fréquente dans l'antiquité. Le peuple se tenait dans l'*area*, sous les portiques, et la cella ne servait guère qu'à renfermer les statues des divinités, toutes les cérémonies religieuses s'accomplissant au dehors. On comprend que ce plan n'ait pu être adopté par nos architectes quand ils songèrent à bâtir les premières églises. Les basiliques, au contraire, avec leur vestibule, leurs trois nefs, leurs galeries supérieures, la tribune élevée en forme d'hémicycle, l'enceinte réservée aux plaideurs, s'adaptaient admirablement aux réunions, aux sacrifices, à l'enseignement religieux des chrétiens; aussi devinrent-elles exclusivement le type consacré de nos églises, et gardèrent même leur nom de basiliques.

Plusieurs inscriptions nous donnent le nom de six magistrats qui firent édifier à leurs frais le temple de Vénus, en vertu d'un décret des décurions. Une autre inscription beaucoup plus intéressante nous apprend que Marcus Holconius Rufus, duumvir de justice pour la troisième fois, et Caius Egnatius Posthumus, duumvir pour la seconde fois, par décret des décurions, achetèrent le droit de fermer les fenêtres pour trois mille sesterces, et furent chargés de faire élever jusqu'au toit le mur du collège des prêtres de Vénus. Il est vraisemblable que les fenêtres de l'habitation affectée au collège des prêtres s'ouvraient sur leurs maisons ou sur leurs jardins, et qu'ils voulurent faire cesser à tout prix une servitude aussi gênante.

Le temple de Jupiter occupe tout un côté du forum. On y monte par un grand escalier qui devait être bordé de statues colossales, si on en juge par les piédestaux. Il se compose d'un vestibule avec six colonnes corinthiennes de front et huit latérales, d'une cella avec une double galerie de huit colonnes ioniques, et de trois petites chambres munies de grilles de fer, où l'on conservait sans doute les archives et le trésor de la colonie. Cette idée est fondée sur la description que fait Vitruve des établissements publics de son temps, et sur les habitudes religieuses des Romains. C'est ainsi qu'à Rome le trésor était dans le temple de Saturne, la monnaie dans celui de Junon-Moneta, et la caisse du peuple dans celui de Castor et Pollux.

Un autre monument important du forum est le Panthéon ou temple d'Auguste. Son aire découverte, entourée sur les quatre faces par un portique à deux rangs de colonnes, renferme au milieu un autel accompagné circulairement de douze piédestaux qui devaient supporter les statues des douze grands dieux. La cella, placée au fond de l'area, renfermait les images d'Auguste et des membres de la famille impériale. A côté de la cella s'ouvrent deux vastes salles avec des tables de maçonnerie sur lesquelles on dépeçait les victimes; on voit dans la muraille les anneaux de bronze pour les attacher, et sur le sol le canal pour l'écoulement du sang. Douze chambres communiquent avec le portique : c'étaient les habitations du collège des prêtres augustaux.

Nous pourrions encore décrire le temple de Mercure, celui d'Hercule et l'édifice d'Eumachia, affecté aux réunions religieuses de la corporation des foulons; mais ces détails n'ajouteraient rien aux traits généraux que nous venons de tracer des temples du paganisme, savoir : une aire sacrée ou place découverte entourée de portiques; une cella ou sanctuaire au fond, avec une abside et des niches, et l'autel au dehors, dans l'area, devant le sanctuaire.

Toutefois le temple d'Isis et la *curia Isiaca*, situés au chevet du grand théâtre, méritent une mention spéciale, à cause de détails particuliers. Ces deux édifices consistent, comme les précédents, en une aire découverte entourée de portiques. On trouva à l'entrée deux fontaines lustrales pour les purifications, et une cassette en bois carbonisé avec des monnaies de bronze, produit de la bienfaisance publique. Dans la salle des mystères sacrés et dans les chambres des prêtres, on recueillit tous les ustensiles qui servaient aux sacrifices et aux cérémonies religieuses : du charbon et des cendres sur l'autel, des candélabres figurant la plante et la fleur du lotus, des sistres pour accompagner les processions, des vases pour l'eau lustrale, des patères, des amulettes en stuc représentant les attributs d'Isis et des autres divinités de l'Égypte, enfin des mains de verre et d'ivoire qui *faisaient la figue*, geste de mépris regardé comme un puissant talisman contre la fascination.

Mais ce qu'il y a de plus curieux, c'est que sous le sanctuaire, sous la statue même d'Isis, on découvrit un petit caveau où l'on descendait par un escalier secret. C'était là que les prêtres s'enfermaient pour rendre les oracles au nom de la déesse et faire parler la statue de marbre devant les païens confiants. Tous les fameux oracles du paganisme n'avaient pas d'autre mystère; mais, pour remplir ce rôle difficile, il fallait une grande perspicacité, une connaissance profonde du cœur humain, un langage poétique et plein d'obscurités calculées. Nous aussi, à notre tour, nous voulûmes interroger l'oracle d'Isis sur les chances de notre voyage, et un de nos compagnons, s'étant glissé dans la cachette, y trouva heureusement sur les murs ces mots qu'il nous jeta d'une voix profonde par le piédestal de la statue : *Feliciter in infelicitate!* Véritable réponse d'oracle, où l'imagination surexcitée peut deviner tout ce qu'elle désire. Si j'étais superstitieux, je me serais volontiers appliqué cette prédiction d'Isis, lorsque, quelques jours plus tard, j'eus le bonheur d'échapper à une affreuse catastrophe de chemin de fer. *Feliciter in infelicitate!* Le malheureux prêtre qu'on déterra dans la curie Isiaque, une hache à la main, après avoir percé deux murs pour s'échapper, avait peut-être lancé cet oracle le matin même de la catastrophe. Et qui sait si le consulteur, plus heureux que le faux prophète qui le dupait, n'a pas eu la chance d'échapper à l'éruption? *Feliciter in infelicitate!*

Dans cette vue rapide de la vie publique des Pompéiens, nous n'avons point encore parlé des oisifs, des gens du monde. C'est que dans ce temps-là, tout comme aujourd'hui, ils ne se levaient pas de bonne heure, et laissaient la matinée aux affaires et aux cérémonies du culte. Ils se décident enfin à sortir, avant que la chaleur soit trop forte, pour aller promener leur oisiveté sous les portiques et prendre des bains, qui sont devenus un besoin quotidien pour leur vie molle et sensuelle. Une foule nombreuse de clients les accompagne, et la foule, qui reconnaît en eux des personnages et des gens riches, les salue de ses acclamations ordinaires : *Pansæ feliciter! Sallustio feliciter!* « Vive Pansa! vive Salluste! » Quelques-uns vont à pied, d'autres se font porter en litière sur les épaules de quatre ou six esclaves d'une stature élevée. Ce mode de transport, introduit d'Orient en Italie et d'abord adopté exclusivement pour les femmes, était alors passé en usage général. La litière était un véritable lit, sauf l'importance des dimensions, avec ses quatre pieds, ses colonnes, son ciel, ses courtines, son matelas et son traversin; on pouvait y lire, y écrire ou y dormir; deux longs bâtons, engagés dans quatre anneaux, permettaient de le transporter facilement. On voyait ainsi de longues files de palanquins traverser les rues à certaines heures, et se diriger vers les thermes, rendez-vous de la bonne compagnie.

La ville de Pompéi possédait au moins deux grands établissements de bains publics, divisés chacun en deux parties : l'une pour les hommes, l'autre pour les femmes. La description des thermes de la rue de Stabia, qui sont les plus importants, fera parfaitement comprendre le système d'après lequel les bains des Romains étaient disposés et la méthode ingénieuse de leur construction.

On entre d'abord dans une cour carrée, entourée de l'inévitable portique à colonnade; c'était en quelque sorte l'atrium de tout établissement. A gauche est la loge du portier, où l'on trouva une tirelire avec quelque menue monnaie, *pourboire* donné par les baigneurs; des bancs de pierre, placés sur les côtés de la cour, permettaient aux esclaves d'attendre leurs maîtres. On pénètre de là dans l'*apodyterium*, pièce garnie de sièges,

Pompéi. — Forum civil et temple de Jupiter.

où l'on se dépouillait de ses vêtements pour les confier à la garde de l'esclave *capsarius*. Malgré la vigilance du capsarius, il arrivait très fréquemment que les vêtements étaient dérobés, et telles gens, venus au bain avec des habits sordides, faisaient des échanges avantageux et sortaient avec une tunique, un manteau et un chapeau tout neufs. Les auteurs anciens sont remplis de plaintes au sujet de ces vols, et les thermes, par suite de ce désordre, tombèrent dans un tel discrédit, que les législateurs durent prononcer la peine de mort contre les voleurs de vêtements, pour protéger la distraction favorite de la population.

L'apodyterium communiquait avec chacune des pièces où l'on prenait des bains chauds ou froids. Entrons d'abord dans le *frigidarium*, salle contenant le bain d'eau froide, ou *baptisterium*. Ce baptistère, placé au milieu de la pièce, n'est autre chose qu'une grande piscine circulaire, où l'on prenait le bain en commun. Des gradins sont disposés tout autour pour permettre au baigneur de s'asseoir.

Pour entrer de l'apodyterium dans le *caldarium* ou étuve, il faut traverser le *tepidarium*. Le pavage de l'étuve est à double fond, c'est-à-dire que le dallage supérieur repose sur des piliers de brique, et recouvre ainsi une cavité dans laquelle circule librement la chaleur qui se dégage de la fournaise. Les murs latéraux sont construits par le même procédé et garnis de tuyaux pour transporter dans tous les sens l'air chaud ou la vapeur, et élever la température de l'appartement. Un bassin d'eau chaude complétait le service de cette pièce, destinée surtout à provoquer une transpiration abondante.

Après le bain chaud, le baigneur rentrait dans le tepidarium, chambre tiède qui servait à tempérer la transition trop brusque du chaud au froid. C'est aussi dans cette pièce qu'on se faisait masser ou frotter avec la *strigile,* sorte d'étrille ou racloir qui enlevait la sueur et les impuretés déposées à la surface de la peau par la chaleur du bain ou les violents exercices de la palestre; on se faisait aussi épiler et oindre de parfums avant de sortir, et quand on rentrait dans l'apodyterium, on avait quelquefois le désagrément de n'y plus retrouver ses habits, et d'être alors obligé de se faire porter chez soi en litière fermée.

Les thermes de Pompéi sont construits avec un certain luxe architectural, comme il convenait à l'établissement qui devenait pendant plusieurs heures chaque jour le rendez-vous à la mode de la classe aisée. La voûte du tepidarium, divisée en caissons rectangulaires, est décorée de bas-reliefs en stuc traités d'une façon magistrale, mais bien détériorés aujourd'hui, et représentant des trirèmes, des divinités marines, des bouquets de fleurs, etc. Cette voûte est soutenue par une série de petits Télamons, d'un beau et élégant travail, qui ramassent toutes leurs forces pour supporter le poids de la corniche. Tous les pavés sont en mosaïque. Dans d'autres salles, les murs sont couverts de paysages peints avec cette touche délicate qui caractérise les peintures pompéiennes, ou distribuées en encadrements rouges bordés d'une bande jaune, qui forment un gracieux contraste avec les colonnes de stuc peintes en rouge vers la base et en blanc vers la partie supérieure; ces colonnes sont surmontées de chapiteaux en stuc qui portaient une corniche d'un travail admirable, à en juger par un fragment qu'on a pu sauver et remettre à sa place. Les murs des salles sont percés de niches où l'on déposait les amphores, les vases à parfums, les strigiles, les lampes pour éclairer le bain pendant la nuit; toutes les baignoires sont de marbre blanc, tous les sièges mobiles sont de bronze. On y remarque avec un certain étonnement quelques sièges de bain (*cella balnearis*) d'une forme singulière, destinés à recevoir le baigneur pour qu'on répandit sur lui de l'eau chaude, ou pour qu'on l'enveloppât de couvertures pendant qu'on l'inondait en dessous de vapeur. Ce siège est entouré d'un rebord circulaire très bas, et formé d'une tablette percée en avant d'une échancrure en fer à cheval, qui servait à l'écoulement de l'eau répandue sur le corps du baigneur ou à l'introduction du jet de vapeur. Ce meuble, qui ressemble un peu à une chaise percée, a fait rêver les archéologues trop prosaïstes, et quelques-uns ont voulu y voir un *fauteuil latrinal* (les mots ennoblissent tout). Aujourd'hui on sait bien à quoi s'en tenir à ce sujet; car chaque établissement de bains était muni d'un nombre suffisant de ces sièges, et les thermes d'Antonin, à Rome, en contenaient à eux seuls jusqu'à seize cents, tous en marbre.

Dans les dépendances des thermes de Pompéi est une grande *palestre* décorée de portiques, et destinée aux exercices gymnastiques dont les anciens avaient coutume de faire précéder leurs bains. On a trouvé dans cet emplacement plusieurs grosses boules de pierre qui servaient au jeu de la *sphère*, jeu auquel se livrait la jeunesse pour acquérir de la force et de la souplesse.

Pendant quelques heures du jour, les thermes présentaient un spectacle singulièrement animé. Le vêtement formant comme une partie de la condition, la nudité établissait entre les baigneurs une sorte d'égalité dont personne ne se faisait faute. « Aussi, dit Dezobry, rien de plus bruyant qu'un bain : figure-toi toute espèce de cris, de clameurs ou de bruits qui peuvent importuner, fatiguer, déchirer les oreilles. Là ce sont les gémissements naturels ou imités de ceux qui se livrent aux exercices violents; leurs sifflements et leurs soupirs profonds quand ils laissent échapper leur haleine longtemps retenue; les exclamations des joueurs de paume comptant leurs balles, plus loin des baigneurs qui s'amusent à courir autour de la cuve en se tenant par les mains, et se les chatouillant de manière à provoquer les éclats de rire les plus perçants; d'autres qui lisent à haute voix ou déclament des vers; d'autres, chanteurs impitoyables, ne trouvant leur voix belle que dans le bain, qui se mettent à chanter jusqu'à faire trembler les voûtes de l'édifice. Des *alipiles* (épileurs), pour se faire mieux remarquer, venant aussi se joindre à ce discordant concert, crient d'une voix grêle et glapissante, et ne se taisent pas, qu'ils n'aient trouvé des aisselles à épiler, des patients à faire crier à leur place. Ajoute à ce vacarme, qui serait insupportable, n'eût-il que l'inconvénient d'être renfermé, le bruit des frictions plébéiennes, que l'on entend résonner, selon que la main du frictionnaire frappe du creux ou du plat; les filous pris à voler les habits; les ivrognes, les marchands de comestibles et de boissons, car beaucoup de personnes boivent et prennent quelques aliments légers en sortant de l'eau; les marchands de gâteaux, les vendeurs de boudins, les confiseurs, qui tous ont leur modulation particulière pour crier leur marchandise;

figure-toi tout cela, dis-je, et tu auras une légère idée de l'intérieur d'un bain public. La seule loi de décence qu'on y observe, c'est que jamais un père et un fils ne se baignent l'un devant l'autre, ni même un beau-père devant son gendre. »

Ces habitudes étaient celles de Rome, et les traits de ce tableau ont été empruntés à Sénèque, à Pétrone, à Horace, à Martial et à Plaute. Ce devaient être aussi les habitudes des villes de province, et par là nous pouvons juger du caractère des distractions des Pompéiens. Nous aurons complété ce tableau quand nous aurons ajouté que les thermes, comme la plupart des monuments publics de Pompéi, avaient été élevés aux frais de quelques généreux particuliers. Les inscriptions nous apprennent, en effet, que la ville les devait à la libéralité de plusieurs des citoyens, jaloux sans doute de gagner ainsi les faveurs et les suffrages populaires.

Les bains et les exercices gymnastiques, en provoquant une transpiration abondante et en développant l'appétit, donnaient le besoin de prendre quelque breuvage réconfortant. On passait donc des thermes dans les thermopoles, sortes de boutiques analogues à nos cafés, dans lesquelles on vendait des boissons chaudes, des liqueurs et parfois quelques aliments légers. Ces établissements, très fréquentés par la classe aisée, avaient des étagères en marbre sur lesquelles on exposait les boissons, les comestibles et les verres. Les consommateurs y trouvaient en outre une sorte de journal manuscrit qui les mettait au courant des grands événements de Rome et de l'empire, des actes officiels du gouvernement, et de ces mille riens qui alimentent toujours la curiosité publique.

De midi à quatre heures, comme de nos jours, la ville entrait dans une sorte de silence et de repos général. On fuyait la chaleur accablante du climat, et les particuliers, retirés sous les portiques de leurs maisons, à l'ombre opaque des jardins, près de quelque fontaine qui rafraîchissait l'atmosphère, se livraient aux douceurs de la sieste. Toutes les affaires étaient suspendues pendant cet intervalle, les boutiques étaient closes, les vendeurs ne criaient plus leurs marchandises dans les rues, et la vie publique ne retrouvait quelque activité que vers cinq heures du soir.

C'est alors que s'ouvraient les théâtres, autre distraction favorite du peuple. Pompéi, malgré le peu d'importance numérique de sa population, possédait trois édifices de ce genre.

Le grand théâtre ou théâtre tragique se trouva, au moment de sa découverte, dans un état de dégradation complet, sans doute par suite du tremblement de terre de l'an 63. Toutefois, malgré son délabrement, il révèle une parfaite connaissance de l'art dans sa construction. Le corps de l'édifice (*cavea*), où étaient assis les spectateurs, se compose d'un certain nombre de rangées semi-circulaires de sièges formées par de hautes marches s'élevant en lignes concentriques les unes au-dessus des autres. Ces rangées de sièges sont divisées horizontalement en étages (*mæniana*) qui en contiennent chacun plusieurs, séparés par de larges corridors ou *précinctions;* et verticalement, en compartiments cunéiformes (*cunei*), par un certain nombre d'escaliers qui servaient aux spectateurs à descendre jusqu'à la rangée où étaient situées leurs places respectives. Le peuple pénétrait dans l'enceinte par les portes (*vomitoria*) qui s'ouvraient au bout de chaque escalier, portes qu'il atteignait au moyen de passages et de couloirs ouverts ménagés dans l'épaisseur du bâtiment, et communiquant en outre avec le portique supérieur du forum triangulaire, qui est adjacent au théâtre. Cinq mille spectateurs pouvaient facilement y trouver place.

Les premiers degrés, de marbre blanc, sont plus larges que les autres. Ce premier ordre de sièges était réservé pour les personnes distinguées, telles que les décurions, les prêtres augustaux, et tous ceux qui avaient le privilège du *bisellium*, chaise d'honneur que le peuple accordait à quelques magistrats. De chaque côté étaient deux divisions : l'une à droite pour les proconsuls et pour les duumvirs, l'autre pour les vestales. Aux deux extrémités des premiers gradins on trouva, dans le plus grand état de dégradation, deux tribunes de tuf volcanique qui devaient avoir été recouvertes de marbre. Dans celle de droite était encore la chaise curule où siégeait le duumvir qui présidait au théâtre; à Rome, cette tribune s'appelait *podium*, et c'était le siège de l'empereur. Venait ensuite la place pour les citoyens qui appartenaient à quelque corporation ou collège. Les troisièmes et dernières places étaient occupées par la populace et par les femmes, et, tout en haut, par les esclaves. Au milieu des gradins s'élevait la statue de marbre de Marcus Holconius Rufus, duumvir de justice, tribun militaire, flamine et patron de la colonie. C'est lui, avec son frère Celer, qui avait fait construire à ses frais le portique couvert, le tribunal et le théâtre, pour l'embellissement de la colonie, comme nous l'apprenons par l'inscription suivante :

M. M. HOLCONII. RVFVS. ET. CELER.
CRYPTAM. TRIBVNAL. THEATRVM. S. P. (*sua pecunia*)
AD. DECVS. COLONIÆ

Au bas de la cavea était l'orchestre, formant une demi-circonférence exacte, et contenant des sièges destinés aux spectateurs de distinction, au lieu de servir, comme l'orchestre des théâtres grecs, aux musiciens et aux évolutions du chœur. Un peu en arrière de l'orchestre il y avait un mur bas qui formait le devant de la scène (*proscenium*) du côté des spectateurs : c'est là que se plaçaient les musiciens, dans sept niches ménagées à cet effet. On pénètre dans l'orchestre par deux vastes vomitoires ornés de portiques, où l'on pouvait trouver un refuge en cas de pluie.

La scène est légèrement élevée au-dessus de l'orchestre. Derrière la scène est un mur d'une grande hauteur, qui formait d'une manière permanente le fond du théâtre, avec trois grandes entrées pour les acteurs, et deux portes latérales qui communiquaient avec les coulisses. La perspective de ce fond offre des décorations architecturales construites en briques jadis revêtues de marbre. Sur le devant, la scène était fermée par une toile, comme sur nos théâtres, avec cette différence qu'au lieu de monter, la toile s'abaissait et disparaissait dans une cavité pratiquée sous le plancher. Derrière le mur du fond s'ouvraient les loges des acteurs et les magasins du théâtre. Le théâtre était découvert; mais, pour préserver les spectateurs de la pluie ou du soleil, on tendait un immense *velarium*. Les affiches peintes sur divers points de la ville ne manquaient pas d'annoncer que le théâtre serait couvert de voiles : VELA ERVNT. Le velarium était tendu au moyen de cordes et de poulies fixées à un certain nombre de mâts plantés dans des anneaux de pierre à la partie supérieure du mur d'enceinte.

Le petit théâtre ou Odéon est situé près du précédent, à gauche en sortant, suivant le précepte de Vitruve : *Exeuntibus e theatro, sinistra parte, Odeum*. Il est construit sur le même plan que le grand théâtre, mais dans de moindres proportions, et il ne pouvait contenir que quinze cents personnes. A cause de cela l'entrée n'en était pas publique, et l'on ne pouvait y pénétrer qu'avec un billet d'os ou d'ivoire, nommé *tessera*, qui donnait à son possesseur droit à une place pour la représentation. Le numéro du siège, celui de la division verticale et de la rangée horizontale où il se trouvait, étaient marqués sur cette tessera; on y indiquait même le titre de la pièce qu'on allait jouer, comme dans le billet suivant, trouvé à Pompéi :

```
CAV.   II
CVN.   III
GRAD.  VIII
CASINA
PLAVTI
```

La pièce annoncée est la *Casina*, de Plaute, et la place à laquelle donne droit le billet est la huitième de la seconde rangée du troisième *cuneus*. Les places les plus élevées avaient pour tessère un petit volatile en os figurant un pigeon : de là l'origine du mot de *pigeonnier* ou *poulailler*, appliqué aux derniers étages des théâtres, plaisanterie que les *gamins* de Paris s'imaginent avoir inventée. Il n'y a rien de nouveau sous le soleil.

C'est à l'Odéon que s'exécutaient les concerts publics, les comédies, les représentations mimiques et satiriques, les concours poétiques, dont le prix était un trépied d'honneur, et parfois les disputes philosophiques.

L'amphithéâtre est le plus grandiose édifice de Pompéi, puisqu'il pouvait contenir jusqu'à vingt mille spectateurs. Comme tous les monuments de ce genre, il est de forme ovale, et mesure quatre cents pieds dans son plus grand diamètre, et trois cent quinze pieds dans le plus petit. Il est bâti avec une telle solidité, qu'il n'a rien souffert des tremblements de terre si familiers à cette région, ni dans ses fondements ni dans ses parties les plus élevées. On y entre par un vaste portique pavé en laves du Vésuve; deux niches possédaient autrefois les statues de Cuspius Pansa père et de Cuspius Pansa fils, membres d'une des plus importantes familles de Pompéi. L'édifice entier est bâti sur un crypto-portique de la plus grande solidité, puisqu'il soutient toute la construction. La cavea, comme au théâtre, est partagée, au moyen de deux galeries horizontales, en trois zones assignées respectivement aux magistrats, aux citoyens honorables et à la plèbe. Derrière la plèbe s'ouvraient des loges couvertes pour les femmes, avec un escalier particulier pour y parvenir. La cavea contient quarante escaliers, correspondant à autant de vomitoires par lesquels les spectateurs montaient aux galeries. Les gradins inférieurs étaient défendus contre les bêtes féroces par une grille de fer.

L'édifice est couronné, au-dessus de ses gradins les plus élevés, par un magnifique promenoir circulaire, du haut duquel on jouit du plus bel horizon qu'il soit donné de contempler. Tout en face se dresse le Vésuve avec son cratère imposant; au nord se détachent les monts Hirpins, découpés en lignes singulières sur l'azur profond du ciel; à l'orient, les monts Lattariens, aux sommets hardis, s'adoucissent sur leurs pentes où se groupent les riantes et fertiles collines de Sorrente; au midi, le golfe enchanteur de Naples, avec ses barques, ses îles lointaines, son soleil splendide, et toute cette terre classique que tant d'événements mémorables ont illustrée, et qui a été pendant tant de siècles l'objet merveilleux de l'histoire, de la Fable et de la poésie. Ce spectacle devait naturellement exciter la joie et l'enthousiasme des vingt mille spectateurs rangés circulairement sur les gradins de marbre de l'amphithéâtre.

Mais quand le peuple abaissait ses regards sur l'arène, il y trouvait un autre spectacle qui contrastait bien durement avec cet admirable paysage. Là des *familles* de gladiateurs, et surtout celles de Numerius Popidius Rufus et d'Ampliatus, combattaient à outrance, jusqu'à la mort, et l'unique préoccupation du vaincu était de tomber avec élégance et de mourir avec grâce, pour plaire à un peuple affamé de sang. Des esclaves luttaient contre des bêtes féroces, et disputaient leur vie à la dent des fauves. S'ils étaient tués, on se hâtait d'arracher leur cadavre avec un croc, non pour l'ensevelir honorablement, mais pour empêcher que les bêtes, en dévorant leur victime, ne perdissent l'appétit et ne devinssent moins féroces. Cet exercice effroyable s'appelait d'un nom bénin, *la chasse*. Oui, sans doute, mais la chasse à l'homme, et non la chasse aux bêtes fauves. Et quand la fumée du sang, quand l'odeur répugnante des entrailles répandues sur le sol montaient dans l'amphithéâtre et menaçaient d'incommoder les sensibles spectateurs, on calmait les nerfs du public au moyen d'une aspersion d'eaux de senteur. Une affiche inscrite sur les murs de Pompéi nous fait ainsi connaître le programme d'une des fêtes données à l'amphithéâtre :

VENATIO. ATHLETÆ. SPARSIONES. VELA. ERVNT.

c'est-à-dire il y aura une chasse de bêtes féroces, une lutte d'athlètes, une pluie d'eau de senteur, et un velarium tendu au-dessus des spectateurs. Tels étaient les plaisirs délicats du peuple-roi.

La journée si bien remplie que nous venons de décrire se terminait quelquefois par des funérailles. Autrefois, comme aujourd'hui encore en Italie, cette cérémonie s'accomplissait le soir, à la lumière des torches. Le cadavre, après avoir été lavé, oint et parfumé, était revêtu de ses habits de cérémonie, orné des insignes des dignités que le défunt avait occupées, et exposé pendant quelques heures sur un lit de parade. On le transportait ensuite au lieu de la sépulture, le visage découvert, au milieu d'un grand concours de parents, d'amis, d'affranchis, d'esclaves et de peuple. Devant lui marchaient, au son des flûtes et de la lyre, des pleureuses à gages qui chantaient des poèmes funèbres à la louange du défunt ; puis venaient les *libitinaires* ou entrepreneurs des pompes funèbres, attachés au temple de Libitine, et chargés de tout ce qui concernait les funérailles. Le corps était précédé des images de cire de ses ancêtres, rangées dans un long ordre chronologique, toutes montées sur des mannequins, vêtues d'habits de consuls, de préteurs, de duumvirs, de décurions, comme si la race tout entière était revenue au monde pour conduire à sa dernière demeure le descendant qui venait la rejoindre aux champs Élysées. L'allure de la marche était marquée par des trompettes funèbres qui remplissaient les airs de la plus triste harmonie.

Arrivé au lieu du bûcher, le cortège s'arrêtait. Le fils du défunt, après avoir baisé les lèvres glacées de son père et lui avoir adressé un triple adieu, déposait entre ses dents l'obole destinée à payer le passage au terrible nautonier des enfers. Le feu était ensuite allumé, et la flamme, au milieu des tourbillons d'une noire fumée, dévorait les chairs et calcinait les os. Ces pieuses reliques étaient recueillies par la famille, arrosées de vin et de lait, pressées dans des voiles de lin et enfermées dans une urne avec des roses et des aromates. Le dépôt des cendres dans le sépulcre de famille n'avait lieu que le neuvième jour, et, à cette occasion, on donnait aux amis un repas funèbre qui terminait la série de toutes ces tristes cérémonies.

A Pompéi, les funérailles se faisaient particulièrement sur la route d'Herculanum, et l'on a retrouvé à quelque distance de la ville l'antique *ustrinum*, avec les dalles de pierre sur lesquelles on brûlait les corps. A droite et à gauche la route est bordée de tombeaux magnifiques, qui donnent un aspect singulièrement imposant à cette entrée de la cité, et en font comme l'avenue des morts d'une véritable nécropole. C'était, comme on sait, un usage chez les Romains, de placer les sépultures en dehors des villes, le long des voies publiques, pour honorer la mémoire des morts et proposer sans cesse aux vivants le glorieux exemple des vertus de ceux qui n'étaient plus. A Pompéi, comme dans toutes les autres cités soumises aux mœurs romaines, le même usage était parfaitement observé.

Parmi les tombeaux qui ornent les abords de la ville, on remarque celui de la famille Arria, dont le fronton s'élève majestueusement sur des pilastres d'ordre corinthien, avec cette épitaphe au milieu :

M. ARRIVS. I. L. DIOMEDES
SIBI. SVIS. MEMORIÆ
MAGISTER. PAG. AVG. FELIX. SVBVRQ.

Marcus Arrius Diomède, affranchi de Julie, patron du faubourg Augustus Félix, a élevé ce monument à sa mémoire et à celle des siens. C'est ce même Diomède dont nous avons visité la maison des champs. Deux petits cippes de marbre, avec des têtes humaines simplement ébauchées, comme les anciens avaient coutume d'en placer sur les tombes pour les distinguer, sont consacrées à Marcus Arrius, fils aîné de Diomède, et à Arria, sa huitième fille.

Une autre tombe importante est celle de Nevoleia Tyche. Une inscription nous apprend que Tyche, affranchie de Julie, avait bâti ce monument pour elle et pour Caius Munatius Faustus, prêtre augustal, à qui les décurions et le peuple avaient unanimement décerné les honneurs du bisellium, en récompense de ses services; elle l'avait aussi bâti pour recevoir les cendres de leurs affranchis et de leurs affranchies.

Ce monument se compose d'un cippe de marbre monté sur deux degrés, sculpté sur trois de ses côtés et terminé par une élégante corniche. Des bas-reliefs représentent, d'une part, le sacrifice qui se célébrait le jour des funérailles, et d'autre part, un navire qui entre au port, emblème évident du repos après la tempête de la vie. L'intérieur de ce sépulcre a la forme ordinaire d'un *columbarium,* et ses murs, revêtus de stuc, sont percés de niches semblables à celles d'un colombier, pour recevoir les urnes cinéraires de la famille. Dans la principale niche on trouva une grande amphore de terre cuite, contenant des cendres mêlées à des ossements, sans doute les restes de Nevoleia et de Munatius. Trois autres urnes de verre insérées dans des vases de plomb conservaient une liqueur où l'analyse chimique a reconnu un mélange de vin, d'huile et d'eau, sur lequel flottaient les ossements. Des lampes de terre cuite, avec la pièce de monnaie destinée à Charon, étaient déposées près de ces urnes, où un petit nombre d'affranchis avaient trouvé place près de leurs maîtres au moment de la catastrophe de Pompéi.

Quelques-uns de ces monuments sont des *cénotaphes,* c'est-à-dire des tombeaux vides, sans columbarium pour recevoir les cendres, élevés à la mémoire des citoyens morts loin de la patrie. Ce sont en quelque sorte des tombeaux honoraires.

De distance en distance, sur cette longue avenue de sépultures, se rencontrent des bancs circulaires et des hémicycles couverts, où les promeneurs venaient s'asseoir et se reposer au milieu des souvenirs de la mort. Chez les anciens, la mort n'inspirait pas l'effroi et la répulsion qu'elle inspire chez nous, à cause du terrible jugement qu'elle tient suspendu sur nos têtes ; et les épicuriens, qui ne croyaient guère qu'à l'heure présente, l'associaient volontiers à leurs plaisirs et même à leurs festins, pour s'exciter à jouir à outrance d'une vie si courte et si menacée, que ne devait suivre aucun lendemain de bonheur.

Dans les pages qui précèdent nous avons essayé de faire revivre par les monuments une partie de la vie publique des Pompéiens. Nous les avons suivis dans les cabarets de bas étage, dans les thermopoles élégantes, dans les boutiques, à l'école, au marché, au forum. Avec eux nous sommes entrés dans la basilique, dans les temples, aux thermes, aux théâtres, et nous nous sommes mêlés à la foule oisive qui flâne dans les rues en lisant curieusement les inscriptions des murailles. Enfin nous avons pris part aux cérémonies des funérailles, et nous sommes sortis de Pompéi par la rue des Tombeaux. Nous avons ainsi vécu pendant quelques instants de la vie antique, et nous avons pu prendre une idée assez exacte des mœurs et des habitudes d'une petite ville de quinze mille habitants, sortie tout exprès de son linceul de cendres pour nous révéler la plupart des secrets de l'existence publique et privée des Romains.

XIII

HERCULANUM

Origine et histoire d'Herculanum. — Découverte d'Herculanum. — Le prince d'Elbeuf. — Des matériaux qui ensevelirent Herculanum et Pompéi. — Théâtre d'Herculanum. — Basiliques et temples. — Statues et objets d'art. — Maison d'Aristide. — Collection de papyrus. — Le cabinet d'un homme de lettres. — Les libraires chez les Romains. — La maison d'Argus. — Objets de la vie domestique.

Les anciens historiens sont loin d'être d'accord sur l'origine et sur la fondation d'Herculanum. L'opinion la plus accréditée veut qu'Hercule, devenu célèbre en Italie, ait consacré aux dieux la dîme des dépouilles de ses ennemis, et fondé une petite ville qui, de son nom, fut appelée Herculanum, avec un port capable de recevoir sa flotte à son retour d'Espagne.

Dès sa fondation cette cité fut habitée par les Osques; ceux-ci cédèrent bientôt la domination aux Pélasges, puis aux Tyrrhéniens, et enfin aux Romains. L'année 289 ou 293 avant l'ère vulgaire, la guerre des Italiens contre Rome enveloppa dans la même fortune les alliés et leurs conquêtes. Le consul Carvilius attaqua deux fois Herculanum, mais sans succès; il dut l'assiéger étroitement, et par la famine la contraindre à se rendre et à accepter la position de colonie romaine. Plus tard, après une nouvelle guerre malheureuse, Herculanum ne put obtenir le droit de cité romaine, et dut se contenter du titre de municipe, qui lui donnait la faculté de se gouverner par ses propres lois, comme toutes les autres villes assises autour du Vésuve. Telle était la condition civile d'Herculanum quand les écrivains latins vantaient sa situation délicieuse sur une colline qui dominait la mer.

Cette prospérité ne dura pas longtemps, et l'an 79 vit consumer la ruine de cette ville charmante. La catastrophe l'ensevelit dans un oubli tellement profond, que la véritable position de cette ville était complètement ignorée. Les bouleversements successifs de tous les alentours du Vésuve, les fréquentes éruptions du volcan, les torrents de laves accumulés les uns par-dessus les autres, l'entassement mille fois répété des cendres et des lapilli, avaient recouvert le sol primitif d'Herculanum à une telle hauteur, qu'il n'est point étonnant que dans les siècles de barbarie on ait perdu le souvenir de la situation précise de cette malheureuse ville. On savait seulement qu'Herculanum, comme Pompéi, s'élevait autrefois au pied de la montagne, mais sans pouvoir déterminer en quel point; et il était d'autant plus difficile de le soupçonner, que de nouvelles habitations, un village entier et un palais royal, se trouvaient bâtis sur ses ruines enfouies.

Quelques découvertes de débris antiques, de mosaïques et d'inscriptions, donnèrent, vers la fin du XVIe siècle, quelques indices d'une ville ensevelie. Malgré cela, on pensait généralement qu'Herculanum gisait sous Torre-del-Greco. On n'en connut le véritable emplacement qu'en 1711, quand le prince d'Elbeuf de Lorraine, arrivé à Naples en 1706, à la tête de l'armée impériale expédiée contre Philippe V, épousa en 1713 une fille du prince de Salsa. Ce mariage ayant déterminé son établissement à Naples, il bâtit en 1720 une villa près de Portici, au Granatello, sur le bord de la mer, et il se plut à l'orner de marbres antiques, achetant les plus rares que lui vendait un paysan qui les tirait d'un puits situé à Resina. En voyant l'abondance extraordinaire de ces marbres, le prince fit l'acquisition du *champ du poète,* comme l'appelait le cultivateur, et il se mit à y faire des fouilles pour son propre compte. Ces fouilles produisirent une immense quantité de choses antiques, des débris de colonnes, des colonnes entières d'albâtre fleuri, des statues de sculpture grecque, dont le prince fit de riches présents à Eugène de Savoie et au roi Louis XIV de France. Parmi les statues données à Eugène de Savoie, il y avait deux des filles de la famille de Balbus, lesquelles à la mort du prince furent achetées par l'électeur de Saxe, et se voient aujourd'hui au musée de Dresde. A cette découverte, déjà très importante, succéda celle d'une grande quantité de marbre africain très rare. Ces richesses, exagérées par la renommée, ouvrirent enfin les yeux au gouvernement napolitain, qui fit suspendre les fouilles et exigea du prince d'Elbeuf la restitution d'une partie des antiques qu'il avait découverts.

Les Napolitains chassèrent les Autrichiens, et proclamèrent l'infant don Carlos. Le nouveau roi, continuant vers 1737 la construction de la villa royale de Portici, apprit de son ingénieur Domenico Rocco Alcubiere quels trésors d'art et d'antiquité gisaient ensevelis sous ce même terrain. Rêvant de mettre au jour des antiquités précieuses, Charles de

Bourbon voulut que l'on continuât avec ardeur les fouilles commencées, et le succès dépassa de beaucoup son attente. Quand on eut creusé le sol à la profondeur de quatre-vingt-six palmes, on parvint au niveau d'une cité antique enfouie sous Resina et Portici. Alors les doutes se dissipèrent, et l'on reconnut la vieille cité d'Herculanum. Les fouilles furent poussées en divers sens, et on trouva des rues bordées de trottoirs, et pavées, comme celles de Naples, de pierres vésuviennes ; découverte qui prouve que, bien avant la destruction de cette ville, à l'époque la plus reculée, le Vésuve avait eu de violentes éruptions, puisque les cités voisines sont pavées de matériaux vomis par le volcan sous une forme fluide.

Il n'est peut-être pas inutile de dire ici un mot de la nature des matériaux qui ensevelirent les malheureuses villes de Pompéi et d'Herculanum. Beaucoup de personnes, entendant parler sans cesse, à propos de volcans, de coulées de laves incandescentes, s'imaginent volontiers qu'un torrent de feu engloutit et dévora ces villes. Il n'en est rien, et il suffit d'examiner avec attention le sol qu'on déblaye pour se convaincre qu'en l'année 79 le phénomène fut tout différent. Voici la coupe, relevée en 1828 par le géologue Lyell, des terrains traversés par les fouilles, près de l'amphithéâtre de Pompéi, en allant de haut en bas :

	m.	c.
1° Sable noir brillant provenant de l'éruption de 1822, et contenant de petits cristaux, régulièrement formés, d'augite et de tourmaline	0 05 à	07
2° Terre végétale	0	91
3° Tuf noirâtre incohérent, rempli de globules pisolithiques en couches d'un à sept centimètres d'épaisseur	0	46
4° Scories en petits fragments et lapilli blancs	0	07
5° Tuf terreux noirâtre, avec un grand nombre de globules pisolithiques	0	22
6° Tuf terreux noirâtre, avec lapilli disposés en couches	1	22
7° Couche de lapilli blanchâtres	0	02
8° Tuf gris solide	0	07
9° Ponces et lapilli blancs	0	07
Total	3	11

Comme on le voit clairement par cette coupe, aucun courant de lave n'a jamais atteint Pompéi depuis l'époque où cette ville fut bâtie, bien que ses fondations reposent sur l'ancienne lave amphigénique de la Somma, dont plusieurs courants, entremêlés de tuf, ont été traversés dans les excavations qui furent pratiquées. Dans la catastrophe de l'an 79, il tomba d'abord sur le sol une pluie de ponces et de lapilli blancs d'une épaisseur de sept centimètres, suivie d'une pluie de cendres grisâtres. Ces cendres, mélangées avec les eaux que le volcan vomit toujours en abondance dans ces éruptions, se condensèrent et formèrent une sorte de pâte, une boue liquide qui emplit les caves et les maisons, en se moulant sur tous les objets comme une matière plastique; il résulta de l'intermittence de ces phénomènes une série de couches de lapilli et de couches de tufs plus ou moins durs, dont l'ensemble ensevelit la ville sous un épais linceul de pierre.

Ce qui prouve encore, non moins que la coupe précédente, que la *lave de feu* fut étrangère à la destruction de Pompéi, c'est l'état de conservation dans lequel une foule d'objets combustibles y ont été trouvés. Les bois, les montants des portes, les poutres des toits y sont carbonisés, il est vrai, mais non brûlés, et leur état actuel ne diffère pas de celui qu'affectent les bois après un long enfouissement dans le sol. Le blé, une multitude de substances végétales, les rouleaux de papyrus tous carbonisés de la même façon, apportent à cette thèse un nouvel élément de démonstration. Nous n'irons cependant pas si loin que Lippi, qui prétend que les villes d'Herculanum et de Pompéi furent ensevelies sous des *laves d'eau*, c'est-à-dire sous des torrents boueux que les eaux charrient avec impétuosité sur les pentes des volcans au moment des éruptions. Tout démontre qu'il n'y a point eu transport violent des matériaux, mais seulement pluie verticale, entassement et consolidation de lapilli et de cendres.

A Herculanum, les choses ne se sont pas passées exactement de la même façon qu'à Pompéi. Sans doute la ville elle-même est ensevelie dans des couches de lapilli et de cendres durcies par les eaux; mais après la catastrophe du premier siècle, dans les nombreuses éruptions qui ont suivi, bien des matériaux divers se sont accumulés au-dessus du dépôt primitif. Ce point, étant moins éloigné de quelques milles du volcan, a toujours été beaucoup plus exposé que Pompéi à être couvert non seulement par des chutes de cendres, mais aussi par des alluvions volcaniques et par des courants de laves, de sorte que les masses de ces différentes substances se sont accumulées sur cette ville, où leur épaisseur atteint souvent jusqu'à trente-quatre mètres, et n'a jamais moins de vingt et un mètres. Aussi, au-dessus de la plus inférieure de toutes les couches, qui est un tuf formé de cendres très fines mêlées de ponces, a-t-on trouvé, suivant Hamilton, la matière provenant de six éruptions, distribuée en un nombre égal de couches, séparées par des lits de terre végétale dans lesquels Lippi dit avoir reconnu une quantité considérable de coquilles terrestres. Une certaine partie de cette masse superposée renferme aussi une couche de vraie lave siliceuse, *lava di pietra dura*, vomie par le volcan à une époque de beaucoup postérieure à l'événement fatal qui détermina le premier ensevelissement d'Herculanum. Ces diverses circonstances, jointes à la présence de Resina et de Portici sur le même sol, expliquent comment cette ville ne peut être déblayée aussi complètement que Pompéi.

On s'explique aussi par les mêmes motifs pourquoi il a fallu procéder aux fouilles au moyen de galeries souterraines. Dans ce travail on recouvrait les lieux explorés avec les matériaux qu'on tirait des lieux voisins, et on marchait ainsi au hasard, sans plan et sans méthode. Au milieu de ces labyrinthes étroits, les mineurs brisaient les objets, rompaient les architraves et les marbres pour les tirer plus commodément au dehors par les puits d'extraction. On ne jugea même pas à propos de conserver tout ce qu'on déterrait, comme si le moindre des fragments n'avait pas une importance considérable; les choses précieuses furent seules placées à Portici, pour l'ornement de la villa royale.

C'est au mois d'octobre 1738 qu'on recommença les fouilles dans le puits déjà exploré par le prince d'Elbeuf. On ne tarda pas à y trouver deux fragments de statues équestres de bronze, trois statues consulaires et une inscription indiquant que c'était là l'entrée principale du théâtre d'Herculanum. Il ne fallut pas moins de douze ans pour fouiller ce monument en entier. La rareté inappréciable des choses qu'on y rencontra rappela l'attention publique sur les mœurs et sur les œuvres des anciens. Dans l'enthousiasme excité par les premières découvertes, le roi fit venir de Rome monsignor Bajardi, savant antiquaire; mais, voyant que le prélat se jetait dans les digressions et dans les généralités mythologiques et historiques connues de tout le monde, il fonda la célèbre Académie d'Herculanum. Il appela aussi de Rome d'habiles artistes pour dessiner, ciseler en bronze et restaurer les débris échappés à l'action destructive du temps; enfin il destina toute une portion de sa *casina* de Portici à recevoir les peintures murales et les mosaïques.

Du théâtre, qui mesure deux cent huit palmes de pourtour, il reste assez de parties pour qu'on en reconnaisse exactement la forme, les dispositions générales et les accessoires. On y descend à la lumière des torches, et à travers une masse confuse de laves, de sables volcaniques, de scories et de lapilli; puis on parcourt le corridor central, et l'on arrive à une porte de sortie ou vomitoire qui reçoit un peu de lumière par un large puits moderne. Dans les ténèbres, on ne peut se former qu'une idée assez vague de l'ensemble, et il est nécessaire d'avoir le plan sous les yeux pour apprécier la distribution générale du monument.

L'hémicycle ou cavea a ses sept escaliers indiqués par Vitruve pour conduire aux sièges des spectateurs, c'est-à-dire un au milieu et les trois autres de chaque côté, divisant l'espace semi-circulaire en six *cunei;* mais il diffère du plan ordinaire des théâtres romains par le nombre et la disposition des sièges. Dans les théâtres romains, les gradins sont divisés en trois ordres séparés par des galeries ou corridors semi-circulaires, et chaque ordre comprend sept rangées de gradins. A Herculanum, on compte seize rangs de sièges en travertin, sans aucune galerie intermédiaire; puis, au-dessus, trois autres lignes de gradins où l'on parvient par des escaliers extérieurs; et, plus haut encore, une galerie ouverte décorée de marbre blanc. Enfin le monument était couronné par un promenoir découvert, où l'on voyait autrefois toute une rangée de statues de bronze parmi lesquelles on trouva celles de Drusus Néron et de sa femme Antonia, deux statues équestres de bronze doré et la base d'un quadrige. Les autres statues avaient été enlevées dans les fouilles qui furent faites par les habitants aussitôt après la catastrophe.

La scène a une longueur de cent cinquante palmes, et elle est décorée de douze colonnes corinthiennes, de deux niches où, sans aucun doute, il y avait deux statues, et de deux autels. Les plus beaux marbres de toute espèce étaient appliqués à profusion sur les murailles. Les chœurs se tenaient aux deux côtés de la scène, dans deux vastes salles embellies de peintures et de décorations architecturales. Derrière la scène, en face du forum, s'ouvrait un large portique où le peuple pouvait se réfugier en cas de pluie; les colonnes de cette galerie étaient d'ordre dorique, et formées de briques revêtues de stuc; la couverture en était de bois, et l'on y trouva encore des fragments de poutres carbonisées, qui conservaient parfaitement leur forme primitive. Le plan de l'orchestre est situé aujourd'hui à quatre-vingt-quatorze palmes au-dessous de la rue consulaire de Resina. En ce point quelques piliers modernes soutiennent les couches de terrain et les masses supérieures qui recouvrent le reste de l'édifice. Winkelmann estime que le théâtre d'Herculanum pouvait contenir trois mille cinq cents spectateurs, chiffre bien suffisant pour une petite ville qui était loin d'avoir l'importance de Pompéi.

Quelques inscriptions, relevées sur des bases de statues ou sur les portes, nous donnent quelques indications intéressantes. Deux statues avaient été élevées, aux deux extrémités de l'avant-scène, à Marcus Nonius Balbus, proconsul, et à Appius Claudius Pulcher, consul, imperator, après sa mort. Une autre inscription nous apprend que Lucius Annius Mammianus Rufus, duumvir quinquennal de la cité, avait bâti à ses frais ce théâtre et l'orchestre, sur les plans de l'architecte Publius

Numisius. Un billet ou tessère d'ivoire, portant le nom d'Eschyle en grec, fait aussi supposer avec raison qu'on y représentait des pièces en langue grecque. On sait qu'à cette époque la langue grecque était devenue d'un usage vulgaire à Rome, et qu'on y jouait les tragédies d'Eschyle, de Sophocle et d'Euripide, tout comme on joue l'opéra italien à Paris.

A quelque distance du théâtre on découvrit une rue large de dix à douze mètres, flanquée de deux trottoirs couverts, dont la voûte était soutenue par des colonnes. Cette rue allant en droite ligne du théâtre à un autre édifice public, on supposa avec quelque vraisemblance que c'était la rue consulaire, et qu'elle aboutissait à la porte orientale de la ville. L'édifice public que nous venons de mentionner, et dont la destination est encore douteuse, mesure deux cent vingt-huit pieds de long et cent trente-deux de large. Il se compose d'un vaste bâtiment quadrangulaire orné de portiques, de colonnes, de niches, de statues et de peintures murales. Une inscription placée sur la porte apprend à la postérité que Nonius Balbus, proconsul, a bâti à ses frais la basilique, les murailles et les portes de la ville. On en a conclu, non sans raison, que cet édifice était la basilique d'Herculanum.

Une autre construction élégante, où l'on a voulu voir un temple de Vénus Érycine, possédait de délicieuses peintures murales traitées avec une légèreté et une fraîcheur de coloris vraiment merveilleuses. Ces peintures, où l'on retrouve, comme à Pompéi, de charmantes perspectives de paysages, de villas, de marines, sont dans cette manière que Ludius, peintre de l'école d'Auguste mentionné par Pline, avait créé pour les murailles des appartements. Le premier, Ludius avait imaginé de représenter avec son pinceau d'élégantes villas, des villes maritimes, des portiques, des bosquets, des ruisseaux, de riantes campagnes, avec des personnages occupés à la chasse, à la pêche et à la vendange. On peut donc affirmer que si les tableaux de Pompéi et d'Herculanum ne sont pas de la main de Ludius lui-même, ils appartiennent sans conteste à son école et sont dus à ses élèves. On peut ainsi prendre une grande idée du talent gracieux et facile de ce peintre décorateur.

Si l'on en juge par les nombreuses statues de personnages importants qu'on tira des fouilles d'Herculanum, il est manifeste que cette petite ville était splendidement décorée, et qu'elle avait un caractère bien autrement artistique que sa voisine, la commerçante Pompéi. Une statue colossale de bronze avait été élevée sur une des places publiques à l'empereur Claude; une autre, à Lucius Mummius Maximus, prêtre augustal, lequel avait lui-même dressé quatre statues à Livie, à Germanicus, à Antonia, mère de Claude, et à Agrippine. Les habitants d'Herculanum avaient en outre dédié deux statues équestres à Nonius Balbus père et fils, et une statue de marbre à Cicéron, pour leur avoir conservé par une éloquente plaidoirie le titre de colonie romaine, dont voulait les dépouiller le tribun Rullus. Tous ces monuments qui décoraient les places publiques, sans parler des innombrables images de marbre ou d'airain qui peuplaient le théâtre, la basilique, les temples, et jusqu'aux maisons privées, devaient donner un très grand air à la petite ville d'Herculanum.

L'habitation la plus vaste et la plus somptueuse d'Herculanum est celle qu'on découvrit de 1750 à 1860, et qui prit le nom d'Aristide, de l'incomparable statue qu'on y déterra. L'édifice présente d'abord la cour rectangulaire ou atrium, décorée de colonnes de stuc, avec l'*impluvium* au milieu. A chaque angle de la cour on trouva un buste de bronze de facture grecque, et par un rare bonheur l'un d'eux porte le nom de l'artiste qui l'a modelé et ciselé : *Apollonius, fils d'Archias, Athénien*. Devant chaque colonne d'angle était une petite fontaine à double vasque. En d'autres cours de la maison on découvrit trois bassins. L'un était orné de onze statuettes de faunes en bronze; un autre avait aussi quatre statuettes d'amours; le dernier était un grand vivier garni de plomb, et décoré sur les bords de onze mascarons de tigres dont la gueule versait l'eau dans la piscine.

Les fouilles mirent ensuite au jour un jardin peu étendu, entouré d'un portique rectangulaire que dix colonnes soutenaient dans un sens, et vingt-deux dans l'autre; toutes ces colonnes étaient de briques recouvertes de stuc, et dans les entre-colonnements étaient placés des bustes et des statues de bronze et de marbre d'un travail achevé. Au milieu, une vaste piscine elliptique donna trois autres chefs-d'œuvre, le Faune ivre et les deux nageurs. Là encore, dans le voisinage immédiat de ce jardin, on déterra ces statues et ces bustes de bronze et de marbre qui font aujourd'hui la splendeur du musée de Naples: les six danseuses, le Faune dormant, Mercure, Ptolémée Philométor, Soter Ier, Alexandre, Bérénice, et les bustes renommés de Platon, Architas, Héraclite, Sapho, Démocrite, Scipion l'Africain, Sylla, Lepidus, Caius et Lucius César, Auguste (œuvre d'Apollonius), Livie, Agrippine la Jeune, Caligula, Sénèque. On découvrit aussi deux daims, un corbeau qui devait verser l'eau par son bec dans la vasque, et beaucoup de petites figures, toutes de bronze. Il faut ajouter à cette collection, déjà si riche, deux bustes de Bacchus indien, en marbre, celui de Ptolémée Soter, la prétendue statue de Sylla, Homère, Aristide ou peut-être un Eschine. Que penserons-nous de la fortune et du goût du simple particulier qui avait su réunir dans sa maison toutes ces merveilles, aujourd'hui l'honneur incomparable d'un musée?

Dans la foule des meubles et des ustensiles précieux qu'on recueillit dans cette même maison d'Aristide, il faut mentionner deux riches candélabres sur le sommet desquels étaient sculptés des hippogriffes dévorant un taureau et un daim; d'autres candélabres avec des ornements ciselés; un beau trépied; une grande coupe et beaucoup d'autres vases, avec une quantité considérable d'objets en verre; des crotales et un cadran solaire. De nouvelles fouilles, exécutées sur le même point en 1774, donnèrent le fameux lectisterne et le bisellium, tous deux ornés de bas-reliefs d'animaux et d'incrustation d'argent, qu'on admire maintenant à Naples. Les crotales, que nous venons de mentionner, étaient une sorte d'instrument de musique employé spécialement dans le culte de Cybèle, et dont on se servait fréquemment aussi pour accompagner la danse. Il consistait en deux cannes fendues, ou deux pièces creuses de bois ou de métal, réunies ensemble par une poignée droite. Quand on en jouait, on tenait un de ces crotales de chaque main, et on les faisait claquer avec les doigts, de manière à produire un bruit vif et rapide comme celui des castagnettes. Quant au lectisterne, c'était une table sacrée sur laquelle on offrait un somptueux banquet aux dieux, dont les images étaient tirées de leurs niches et placées sur des lits devant les mets les plus délicats.

Mais la découverte qui émut davantage le monde savant fut celle de trois mille papyrus grecs et latins, renfermés dans un petit *tablinum* assez étroit pour que deux hommes, les bras tendus, pussent en toucher à la fois les deux extrémités. De petites armoires, hautes d'environ deux mètres, appliquées à la muraille, contenaient dans des compartiments de bois carbonisé une multitude de rouleaux cylindriques calcinés et convertis en charbon, du diamètre de deux ou trois pouces sur une largeur de dix à douze. On prit d'abord ces rouleaux pour du charbon, et l'on en détruisit un certain nombre sans en soupçonner la valeur; mais quand on les eut examinés de plus près et qu'on y eut reconnu des caractères d'écriture, on vit qu'on était dans la bibliothèque d'un philosophe, et l'on attacha dès lors une importance toute spéciale à ces précieux papyrus, qui pouvaient nous révéler quelque chef-d'œuvre inconnu de l'antiquité. Une table était au milieu de l'appartement *avec tout ce qu'il faut pour écrire*, et les bustes en bronze d'Épicure, de Démosthène, de Zénon et de Métrodore, avec leur nom en grec, surmontaient les rayons.

On sait que les anciens, ignorant l'art typographique, n'écrivaient que sur des écorces d'arbres, et spécialement sur les membranes et sur les pellicules de la plante appelée papyrus, qu'on trouvait en abondance en Égypte et en Sicile. Quelques auteurs prétendent que le papyrus des anciens était fait avec ce tissu naturel ou mince pellicule qui est renfermée entre l'écorce et le bois de certains arbres, comme l'érable, le platane, le frêne et surtout le tilleul. Quoi qu'il en soit, et sans entrer dans cette discussion, les manuscrits d'Herculanum étaient formés de l'une ou de l'autre de ces matières, et composaient de longs cylindres où le papier était roulé sur lui-même ; de là le nom de volumes, *volumina*.

Puisque nous sommes chez un homme de lettres, nos lecteurs ne seront peut-être pas fâchés de pénétrer intimement dans son cabinet de travail, et d'examiner avec curiosité ses matériaux et ses instruments pour écrire.

Voici d'abord ses papiers, *charta*. Outre le papier de la plus grande dimension, *macrocolum*, comme celui que nous appelons *royal*, Pline en énumère huit espèces différentes : *Augustana*, nommé dans la suite *Claudiana*, du nom de l'empereur, papier impérial ou de première qualité; *Liviana*, seconde qualité; *Hieratica*, primitivement le meilleur et le même que la *charta regia* de Catulle ; *Amphitheatica*, *Saitica*, *Leneotica*, qualités inférieures, désignées d'après le lieu de leur fabrication; *Fanniana*, papier fabriqué à Rome par l'industriel Fannius; *Emporetica*, papier grossier dont on ne se servait pas pour écrire, mais seulement pour emballer des marchandises; *charta dentata*, papier dont on avait adouci et poli la surface en la frottant de la dent de quelque animal; il était brillant, et laissait glisser la plume comme notre papier satiné; enfin la *charta bibula* était un papier transparent qui buvait et laissait voir les lettres.

Aux papyrus proprement dits il faut ajouter le parchemin, *membrana*, quoiqu'il fût d'un usage moins général pour écrire. Souvent on grattait le parchemin pour faire disparaître l'écriture dont il était couvert, afin de s'en servir une seconde fois et d'y tracer de nouveaux caractères. C'est ce qu'on nommait les palimpsestes. Par suite, les savants ont donné le nom de palimpsestes à des manuscrits dont les caractères apparents et lisibles, quoique remontant déjà eux-mêmes à une assez haute antiquité, recouvrent une écriture plus ancienne encore. Il paraît probable que cette habitude d'effacer pour récrire sur le même papier remonte jusqu'aux libraires grecs et romains, et qu'ils avaient recours à ce procédé quand la composition confiée en premier lieu au parchemin présentait peu d'intérêt et avait peu de valeur. Quoi qu'il en soit, aucun des palimpsestes actuellement existants ne semble antérieur au IXe siècle; on a souvent reconnu que des œuvres du premier ordre avaient été effacées par un lavage ou par un grattage, afin que le parchemin pût recevoir d'autres compositions, l'écriture primitive se laissant cependant distinguer et quelquefois même lire par-dessous l'autre. C'est ainsi que le *De Republica* de Cicéron a été découvert et déchiffré par le savant cardinal Angelo Maï sous un commentaire de saint Augustin sur les Psaumes.

Pour écrire sur le papyrus ou sur le parchemin, on se servait d'une tige de roseau ou de canne taillée exactement comme nos plumes modernes, avec un bec fendu en deux. L'instrument qu'on employait pour les tailler ne différait point par sa forme de nos canifs actuels. Un peu plus tard, au commencement du second siècle, on eut recours aux plumes des ailes ou de la queue des oiseaux, *penna*, et l'on voit un instrument de ce genre figurer sur la colonne Trajane et sur la colonne Antonine, dans la main d'une Victoire ailée occupée à écrire l'histoire des deux empereurs; l'usage cependant n'en était point encore commun, et le roseau ne fut guère détrôné qu'au ve ou vi^e siècle. Le papier était réglé par une mince lame de plomb. Quant à l'encre, c'était un liquide noir qui tombait dans des usages bien vulgaires, et, en même temps que les poètes, les philosophes et les orateurs l'employaient pour écrire leurs chefs-d'œuvre, les peintres l'appliquaient pour vernir et les cordonniers pour noircir leur cuir. Les roseaux et l'encrier étaient enfermés dans un étui spécial que l'écrivain portait avec lui.

Outre le papier, on se servait fréquemment, pour écrire les choses courantes, de tablettes enduites de cire, sur lesquelles on traçait les caractères avec la pointe d'un stylet; une large lame plate, terminant l'instrument de l'autre bout, permettait d'effacer l'écriture et de rendre à la cire son premier poli.

Mais revenons aux manuscrits d'Herculanum. Des trois mille papyrus qu'on trouva dans la bibliothèque de la maison d'Aristide, dix-huit cents furent transportés par les ordres de Charles III au musée royal de Portici, tous les autres ayant été détruits à cause de leur ressemblance avec des morceaux de charbon. La difficulté de les lire, qui de prime abord parut insurmontable, fut enfin vaincue par la persévérance du P. Antonio Piaggi, qu'un ardent amour pour les lettres soutenait dans une entreprise si ardue. Il trouva moyen de dérouler et de fixer sur une membrane transparente ces bandes friables, qui ne présentaient pas plus de consistance que le papier dévoré et noirci par la flamme. C'est à ce savant, qui était en même temps un artiste mécanicien du premier ordre, qu'on doit la machine aussi ingénieuse que simple employée pour une opération si délicate. Il imagina une sorte de métier de tisserand semblable à peu près à ceux dont se servent les coiffeurs pour tresser les cheveux. Le cylindre charbonneux est suspendu en l'air au moyen de fils de soie qui correspondent à de petites vis avec lesquelles on peut faire tourner le volume sur lui-même et le dérouler, sans le toucher autrement qu'avec de petits stylets ou des pincettes extrêmement fines. Ces stylets servent à séparer et à isoler chaque feuillet de l'écorce charbonnée, en veillant avec un soin extrême à fixer par derrière avec un peu de gomme fine, au-dessous de chaque lettre, une pellicule très mince, suffisante pour fortifier la partie écrite et l'enlever du rouleau. On continue ensuite à dérouler le manuscrit sans le toucher, avec les vis et les fils de soie, et insensiblement on vient à bout d'en séparer toute l'écriture, qu'on dépose avec des précautions et une délicatesse infinies sur des bandes de toile, afin que le fragile manuscrit ne se réduise pas en cendres. Pour appliquer ce procédé minutieux, il faut une patience dont peu d'hommes sont capables.

L'appareil de Piaggi, que nous venons de décrire, est le seul qu'on ait pu appliquer jusqu'à présent au déroulement et à la consolidation des papyrus d'Herculanum. En vain d'autres savants ont voulu tenter une méthode plus expéditive, ils ont dû y renoncer. Sur les vingt-quatre papyrus qui furent envoyés en France et en Angleterre, on ne parvint même pas à déchiffrer un seul mot. Le professeur Sikler ayant prétendu avoir inventé un nouveau procédé, l'Angleterre l'appela; mais, après quatre mois de tentatives infructueuses, il fut contraint de renoncer à son entreprise. Le célèbre Davy, dans un voyage qu'il fit à Naples, voulut mettre en œuvre les agents chimiques; mais il échoua complètement au moment où les journaux étrangers publiaient son triomphe. La gloire de l'invention napolitaine est donc jusqu'à présent demeurée sans rivale en ce genre.

On suppose que l'ensemble de tous les manuscrits d'Herculanum, à l'exception de vingt-quatre seulement écrits en latin, appartient à la littérature grecque. Les papyrus jusqu'ici déroulés et interprétés montent au nombre de cinq cents, dont une quinzaine ont été publiés. Il y a des ouvrages d'Épicure, de Philodème, de Rabirius, de Polystrate et de Métrodore, traitant des questions philosophiques, de littérature et d'art; on y remarque un traité de la musique, par Philodème, et trois poëmes en vers hexamètres latins, attribués à Rabirius. Aucun de ces livres n'a d'importance véritable, et cette découverte n'a pas tenu ce qu'on était en droit d'en attendre. La bibliothèque d'Herculanum était celle d'un philosophe épicurien, qui se préoccupait plus de bien vivre que de recueillir les chefs-d'œuvre de l'histoire et de la poésie.

Cette bibliothèque appelle naturellement notre attention sur les libraires de l'antiquité et sur le commerce des livres chez les Romains. La fabrication et le commerce des livres n'était pas une industrie entièrement nouvelle au premier siècle de notre ère, et, depuis une centaine d'années environ, des marchands avaient entrepris de multiplier les productions de l'esprit humain et de les vendre dans des boutiques qui portaient le nom de librairies. Rome avait un grand nombre de ces boutiques, particulièrement aux environs du Forum. Leur décoration et leur étalage les faisait aisément reconnaître. On inscrivait sur la porte le nom des auteurs en vogue et les titres de leurs ouvrages, et une foule de livres, roulés, liés en faisceaux, ou rangés debout dans des coffrets cylindriques, étaient exposés aux regards du public. Quoique les libraires fussent en général des gens peu éclairés, leur maison était le rendez-vous naturel des littérateurs, des rhéteurs et des philosophes.

Dans l'arrière-boutique se tenaient les écrivains. Ils écrivaient sur leurs genoux, sans rien copier, mais sous la dictée d'une seule personne qui lisait à haute voix l'ouvrage en transcription, de sorte qu'il s'en confectionnait plusieurs exemplaires à la fois. On les collationnait ensuite avec beaucoup de soin, la pureté du texte étant un des principaux mérites des ouvrage. Les feuillets étaient alors livrés aux relieurs, qui collaient les pages les unes au bout des autres, de manière à en former une bande plus ou moins longue, suivant l'importance matérielle du livre. On attachait à la dernière page un petit bâton cylindrique sur lequel s'enroulait la longue feuille; les deux bouts du bâton étaient garnis de disques pour protéger les tranches du livre roulé. Le parchemin n'était point mis en *volume*, c'est-à-dire en rouleau, mais en *tome* carré; les feuillets, au lieu d'être collés bout à bout, étaient superposés l'un à l'autre, comme dans les livres modernes, cousus ensemble, et resserrés entre deux planchettes de hêtre. Telle était la double forme sous laquelle les livres se présentaient aux amateurs. Les écrivains du premier siècle de notre ère nous apprennent qu'il s'en faisait un grand commerce, non seulement à Rome, mais aussi dans les provinces, et que les libraires gagnaient cent pour cent sur les ouvrages en vogue. Les ouvrages médiocres ou décriés donnaient un bénéfice bien moins considérable, et l'on en abandonnait la vente aux *libellions*, espèces de bouquinistes qui ne vendaient que de vieux livres.

Les fouilles d'Herculanum n'ont pas toujours produit des résultats aussi satisfaisants que ceux de la maison du philosophe épicurien; mais si l'intérêt des autres découvertes est moins élevé, il ne laisse pas néanmoins de piquer vivement l'attention. Les travaux, interrompus en 1770, ne furent repris que de 1828 à 1837. C'est dans cet intervalle qu'on déterra la maison d'Argus, ainsi nommée d'une peinture murale qui représentait la fable d'Io avec son gardien aux cent yeux. C'était une habitation vaste, élégante, décorée de peintures murales, de marbres, de mosaïques, de terrasses, de portiques, de jets d'eau, en un mot, de tous les agréments intérieurs qu'un riche propriétaire peut se procurer. L'atrium et ses dépendances, pavés de marbres précieux, étaient couverts de peintures décoratives qui figuraient des courtines, des festons, des paysages et des perspectives d'architecture. Le gynécée, ou appartement des femmes, avait un portique aux colonnes revêtues de stuc, dans l'intervalle desquelles pendaient des *portières*. Au milieu du portique était un *viridarium*, ou jardin rempli de fleurs. De là on passait dans un bosquet sur lequel s'ouvraient la salle à manger et la salle de réception, ornées de charmantes peintures. Les colonnes qui fermaient le bosquet soutenaient un second étage, distribué d'un côté en magasins et en greniers, et de l'autre sur la rue en chambres d'habitation, auxquelles on avait accès par une terrasse suspendue tournée vers la mer. Bien des choses précieuses avaient déjà été enlevées de cette maison dans les premières fouilles effectuées par le prince d'Elbeuf; si les secondes fouilles ne produisirent pas de remarquables œuvres d'art, elles mirent du moins à la lumière une foule d'objets de la vie domestique des anciens. Ainsi on trouva de nombreux fragments de verre bleu, très importants pour l'histoire de l'industrie et des arts chimiques chez les Romains; des légumes en quantité; du froment avec la pelle pour le nettoyer au vent; des vases pleins d'olives; des lentilles, du miel, des figues sèches, des noix, des noisettes, des amandes et des prunes; des caisses remplies de pâte, un grand coupon de toile, trois sonnettes, et, pour descendre aux derniers détails, un balai semblable aux nôtres. En retrouvant tous ces objets à leur place, on eût pensé volontiers que la maison avait été abandonnée la veille.

Ce qui confirme encore l'observateur dans cette impression, c'est l'état étonnant de conservation de toutes ces substances. Dans la chambre d'un peintre, qui probablement était naturaliste, on a recueilli une collection considérable de coquilles, dont un grand nombre appartiennent à des espèces de la Méditerranée; elles avaient autant de fraîcheur que si elles fussent constamment restées enfermées dans un musée. La comparaison de ces débris avec ceux qu'on trouve à l'état fossile ne saurait fournir le moindre éclaircissement sur le temps nécessaire à la production d'un certain degré de décomposition ou de minéralisation; car, bien que dans des circonstances favorables une altération beaucoup plus grande puisse sans doute être produite dans un laps de temps beaucoup plus court, cet exemple montre cependant qu'un ensevelissement de dix-huit siècles est quelquefois sans effet pour amener des coquilles à l'état fossile. A Herculanum, les poutres des maisons sont noires à l'extérieur; mais, quand elles sont fendues, elles offrent intérieurement à peu près le même aspect que le bois ordinaire, le bois récent. On voit alors combien le passage de leur masse entière à l'état de lignite s'opère lentement. Quelques substances animales et végétales de nature à présenter moins de résistance ont éprouvé bien plus d'altération; cependant leur état de conservation est encore extrêmement remarquable. Un grand nombre de filets, souvent entiers, ont été déterrés ; la texture du linge est parfaitement reconnaissable ; un pain recueilli dans une boutique porte encore le nom du boulanger imprimé dans la pâte ; sur le comptoir d'un apothicaire on trouva une boîte de pilules converties en une poudre terreuse très fine, et un petit cylindre d'une substance médicamenteuse, évidemment préparé pour être divisé en pilules ; près de là était une jarre contenant des herbes médicinales ; enfin, en 1827, on a découvert des olives humides, renfermées dans un bocal carré, et du caviar dans un état de conservation vraiment extraordinaire. Ces faits singuliers, que nous avons voulu indiquer en terminant, sont du plus haut intérêt pour le géologue ; ils ouvrent de nouvelles perspectives sur le temps immense que la nature exige pour minéraliser les corps enfouis dans le sein de la terre, et sur la longueur incalculable des anciennes périodes géologiques.

Les fouilles d'Herculanum sont suspendues depuis 1855. Les derniers travaux d'excavation ont été poussés sur le rivage de la mer, et ont mis à jour de vastes salles divisées en divers compartiments. Ces constructions, qui couvraient une grande étendue de terrain et avaient une hauteur considérable, étaient remarquables par leur solidité, leur caractère architectural et leur bonne conservation. On jugea sans hésiter que c'étaient les officines d'un édifice public, peut-être l'arsenal maritime d'Herculanum, où logeaient les matelots et les soldats de la flotte, lieu mentionné par Strabon. On y rencontra plusieurs squelettes humains, et, près de grands fourneaux, les os de divers animaux qui avaient sans doute servi au repas du jour de l'éruption. Malgré l'importance des choses d'art et des papyrus déterrés à Herculanum, il faut avouer que cette ville est loin de présenter l'intérêt d'ensemble de Pompéi, sa sœur d'infortune ; mais les deux ruines se complètent l'une par l'autre, et nous fournissent l'objet d'étude le plus émouvant que l'antiquité païenne nous ait laissé.

XIV

UNE PROMENADE AUX ENFERS

La grotte de Pausilippe. — Lac d'Agnano. — Cratères d'explosion et de soulèvement. — Grotte du Chien. — Étuves de San-Germano. — Sources des Pisciarelli. — Existence d'une longue fissure volcanique. — Solfatare de Pouzzoles. — Amphithéâtre et ruines de Pouzzoles. — Le môle antique. — Le pont de Caligula. — Temple de Sérapis. — Oscillations dans le niveau du sol. — Soulèvement du Monte-Nuovo. — Les rivages de Baïa. — Meurtre d'Agrippine. — L'Averne et le Lucrin. — Grotte de la Sibylle. — Étuves de Néron. — Ruines de Cumes. — Les enfers mythologiques. — La piscine admirable. — Vin de Falerne.

A M. Fr. A., à Saint-E.

Mon cher Ami,

Puisqu'un mauvais sort t'a condamné à manquer le voyage d'Italie, depuis si longtemps rêvé, et t'a arrêté à Marseille, au beau milieu du chemin, je veux te dédommager un peu de ce contretemps en te racontant l'intéressante et délicieuse promenade que je viens de faire à l'ouest de Naples. Ce n'est rien moins qu'une excursion chez Pluton, un train de plaisir pour les enfers que je te propose ici. Mais ne t'effraye pas outre mesure de cet audacieux projet. Les choses ont bien changé depuis les jours d'Orphée, de Thésée, de Télémaque et d'Énée, et l'on prend aujourd'hui son billet pour le Styx et l'Averne, tout comme s'il ne s'agissait que d'aller de Paris à Saint-Cloud. Le rameau d'or de la Sibylle, je l'ai là dans ma bourse, sous la figure d'un *marengo*, comme on appelle en Italie nos napoléons. Un ex-brigand, Gennaro, nous servira de Mercure, et si tu trouves ses explications trop vulgaires, je donnerai la parole aux poètes.

Permets-moi d'abord de t'orienter un peu, de peur que tu ne t'égares dans le labyrinthe des lieux infernaux. Naples est assis, comme tu le sais, sur un amphithéâtre de collines. La plus occidentale de ces collines, le Pausilippe, peu épaisse, mais fort élevée, court tout le long du rivage jusqu'en face de la petite île de Nisida, qui paraît n'en être qu'un prolongement détaché, et intercepte toute communication facile entre la ville et les campagnes du couchant. Au delà du bourrelet formé par le Pausilippe s'ouvre une profonde dépression où se trouve le lac d'Agnano, et cette dépression est enveloppée au nord par d'autres collines, les collines Leucogéennes, qui se prolongent jusqu'à Pouzzoles. De là une chaîne de hauteurs accidente le rivage jusqu'à la pointe du cap Misène, en séparant le golfe de Baia du littoral de Cumes, terme de notre excursion.

Nous partons à six heures du matin, conduits par deux voiturins. Nous avions eu d'abord la pensée de prendre un *corricolo*; mais ce genre de voiture, très pittoresque et fort original, nous parut décidément trop incommode pour une longue course d'une journée. Après avoir suivi l'admirable quai de Chiaia, nous pénétrons dans la grotte du Pausilippe. C'est un tunnel antique creusé dans le tuf volcanique de la colline, afin d'établir une communication rapide entre Naples, le lac d'Agnano et Pouzzoles. Ce n'était sans doute dans l'origine qu'une simple carrière de pierres, et, au temps de Pétrone, le passage était si bas, qu'on était forcé de s'y baisser en plusieurs endroits. Auguste et Néron, qui le traversèrent souvent, n'eurent point la pensée de l'améliorer, et Sénèque se plaignait amèrement des inconvénients qu'il y rencontrait. « Il m'a fallu, écrivait-il, subir toute la destinée des athlètes; d'abord frotté d'huile, j'ai dû ensuite affronter la poussière du souterrain de Naples. Rien de plus long et de plus obscur que ce cachot. Là, la poussière renfermée sans issue tournoie sur elle-même, et retombe sur les malheureux qui l'ont soulevée. » Tout imparfaite qu'elle était, la grotte de Pouzzoles avait vivement frappé l'imagination du moyen âge, pour lequel elle était un travail merveilleux. Gennaro, chez qui nous retrouvons toutes les traditions populaires de son pays, l'attribue sans hésiter aux enchantements de Virgile; car tu sauras que Virgile est ici non seulement le prince des poètes, mais encore le plus puissant des magiciens: il occupe dans les légendes locales la place que tiennent chez nous les fées et l'enchanteur Merlin, et c'est à cette singulière réputation qu'il doit sa plus grande notoriété.

La grotte du Pausilippe fut agrandie au xve siècle par Alphonse Ier d'Aragon, et aérée par deux puits. Dans son état actuel, elle mesure deux mille six cents palmes de long, vingt-quatre de large, et quatre-vingt-dix de hauteur. Autrefois elle n'était éclairée que par une seule lampe, qu'un ermite entretenait sans cesse allumée devant la madone, dans une petite chapelle ménagée vers le milieu du passage; aujourd'hui le gaz, qui a remplacé les réverbères fumeux, y jette assez de lumière pour en dissiper les ténèbres. Le soleil se charge aussi, mais seulement deux fois l'année, de l'éclairer à son tour. C'est au moment des équinoxes, quand il se couche derrière le Pausilippe; alors il illumine de ses derniers rayons la voûte de la grotte, et vient les projeter, à travers cette longue lunette, sur une maison de la rivière de Chiaia éloignée d'un mille du Pausilippe.

Nous traversons rapidement ce tunnel, où nous rencontrons une foule affairée qui accourt à la ville apporter les provisions du jour. Quelques pieuses contadines sont agenouillées devant la petite chapelle, et y récitent dévotement le rosaire; deux pifferari s'y sont aussi arrêtés, et saluent la madone de leurs aigres instruments. Tous se signent au passage.

En sortant de la grotte nous voici au petit village de Fuori-Grotta, dans cette curieuse vallée de Bagnoli qui a emprunté son nom aux sources thermales qui sourdent de toutes les collines du voisinage et aux bains qui les exploitent. Un chemin profondément creusé dans le rocher, une *cupa*, comme disent les Napolitains, œuvre des torrents plutôt que des hommes, nous conduit au lac d'Agnano. J'y remarque d'immenses murailles, en appareil réticulé, bâties par les anciens, sans doute pour retenir les terres et empêcher l'éboulement de la colline.

Le lac d'Agnano, qui n'a guère qu'un mille de tour, me paraît être le type parfait de ce que les géologues appellent un *cratère d'explosion*. Il est bien différent du Vésuve, dans lequel je reconnais tous les caractères d'un *cratère de soulèvement*. Dans ce dernier cas, le sol a été soulevé par les forces intérieures et s'est déchiré au sommet, donnant issue, par cette ouverture en forme de coupe, aux matières éruptives. Les choses ne se sont évidemment point passées de la même manière à Agnano. Ici les gaz seuls ont été en action et ont projeté au loin une masse de rochers, à la manière de l'explosion d'une mine de guerre. Cette explosion a déterminé une cavité en forme d'entonnoir irrégulier, dont les bords sont composés des couches mêmes du sol percé, non soulevé, et la cavité, qui est beaucoup plus basse que toute la région environnante, est devenue le réceptacle des eaux.

Les eaux d'Agnano sont sans odeur, et n'ont, dit-on, aucune saveur sulfureuse; mais il se dégage du fond d'innombrables bulles d'acide carbonique qu'on voit bouillonner à la surface. Il ne nous prit point la tentation d'en goûter, à cause des fanges impures du bord, et surtout de la prodigieuse quantité de têtards qui y grouillent à l'envi. Nous ne pouvions faire un pas sans soulever des légions de grenouilles; ces grenouilles ne paraissent point incommodées de vivre dans une eau gazeuse.

C'est tout à côté du lac, à l'orient, dans le coteau circulaire qui l'enveloppe, que s'ouvre la célèbre *grotte du Chien*, déjà fameuse au temps de Pline. Le naturaliste latin l'appelle l'antre de Charon, plein d'un air mortel: *Scrobs Charontis, mortiferum spiritum exhalans*. Une bougie s'y éteint instantanément; un lapin et une poule y meurent en deux minutes; un chien, en trois; un chat, en quatre; une grenouille, en cinq, et un serpent, en sept. Je puis même te dire qu'il ne faudrait que dix minutes de séjour dans ces exhalaisons empoisonnées pour tuer un homme; car le vice-roi de Naples, don Pierre de Tolède, eut l'affreuse fantaisie d'y faire jeter un criminel. Jusqu'à la fin du siècle dernier ces effets singuliers, dont la véritable cause demeurait inconnue, étaient l'objet d'une grande curiosité et passaient pour merveilleux. Aujourd'hui des expériences de laboratoire les ont rendus vulgaires, et je ne t'apprendrai pas qu'ils sont dus à la présence du gaz acide carbonique à la partie inférieure de la grotte, gaz exhalé par une fissure du sol en communication avec les foyers souterrains.

Malgré le peu de nouveauté de ces phénomènes, nous nous laissons séduire par le gardien de la grotte et nous entrons hardiment dans l'antre de Charon, protégés par notre taille contre les exhalaisons mortelles. L'acide carbonique, étant plus lourd que l'air, repose, en effet, à la manière d'un liquide, sur le sol de la cave, et ne pénètre point dans les couches supérieures de l'atmosphère. Un papier allumé qu'on y jette s'y éteint aussitôt, et la fumée, flottant sur l'acide carbonique sans y entrer, nous indique nettement la ligne de séparation des deux couches. Un pistolet n'y part pas, et l'expérience réussit d'autant mieux (c'est une indiscrétion que Gennaro me glisse à l'oreille), que l'arme, ne devant pas partir, il n'est pas besoin de la charger. Enfin, si l'on se baisse vers le sol, et qu'avec la main on injecte le gaz dans la bouche, on sent une saveur acide marquée, comme celle de l'eau de Seltz, ou comme celle du vin de Champagne, au dire du gardien, jaloux de relever tous les mérites de sa cave.

Restait l'expérience du chien. La pauvre bête se tenait au loin, dans une attitude pleine de défiance, et j'avais remarqué qu'à notre arrivée elle nous avait accueillis avec une malveillance sensible. « Cerbero! Cerbero! » criait le gardien de sa voix la plus doucereuse; mais Cerbère, peu soucieux de goûter au champagne de son maître, faisait la sourde oreille. Il fallut aller chercher la victime et la traîner de force au lieu du supplice. Le chien marchait piteusement, la queue basse, les oreilles pendantes, trop préparé à ce qui allait se passer. On le jette dans la couche meurtrière, et en moins d'une minute, au milieu d'affreuses convulsions, il tombe comme foudroyé. Ramené dans l'atmosphère pure, le pauvre Cerbère haletait, écumait, levait en haut le museau pour aspirer plus profondément un air plus vivifiant, tournait sur lui-même, grattait la terre de ses ongles. Quand le commencement d'asphyxie fut dissipé, il prit sa course et disparut dans les bois qui couronnent le lac. On n'a pas besoin d'être membre de la Société protectrice des animaux pour se révolter contre ce cruel et odieux spectacle.

Le cratère d'Agnano présente une autre curiosité : ce sont les *stufe*, c'est-à-dire les étuves de San-Gennaro. On appelle de ce nom, dans les régions volcaniques de l'Italie méridionale, des ouvertures naturelles du sol qui émettent des fumerolles plus ou moins chaudes, toujours chargées de principes minéraux. Les anciens, et les modernes à leur suite, n'ont pas manqué de les utiliser pour en faire des bains de vapeur, et les ont naturellement comparées aux étuves des thermes antiques. On voit encore, sur la pente de la colline, les ruines d'un grandiose édifice, bâti en briques et en pierres cubiques de petit appareil, avec de larges arcades et une foule de niches ou cellules, où des tuyaux de terre cuite conduisaient la vapeur. Ce sont ces thermes que visitait au VI⁰ siècle, au témoignage du pape saint Grégoire le Grand, saint Germain, évêque de Capoue, pour s'y guérir de la goutte. Les bains actuels ne sont qu'un établissement misérable, divisé en huit chambrettes malpropres, où les malades reçoivent directement les émanations sulfureuses en se plaçant au-dessus des fissures qui les laissent échapper. Nous y pénétrons avec quelque répugnance, et nous trouvons dans la première chambre une température de trente-quatre degrés qui s'accroît de cellule en cellule jusqu'à soixante-cinq degrés centigrades, en provoquant une transpiration extrêmement abondante. Les pauvres gens de Naples viennent chercher dans les étuves de San-Gennaro la guérison de leurs rhumatismes, et l'on assure qu'une vingtaine de bains de ces vapeurs suffisent pour produire un effet salutaire.

Non loin de là, au pied des collines Leucogéennes, se trouve un établissement du même genre avec des eaux thermales, connu sous le nom d'*acqua de' Pisciarelli,* et renommé pour la cure de plusieurs maladies. Quatre sources, dont la température s'élève à cinquante-cinq degrés, y donnent une eau trouble, riche en alun, en sulfate de fer et en acide carbonique, avec une petite quantité d'acide sulfurique. Autour des fontaines, le terrain est brûlant et répand une odeur sulfureuse presque intolérable. Quand on le frappe du pied, il résonne bruyamment. La montagne, toute pleine de cavernes et de précipices, semble n'être que la ruine d'un ancien volcan. D'une foule de crevasses et de soupiraux s'exhale une immense quantité de vapeurs aqueuses et de gaz acide sulfureux, qui atteignent le degré de chaleur de l'eau bouillante. Sur toute la surface de la roche on voit des efflorescences d'alun, de vitriol, de soufre cristallisé en octaèdres, et de soufre sublimé en flocons; les pierres, colorées par différents minéraux, sont blanches, jaunes et rouges, et frappent par leur éclat singulier; la terre est friable, et, comme c'est de la céruse, on la recueille avec soin pour préparer le *blanc* des peintres; enfin, dans toutes les fissures, les incrustations de soufre et d'alun revêtent le rocher, et l'on en fait d'abondantes récoltes pour les cabinets de minéralogie.

Les Pisciarelli, comme tu le vois, conservent encore un reste d'activité volcanique; en revanche, les Astroni, non loin d'Agnano, sont un foyer complétement éteint. Aujourd'hui cet ancien cratère n'émet plus aucune vapeur; il est ombragé d'arbres admirables, avec trois petits lacs, et l'on en a fait un parc de réserve pour les chasses royales. Tu pourras juger de la capacité de cette dépression, quand tu sauras qu'au milieu du XVe siècle plus de trente mille personnes y assistèrent à une fête magnifique qu'y donna Alphonse Ier le Magnanime en l'honneur du mariage de sa nièce Éléonore d'Aragon avec l'empereur Frédéric III. C'était bien une fête napolitaine, pour emprunter un mot célèbre; car on dansait sur un volcan et jusque dans le cratère.

Tu as déjà sans doute fait la remarque que l'activité volcanique n'est pas concentrée dans la seule montagne du Vésuve, et qu'elle comprend, au contraire, une région assez étendue. C'est cette région que les anciens appelaient les champs Phlégréens ou campagnes ardentes, à cause des manifestations volcaniques qui s'y produisent en différents lieux, sur une ligne qui s'étend depuis les îles d'Ischia et de Procida jusqu'au mont Vultur, dans la Pouille, en passant par Pouzzoles, Agnano et le Vésuve. Sur cette ligne on constate continuellement l'activité intermittente d'un grand nombre de points irrégulièrement disséminés; mais ces bouches d'émission ou d'éruption n'agissent jamais toutes à la fois. Si l'une d'elles, par exemple, déploie pendant quelque temps une certaine énergie, les autres se taisent aussitôt et demeurent inactives. Les savants en concluent, et j'adopte volontiers leur opinion, que toutes ces bouches communiquent avec la même fissure volcanique, que ce sont autant de cheminées en relation avec la même fêlure de l'écorce terrestre, et que chacune d'elles sert successivement d'issue aux fluides élastiques et aux matières incandescentes qui se développent à la base de la fente. Nous devions trouver dans la seconde partie de notre excursion des preuves manifestes à l'appui de ce système.

D'Agnano une voie romaine, franchissant les collines Leucogéennes, conduisait autrefois de Naples à Pouzzoles, à Baia et à Cumes, et de là se dirigeait vers Rome. Cette voie, qui était tombée en fort mauvais état, fut abandonnée en 1568, quand le vice-roi, don Parafan de Rivera, duc d'Alcala, eut fait ouvrir la route de Bagnoli à travers les énormes masses de lave qui obstruaient le rivage. Nous prenons ce dernier chemin, plus facile et plus riant : et, après avoir longé tout le revers du Pausilippe, nous suivons la mer jusqu'à Pouzzoles. Cette promenade, d'où la vue s'étend sur tout le golfe de Baia, est vraiment délicieuse. Notre guide nous signale au passage des blocs de lave d'un volume considérable, dont la tête se montre au-dessus des vagues, et qui furent rejetés par la solfatare.

En arrivant à Pouzzoles, notre premier soin fut de visiter non les monuments si curieux de l'antique *Puteoli*, mais la grande merveille naturelle du lieu, je veux dire le cratère en demi-activité connu sous le nom de solfatare. On peut y monter facilement en voiture ; car il est ouvert au sommet de la colline, sans former une éminence particulière, et ce n'est, comme le bassin d'Agnano, qu'un cratère d'explosion. Nous arrivons en faisant force cahots sur le pavé polygonal, brisé en mille endroits, de l'ancienne voie romaine. La voiture s'était arrêtée devant une porte cochère. « Quoi ! c'est là ? » dis-je à mon guide avec une déception profonde. Hélas ! oui, mon ami, et, quoique la réputation de la solfatare doive y perdre beaucoup, je dois t'avouer tout bas qu'on entre dans le cratère par une porte cochère. Il me semble même avoir aperçu au-dessus de la porte une plaque d'assurance contre l'incendie ; mais je refusai de croire au témoignage de mes yeux. On sonne, et le portier du volcan tire le cordon : vous entrez chez Pluton comme chez un simple bourgeois. « Le seigneur Pluton est-il chez lui ? — Entrez, Messieurs. »

L'impression défavorable que ces préliminaires vulgaires avaient produite en moi disparut subitement quand nous fûmes dans la solfatare. Figure-toi un vaste cirque un peu elliptique, de trois cents mètres de largeur dans un sens, et de deux cent cinquante mètres dans l'autre, enveloppé sur trois côtés par un bourrelet des monts Leucogéens. D'une caverne ouverte dans le flanc oriental s'échappe un flot de fumées sulfureuses de trois à quatre mètres de diamètre, avec le bruit de dix locomotives lâchant toute leur vapeur ; la colonne de fumée, noire, horrible, suffocante, s'élève en tourbillonnant avec violence jusqu'au sommet de la ceinture du cratère. J'avoue que ce spectacle est très imposant, et qu'il dépasse de beaucoup en grandeur tout ce que j'ai vu au Vésuve. Ce n'est pas sans une secrète horreur qu'on plonge ses regards dans cette caverne brûlante, toute tapissée de flocons de soufre, et qu'on se demande à quels abîmes de feu elle peut conduire. C'est bien l'entrée du sombre empire des morts, telle que l'ont décrite les anciens, et je ne m'étonne plus que les poètes, se rendant l'écho des terreurs populaires, aient choisi ces lieux pour en faire le théâtre de leurs enfers.

L'impression s'accroît quand, détournant les yeux de l'antre horrible aux exhalaisons mortelles, on porte son attention sur les détails secondaires de la scène. Par mille fissures s'échappent des nuages de vapeurs aqueuses, de gaz hydrogène sulfuré ou d'acide sulfureux, dont la température dépasse cent degrés. Plongez la main dans la terre, et à une faible profondeur vous n'en pourrez supporter la chaleur. Une grosse pierre que notre guide laisse tomber sur le sol y détermine une trépidation singulière avec un retentissement caverneux, un *rimbombo* d'une sonorité formidable. Si vous marchez avec un peu de rapidité dans le cratère, vous y provoquez un ébranlement inquiétant. Tout vous indique avec certitude que vos pieds reposent sur un dôme fragile, et que vous n'êtes séparé de la fournaise infernale que par une mince couche de lave fissurée de toutes parts.

Ces impressions sont si naturelles, que les anciens les ont traduites dans leurs écrits. Pour Strabon, la solfatare de Pouzzoles n'est autre chose que l'atelier de Vulcain, *forum Vulcani*. Silius Italicus, embrassant la même idée, en décrit les flammes, le souffle ardent, les sombres vapeurs, et dans les mugissements du sol il reconnaît le retentissement des foyers de Vulcain et le bruit formidable des marteaux sur les enclumes dans les antres de la montagne. De ce gouffre enflammé Pétrone fait sortir Pluton, pressant la Fortune d'allumer dans le cœur des Romains la torche de la guerre civile; il le dépeint comme un abîme profond, baigné par les eaux fangeuses du Cocyte, et exhalant des torrents brûlants de vapeurs mortelles. On n'y voyait, dit-il, aucun arbre, excepté une ceinture de funèbres cyprès, et l'aire tout entière était couverte de pierres noirâtres et de rochers calcinés. Ces descriptions nous montrent que la solfatare antique ressemblait exactement à la solfatare actuelle, et n'avait pas une plus grande énergie volcanique. Une seule fois le cratère est sorti de l'état de demi-sommeil dans lequel il semble avoir toujours vécu : ce fut en 1198, sous le règne de Frédéric II, empereur d'Allemagne. A travers ces époques obscures, il ne nous est parvenu aucun détail circonstancié sur cet événement. Nous savons seulement que le volcan à demi éteint se ralluma avec furie, et vomit, au milieu de colonnes de flammes, d'immenses quantités de débris de lave trachytique, qui allèrent porter la désolation dans la ville de Pouzzoles et dans les environs.

Aujourd'hui le forum de Vulcain n'est guère qu'une fabrique de produits chimiques. A l'entrée de la grande caverne, dans les crevasses du sol, sur les pierres, on recueille du soufre sublimé, du sulfate acide d'alumine, du sel ammoniac et du sulfate de fer. Déjà au temps de Pline la solfatare fournissait toutes ces substances, et de plus les Napolitains tiraient de gros revenus d'une sorte de terre blanche qu'on en extrayait en grandes quantités : cette terre, par sa décomposition chimique, servait à provoquer la fermentation des céréales dont on fabriquait certaines boissons. Auguste décréta que chaque année on payerait vingt mille sesterces (c'est-à-dire quatre mille francs) à la ville de Naples pour l'achat de cette terre, à l'usage de la colonie qu'il avait établie à Capoue. Dans les temps modernes, la fabrication de l'alun, du soufre et du sel ammoniac, appartenait à l'hôpital de la Nunziata de Naples, et à la fin du XVIIIe siècle cet établissement en percevait un revenu annuel de plus de dix mille ducats. Aujourd'hui la fabrique fonctionne toujours; mais on la dit en décadence, et de fait elle m'a paru peu active. Pluton ne s'est pas contenté de s'assurer contre l'incendie; il s'est fait industriel, il paye patente, et je crains bien qu'il ne tombe en faillite. Quelle chute pour un dieu !

Tous les environs de la solfatare ont des communications plus ou moins importantes avec le foyer volcanique. Dans un couvent de capucins qui en est proche, les vapeurs sulfureuses s'exhalent des fissures du sol, non seulement dans le jardin, mais jusque dans l'église, près du maître-autel. Le sol en est tellement imprégné, qu'on a été obligé de suspendre une vaste citerne sur des piliers, afin de l'isoler entièrement et de soustraire les eaux au contact de ces émanations.

Après les merveilles de la nature, les merveilles de l'art. L'amphithéâtre de Pouzzoles, que nous allons visiter sur le sommet de la colline, est un des plus beaux monuments de ce genre qu'on puisse voir. La forme et les proportions en sont vraiment admirables; la maçonnerie surpasse en perfection et en solidité tout ce que les anciens nous ont laissé de mieux ; et ses dimensions, une fois plus vastes que celles des amphithéâtres de Pompéi et de Vérone, et moindres d'un quart seulement que celles du Colisée, lui permettaient de recevoir trente-cinq mille spectateurs. Les deux diamètres de l'ovale mesurent 560 palmes sur 444, et l'arène 274 sur 160. Il est moins élevé d'un tiers que l'amphithéâtre Flavien ; mais les gradins en sont plus commodes et moins rapides. Nous y remarquons avec un profond étonnement d'immenses souterrains voûtés dans lesquels on renfermait des bêtes féroces destinées aux jeux. Et pendant que ces scènes sanglantes s'accomplissaient dans l'arène, les spectateurs des loges supérieures avaient sous les yeux le plus splendide des panoramas : la ville entière avec ses monuments, ses temples, ses villas, le rivage de la mer avec ses môles gigantesques et les flottes qui y abordaient de toutes les parties du monde; plus loin, l'arc triomphal de Cumes, les deux mers, le mont Gaurus, Baia, Misène et l'île d'Ischia; et tout près, pour rappeler la menace sans cesse suspendue sur ces beaux lieux, la solfatare et ses mugissements.

L'amphithéâtre de Pouzzoles appartient aux meilleurs temps de l'art; car il était bâti sous Auguste. Ce prince, au témoignage de Suétone, y célébra des jeux, et mécontent du désordre qu'il avait vu régner dans la distribution des places, il fit une loi, la loi des théâtres, pour ordonner qu'à l'avenir chaque ordre de personnes occuperait un *cuneus* distinct, c'est-à-dire un de ces compartiments de sièges, limités par deux escaliers, lesquels allaient, en s'élargissant en forme de coin, de l'arène au sommet des gradins. Néron y donna aussi une grande fête quand il se rendit à Pouzzoles, au-devant de Tiridate, roi d'Arménie. Le spectacle fut si magnifique, que le roi barbare, venu en Italie pour recevoir le diadème des mains de l'empereur, en fut émerveillé. Dion Cassius, à qui j'emprunte ce trait, ajoute que les dépenses de la fête furent entièrement supportées par l'affranchi Patrobius, d'origine éthiopienne, qui pendant un jour entier ne laissa entrer dans l'amphithéâtre que des Africains. Le prince arménien, pour faire montre de son habileté à tirer de l'arc, et aussi pour honorer le magnifique affranchi, frappa et tua d'un seul coup, du haut du *podium*, deux taureaux furieux. A ces spectacles, déjà si sauvages et si cruels par eux-mêmes, les supplices des chrétiens ajoutèrent bientôt un nouveau caractère de barbarie. C'est ici que saint Janvier fut exposé aux bêtes, et l'on montre encore dans le corridor circulaire de l'amphithéâtre, sous les grandes arcades qui supportent la rangée supérieure des gradins, la petite cellule où le pieux évêque fut enfermé avec ses compagnons; cette cellule a été convertie en oratoire. Abandonné pendant huit siècles comme un monument inutile, l'amphithéâtre de Pouzzoles fut complètement enseveli en 1198 sous les débris de l'éruption de la solfatare; ce n'est que depuis 1848 qu'il a été déblayé et rendu à la curiosité des touristes sous la direction du savant archéologue Michele Ruggiero.

Nous descendons la colline par l'antique voie Antiniana, et nous traversons les rues de la ville, autrefois si bruyantes et si animées, aujourd'hui presque désertes et silencieuses. Le calme n'est troublé que par une bande de gamins de huit à dix ans entièrement nus, sauf une médaille suspendue à leur cou, qui jouent sur la place. Cet usage choquant était général, m'a-t-on dit, il y a peu d'années, à Naples et dans toute l'Italie méridionale; mais les mœurs publiques deviennent plus sévères, et l'on commence à vêtir les enfants dès leur bas âge. C'était la première fois que nos yeux étaient offensés par une nudité aussi complète. Quelques-uns de ces gamins accourent à nous pour demander l'aumône : « *Signori, un quattrino!* — Et que veux-tu faire de ce quattrino? — C'est pour manger du macaroni. » J'aurais doublé mon aumône s'il m'eût répondu que c'était pour avoir une culotte.

Il est onze heures. Nous nous attablons pour déjeuner sur la terrasse de l'*auberge de Neptune*, tout en face de la *marine*, avec une vue admirable sur le golfe et sur Baia. Le menu, composé par les soins de Gennaro, comprend, outre l'inévitable macaroni, des huîtres du lac Lucrin, une anguille du Fusaro, des poissons de mer et des coquillages, le tout arrosé d'un excellent vin récolté sur les pentes du Monte-Barbaro, avec un flacon de marsala pour le dessert.

Les douceurs de la table ne nous absorbent pas tellement que nous ne fassions un peu de philosophie, comme il convient après boire, et nous comparons l'état misérable de la Pouzzoles moderne avec la prospérité de l'antique *Puteoli*. Son port abandonné renferme à peine aujourd'hui quelques barques de pêche ; mais au temps des Romains il avait une grande importance commerciale. Il était protégé par un môle construit d'une façon singulière : d'énormes piliers, disposés sur une ligne de seize cents palmes, étaient reliés entre eux par vingt-cinq arches grandioses, ce qui formait un véritable pont au-dessus des eaux. Les anciens avaient trouvé dans cette disposition originale le secret d'assurer à la fois le calme et la profondeur de leurs ports. Les vagues venant de la haute mer, brisées par les piles du môle et par le tablier du pont, pénétraient dans le port par les arches, mais sans y porter l'agitation dont elles étaient animées, et en même temps elles y maintenaient un mouvement salutaire qui ne permettait pas aux sables et aux fanges de se déposer. Plus ingénieux que nous, les Romains avaient remarqué que les courants littoraux, toujours chargés de *troubles*, se dépouillent des matières qu'ils tiennent en suspension en pénétrant dans les eaux beaucoup plus calmes des ports fermés, et ils avaient obvié à cet inconvénient par l'établissement des jetées à arcades, qui laissaient entrer et sortir librement les eaux de la mer. Le môle de Pouzzoles n'était pas seulement la protection du port, il en était aussi l'ornement, car on l'avait couvert d'un portique magnifique, destiné aux réunions des marchands et aux promenades des oisifs. Quand arrivait la flotte d'Alexandrie, chargée des blés de l'Égypte, le peuple se précipitait en foule sous ce portique pour saluer les vaisseaux qui lui apportaient son pain. De ce travail grandiose il reste aujourd'hui treize piliers à l'état de ruine. Les guides les montrent au touriste comme les restes du pont que l'insensé Caligula avait fait construire de Pouzzoles à Baia ; mais cette fable est démentie par l'histoire.

Tu sais que Caligula, soit pour imiter Xerxès, qui passa d'Asie en Europe sur un pont, soit pour célébrer un triomphe à l'occasion de ses prétendues victoires, soit pour épouvanter les Bretons, qu'il s'apprêtait à combattre, soit enfin pour tourner en dérision la prédiction sarcastique de l'astrologue Trasyle, qui lui avait promis l'empire quand il aurait traversé à cheval le golfe de Baia, avait entrepris sérieusement ce travail fabuleux. Des vaisseaux rangés sur deux lignes, attachés entre eux et maintenus par des ancres, avaient été chargés de terre battue et pavés tout comme la voie Appienne. Ce pont, qui partait de l'extrémité du môle de Pouzzoles et qui aboutissait à Baia, avait trois milles et six cents pieds de longueur. On y avait établi de distance en distance des hôtelleries et des fontaines pour la commodité des spectateurs. Après avoir sacrifié à Neptune et à l'Envie, l'empereur le traversa pendant deux jours consécutifs. Le premier jour il se montra sur un cheval richement harnaché ; il était vêtu d'une chlamyde de soie pourpre brodée de pierres précieuses, avec la cuirasse d'Alexandre le Grand sur la poitrine, l'épée dans la main droite, le bouclier au bras gauche, et la couronne de chêne sur la tête. Suivi de ses troupes d'infanterie et de cavalerie, il traversa le pont au galop et entra à Pouzzoles comme s'il l'eût prise d'assaut. Le lendemain, feignant d'être fatigué d'une si laborieuse entreprise, il retourna à Baia par le même chemin sur un char traîné par des chevaux que leurs succès dans le cirque avaient rendus fameux. Sa tunique était d'or. Il était suivi du jeune Darius, que les Parthes lui avaient donné en otage, de ses amis, de l'armée et du peuple, tous en habits de fête. Après cela Caligula, tout en souriant, fit jeter à la mer les personnages les plus marquants qui se trouvaient près de lui, et il les faisait repousser à grands coups de rames des vaisseaux où les malheureux voulaient se cramponner. N'est-ce pas là un joli amusement ? Malgré cela, la mer étant calme, il s'en noya peu, quoique la plupart fussent ivres. Pour donner le dernier coup de pinceau à ce tableau, il faut ajouter avec Suétone que la famine sévissait au même moment à Rome et dans toute l'Italie, parce que l'empereur avait accaparé tous les vaisseaux de transport pour son entreprise insensée.

En sortant de table, nous visitons rapidement les autres curiosités de Pouzzoles : sa cathédrale, temple antique dédié à Auguste par Calpurnius sous le nom de Jupiter ; ses temples, ses théâtres, ses vieux murs, etc. Je laisse de côté toutes ces ruines, malgré leur intérêt artistique, et j'arrive tout de suite à un monument dont l'état actuel soulève les questions les plus curieuses : je veux dire le temple de Sérapis.

C'est à l'ouest de la ville, sur le bord de la mer, au pied de la colline, que se voient les ruines admirables de ce monument, qui, par la grandeur de ses proportions, la beauté de son plan, la perfection des détails, la richesse et la variété de ses marbres, le nombre de ses statues, devait rivaliser avec les plus magnifiques temples de la Grèce. Il fut bâti 105 ans avant l'ère vulgaire (ce qui correspond à l'an 648 de Rome) et consacré à Sérapis, dieu de la vie et de la santé chez les Égyptiens, à cause des nombreuses sources thermales sulfureuses qui sourdaient des flancs de la solfatare. Il se compose essentiellement d'une aire quadrilatérale de 940 palmes de long sur 840 de large, non compris la *cella* ou sanctuaire; cette aire était entièrement pavée de larges dalles de marbre blanc et cipollin. A l'orient, au fond, s'ouvrait la *cella*, en forme d'hémicycle long de 300 palmes et large de 240, avec la statue de Sérapis dans une niche. Au centre de l'aire s'élevait un petit temple rond, couvert d'une coupole, et formé de seize colonnes de rouge antique fleuri et de marbre africain, toutes d'un seul morceau, de la base au chapiteau; un autel quadrangulaire en occupait le milieu. C'est là que les malades, pour obtenir leur guérison, venaient offrir des sacrifices, et l'on voit, encore scellés dans le pavé, deux anneaux de bronze où l'on attachait les victimes sacrées. L'aire n'ayant point de toiture, on avait établi tout autour, sur vingt-quatre colonnes de granit, un double portique couvert, l'un inférieur, l'autre supérieur, pour qu'on pût circuler à l'abri de la pluie. Le *pronaos* ou vestibule était orné de quatre colonnes de marbre cipollin remarquables par leurs dimensions extraordinaires, car elles ne mesurent par moins de six palmes de diamètre, dix-neuf de circonférence et cinquante-deux d'élévation, toutes d'un seul morceau; l'entrée du temple était complétée par quatre autres colonnes, de jaune antique d'un moindre diamètre. On comptait en tout dans le monument quarante-six colonnes d'ordre corinthien et quarante-deux statues. La maçonnerie était de briques recouvertes de marbres variés, parmi lesquels on distinguait le jaune, le vert et le rouge antiques, l'africain, le cipollin, le violet et le portasanta. Trente-six cellules s'ouvrent tout autour du temple; c'était là, dit-on, une sorte d'hôpital sacré, un *Serapeum*, où les malades venaient éprouver la vertu des eaux sacrées, et demander leur guérison à Sérapis. J'y ai remarqué une sorte de stalle ou de siège percé sur le rebord d'une échancrure circulaire. La forme de ce siège a suggéré à certains archéologues une explication bien vulgaire; mais on sait aujourd'hui que c'était la disposition ordinaire des sièges dans les bains de vapeur.

Malgré son état de ruine et de délabrement, malgré les spoliations nombreuses dont il a été victime, le temple de Sérapis n'en est pas moins, après la solfatare et l'amphithéâtre, une des principales curiosités de Pouzzoles. Ce qui ajoute encore à son intérêt, c'est l'empreinte des révolutions du sol qu'il porte d'une manière irrécusable.

En effet, si l'on examine les trois colonnes du vestibule qui sont encore debout, on remarque que leur surface est unie et n'offre aucune trace d'altération jusqu'à la hauteur d'environ 3 mètres 60 centimètres au-dessus de leurs piédestaux ; mais, immédiatement au-dessus de cette zone, on en observe une autre de 3 mètres environ de hauteur, où le marbre a été perforé en mille points par une coquille bivalve marine, le *lithodomus* de Cuvier, désigné par Lamark sous le nom de *modiola lithophaga*, et par Linné sous celui de *mytilus lithophagus*. Les trous faits par ces mollusques sont piriformes, c'est-à-dire que l'ouverture, très petite d'abord, s'élargit graduellement. Au fond des cavités on trouve encore beaucoup de coquilles en place, quoique les visiteurs en aient déjà enlevé une grande quantité, et j'en ai pu recueillir quelques échantillons. Plusieurs de ces trous renferment les valves d'une espèce d'*arche*, autre mollusque qui se retire dans de petites anfractuosités. Les perforations sont si considérables en profondeur et en étendue, qu'elles témoignent d'un séjour prolongé des lithophages dans les colonnes ; car, à mesure que les animaux croissent en âge et en volume, ils sont obligés d'agrandir leur demeure, afin qu'elle se trouve en rapport avec l'accroissement de leur coquille. Au-dessus de la zone perforée, les colonnes ne portent pas d'autres traces d'altération que celles qui sont dues aux influences atmosphériques. Quant au pavé du temple, il est bien évident qu'il a été plongé sous les eaux, car d'autres animaux marins, les serpules et les *vermilia*, y ont fixé leur demeure.

Ces faits indiquent de grandes révolutions dans l'assiette du sol. Il est bien évident d'abord que le temple de Sérapis a été bâti au-dessus du niveau des plus hautes eaux (car il y a de petites marées dans le golfe de Naples), et l'inscription relative à sa fondation mentionne, en effet, la voie et la chaussée qui la séparaient de la mer. Plus tard, par une des perturbations géologiques si fréquentes dans cette région, le sol s'étant abaissé, les colonnes, sans être renversées de leur base, furent plongées dans la mer à une profondeur de 6 mètres 60 centimètres au-dessus de leurs piédestaux ; la partie inférieure des colonnes, étant protégée par des graviers ou par les débris même du temple, ne fut point exposée aux perforations des lithophages, et les coquilles ne purent s'attaquer qu'à la partie plus élevée. Cet état de choses dura longtemps. Enfin une nouvelle révolution fit sortir des eaux le temple de Sérapis et l'éleva au niveau où il se trouve actuellement, ce qui constitue un exhaussement de plus de 7 mètres.

Plus loin, ces mouvements du sol sont rendus manifestes par une foule d'autres faits du même genre. Sur toute la côte, de Gaëte à Naples, l'ancienne falaise, qui est aujourd'hui à une certaine distance de la mer, présente encore, à plus de sept mètres au-dessus des eaux, des balanes ou *glands de mer* attachés aux rochers et des testacés perforants. Ailleurs, par un phénomène inverse, des temples antiques, des villas romaines, sont plongés sous les eaux, et quand on se promène en bateau le long du rivage on aperçoit très nettement les ruines à une certaine profon-

Temple de Sérapis à Pouzzoles.

deur. Il en est de même, m'a-t-on dit, du côté de Sorrente, où des voies anciennes sont maintenant submergées. À l'est de Naples, au pied du Vésuve, le sol paraît être dans un état perpétuel d'oscillation, et les rails du chemin de fer, établis avec des nivellements bien déterminés, accusent fréquemment des exhaussements ou des abaissements très sensibles sur des longueurs considérables.

Le plus grandiose de tous ces bouleversements est celui qui eut lieu en 1538, et qui se traduisit par le soulèvement d'une nouvelle montagne et le comblement du lac Lucrin.

Au XVIe siècle, entre l'Averne et Pouzzoles, il n'y avait qu'une seule montagne, le Monte-Barbaro, désignée par Juvénal sous le nom de *Gaurus inanis*, sans doute à cause de son profond cratère circulaire, large de 1,500 mètres, et célébré par lui pour ses vins excellents :

> Te Trifolinus ager fœcundis vitibus implet,
> Suspectumque jugem Cumis, et Gaurus inanis.

Cette région, située précisément sur la longue fracture volcanique dont j'ai parlé plus haut, avait subi de temps en temps des tremblements de terre. Pendant les deux années 1536 et 1537, les agitations du sol devinrent plus fréquentes. Le jour et la nuit qui précédèrent l'éruption du Monte-Nuovo, une vingtaine de secousses, tant fortes que faibles, se firent sentir. L'éruption commença le 29 septembre 1538, un dimanche, une heure après le coucher du soleil. On aperçut les premières flammes entre les bains de vapeur et le bourg de Tripergola, dans cette vallée qui s'étend aujourd'hui entre le Monte-Barbaro et la montagne nouvelle. En peu de temps le feu prit une telle violence, qu'il se fit jour la même nuit dans cette vallée, et il sortit de cette ouverture une si grande quantité de cendres et de pierres ponces mêlées d'eau, que tout le pays en fut couvert. Cette pluie d'eau et de cendres tomba à Naples, à plusieurs lieues de distance, pendant toute la nuit. Le matin suivant, qui était un lundi, les malheureux habitants de Pouzzoles, épouvantés par cet horrible phénomène, s'empressèrent d'abandonner leurs demeures. Ils étaient tout couverts de cette fange noire qui ne cessa de pleuvoir toute la journée, et ils fuyaient la mort, ayant la mort peinte sur le visage. Les uns partaient avec leurs enfants dans leurs bras; d'autres emportaient des sacs remplis de bagages; d'autres tiraient du côté de Naples un âne chargé de leur famille en proie à d'horribles frayeurs. Quelques-uns, oubliant le péril suprême qui les menaçait, s'occupaient de ramasser les oiseaux que l'éruption avait tués en grand nombre, ou les poissons que la mer avait laissés à sec sur le rivage. L'écrivain contemporain à qui j'emprunte ces curieux détails, Marcantonio delli Falconi, ajoute qu'étant allé examiner les surprenants effets de l'éruption, il reconnut que la mer s'était beaucoup retirée du côté de Baia, et que le rivage paraissait presque entièrement à sec, par suite de la quantité de cendres et de pierres ponces qui avaient été émises au moment de l'éruption. Il aperçut deux sources au milieu des ruines nouvellement découvertes; l'une, d'eau chaude et salée, se trouvait devant la maison qui servait de demeure à la reine.

Un autre écrivain du même temps, Simone Porzio, dans une relation adressée au vice-roi Pierre de Tolède, nous a transmis quelques détails curieux sur ce grand événement. » Il y a maintenant deux ans, dit-il, que la Campanie, et notamment la partie voisine de Pouzzoles, a éprouvé des tremblements de terre; mais, à la fin de septembre dernier, les secousses ne discontinuèrent ni le jour ni la nuit; le rivage de la mer fut mis à sec sur un espace d'environ deux cents pas, et les habitants y recueillirent sur le sable une grande quantité de poissons, au milieu des sources d'eau douce qui y jaillissaient. Le 29 du même mois, la longue plaine qui s'étendait au bord de la mer entre la base du Monte-Barbaro et l'Averne parut s'élever, et prit aussitôt l'aspect d'une montagne naissante. Le même jour, à deux heures de nuit, cette colline s'ouvrit, et de sa bouche formidable elle vomit avec fureur des flammes, de la fumée, des ponces, des pierres et une boue de cendres. Cette boue fut tellement abondante, qu'elle couvrit tous les édifices de Pouzzoles, ensevelit tous les herbages, brisa les arbres, brûla toute la vendange jusqu'à six milles de distance, et fit périr un grand nombre d'oiseaux et même de quadrupèdes. Les malheureux habitants de Pouzzoles furent obligés de s'enfuir au milieu de la nuit avec leurs femmes et leurs enfants, poussant tous des cris de terreur, et de se réfugier à Naples. Un bruit comparable à celui d'un tonnerre violent accompagnait le déchirement du sol, et les blocs rejetés étaient convertis par le feu en pierres ponces, dont quelques-unes étaient plus grosses qu'un bœuf. Les projectiles atteignaient à une hauteur à peu près égale à celle d'un trait d'arbalète; puis ils retombaient, soit sur le bord, soit dans l'intérieur même de l'ouverture. Quant à la boue, elle fut projetée par la force de l'explosion jusqu'à la distance de soixante mille pas. Très sèche d'abord près de la bouche d'éruption, elle devenait graduellement plus liquide. Elle était d'une abondance tellement prodigieuse, que, dans l'intervalle d'une nuit, jointe aux pierres dont je viens de parler, elle forma autour du gouffre une montagne de mille pas de hauteur. On y voyait dans l'origine un grand nombre de crevasses qui émettaient des flammes; on n'en voit plus que deux aujourd'hui, l'une près du rivage de l'Averne, l'autre au milieu de la montagne. Le lac Averne fut comblé en grande partie. Les bains qui étaient sur ses bords, célèbres depuis tant de siècles pour la guérison de plusieurs maladies, furent ensevelis sous la cendre. Non seulement Pouzzoles et ses environs furent inondés par la boue, mais Naples le fut également, ce qui occasionna la destruction de plusieurs de ses palais. Cette éruption dura deux nuits et deux jours sans discontinuer, mais ce ne fut pas toujours avec la même intensité; le troisième jour elle cessa, et je montai alors avec un grand nombre de personnes jusqu'au sommet de la nouvelle colline. De là je pus apercevoir l'intérieur de l'ouverture, qui consistait en une cavité circulaire d'un quart de mille environ de circonférence. Les pierres qui y étaient tombées éprouvaient en apparence un mouvement semblable à celui qui se dégage d'un vase rempli d'eau placé sur le feu. Le quatrième jour, l'éruption recommença, et le septième elle se manifesta avec une plus grande violence, quoique moins considérable toutefois que la première nuit.

« A ce moment plusieurs personnes qui étaient sur la montagne furent renversées et tuées par les pierres, ou étouffées par la fumée. Dans le jour, on voit encore de la fumée sortir de cette montagne, et souvent, pendant la nuit, on aperçoit du feu à travers cette fumée. »

Comme on le comprend par cette description, le Monte-Nuovo fut poussé en haut sous la forme d'une grande bulle ou d'une ampoule, qui en éclatant donna naissance au profond cratère actuel. Les couches solides de tuf blanc, originairement horizontales, qui formaient le sol primitif, furent soulevées en 1538 de manière à plonger du centre dans toutes les directions, en s'inclinant comme la surface du cône même. C'est à tort, dit M. de Buch dans son bel ouvrage sur les îles Canaries et sur les volcans en général, qu'on croit le Monte-Nuovo formé par éruption, et de matières incohérentes, scories et ponces. Les couches solides de tuf soulevées sont très visibles tout autour du cratère, et il n'y a que la surface extérieure qui soit composée de scories rejetées.

Depuis longtemps le Monte-Nuovo est entré dans la période du repos. Il est aujourd'hui couvert d'arbousiers, de myrtes et d'autres arbres verts sauvages qui lui donnent un aspect riant. Quand on l'aperçoit du golfe de Baia, à côté de son voisin le Barbaro, il produit, par sa forme arrondie et conique, un charmant effet dans le paysage. La hauteur de cette montagne a été récemment déterminée par le minéralogiste italien Pini, qui l'a trouvée de cent trente-quatre mètres au-dessus du niveau de la baie; sa base a environ deux mille cinq cent mètres de circonférence.

Suivant Pini, la profondeur du cratère est de cent vingt-huit mètres à partir du sommet de la montagne, de sorte que le fond ne se trouve qu'à six mètres au-dessus du niveau de la mer.

L'éruption de 1538 a fait disparaître en grande partie les ruines de la villa que Cicéron avait bâtie sur le bord de la mer sous le nom d'*Académie*, et où il composa ses *Académiques*. Le grand orateur écrivait à Atticus : « J'ai établi notre chère Pilia (sœur d'Atticus) dans ma maison de Cumes, auprès du lac Lucrin... Je vais à ma maison de Pompéi, où je serai peu de jours. Je reviendrai ensuite ici dans mes royaumes de Cumes et de Pouzzoles, *Puteoluna et Cumana regna*... Que je me plairais dans cet agréable séjour, si les importuns ne m'obligeaient presque à déserter ! »

Ce n'est pas sans raison que Cicéron appelle ses maisons des *royaumes*. Cette région était devenue le rendez-vous de tous les élégants, de tous les oisifs, et l'on y accourait de Rome, comme on va de nos jours aux *eaux*, chercher moins la santé que des distractions et des plaisirs bruyants. Les Romains, attirés par la douceur du climat, la fécondité du sol, la beauté du paysage et le voisinage des sources thermales, y avaient établi des villas, des bains, des temples, des cirques, des amphithéâtres, des ports, des viviers, et y avaient accumulé toutes les délices mondaines.

Marius, Pompée, César, Caton, Hortensius, Varron, Sénèque, y avaient des maisons de campagne. A la vérité, c'étaient moins des villas que des forteresses, *non villas, sed castra*. Placées sur la hauteur, au milieu d'ombrages toujours verdoyants, au milieu des belles eaux que des aqueducs leur amenaient de bien loin, elles semblaient fuir ces troupes de chanteurs nocturnes qui parcouraient la baie semée de feuilles de roses, *et fluitantem toto lacu rosam*. Sur tout le rivage ce n'étaient que concerts, symphonies, festins, promenades en barque, chants dissolus, intrigues, débauches, comme Cicéron le reproche amèrement : *libidines, amores, adulteria, convivia, commessationes, cantus, symphonia, navigia jactant*. On s'y disputait le terrain à prix d'or, et les maisons empiétèrent sur la mer. On voit encore loin du rivage, dans les flots, des substructions gigantesques, ruines étonnantes de ces villas, qui n'avaient pas craint de se poser au milieu des eaux. Aussi ces lieux devinrent-ils le réceptacle de toutes les dissolutions, et sous l'empire les excès y atteignirent un degré inouï. Ce ne sont pas seulement les souvenirs de ces désordres qui vivent ici ; les monuments eux-mêmes, dans leurs bas-reliefs et leurs ornements, nous ont transmis la preuve des honteuses débauches de ces temps, et restent là comme un commentaire énergique des historiens latins.

En repassant dans ma mémoire les passages des anciens qui nous parlent de ces lieux enchanteurs, je me rappelais surtout cette page immortelle où Tacite a raconté le meurtre d'Agrippine, et ce souvenir jetait un voile funèbre sur le paysage. Tu sais que Néron, voulant faire périr sa mère, l'avait appelée aux fêtes de Baia sous prétexte de se réconcilier avec elle, et l'avait conduite dans sa villa de Bauli, près du cap Misène. En revenant du festin, Agrippine monta sur un vaisseau disposé pour sombrer ; mais elle échappa au danger en se jetant à la nage. Une barque la recueillit et la transporta à sa villa par le lac Lucrin. Vain espoir ! des meurtriers accourent, envoyés par César, et se chargent du parricide que la mer n'a pu consommer.

Du haut du Monte-Nuovo, il me semblait assister à cette scène horrible, car j'avais sous les yeux les lieux où elle s'est accomplie. Je voyais, dans sa villa de Bauli, Néron, comprenant enfin la grandeur de son crime, tantôt plongé dans un silence farouche, tantôt agité par une terreur secrète, hors de lui-même, attendant avec épouvante la lumière du jour, comme si elle devait lui apporter la mort. Qui arrachera l'empereur à ces remords menaçants ? Burrhus, les centurions, les tribuns, s'empressent de secouer ces images importunes ; ils viennent trouver Néron, et le félicitent hardiment d'avoir échappé aux embûches de sa mère ! La version officielle de l'événement était trouvée. On court aux temples remercier les dieux de leur protection. Toute la Campanie imite les courtisans, immole des victimes d'actions de grâces, et envoie des députations féliciter l'empereur. Le monde romain s'ébranle tout entier à la suite de ces premiers adulateurs, et alors commence une inénarrable comédie. Le plus effronté de ces harangueurs complaisants, Julius Africanus, osait dire au parricide: « César, votre province de Gaule vous prie de supporter votre bonheur avec courage! » Pendant toutes ces bassesses, Néron, insensible en apparence à son propre salut, montrait une grande tristesse, et feignait de ne pouvoir se consoler de la mort de sa mère. Mais, dit Tacite, la face des lieux ne peut changer comme celle des hommes; on avait cru entendre les éclats de la trompette sur les collines voisines, et des gémissements sur le tombeau d'Agrippine; il semblait que la mer et les rivages eussent revêtu un aspect lugubre.

C'était cette même impression que je retrouvais autour de moi. Depuis l'ère romaine, ces beaux lieux ont bien changé de physionomie : les collines sont devenues incultes; les eaux chantées par les poëtes se sont converties en marais pestilentiels; l'air, chargé de miasmes, est devenu meurtrier, et les populations se sont enfuies loin de ces rivages désolés. Le pays est désert, et les ruines accumulées impriment au paysage un singulier caractère de tristesse.

Cette tristesse s'accroît à mesure qu'on avance dans ce pays de la fièvre et de la mort. En suivant le rivage nous rencontrons bientôt le lac Lucrin, au pied du Monte-Nuovo, à moitié comblé par l'éruption de 1538. Il était autrefois célèbre pour ses huîtres, qu'ont vantées Horace et Martial. Le fisc de Rome tirait de ce produit un revenu immense. Le lac était défendu de la mer par une chaussée, *via Herculea*, construite, dit-on, par Hercule pour faire traverser les marais aux bœufs de Gérion. Cette chaussée fut réparée par Jules César et par Agrippa.

Au nord-ouest du Lucrin s'étend le lac Averne, entouré de collines pittoresques que couvrent des châtaigniers, des vignes et des orangers. C'était dans l'origine un cratère d'explosion, et, même après être devenu un lac, il continua pendant longtemps à émettre des vapeurs d'acide carbonique qui tuaient les oiseaux. De là son nom, tiré du grec; Lucrèce le chantait en ces vers :

> Principio, quod Averna vocantur nomine, id ab re
> Impositum est, quia sunt avibus contraria cunctis,
> E regione ea, quod loca cum venere volantes
> Remigium oblitæ, pennarum vela remittunt,
> Præcipitesque cadunt, molli cervice profusæ,
> In terram, si forte ita fert natur locorum;
> Aut in aquam, si forte lacus substratus Averni.

D'épaisses forêts, peuplées de reptiles venimeux, entouraient l'Averne de toutes parts, et inspiraient une terreur religieuse; on y avait élevé des temples dédiés à l'Érèbe et à la triple Hécate. La superstition, s'emparant des phénomènes effrayants qui s'accomplissaient dans toute cette région, vit dans ce lac un épanchement de l'Achéron et du Styx, et dans les grottes de la montagne les portes du sombre Tartare. Tous les lieux voisins reçurent des noms en rapport avec cette destination infernale. On retrouva le Cocyte dans le Lucrin, les champs Élysées dans le riant pays qui s'étend entre le cap et le lac Fusaro, le Tartare dans la mer Morte de Misène, et le Léthé dans le Fusaro. Les poètes et les artistes donnèrent par leurs œuvres une autorité nouvelle à ces imaginations, et l'on peut aujourd'hui, sur les pas d'Ulysse ou d'Énée, faire une excursion complète aux enfers des anciens.

L'horreur de ces lieux célèbres s'évanouit sous l'empereur Auguste, quand Agrippa eut fait abattre les sombres forêts qui entouraient l'Averne.

Il voulut faire de ce lac un port sûr, et il le joignit par un canal de navigation au lac Lucrin. On voit encore les ruines du môle qui devait le protéger contre l'envahissement de la mer. Vingt mille esclaves furent employés à ce travail, que les écrivains de l'antiquité regardent comme une des œuvres les plus merveilleuses du règne d'Auguste. Plus tard Néron entreprit de joindre ce port au lac de Fusaro, et il fit tailler la montagne par ses architectes Severus et Celer, pour y établir un canal navigable. Il avait même le projet de pousser ce canal jusqu'à Ostie, à l'embouchure du Tibre, en utilisant les petits lacs qui s'étendent de distance en distance le long du rivage. Ce travail gigantesque fut exécuté jusqu'au lac de Licola, qu'on appelle encore aujourd'hui *la fosse de Néron*, et l'on voyait au temps de Tacite les *vestiges d'une espérance déçue*. Ce canal n'aurait pas eu moins de cent soixante milles de développement, et l'empereur voulait qu'il fût assez large pour permettre le passage de deux vaisseaux de front. Les prisonniers et les condamnés à mort furent appelés de toute l'Italie pour travailler à ces excavations, en échange de leur peine; et comme le trésor public était loin de suffire à des dépenses si extravagantes, Bassus promit à l'empereur de lui découvrir le lieu où Didon, fuyant de Tyr, avait caché ses immenses trésors. C'est à ces fouilles que Pline attribue la destruction du vignoble de Cécube, entre Fondi et Gaëte.

Sur les bords du lac Averne, dans les flancs de la colline, se trouve la grotte de la Sibylle. Ce n'était vraisemblablement dans l'origine qu'une communication ouverte entre les deux côtés de la montagne; mais la superstition ne tarda pas à s'en emparer, et à y voir un de ces antres sacrés où les dieux rendaient leurs oracles. C'est là que Virgile a placé la scène d'Énée consultant la prophétesse de Cumes :

> Excisum Euboicæ latus ingens rupis in antrum,
> Quo lati ducunt aditus centum, ostia centum,
> Unde ruunt totidem voces, responsa Sibyllæ.

Cette caverne, composée, en effet, d'un grand nombre de corridors, ne présente aux curieux qu'un très mince intérêt. On y va par acquit de conscience, pour remplir tous les devoirs du bon touriste, et pour payer au gardien l'impôt d'une oiseuse curiosité. On y voyait autrefois, dit-on, une sorte de sanctuaire orné de peintures, et un petit lac d'eau chaude qui répandait beaucoup de chaleur. Aujourd'hui le lac thermal a disparu, et la grotte, troublée dans son équilibre primitif par la convulsion de 1538, est en partie inondée par les eaux de l'Averne, à moins, comme Gennaro me l'insinue à l'oreille, qu'elle ne soit inondée par l'artifice des gardiens pour augmenter leur salaire. Je présume que dans l'origine l'antre de la Sibylle avait une communication directe avec quelque fissure volcanique, et qu'il s'en échappait des vapeurs ardentes sorties du Tartare. Il n'en avait pas fallu davantage pour donner à cette caverne un caractère divin.

Ce qui me confirme dans cette opinion, c'est que tout à côté, à Tritoli, dans les flancs du même rocher, existent des étuves naturelles. On y pénètre par plusieurs corridors; mais la température est tellement suffocante à hauteur d'homme, qu'il est nécessaire de se baisser et de ramper en quelque sorte sur le sol de la grotte pour parvenir au lac thermal, dont la température est de cent degrés. Ces étuves portent aujourd'hui le nom de *Stufe di Nerone*. C'est Néron, au dire de Suétone, qui en fit construire les bains et les orna de vastes portiques. Célèbres pendant tout le moyen âge, les étuves de Néron perdirent un moment de leur crédit, parce que les médecins de Salerne s'étaient ligués contre toutes les eaux de Pouzzoles, de Baia et des environs, pour en détourner les malades à leur profit. Depuis longtemps les bains de Tritoli ont repris la faveur publique; mais il faut avoir bien peu de souci du confortable pour aller y chercher la santé. De petites niches creusées dans le rocher, dans lesquelles on place les lits des infirmes pour recevoir l'influence des chaudes effluves de la grotte, voilà tout l'établissement. Aussi n'y voit-on guère que des pauvres envoyés par l'hôpital de la Nunziata de Naples.

Les hauteurs qui dominent l'Averne sont toutes couvertes de ruines grandioses, où les antiquaires cherchent les débris des monuments de l'antique ville de Cumes. On pénètre dans l'enceinte aujourd'hui déserte

de la vieille cité grecque par l'*Arco Felice*, arc gigantesque que surmonte
l'aqueduc qui amenait les eaux sur le promontoire par-dessus la crête
des montagnes. Que te dirai-je de ces ruines? Les murailles de l'Acropole,
les temples, les tombeaux, l'amphithéâtre couvert par les éruptions du
Monte-Nuovo, tout cela est bien digne de l'attention de l'artiste et même
du simple touriste; mais je n'en entreprendrai point ici la description.
Tout ce territoire abonde en antiquités; et, quoiqu'on l'ait exploré bien
des fois, les fouilles qu'y font journellement les habitants du voisinage

Baia.

amènent sans cesse la découverte d'objets précieux. Les tombes surtout
sont singulièrement riches, et l'exploitation des sépultures de cette
antique métropole a fait la fortune des heureux propriétaires de ces terrains. Lord Vernon, ayant acheté la permission d'y fouiller, eut la chance
de rencontrer une tombe qui renfermait une grande quantité de vases
avec des inscriptions très importantes, des objets d'or et de bronze, des
intailles et des camées. Ces précieux monuments ont été transportés en
Angleterre. En 1853, des fouilles exécutées à Cumes par les ordres du
prince Léopold, comte de Syracuse, amenèrent une des plus singulières
découvertes qu'ait jamais faites l'archéologie. Dans un grand tombeau
voûté, outre des vases à parfums en terre cuite, des lampes et des urnes
de verre pleines de cendres, on trouva trois squelettes. Quelle fut la stupeur de ceux qui ouvrirent ce sépulcre, quand ils virent que ces squelettes décharnés avaient des têtes où brillait encore l'apparence de la vie
et de la santé, avec les yeux ouverts et animés! Un examen plus attentif
montra que ces têtes étaient de cire avec des yeux d'émail, et que les

trois crânes étaient absents. On suppose que ces trois personnages, ayant été décapités par le bourreau, n'en avaient pas moins reçu les honneurs funèbres, et que, pour la cérémonie des obsèques, on avait remplacé les têtes coupées par des simulacres de cire. Ces suppliciés étaient peut-être des chrétiens mis à mort par les ordres de Dioclétien ; car on trouva dans la tombe une monnaie de cet empereur.

Les découvertes d'objets antiques sont si fréquentes et si notoires, que presque tous les paysans du voisinage sont devenus marchands d'antiquités. Vous ne pouvez pas faire cent pas sur la route de Cumes ou de Baia sans qu'on vous offre des pierres fines gravées, des camées, des anneaux, des cachets, des bracelets, des bronzes, des lampes. J'ai même vu, chez un paysan de Bauli, toute une chambre remplie de vases étrusques et de poteries grecques. J'avoue que je n'ai guère été tenté d'en acheter ; car je connais trop l'industrie des Napolitains. Hier j'ai visité les fabriques de poteries à la porte de Naples, près de l'embouchure du Sebeto, sur la route de Portici, et j'ai été frappé de l'art déployé dans l'imitation des vases anciens. La perfection est poussée au point de dérouter les plus fins connaisseurs en céramique. J'ai vu là des poteries à fond blanc avec dessins noirs (manière égyptienne), ou à fond noir avec dessins rouges (style étrusque), ou à fond rouge historié en noir (genre siculo-grec), capables de faire rêver tous les collectionneurs de l'Europe. Outre la perfection du travail, ce qui ajoute à l'illusion, c'est que l'argile, pour son grain, sa couleur et sa légèreté, semble être celle qu'employaient les anciens. Tu comprends bien que ces vases ne sont pas offerts au public dans l'état de fraîcheur où je les ai vus ; il est bon de les enterrer pendant quelques mois pour les ternir et leur donner la patine du temps.

On les ébrèche un peu pour en augmenter la valeur, et surtout on les fait vendre à Cumes ou à Pouzzoles par quelque rustre à l'air innocent. Sois persuadé que beaucoup des poteries antiques qu'on admire dans les collections n'ont pas d'autre origine.

Je reprends le long de la mer le chemin qui mène des étuves de Néron à Baia et à la pointe du cap Misène. Les ruines abondent partout, et nous parlent sans cesse de l'engouement des Romains pour ces rivages enchanteurs, dont Horace disait :

> Nullus in orbe locus Baiis prælucet amœnis.

Et Martial chantait de son côté :

> Littus beatæ Veneris aureum, Baias,
> Baias, superba dona naturæ.
> Ut mille laudem, Flacce, versibus Baias,
> Laudabo digne non satis tamen Baias.

En passant, nous entrons dans le temple de Mercure, bel édifice à coupole en rotonde avec une ouverture circulaire au milieu, tout comme le Panthéon de Rome. Une surprise nous y attendait. A peine étions-nous entrés, que deux jeunes filles se mirent à danser la tarentelle, pendant que les gardiens jouaient du tambour de basque. Les danseuses marquaient elles-mêmes la mesure de leurs mouvements par le son cadencé des castagnettes de bronze. J'ai trop peu d'expérience chorégraphique pour te décrire ici cette danse célèbre, et je me bornerai à te dire que par la grâce des attitudes et la souplesse des mouvements elle m'a paru charmante. Une chose cependant jetait une ombre sur ce spectacle improvisé : une des jeunes filles, atteinte de la *malaria*, faisait des efforts trop visiblement douloureux pour gagner quelques sous. Notre aumône mit fin à cette scène pénible.

J'avais vu tant de monuments depuis le matin, que je commençais à m'en lasser. Aussi je ne jetai qu'un regard distrait sur le château de Baia, bâti avec les ruines des villas antiques, et sur les *cento camerelle*, souterrains et celliers de la villa de Néron; mais mon attention, qui commençait à se fatiguer, fut soudainement excitée par un des plus grandioses monuments qu'on puisse voir; je veux parler de la *Piscina mirabile*. C'est un immense réservoir d'eau douce qu'Agrippa avait fait construire pour l'approvisionnement de la flotte romaine. Cette piscine a été taillée dans les flancs du rocher; elle a la figure d'un parallélogramme, et elle mesure deux cent cinquante-six palmes de long sur quatre-vingt-seize de large, avec vingt-cinq palmes de hauteur. La voûte est soutenue par quatre rangs de piliers. Une citerne, destinée à recevoir la vase et à servir d'épurateur, est ouverte à la base du réservoir. On amenait l'eau dans cette piscine par un aqueduc de soixante milles de développement, qui passait par-dessus les collines de Naples, de Pouzzoles et de Cumes. Après tant de siècles, la structure et la parfaite conservation de ce monument sont merveilleuses : on n'y remarque pas la moindre dégradation. J'ai été vraiment saisi par la grandeur de ce travail, et j'y ai reconnu le caractère des œuvres romaines.

Nous revenions à Baia, fatigués de notre longue course, lorsqu'en traversant Bauli je lus sur une enseigne ces mots magiques : *Buon vino di Falerno*. Ces mots allèrent droit au cœur du littérateur et du touriste accablé par la chaleur. Comment résister à une si douce invitation? Mes compagnons m'avaient précédé de cent pas, pendant que j'examinais les vases étrusques d'un paysan. Je les arrête par ce cri de joie : *Buon vino di Falerno*. Ils accourent aussitôt, et nous nous attablons sur une petite terrasse ombragée d'une vigne. Quel affreux breuvage, mon ami ! Un vin rouge, épais, lourd, douceâtre, musqué... Je me demande comment les anciens ont pu chanter une pareille liqueur.

Adieu, mon ami, je me repose à Baia au lieu de rentrer à Naples. Je t'écris de l'*hôtel d'Apicius,* nom que je bénirais s'il tenait le quart seulement des promesses dont il est gros. J'ai fait ici la connaissance d'un vieil antiquaire qui doit nous mener demain à l'Ile d'Ischia. Le rusé compère espère bien exploiter ma passion archéologique et me vendre une cargaison de vases siculo-grecs ; mais je me tiens sur mes gardes depuis que j'ai vu la fabrique. Adieu.

XV

LE TOUR DES ILES

Baie de Miniscola. — La conférence des triumvirs. — Ile de Procida. — Ile d'Ischia. — Le mont Epomeo. — Les quatre phases volcaniques d'Ischia. — Sources thermales. — Le bain sec. — La légende de Santa-Restituta. — Phénomènes volcaniques d'Ischia. — Ile de Capri. — Les palais de Tibère. — Infortunes d'un pêcheur. — Vue d'Anacapri. — Grotte d'azur. — Coucher du soleil.

Nous nous embarquâmes le lendemain de bonne heure à la baie de Miniscola pour nous rendre à Ischia en touchant à Procida. La mer était superbe et nous promettait une promenade délicieuse. Le patron de la barque, Vincenzo, se mit à nous chanter, dans sa langue harmonieuse, toute une épopée où les noms de l'antiquité se mêlaient d'une étrange façon à des souvenirs plus modernes. « C'est ici, me dit mon ami l'antiquaire en saisissant au vol le nom d'Octave jeté par le chanteur, c'est ici qu'eut lieu la célèbre conférence entre Octave, Antoine et Pompée. La mer était couverte des vaisseaux de la flotte de Pompée, et le rivage des légions d'Octave et d'Antoine. Quand toutes les conditions de l'accord eurent été stipulées et acceptées sur le môle, les triumvirs s'embrassèrent sous les yeux de l'armée et de la flotte, qui poussaient mille cris de joie. Pour sceller la réconciliation, Pompée retint ses deux collègues à dîner sur son vaisseau. Pendant le festin, Ménas lui glissa ces mots à l'oreille : « Veux-tu être le maître du monde? » Et il lui faisait signe qu'il n'y avait qu'à couper les câbles et prendre le large. « Il fallait le faire, et ne pas m'en parler, » répliqua Pompée.

L'île de Procida n'est séparée de la terre ferme que par un canal large de trois milles et demi, et elle se trouve à une égale distance d'Ischia. La conformité de la nature des roches sur ces trois points et la disposition des lieux ont fait croire à quelques géologues que les deux îles faisaient autrefois partie du continent, et en ont été détachées dans les temps historiques, comme l'affirment Pline et Strabon, par quelque phénomène volcanique. Cette opinion n'a rien que de vraisemblable, et un examen attentif des lieux la confirme pleinement.

Procida a sept milles de circonférence seulement, en mesurant toutes les pointes et toutes les sinuosités de son rivage accidenté. Ses deux extrémités, à l'orient et à l'occident, en sont les points les plus élevés et forment des précipices qui descendent brusquement dans la mer d'une hauteur de trois cents palmes. L'intérieur est plan et uni, et ressemble à un grand jardin rempli de vignes et d'arbres fruitiers, avec un village de six mille habitants. Le sol, composé d'éléments volcaniques, est d'une fertilité extraordinaire. La culture n'est pas la seule ressource des Procidans : ils se livrent aussi à l'industrie de la pêche du thon, de la cueillette du corail sur la côte d'Afrique, et de la récolte des pierres ponces qui flottent sur la mer dans le golfe de Naples. Quelques-uns s'occupent aussi de recueillir le pétrole qui sort de plusieurs sources au fond de la mer, et qui, par sa légèreté spécifique, surnage au-dessus des eaux. Notre barque traversa toute une petite flottille qui absorbait avec des éponges l'huile minérale flottante, dont la présence était dénoncée de loin par une odeur caractéristique.

Nous ne nous arrêtâmes qu'une demi-heure à Procida, assez pour voir le costume du pays. La population, protégée par son isolement contre les invasions de l'étranger et contre le mélange des races, a conservé la beauté du type grec, et se distingue par ses traits réguliers et expressifs. Les Procidanes, outre le vêtement propre au territoire napolitain, portent une espèce de mantille de laine ou de soie ouverte par-devant, galonnée d'or ou de velours rouge, et ordinairement doublée de soie de couleur éclatante. Ce costume élégant s'allie très bien à la noblesse du visage et à la dignité de la démarche ; il a quelque chose de sculptural et de pittoresque en même temps, bien capable de séduire un artiste.

Une heure après nous étions à Ischia. Cette île, la plus grande et la plus belle du golfe de Naples, a dix-huit milles de circonférence, cinq milles de longueur de l'est à l'ouest, et trois milles de largeur du nord au sud. Les historiens et les géologues sont d'accord pour attribuer la formation de cette île aux explosions volcaniques dont elle porte partout l'empreinte manifeste, explosions qui ont été fort redoutables dans les temps historiques, et qui l'ont été sans doute davantage encore dans les temps dont la tradition n'a conservé aucun souvenir. L'antique épopée fabuleuse de la lutte des Titans contre les dieux paraît n'être que la légende embellie des phénomènes vraiment gigantesques qui, dans l'île d'Ischia, ont accumulé montagnes sur montagnes et bouleversé des cantons entiers.

Le mont Epomeo semble avoir été la pierre fondamentale de ce colossal édifice. En montant sur les hauteurs de San-Nicolo et en se tournant vers le midi, on peut compter distinctement jusqu'à douze montagnes de moindre importance, groupées autour de l'Epomeo et adossées en partie à ses flancs. C'étaient autant de volcans distincts, dont les produits, empiétant sur la mer, ont contribué à l'extension des rivages. D'autres volcans surgirent ensuite à quelque distance, puis d'autres encore à côté. Et voilà comment les matières vomies et accumulées sur tous les points ont fini par produire ce prodigieux amas qui constitue l'île d'Ischia.

Les grandes éruptions volcaniques d'Ischia peuvent se réduire à quatre. La plus ancienne, celle qui précéda les événements historiques dont l'île a été le théâtre, a eu l'Epomeo pour siège principal. Le cratère primitif est encore bien reconnaissable, et l'on peut suivre le courant de la lave jusqu'à Ponza, bien qu'il ait trois à quatre mille ans d'existence. La seconde éruption, celle qui donna naissance au Monte-Rotaro, eut un tout autre caractère. La terre s'ouvrit au pied de la montagne, et vomit une incroyable quantité de matières calcinées, qui, lancées en l'air et retombant autour du cratère d'explosion, formèrent un cône d'une régularité remarquable, analogue à celui du Monte-Nuovo de Pouzzoles. Ces phénomènes, accompagnés d'affreuses secousses de tremblements de terre et d'émanations brûlantes, furent tellement effrayants, que les colons grecs de l'île d'Eubée, qui s'étaient établis à Ischia neuf cents ans avant l'ère chrétienne, furent contraints d'abandonner l'île et de se réfugier sur le continent. La ville qu'ils avaient fondée sur l'emplacement où surgit alors le Monte-Rotaro fut engloutie dans l'abîme volcanique, ou tout au moins ensevelie sous une pluie de pierres et de scories. La terre ferme elle-même se ressentit de ces mouvements, et les habitants de la plage de Cumes et des pays limitrophes s'enfuirent épouvantés dans l'intérieur de la Campanie.

Plus tard, les Grecs établis à Cumes, ayant dû soutenir une lutte terrible contre les Tyrrhéniens, appelèrent à leur secours Hiéron Ier, tyran de Syracuse. Celui-ci expédia une flotte, et remporta une brillante victoire que chanta Pindare. Pour prix de leur concours, les Syracusains s'emparèrent d'Ischia. Mais ils n'avaient pas achevé de bâtir leur forteresse, qu'une épouvantable calamité vint les frapper. L'Epomeo, secoué par des convulsions intérieures, se fissura sur un de ses flancs et s'ouvrit en un gouffre profond d'où s'échappèrent des flots de lave. Ces flots brûlants, se développant comme un torrent, allèrent se déverser et s'éteindre dans la mer, prolongèrent le rivage, et formèrent le double promontoire de Zaro et de Caruso, qui sépare aujourd'hui la plage de

San-Montano et celle de Foria. Les habitants s'estimèrent trop heureux de s'échapper la nuit, et retournèrent en Sicile sur leurs vaisseaux.

Après cette troisième éruption, les volcans d'Ischia entrèrent dans une période de tranquillité, et l'île put être habitée en toute sécurité par de nouveaux colons, aussi d'origine grecque, qui lui vinrent du littoral napolitain. Le calme dura environ dix-sept siècles. On avait presque perdu la mémoire de ces scènes de désolation, lorsqu'en 1301, sous le règne de Charles II d'Anjou, l'Epomeo fit une dernière explosion à sa base. Le sol s'ouvrit en un vaste cratère, encore visible, d'un mille et demi de circonférence, et vomit un courant de lave qui parcourut avec une grande vitesse les deux milles et demi qui le séparaient de la mer. Ce courant peut être suivi dans toute son étendue ; sa surface est presque aussi stérile, après une période de cinq siècles, que si elle n'était refroidie que d'hier ; quelques rares touffes de serpolet et deux ou trois autres petites plantes remplissent seules les interstices que laissent les scories, tandis que la lave émise en 1767 par le Vésuve est déjà couverte d'une riche végétation. Ce fut là la dernière convulsion volcanique d'Ischia. Depuis cette époque, l'île a joui d'une tranquillité qui n'a été troublée par aucun phénomène considérable.

On comprend qu'avec de tels éléments et un tel foyer d'activité volcanique, les sources thermales doivent être extrêmement nombreuses à Ischia. Aucune autre contrée ne présente, sur un si faible espace, une pareille accumulation d'eaux minérales. Les sources sont tellement abondantes, qu'elles forment par leur réunion de véritables ruisseaux qui vont se précipiter dans la mer comme des torrents d'eau bouillante. Les plus célèbres sont celles des bains de Casamicciola, où l'on se rend de tous les points de l'Italie méridionale. Les eaux se prennent non seulement en bains et en boissons, mais encore en vapeur dans des étuves disposées comme celles des anciens. Il y a aussi le *bain sec*, qui se prend en s'enfonçant dans des sables réchauffés par les feux souterrains à un degré de température qui dépasse celui de l'eau tiède. L'établissement thermal de Santa-Restituta est plus connu pour la dévotion à la sainte dont il porte le nom que pour la vertu curative de ses eaux. Sainte Restituta, vierge et martyre, est la patronne de l'île d'Ischia. Une vieille légende raconte qu'au commencement du IVe siècle le corps de Restituta, noble rejeton d'une royale famille d'Afrique, aborda dans la baie de San-Montano. La vierge, ayant embrassé la religion de Jésus-Christ, avait souffert le martyre sous le règne de Galère, empereur d'Orient. Son corps fut embarqué sur une nacelle remplie de matières combustibles, auxquelles les bourreaux mirent le feu. La Providence divine éteignit les flammes, protégea la sainte dépouille, dirigea sur la mer la barque abandonnée et la conduisit à la plage de San-Montano, où de nombreux miracles ne tardèrent pas à signaler la bienheureuse Restituta à la vénération publique. La précieuse relique fut déposée dans une chapelle, là où s'élève aujourd'hui le couvent des carmes de Lacco. Quelque temps après, l'empereur Constantin fit transporter à Naples le corps de la sainte et bâtit en son honneur la basilique de Santa-Restituta, présentement annexée à la cathédrale.

Les anciens avaient été frappés de l'abondance extraordinaire des

Le château d'Ischia.

sources chaudes de cette région; ils y avaient vu une manifestation de leurs dieux, et, suivant leur usage, ils avaient placé leurs bains sous la protection de certaines nymphes. Les thermes de Nitroli, célèbres par leurs eaux alcalines et nitreuses, étaient ainsi consacrées aux nymphes Nitreuses, NYMPHIS NITRODIBUS, comme l'indiquent les inscriptions de plusieurs bas-reliefs. On a recueilli dans le voisinage une foule d'inscriptions, d'*ex-voto*, de statues, qui nous annoncent toute l'importance attachée aux bains d'Ischia par les Romains.

Si j'avais voulu croire mon guide l'antiquaire, je n'aurais vu à Ischia que les souvenirs antiques. Le brave homme passait avec indifférence devant les plus beaux phénomènes volcaniques, et s'attachait exclusivement aux débris de l'art ancien. Il se pâmait devant de vieilles murailles en petit appareil, ramassait pieusement un fragment de tuile, et ne tarissait pas d'éloges sur la moindre sculpture. Il me promena par monts et par vaux à la recherche des cités disparues, m'en traça l'enceinte d'un coup d'œil assuré, m'expliqua toutes les origines phéniciennes des noms de lieux, et interpréta avec beaucoup d'imagination les inscriptions de quelques bas-reliefs. Je me laissai d'abord entraîner avec docilité; mais quand je vis qu'il n'y avait pas moyen de sortir de cet inépuisable thème, je hasardai quelques timides objections, dans l'espoir que mon archéologue, piqué au vif par mes critiques, allait passer à un autre sujet. Jamais de ma vie je ne fis une plus fausse manœuvre. Quittant les voies larges et faciles de la démonstration, l'antiquaire s'engagea résolument dans les chemins ardus de la discussion et de la dissertation, et je vis pleuvoir sur moi une grêle redoublée de citations et d'étymologies. Je courbai silencieusement la tête sous mon malheureux sort; mais bientôt, profitant d'un moment où mon interlocuteur reprenait haleine, et saisissant avec bonheur l'occasion d'un des cratères de l'Epomeo dans lequel nous descendions, j'entamai à mon tour une longue et inextricable dissertation sur les forces volcaniques, et j'accablai l'antiquaire d'une érudition indigeste. « Ah! *signor cavaliere*, me dit-il avec un dédain marqué, je vous croyais un artiste! Par Bacchus! quelle méprise!» Et sur ce mot superbe il me quitta.

Je profitai avec empressement de ma liberté pour étudier tous les phénomènes volcaniques dont l'île présente en quelque sorte un résumé complet. Les soulèvements du sol, les effondrements, les cônes, les cratères, les coulées de lave, les déchirures volcaniques, les émanations gazeuses, les eaux thermales, les sables brûlants, les métamorphoses des roches anciennes par l'action des feux souterrains, tout m'offrait un vaste champ d'études, et là, beaucoup plus que sur les flancs du Vésuve ou dans le cratère de la solfatare de Pouzzoles, je pouvais recueillir une ample moisson de renseignements.

La journée se passa en observations et en courses dans les montagnes de l'île, et le soir je revins coucher à la petite ville d'Ischia, où nous avions débarqué le matin. L'antiquaire était parti furieux, emmenant avec lui le patron Vincenzo, et m'abandonnant, avait-il dit, au milieu de mes volcans. Je me préoccupai peu de cet incident, certain de trouver le lendemain un bateau de pêche sur lequel je pourrais m'embarquer pour Capri. Je descendis de bonne heure sur le port, et il ne me fut pas difficile de trouver un patron qui consentit à me déposer à la *marine* de Capri, en touchant d'abord à la célèbre grotte d'azur.

L'île de Capri semble prolonger dans les eaux la pointe de la Campanella, dont elle n'est séparée que par un détroit de trois milles, et dont sans doute elle a été détachée par quelque tremblement de terre. Sa circonférence est de huit milles, sa largeur de trois milles et demi, et sa plus grande élévation au-dessus du niveau de la mer, au sommet du mont Solaro, de dix-huit cents pieds. Elle présente à ses deux extrémités deux montagnes escarpées, escortées de montagnes plus petites, avec une sorte de vallée au milieu. Ses bords sont tellement à pic, qu'elle serait inaccessible de toutes parts si la nature n'avait pris soin d'abaisser le sol d'un côté pour faciliter l'établissement d'un quai de débarquement et l'accès des parties supérieures de l'île.

Capri fut d'abord occupée par les Grecs de l'Eubée, puis par les Osques et par les Tyrrhéniens, et tomba ensuite sous le joug des Grecs de la côte napolitaine. L'empereur Auguste l'échangea avec les Napolitains contre l'île d'Ischia, et il y bâtit la villa de Jupiter. Tibère s'y retira dans sa vieillesse, y construisit douze villas qui prirent le nom des douze grands dieux, et en fit le théâtre des débauches les plus honteuses et des cruautés les plus inouïes. Le souvenir de ce monstre exécré plane encore sur ces beaux lieux, et il est impossible de rencontrer une ruine, de lire une inscription et de heurter une seule pierre sans entendre retentir le nom de Tibère.

Pour parvenir aux ruines du palais principal, situé au sommet du promontoire oriental, il faut s'engager dans le petit vallon de Capri, et monter ensuite, par les gigantesques gradins des montagnes, à la partie supérieure. Ces débris furent mis au jour en 1804 seulement. L'Allemand Hadraw fit des fouilles, au prix d'énormes dépenses, dans des amas immenses de matériaux, et découvrit la partie inférieure du palais des crypto-portiques où habitaient les serviteurs, un magnifique escalier de marbre, des murailles revêtues de mosaïques blanches, et de grandes arcades d'une hardiesse étonnante. Le plus précieux de tous ces débris est un pavé composé de marbre africain, de jaune et de rouge antiques, et de marbre de Saravezza, distribués en compartiments élégants ; ce pavé a été placé dans la cathédrale de Capri. On y trouva aussi les colonnes de jaune antique qui décorent le chœur et les autels de la même église, et une statue de travail grec. Enfin l'on y recueillit une quantité considérable de saphirs et de grenats qui ornent aujourd'hui la mitre et le collier de saint Costanzo, protecteur de l'île. De pareilles trouvailles n'y sont pas rares aujourd'hui, et en remuant les pierres on peut encore espérer de rencontrer quelques intailles ou quelques camées antiques.

Près de ces ruines, qui éveillent tant de souvenirs odieux, s'élèvent une petite église et la cellule d'un ermite. Un pauvre moine, vêtu d'un habit grossier, murmure maintenant ses prières aux lieux mêmes où Tibère se livrait aux débauches les plus odieuses dont l'histoire fasse mention.

Derrière l'ermitage, en face de la côte de Sorrente, le rocher tombe à pic dans la mer, hérissé çà et là de pointes aiguës. Ce n'est pas sans effroi et sans vertige que le voyageur se penche sur l'abîme, et mesure de l'œil l'effroyable profondeur du précipice. Du haut de ce rocher, le monstre couronné faisait jeter dans la mer ses malheureuses victimes, après les plus longs et les plus cruels supplices. C'est sur cette côte escarpée que s'aventura le pêcheur dont Suétone raconte la triste histoire : l'infortuné, ayant pris un poisson d'une grosseur extraordinaire, eut la mauvaise inspiration de venir l'offrir à l'empereur, et, grimpant de pointe en pointe, s'attachant aux moindres aspérités du roc, il parvint inopinément derrière Tibère et lui présenta son poisson, espérant obtenir une récompense honnête. L'empereur fut tellement épouvanté de la témérité de cette ascension sur un rocher réputé inaccessible, qu'il fit cruellement frotter le visage du pêcheur avec les écailles de son poisson ; et comme le malheureux osait se féliciter de n'avoir pas apporté une magnifique langouste, Tibère lui fit déchirer le visage avec le dos de ce crustacé.

Outre ses ruines, fort nombreuses et fort intéressantes, l'île de Capri présente de charmants points de vue. Le plus renommé est celui de la petite ville d'Anacapri, à laquelle on arrive par une rampe étroite et raide formée de cinq cent trente-six degrés. A mesure qu'on monte, l'horizon s'élargit et ouvre des perspectives nouvelles. Au sommet de cette rampe, on est tout surpris de trouver une vaste plaine de plusieurs milles de circuit, toute couverte de blanches maisons et de champs verdoyants. De ce point culminant, l'œil erre avec ravissement sur les mille objets disséminés dans les golfes de la côte lointaine, et les îles apparaissent comme des jardins flottants; et, sous vos pieds, l'île de Capri, avec ses deux villes, ses villages, ses maisons de campagne, les pointes escarpées des rochers, sa *marine*, ses vignes et ses bosquets, figure une carte géographique en relief, et offre aux regards étonnés un panorama enchanteur.

Mais la plus grande merveille naturelle de Capri est sa grotte d'azur. C'est une vaste caverne ouverte dans le rocher, au niveau de la mer, à quelque distance de la *marine*. On y pénètre par une étroite ouverture où une petite barque peut entrer, à condition que le voyageur se couche au fond. Quand on a franchi cette porte basse, on se trouve dans un port souterrain ayant deux cents palmes de long sur cent de large, et une profondeur d'eau de quatre-vingts palmes. Il semblerait que dans cette caverne obscure les eaux dussent être noires ; il n'en est rien. Par un phénomène encore inexpliqué, les rayons lumineux du dehors, brisés par la réfraction, viennent éclairer ce lac d'une lumière fantastique, et donner à tous les objets un éclat singulier. Les eaux sont de l'azur le plus tendre qu'on puisse imaginer, avec une légère nuance de nacre argentée, et se réfléchissent en teintes célestes sur les parois de la grotte. Un pêcheur qui s'y baigne présente le spectacle étrange d'une double coloration : noir au dehors de l'eau, il revêt dans la mer la nuance de l'azur ; les flots qu'il soulève autour de lui retombent en cascades phosphorescentes, et quand il se retire de l'eau il conserve pendant quelques instants une sorte d'illumination bleuâtre. On sort émerveillé de cette grotte, et l'on ne peut s'empêcher d'y voir l'image de ces palais sous-marins où les poètes ont placé l'habitation des nymphes.

Je revins de Capri à Naples en profitant du bateau à vapeur qui deux fois par semaine fait le service de l'île. La soirée était admirable, et le soleil se couchait dans des flots de pourpre et d'or. Au levant, les montagnes, éclairées par les feux obliques de l'astre à son déclin, se teignaient

Capri.

de nuances variées qui me rappelaient l'illumination du mont Blanc au coucher du soleil. La chaîne des Apennins, les monts Lattariens et le Vésuve se détachaient avec vigueur sur un fond d'un bleu clair; bientôt les montagnes se teignirent de pourpre, puis de rose, puis de nuances d'or d'une légèreté et d'une transparence admirables. L'or devint froid peu à peu, et se transforma par degrés insensibles en une nuance d'un blanc bleuâtre d'une intensité singulière. Le bleu fondit à son tour et s'éteignit dans le firmament au moment où les derniers rayons se plongeaient sous les eaux à l'occident. Absorbé par ce magique spectacle, dont nos pays du Nord ne peuvent donner aucune idée, je ne m'étais pas aperçu que nous approchions du port. Quelques instants plus tard, je retrouvais le bruit et l'animation de la ville; mais je me hâtai de rentrer à mon hôtel pour conserver dans leur première fraîcheur les riants souvenirs que je rapportais de mon excursion.

XVI

EXCURSION A L'EST DE NAPLES

Les *Délices* de Portici. — Panorama des *Délices*. — Villa de la Favorite. — L'antique Stabia. — Castellamare. — Paysage de Sorrente. — Le Tasse. — Course de montagne. — Messieurs les brigands. — Le littoral d'Amalfi. — La république d'Amalfi. — Ville de Salerne. — Ruines de Pœstum. — La *malaria*.

Le Vésuve, Herculanum et Pompéi n'absorbent pas toute l'attention du touriste à l'est de Naples; et en dehors de ces trois points, si intéressants pour l'étude des grands phénomènes de la nature et des mœurs de la vie antique, il reste encore à faire plus d'une excursion pleine de charme et d'attrait, où le paysage, l'art, les souvenirs historiques et littéraires se mêlent comme à souhait.

En sortant de Naples, après avoir traversé Portici, on ne tarde pas à rencontrer les *Reali Delizie*. C'est à un accident de mer et au vague désir exprimé par une jeune reine que ce palais doit son origine. Un jour du mois de mai 1737, un vent assez violent s'étant élevé subitement, on vit aborder à la plage voisine la galère royale qui voguait de Castellamare à Naples. Il en descendit une foule nombreuse et distinguée qui était allée en partie de plaisir assister à la pêche du thon, et, soit par la joie de se trouver hors de tout péril, soit par la beauté et le riant aspect du pays, la reine Amélie s'écria : « Quel lieu enchanteur! Oh! comme j'y passerais volontiers une partie de l'année! » Ce vœu fut rempli par le roi Charles, et l'on sut gré au médecin Buonocore d'avoir émis un avis favorable sur la salubrité de l'air. Quand quelques courtisans firent remarquer la proximité du Vésuve et les dangers qui pouvaient en résulter, le prince répondit gaiement : « La madone et saint Janvier y pourvoiront! »

Le dessin et la direction de l'ouvrage furent confiés à l'architecte Antonio Cannavari. C'était un artiste romain d'un mérite médiocre, et qui a laissé à Rome et à Lisbonne des travaux dont on ne parlerait guère, si dans le nombre il n'y avait un aqueduc où l'eau ne voulut jamais courir. Il jeta les fondations des Délices à la limite de Portici et de Resina, en occupant les villas, les jardins et les vignes du prince d'Elbœuf, du prince Santobuono et du comte de Palena, sur le sommet d'un torrent de lave qui, en l'année 1631, était descendu de la montagne et s'était dirigé vers la plage de Granatello. L'édifice a la forme d'un vaste rectangle, dont les côtés les plus longs sont en face de la mer, au midi, et au nord du côté de la montagne. La route publique passe au milieu de la cour du palais, ce qui en rend l'habitation bruyante et incommode.

Je ne chercherai point à décrire les *Delizie*, où l'on retrouve tous les caractères des palais napolitains. Les colonnes, les décorations architecturales, les marbres variés, les mosaïques, les dorures, les peintures, y jouent leur rôle habituel. Mais comment oublier l'horizon splendide dont on jouit du haut des terrasses, sur la mer, sur les îles et sur le Vésuve? A l'orient, la terrasse, couverte d'un berceau de treilles, regarde les monts Lattariens, qui, continuant les collines subalpennines, se prolongent jusqu'à la pointe du cap Campanella, en face de Capri; au midi, l'œil découvre tout ce qu'il y a de plus magnifique et de plus pittoresque dans le golfe de Naples; au couchant et au nord, le regard embrasse la ville de Naples avec ses collines, et les pentes du Vésuve, toutes peuplées de riants villages. De là, la montagne déploie les plus belles lignes et les plus remarquables aspects: aride et sauvage quand elle se tait, sublime et formidable quand elle ouvre ses gouffres profonds pour en tirer ses projectiles brûlants. Ainsi, dans ce panorama, le charme, la grâce, l'horreur, se succèdent tour à tour, en apportant aux yeux un incomparable spectacle.

La Favorite est une autre villa royale qui s'élève à l'est de Resina. Le duc Beretta l'avait bâtie au commencement du XVIIIe siècle, et en avait orné les jardins avec une grande magnificence. Ferdinand IV l'acheta plus tard, et, pour rappeler à sa jeune femme Marie-Caroline d'Autriche le souvenir de la résidence impériale de Schœnbrunn, il lui imposa le nom de Favorite. Quand cette villa fut devenue, en 1823, la propriété du prince de Salerne, elle reçut de nouveaux embellissements. Les jardins et les bosquets sont peuplés de bustes et de statues antiques; les appartements, meublés dans le goût moderne, présentent çà et là quelques morceaux précieux arrachés aux ruines du voisinage, notamment un magnifique pavé de mosaïque en marbre, trouvé dans une salle du palais de Tibère à Capri. On y remarque aussi une chambre chinoise: les meubles, les décorations et les peintures de cette pièce ont été empruntés au Céleste Empire, dont les modes étaient fort en vogue vers l'année 1770.

Cet appartement renferme une grande cage élégamment décorée dans le goût chinois, faite exprès pour être offerte au roi. On sait que la ville de Naples est dans l'usage d'offrir au roi, la veille de Noël, les plus beaux fruits et les plus belles fleurs de l'été, conservés dans leur fraîcheur primitive avec un soin extrême, les oiseaux les plus rares qu'on puisse se procurer, et une foule de douceurs et de confiseries préparées par les couvents de femmes les plus célèbres de la capitale.

Si nous continuons notre promenade à l'orient, en contournant le

Castellamare.

Vésuve et en négligeant les points que nous avons déjà mentionnés, nous arriverons bientôt à Castellamare, charmante ville moderne assise sur les ruines de l'antique Stabia. Au temps de la domination romaine, Stabia avait une certaine importance, et nous lui voyons jouer un rôle actif dans la guerre sociale, l'an 89 avant Jésus-Christ. A l'issue de la lutte, elle fut tellement ravagée et détruite par le dictateur Sylla, que les malheureux habitants ne purent jamais la faire sortir de ses ruines. Le village de Stabia reçut le dernier coup au moment de l'éruption du Vésuve, et, quoiqu'il fût éloigné du volcan de trois milles de plus que Pompéi, il fut enseveli sous les cendres et les lapilli.

Il reparut au jour par hasard en 1738, grâce aux excavations qu'on faisait pour ouvrir des puits et des fossés. On tira de ces fouilles des marbres admirablement travaillés, et l'on vit clairement par les monuments découverts qu'on avait rencontré le forum et le théâtre d'une ville ensevelie. Le nom de cette ville était d'abord inconnu ou du moins incertain; mais une inscription ne laissa aucun doute sur l'attribution qu'il fallait donner à ces ruines, et l'on apprit ainsi que les sénateurs de Stabia avaient fait construire par l'architecte Diphilus (un architecte employé par le frère de Cicéron) le faubourg et le port pour la commodité des citoyens et des navigateurs.

Les débris de Stabia sont aujourd'hui éloignés de la mer de deux cent cinquante toises environ, et élevés au-dessus de son niveau de dix-huit à vingt palmes (à peu près cinq mètres). Les couches de pierres ponces et de lapilli qui constituent le terrain montrent que l'ancien port a été comblé, comme celui de Pompéi, par les produits de l'éruption du Vésuve. Circonstance remarquable! on y a déterré une douzaine de grands arbres cerclés de fer, tous en situation verticale, ou à peine inclinés de quelques degrés à l'horizon, dans lesquels il a été impossible de méconnaître des mâts. Ne seraient-ce pas les mâts de la galère romaine que montait Pline au moment de l'incendie volcanique de l'an 79, et qui se trouvait amarrée dans le port de Stabia au moment où son commandant périt suffoqué sur le rivage?

Les ruines de la ville antique telles que les fouilles les ont révélées, sont loin d'égaler en importance, nous ne dirons pas celles de Pompéi, mais même celles d'Herculanum. Nous signalerons seulement, en narrateur fidèle, l'amphithéâtre, le gymnase, le temple de Diane avec son autel de marbre, aujourd'hui surmonté d'une croix et placé à la porte du couvent de Saint-François-de-Paule, comme pour attester le triomphe de la religion chrétienne sur le paganisme; le temple d'Hercule, élevé autrefois sur le petit écueil que les anciens nommaient *Petra Herculis,* et que les modernes appellent Revigliano; le temple de Janus *Vitifere,* l'introducteur de la vigne dans le Latium, et ceux de Cérès et de Pluton; enfin différentes maisons bâties dans le goût de celles de Pompéi.

La ville de Castellamare, qui a succédé à l'antique Stabia, n'a commencé à prendre quelque notoriété que sous la dynastie angevine. Le roi Charles Ier d'Anjou, qui se plaisait beaucoup sur ces beaux rivages, y bâtit un château fort sur le bord de la mer (*Castel a mare*), et une maison de plaisance qu'il appela *Casasana* ou *Quisisana,* à cause de la pureté et de la salubrité de l'air. Robert d'Anjou y habita aussi fréquemment, et il y fonda douze églises en l'honneur des douze apôtres, et un couvent de religieuses. Castellamare passa ensuite par diverses épreuves. Les plus cruelles furent celles que lui infligèrent le corsaire Dragut en 1542, quand il emmena plus de quarante prisonniers dont il exigea une très forte rançon, et le corsaire Mustapha, qui parcourut ces mers en vainqueur en 1650 et 1657. La ville ne fut délivrée que par l'intervention du duc de Guise qui s'empara de la place avec une petite flotte et y arbora le drapeau français, en se proclamant *capitaine général du roi de France dans le royaume de Naples.* Sa domination dura peu de temps : après quatorze jours d'aventures romanesques et de victoires mêlées de défaites, le duc s'embarqua et s'en retourna.

Parmi les monuments de Castellamare, il n'y a guère à mentionner, à cause de ses souvenirs, que l'église de Pozzano, assise avec son monastère sur le sommet d'une délicieuse colline. On y vénère une image antique de la Vierge, qu'on dit avoir été cachée dans un puits (*pozzo*, de là le nom de Pozzano) pour la sauver de la fureur des iconoclastes au xie siècle. Cette peinture est d'une simplicité et d'une beauté de coloris qui rappellent les premiers temps de l'art. Sans remonter si haut que le xe siècle, elle pourrait bien être l'œuvre du Cimabuë. Près de l'église on montre le puits où fut trouvée la pieuse image; on y descend par quelques degrés, et l'on ne tarde pas à rencontrer un hypogée et un cimetière antique.

Mais ce ne sont plus les monuments qu'on recherche sur cette plage admirable. La nature y est si belle, le ciel si pur, le paysage si riant, la mer si voluptueuse, qu'on oublie bien vite toutes les merveilles des arts et du génie de l'homme pour se livrer aux enchantements que la création prodigue autour de vous. Quelle route charmante que celle qui court sur le rivage, de Castellamare à Sorrente, au pied des montagnes, en face de cette mer splendide et de ce panorama incomparable! Les bosquets d'oliviers et d'orangers, la douceur enivrante de l'air, les molles sinuosités du golfe et des collines, tout vous annonce que vous êtes arrivé à l'antique Sorrente, cette ville embaumée qui reçut, dit-on, son nom des sirènes, ainsi que les montagnes voisines. Les Romains surent apprécier de bonne heure ces rivages si doux, et le promontoire de Sorrente devint, comme celui de Baia, qui lui fait face de l'autre côté du cratère, le rendez-vous à la mode des gens désœuvrés. La salubrité de l'air et la beauté pittoresque de ses collines furent célèbres chez les anciens; son vin lui-même avait une grande réputation, quoique Tibère et Caligula prétendissent que ce n'était qu'un vinaigre généreux et une noble piquette : *generosum acetum, nobilem vappam,* opinion que je ne suis pas éloigné de partager. Avec ses grottes entaillées dans les rochers sur la mer, ses bosquets odorants, ses chemins ombreux, ses ravins encaissés et creusés dans les collines, ses perspectives ravissantes, Sorrente est depuis longtemps l'attrait des poètes et des peintres paysagistes. Les *canzoni* populaires l'appellent Sorrente la *gentille,* comme elles appellent Naples la *belle,* et les habitants pourraient toujours saluer l'étranger par ces vers empruntés à leur poète immortel :

> O fortunato peregrin, cui lice
> Giungere in questa terra alma e felice.

« O heureux étranger, à qui il est permis de visiter cette terre féconde et fortunée! »

Sorrente est surtout chère aux Italiens pour avoir été le berceau du chantre inspiré des croisades, le dernier poète religieux du XVIᵉ siècle. Le Tasse y naquit en 1544. Ce sublime et malheureux génie, pendant les tristes jours que la tyrannie d'un prince de la maison d'Este, Alphonse, duc de Ferrare, lui fit dévorer en prison dans l'hôpital Sainte-Anne, se souvenant de sa chère Sorrente, la saluait par ces vers où il rappelait la fabuleuse origine de la ville :

> Sassel, la gloriosa alma Sirena,
> Appresso il cui sepolcro ebbi la cuna ;
> Cosi avuto v' avessi o tomba o fossa!...

« Sassel, cette glorieuse et douce Sirène, près du sépulcre de laquelle j'ai eu mon berceau; que n'y ai-je plutôt trouvé mon tombeau!... »

Il faut pourtant s'arracher aux enchantements de la Sirène et continuer sa course avec cette *furia* qui pousse le voyageur toujours en avant. Un peintre en villégiature, à qui j'avais été recommandé à Sorrente, s'était chargé de me trouver un guide sûr pour me faire franchir les montagnes, et me conduire à Amalfi, de l'autre côté du promontoire, sur le golfe de Salerne. Mon nouvel ami m'avait bien trouvé un conducteur du pays; mais il n'osait se fier à lui, à cause de certaines histoires lugubres qui couraient sur son compte. On racontait que Francesco (c'était le nom du guide), au lieu de mener les voyageurs à leur destination, les avait plus d'une fois entraînés dans les repaires de brigands pour partager avec eux le prix du *riscatto*. La physionomie de Francesco était loin de démentir ces récits; car c'était bien la plus affreuse figure de sacripant que j'aie jamais rencontrée. Une circonstance heureuse vint me tirer d'embarras : un propriétaire de la montagne, qui se rendait au petit port de Scaricatojo, me proposa de changer mon itinéraire et de m'emmener avec lui, tout en gardant le guide pour porter mon bagage. J'acceptai avec empressement le nouvel itinéraire, qui me permettait de visiter les gorges les plus curieuses de la chaîne de Sant-Angelo.

Notre petite caravane se composait de six personnes; car le *signor* Giovanni Fonte était accompagné de ses deux fils, âgés de dix-huit à vingt ans, et d'un serviteur. « Francesco, dit-il résolument à mon guide, je te connais et je sais de quelle trahison tu es capable. Écoute mon avis, mon fils, et fais-en ton profit. Nous sommes tous armés jusqu'aux dents, et ce seigneur français n'est pas d'une humeur pacifique, je t'en préviens. Tu marcheras toujours devant nous, et, au premier signe suspect, drôle, je te casse sans pitié la tête avec ce *revolver*. C'est le même qui a déjà tué ton camarade Bartolomeo. En avant! »

Ce langage énergique, appuyé d'une démonstration menaçante, parut faire quelque impression sur mon guide, et il se mit piteusement à la tête de la troupe, non sans tourner l'œil de temps en temps de notre côté. Le chemin que nous suivions justifiait toutes les précautions de mon compagnon de route; c'était bien le plus affreux chemin qu'on

Sorrente.

pût voir, si l'on peut appeler de ce nom un ravin encaissé entre deux rochers dépouillés, encombré de troncs d'arbres, de blocs de pierres roulantes, et serpentant péniblement sur le flanc de la montagne. De distance en distance de grands arbres étendaient leur ombrage sur nos têtes, et nous cheminions dans une demi-obscurité. Deux hommes résolus auraient pu nous arrêter dans cette gorge sauvage.

« Je crois le chemin sûr aujourd'hui, me dit le seigneur Fonte, car tous les renseignements arrivés ces jours derniers nous apprennent que la bande de Guerra occupe les environs de la Cava; mais je prends mes précautions, et j'ai de bonnes raisons pour cela, malgré le sauf-conduit que m'a délivré ce Guerra, que le Ciel confonde! — Comment! lui dis-je, vous êtes en relation avec ce bandit? — Il l'a bien fallu, répliqua mon compagnon; car j'ai été son prisonnier pendant trois mois. C'est dans le ravin des Palombes qu'il me surprit l'an dernier, au moment où je me rendais à ma ferme pour en surveiller les travaux. Mon *riscatto* (rachat) fut fixé à la somme de cinq mille ducats, plus de vingt mille livres italiennes, somme énorme pour moi ; car elle représente à peu près toute ma fortune. C'était bien dur, seigneur; mais il fallait en passer par là pour conserver la vie. J'envoyai un messager à ma famille pour l'informer de mon malheureux sort, et je conjurai ma femme et mes enfants de réunir au plus tôt la somme exigée, s'ils voulaient me revoir vivant. Guerra poussa même l'obligeance jusqu'à me conduire chez un notaire d'Amalfi, afin de passer à ma femme une procuration pour hypothéquer mes biens. Cependant les troupes étaient à nos trousses, et la bande de brigands dut fuir à travers les précipices de ces montagnes, en m'entraînant dans sa course désordonnée. J'ai vécu trois mois de cette vie errante au milieu des bois, dans les ravins, dans les cavernes de la montagne, traité rudement par mes compagnons, et nourri tout juste autant qu'il était nécessaire pour ne pas mourir de faim. — Eh ! l'ami, me dit un jour Guerra, votre rançon est bien longue à venir ; je vais envoyer un second avertissement à votre famille en lui demandant mille ducats de plus pour la perte des intérêts. — A cette menace sinistre je pâlis; car je savais trop ce qu'il entendait par cet *avertissement*. Il me fit couper une oreille (hélas! seigneur, vous voyez comme je suis mutilé!) et l'envoya à ma femme, en annonçant que les autres membres suivraient à tour de rôle jusqu'au payement intégral de la somme demandée. Ma pauvre femme avait remué ciel et terre pour trouver en numéraire les vingt-cinq mille francs exigés (ces messieurs ne veulent pas recevoir de papier), et c'est à grand'peine, en engageant tous mes biens et en puisant dans la bourse de nos parents et de nos amis, qu'elle avait pu réunir cette somme. Le riscatto arriva enfin, et je fus délivré aussitôt, les seigneurs bandits se faisant un point d'honneur de tenir scrupuleusement leur parole. Guerra eut même la gentillesse de me donner un sauf-conduit valable pour un an. — Et l'année est-elle expirée? repris-je avec une inquiétude marquée. — Oui, Excellence, il y a déjà huit jours, de sorte que nous voyageons en territoire ennemi. » Ces mots, je dois l'avouer, me firent éprouver aux oreilles une singulière sensation.

Cependant le paysage devenait de plus en plus sauvage ; la chaîne de collines qui soutient comme un contrefort les flancs de Sant-Angelo était dépassée, et nous étions entrés dans la région des précipices. Cette marche pénible, au milieu de sentiers abrupts, dura quatre heures. Enfin nous arrivâmes au sommet de la montagne, et la vue qui se déploya tout à coup à mes yeux me paya largement des fatigues et des terreurs du chemin. Du haut du pic j'embrassais d'un seul coup d'œil le golfe de Naples et celui de Salerne, avec les villes et les villages qui sont disséminés sur leurs bords. Du côté du golfe de Salerne le spectacle était plus austère, la chaîne de montagnes baignait perpendiculairement son pied dans la mer, et se précipitait brusquement en affreux abîmes. Quelques sentiers, taillés en escaliers, en descendaient les parois abruptes en offrant au touriste un chemin périlleux. Tout en bas, dans de petites gorges, quelques villages se sont tapis comme dans des asiles impénétrables; car aucun chemin praticable aux mulets n'a pu être établi le long de cette côte, droite comme une muraille.

Du Scaricatojo une barque, louée à mon intention par Giovanni

Amalfi.

Fonte, me conduisit en trois heures à Amalfi en doublant la pointe du cap Sottile. J'avais en face de moi les petites îles Galli, les *Sirenum scopuli* de Virgile, où l'antiquité plaçait ces nymphes dangereuses aux séductions desquelles Ulysse parvint à se soustraire; aujourd'hui ces écueils sont déserts, et l'on n'y voit plus que des ruines de ces forteresses qui protégeaient autrefois la côte, et où la république d'Amalfi envoyait ses doges en prison quand elle les soupçonnait d'aspirer à la tyrannie. Toute cette côte est singulièrement pittoresque : les montagnes, se découpant en profonds ravins, descendent presque perpendiculairement dans une mer d'un bleu admirable; de charmants villages, Praiano, Vettica-Maggiore, Conça, Majori, Tramonti, Minori, Ravello, Scala, Atrani, s'étalent coquettement aux regards dans le fond de quelque gorge. Tous les détails de ce panorama, harmonieusement combinés, sont vraiment enchanteurs, surtout dans cette belle lumière de l'Italie méridionale qui donne tant de relief et tant d'éclat aux moindres objets. On ne s'étonne plus que les anciens aient pensé aux

Sirènes et les aient placées dans ces beaux lieux. La nature n'est-elle pas la plus séduisante de toutes les Sirènes?

La ville d'Amalfi, qui fut un jour la maîtresse de toute cette côte, commença à prendre quelque importance au ixe siècle, grâce à une flotte puissante qui lui permit de secouer le joug des Lombards. Elle s'organisa en république, sous la direction d'un préfet ou seigneur qui s'arrogea bientôt le nom de doge, et elle ne tarda pas à s'enrichir par le commerce. Elle porta d'abord ses principaux efforts contre les Sarrasins, et les battit en plusieurs rencontres, notamment à l'embouchure du Tibre, au moment où ces barbares marchaient contre Rome ; cet exploit valut au duc d'Amalfi, de la part du pape Léon IV, le titre de *Défenseur de la foi*. Un peu plus tard les Amalfitains ouvrirent à Jérusalem, près du saint sépulcre, deux hospices en faveur des pèlerins des deux sexes, et en donnèrent le gouvernement à des moines du Mont-Cassin. En 1099, quand Godefroy de Bouillon s'empara de la ville sainte, Gerardo della Scala, enfant d'Amalfi, prieur des moines hospitaliers de Jérusalem, contribua pour beaucoup à la glorieuse conquête ; et en 1103 il constitua ses frères en un ordre militaire, celui des chevaliers de Saint-Jean. A l'habit noir de Saint-Benoît fut ajouté un manteau rouge avec une croix blanche sur la poitrine, croix à huit pointes, comme la rose des vents d'Amalfi. Tels furent les commencements de l'ordre célèbre de Saint-Jean de Jérusalem, qui devait acquérir plus tard une si grande illustration.

L'Amalfi moderne a conservé bien peu de restes de son ancienne importance. C'est aujourd'hui une petite cité étagée en gradins et comme cachée dans les fissures d'une haute montagne qui semble à chaque instant menacer de l'engloutir. La cathédrale est le seul monument qu'on y puisse signaler. Cet édifice a été bâti, nous dit-on, sur les ruines d'un temple païen, et l'on y monte par une belle rampe à gradins du haut de laquelle on découvre la ville tout entière, enveloppée de ses murailles, de ses rochers et de la mer. Les portes du monument sont de bronze, et elles ont été fondues vers l'an 1000 par la dévotion d'un certain comte Pantaléon ; le baptistère est une cuve antique de porphyre ; deux sarcophages occupés par des corps chrétiens appartiennent aussi à l'antiquité païenne, comme le démontrent les sujets mythologiques qui y sont sculptés. Les temps républicains ont légué en outre à la cathédrale quelques mosaïques, quatre colonnes de granit rouge et les ruines d'un cloître. Voilà tout ce qui reste de tant de grandeur.

La mer était si belle, que je ne voulus point d'autre chemin pour me rendre à Salerne. La Méditerranée a des teintes d'un bleu admirable, que ne connaît point notre Océan grisâtre et brumeux ; le flot, limpide, lumineux, a des reflets si doux, si suaves à l'œil, qu'ils ressemblent à une caresse. On aime à se laisser bercer mollement sur ces belles eaux, pendant que le batelier chante d'une voix sonore et vibrante quelque naïve et mélodieuse cantilène du moyen âge.

La cathédrale est le monument le plus majestueux de la ville de Salerne. Cet édifice, fondé par Robert Guiscard en 1084, offrait un type curieux de style roman introduit en Italie par les Normands; mais il a subi dans tous les temps diverses modifications qui en ont altéré le

Vue de Pœstum.

caractère primitif. La porte principale est précédée d'un atrium carré en forme de portique, dont les colonnes, arrachées aux monuments antiques, ont été replacées un peu confusément; sous les portiques sont rangés quelques sarcophages romains, et plusieurs tombeaux des princes lombards et angevins. Les portes de bronze, fondues à la fin du XIe siècle, sont dues à la libéralité de Landolfo Butromile. L'église elle-même mérite l'attention du touriste par ses mosaïques, ses chaires, son siège épiscopal, son abside et ses belles sculptures. Mais ce qui touche encore davantage le chrétien et le prêtre, c'est que sous ces voûtes repose le grand pape Hildebrand, que ses vertus éminentes et sa fermeté tout apostolique à défendre les droits de l'Église ont fait placer sur nos autels; son tombeau rappelle les célèbres paroles qu'il prononçait en mourant : « J'ai aimé la justice et haï l'iniquité, et c'est pour cela que je meurs en exil. » En 1578, on fit la reconnaissance des reliques vénérées de saint Grégoire VII, et on les retrouva entières. On les regarde à Salerne comme le plus précieux trésor de la cathédrale.

Malgré l'attrait de ces souvenirs, je me hâtai de prendre une voiture et de me faire conduire à Pœstum. La route, après avoir franchi le petit ruisseau de Sele, aux eaux incrustantes, débouche dans une vaste plaine. « Voilà Pœstum, » me dit le guide en me montrant un point de l'horizon. Je ne vis devant moi qu'un marécage pestilentiel, des eaux stagnantes, un amas de fange, de troncs d'arbres mutilés, de décombres informes. Voilà ce qui couvre le sol où s'élevait autrefois Pœstum, l'antique Posidonia, la ville de Neptune. Et où sont donc, me demandai-je en parcourant des yeux ce triste domaine de la fièvre et de la *malaria*, où sont donc ces bosquets de roses si souvent chantés par les poètes? Les maisons de marbre, les bains d'albâtre de cette opulente cité, tout a disparu. Il n'y a plus que quelques ruines pour nous indiquer l'emplacement précis de la superbe ville qui était consacrée au dieu de la mer. Parmi ces ruines, trois temples d'ordre dorique, si bien conservés qu'il n'y manque que la toiture, excitent l'étonnement des touristes. Le plus majestueux est consacré à Neptune. Sa construction, plus solide qu'élégante, est formée d'énormes blocs de travertin, pierre très abondante aux environs de Pœstum. Les proportions en sont robustes et imposantes; les colonnes peu élevées, allant en se rétrécissant de la base au sommet; les chapiteaux très saillants, les architraves pesantes, la corniche légère; l'édifice s'appuie sur trois gradins élevés. On compte six colonnes dans la façade et douze de chaque côté. L'intérieur de la *cella* est divisé en trois nefs constituées par deux ordres de colonnes, avec une galerie au-dessus des nefs latérales. Le temple est long de deux cent vingt-sept palmes (environ cinquante-six mètres), large de quatre-vingt-douze et haut de soixante-cinq. Une aire sacrée le précède, suivant l'usage antique. Ce monument, si précieux pour l'histoire des arts, appartient au plus beau temps de l'architecture grecque, et il n'a jamais été restauré par les Romains, comme l'ont été les deux autres temples.

Quelques autres ruines, une basilique ornée de cinquante colonnes, un théâtre, des tombes grecques et romaines, contribuent à nous donner la plus haute idée de la magnificence et de la prospérité de Pœstum. Et en même temps l'état de délabrement de ces débris, la tristesse de ce désert, la fièvre qui pèse dessus, tout vous rappelle le souvenir de ces terribles révolutions sociales dans lesquelles disparaissent les cités et les empires. On se retire le cœur navré de cette solitude, et l'on sort de ces ruines encore imposantes comme on sortirait d'un tombeau. C'est, en effet, le domaine de la mort, et plus d'un voyageur imprudent, en s'y attardant après le coucher du soleil, y a gagné dans la *malaria* le germe de ces funestes maladies qui vous consument à petit feu et vous conduisent à pas lents vers la tombe.

XVII

ROUTE DE ROME

Route de Naples à Rome. — La culture campanienne. — Le système pastoral. — Les chemins de fer en Italie. — Comment on saute. — Le château, les jardins et les eaux de Caserte. — L'aqueduc de Taburno. — Le brigand Crocco. — La Capoue antique et la Capoue moderne. — La terre de Labour. — L'abbaye du Mont-Cassin. — Bibliothèque et archives de l'abbaye. — Adieux.

J'avais terminé les principales excursions qu'on peut faire aux environs de Naples, et dans ces courses j'avais recueilli une ample moisson d'observations, de connaissances nouvelles, d'images pittoresques et de souvenirs artistiques. Quoiqu'il m'en coûtât beaucoup de quitter ces lieux enchanteurs, je dus prendre le chemin du retour. Je résolus de revenir par la voie de terre pour étudier sur la route quelques lieux intéressants. Le chemin de fer de Naples à Rome circule dans une contrée admirable, à quelques lieues de la mer, au pied de la longue chaîne des Apennins. La terre, d'origine volcanique, est d'une fécondité étonnante, et la végétation y atteint des proportions magnifiques. On dirait que le pays est boisé, tant les arbres de toute espèce, oliviers, figuiers, mûriers, orangers, y sont multipliés. Ces arbres sont établis en lignes, et dans l'intervalle on cultive les céréales, le maïs, les légumes. Le climat est si chaud, qu'un peu d'ombre ne nuit pas, et la pratique donne raison à ce système de culture qu'on appelle *culture campanienne*. La vigne elle-même s'en accommode parfaitement, et, plantée au pied des arbres comme au pied de gigantesques tuteurs, elle aime à s'attacher aux branches et à se suspendre en festons et en guirlandes de mûrier en mûrier, pour échapper à la chaleur dévorante du sol. Les vins qu'elle produit sont extrêmement sucrés, et par conséquent très riches en alcool; mais comme il reste toujours dans la liqueur une proportion notable de sucre, la fermentation ne peut jamais être considérée comme terminée, et, par le dédoublement du sucre en alcool et en acide acétique, il résulte souvent une saveur prononcée d'acidité. Ces vins sont donc bien loin de valoir nos vins français, dont les éléments sont parfaitement pondérés, de manière à en faire une véritable boisson alimentaire, au lieu d'une boisson capiteuse et excitante.

Le système de culture de la Campanie touche de près au système pastoral, qu'on emploie particulièrement dans la partie accidentée du territoire napolitain. On aura une idée de l'extension des pâturages, quand on saura que sur les 8,500,000 hectares dont se compose l'ancien royaume de Naples, quatre millions, c'est-à-dire près de la moitié, sont utilisés de cette manière, et consacrés exclusivement à l'élève du bétail. Ce sytème d'exploitation peut être commandé par la nature du sol et par les conditions du pays; mais on ne saurait se dissimuler qu'il entraîne des inconvénients économiques du premier ordre. Pour tirer parti d'une lieue carrée de terrain, il suffit d'y entretenir un troupeau et deux gardiens. Ceux-ci, montés sur deux petits chevaux pour surveiller plus facilement les animaux dont le soin leur est confié, les chassent devant eux à mesure que les pâturages s'épuisent. Ce système est très fructueux pour le propriétaire, car il n'exige presque aucun frais; mais que dire du pays où une lieue carrée de terrain ne donne le salaire qu'à deux auxiliaires du propriétaire foncier? On peut comparer cette culture quant aux résultats économiques avec la culture la plus colonisatrice et la plus rémunératrice de toutes, celle de la vigne, par exemple, qui en France fait vivre un ouvrier vigneron sur deux à trois hectares par le travail qu'elle lui procure. Dans l'Italie méridionale, où la pâture supprime le travail, il y a donc une population misérable, inoccupée et par conséquent livrée à toutes les excitations de l'oisiveté. C'est là une des principales sources du brigandage. Le système pastoral date de loin; car déjà Pline se plaignait de son temps que les immenses domaines ou *latifundia* dans lesquels la pâture s'était naturellement introduite perdaient l'Italie. On peut dire aujourd'hui que ce système contribue à la pauvreté publique et à la démoralisation de la population. Sans doute il est impossible de transformer subitement un tel état de choses; mais il est désirable que la culture des céréales, de la vigne et des plantes industrielles gagne peu à peu sur les pâturages, partout où la nature du sol le permettra pour donner du travail et du pain aux habitants.

Je faisais ces réflexions sur le régime agricole du pays, et j'avais le temps de bien voir; car notre train marchait avec une lenteur désespérante et s'arrêtait de temps en temps en pleine campagne, sans cause connue, comme pour laisser souffler la machine. Un voyageur italien à qui j'en exprimai mon étonnement me répondit en souriant : « Vous en verrez bien d'autres si vous parcourez toute l'Italie en chemin de fer. Ici nous ne sommes jamais pressés de partir, et encore moins pressés d'arriver. Cette chose précise, réglée, logique, qu'on appelle un *règlement,* va mal à nos imaginations méridionales, toutes prime-sautières et impatientes de toute espèce de joug. L'*organisation*, il faut bien l'avouer, répugne à notre caractère, et il faudra bien du temps pour nous y habituer. Vous ne sauriez vous figurer, Monsieur, le désordre qui règne dans toutes nos administrations, et en particulier dans celle des chemins de fer. Il faut dire qu'en général le personnel n'en est pas brillant, et qu'au moment où le royaume d'Italie s'est constitué dans son unité, il a fallu le recruter un peu partout pour remplir tous les cadres. Qu'est-il arrivé? Tous les héros de l'émeute, tous les affiliés des sociétés secrètes, les exilés, les victimes de la bonne cause, les *unitaires* de la veille, sont venus aussitôt réclamer leur part du gâteau. Les administrations ont été ainsi remplies de gens fort inexperts pour la plupart, mais auxquels des raisons politiques commandaient de donner une place. Les plus incapables de tous ces postulants affamés ont été jetés dans les chemins de fer, et c'est là ce qui vous explique les vices trop manifestes de ce service. Un train qui arrive à l'heure fixée sur l'*orario* est une exception chez nous, et un retard de trois à quatre heures n'étonne point dans un trajet de soixante lieues.

« Le désordre atteint quelquefois dans ce service des proportions épouvantables. Je vais vous en citer un exemple récent. Il y a quelques jours j'allais d'Assise à Pérouse. Notre train se composait seulement de six wagons et d'une trentaine de voyageurs. Or, pour remorquer ce poids colossal, pour lequel un cheval aurait presque suffi, le conducteur avait eu l'idée de faire atteler deux puissantes locomotives. Nous étions à quelques kilomètres d'Assise. Tout à coup j'entends un bruit effroyable de choses métalliques qui se heurtent et se brisent, et ma voiture, au lieu de continuer sa marche en avant, est violemment repoussée en arrière avec des soubresauts horribles. Au premier moment je crus à la rencontre de deux trains (il n'y a qu'une ligne sur cette grande voie), et je recommandai mon âme à Dieu. Au bout de quinze secondes, qui me parurent longues comme une heure, le wagon s'arrêta à moitié renversé sur le flanc, et je me précipitai par la portière. Quel affreux spectacle, Monsieur! Les deux machines s'étaient culbutées l'une l'autre et s'étaient précipitées, hors de la voie, dans un ravin assez profond, entraînant avec elles les deux premiers wagons. Au milieu de ce pêle-mêle affreux de fer et de bois, nous voyions s'agiter quelques malheureux à demi broyés ou mutilés qui poussaient des gémissements lamentables. Aucun n'avait été tué sur le coup; mais cinq étaient grièvement blessés, et de fait ils succombèrent la nuit suivante; les autres avaient des fractures ou des contusions plus ou moins graves. Nous les arrachâmes des débris des voitures, et nous les installâmes sur des coussins, à l'ombre des arbres. Les paysans du voisinage accoururent, non pour nous porter secours, mais pour nous vendre à beaux deniers comptants l'eau fraîche dont nos blessés avaient si grand besoin.

« Nous ne pouvions tarder (c'était du moins notre espoir) à être secourus. Nous n'étions d'un côté qu'à vingt kilomètres de Foligno, ville de vingt mille habitants, et station importante où le chemin de fer de Florence se bifurque pour aller à Ancône et à Rome, et d'un autre côté à quinze kilomètres de Pérouse, ville de cinquante mille âmes. Le télégraphe joua dans les deux sens et signala notre désastre. Vous croyez peut-être, seigneur français, qu'on se dérangea? Pas le moins du monde. Le chef de la station de Pérouse, homme considérable, fit ce beau raisonnement : Puisqu'un train régulier doit passer sur le lieu du sinistre dans quatre heures, il est inutile de troubler le service et d'envoyer un train spécial. Je rougis de le dire, mais cette décision absurde et inhumaine fut exécutée ponctuellement. On ne nous envoya ni un médecin, ni même un simple avis. A quoi bon? L'*orario* n'indique-t-il pas l'heure précise à laquelle arrivait le train n° 107? Nos malheureux blessés restèrent donc là pendant cinq heures, par une affreuse chaleur de juillet, sans aucune espèce de secours. Enfin parut le train 107, avec une heure de retard, et il recueillit les victimes de l'accident. Cinq de ces infortunés, qu'on aurait pu sauver, moururent, il est vrai, la nuit suivante; mais tout s'était accompli régulièrement.

« N'est-ce pas révoltant? Et ces administrateurs ne sont-il pas des assassins? Voilà, Monsieur, ce que sont la plupart des employés de nos lignes. Vous aurez bonne chance si vous sortez d'Italie sans sauter quelque peu en l'air. »

Cette conversation nous avait amenés à Caserte, ville de trente mille habitants, dont je désirais visiter le château royal. Ce palais, construit vers 1750, par Charles III, sur les dessins de Vanvitelli, avait la prétention de rivaliser avec celui de Versailles, et il faut avouer qu'il offre un magnifique ensemble. Qu'on se représente une vaste construction quadrangulaire, dont la cour intérieure est divisée en quatre parties par deux immenses galeries qui se coupent à angle droit en forme de croix.

La façade principale, tournée au midi, a neuf cent quarante palmes (deux cent trente-cinq mètres) de long. Avec ses deux cent quarante fenêtres étagées en six ordres, elle est un peu froide, un peu monotone, et cette longue ligne plate, avec trois avant-corps médiocrement saillants, manque un peu de mouvement. La porte royale est vraiment grandiose. On pénètre, par un large portique, dans une des ailes intérieures qui vous conduit au centre de tout le palais, à l'entre-croisement des galeries, dans un vestibule octogone; de là on embrasse d'un coup d'œil toutes les entrées du palais, le grand escalier d'honneur, les quatre cours intérieures, longues de trois cents palmes et larges de deux cents, et la cascade des jardins.

« Une plus grande conception de palais, dit Quatremère de Quincy, n'existe pas en Europe. Si le XVIe siècle a produit, quoique dans des masses moins considérables, des palais d'un style d'architecture plus sévère, plus riche en détails classiques et d'une plus haute harmonie, cependant l'avantage du palais de Vanvitelli est d'être un tout immense réduit à la plus simple expression, un dans chacune de ses parties, simple avec variété, complet sous tous les rapports. L'architecte dut à de favorables circonstances de terminer lui seul toute sa construction dans le cours d'un petit nombre d'années. Aussi ce palais ressemble-t-il à ces ouvrages qu'on appelle coulés d'un seul jet. »

Quoique je ne professe pas une très vive admiration pour la plupart des prétendus chefs-d'œuvre de l'architecture moderne, j'avoue que le château de Caserte avec ses immenses portiques, ses colonnades, ses belles perspectives, les lignes simples de son plan grandiose, me fit une profonde impression. Je me sentais en présence d'une grande conception, et j'admirais franchement. Les jardins ne firent qu'ajouter à ce premier sentiment. Situés entre le château et la colline, ils ont été dessinés avec un goût parfait. Ce ne sont plus les petites combinaisons trop ordinaires au jardin italien; c'est, au contraire, un heureux mélange de ce qu'il y a de mieux dans ce style, associé avec les lignes imposantes du style de le Nôtre et les dispositions pittoresques du jardin anglais. On voit que le palais, par ses proportions majestueuses et les accidents naturels qui s'imposent comme d'eux-mêmes, ont réagi sur les conceptions de l'architecte. Les bosquets d'arbres verts, les épais ombrages, les eaux, les cascatelles, les ponts rustiques, les grottes creusées dans le flanc de la colline, les fabriques à l'italienne, les longues allées droites plantées d'un quadruple rang de beaux arbres, les perspectives lointaines ouvertes çà et là, tout y serait à louer sans restriction si l'on n'avait trop multiplié les pelouses devant la façade du palais : dans ce climat brûlant, où les chaleurs du mois de mai sont déjà dévorantes, les pelouses vertes sont mal à leur aise, et d'ailleurs il ne faut pas imposer au promeneur l'obligation de parcourir un trop long espace à découvert sous les feux du soleil.

Les eaux, sans avoir la variété des jeux des eaux de Versailles, sont plus riantes et plus naturelles. Caserte n'en possédait point, et il fallut les aller chercher au loin. On avait bien souvenir d'un aqueduc, dont Velleius Paterculus et Dion Cassius ont loué la magnificence, établi par César pour les besoins de la ville de Capoue; on en rechercha les restes, et de jalon en jalon on arriva au Taburno, une des principales montagnes qui s'élèvent sur la limite de la Campanie et du Sannio (l'ancien Samnium), où l'on trouva des sources extrêmement abondantes et d'une pureté remarquable. L'aqueduc, long de vingt-deux milles, qui amène ses eaux à Caserte, est un travail digne des Romains. On dut percer des montagnes et y ouvrir des tunnels de plus de deux kilomètres, et jeter des ponts sur des vallées et des marécages; le canal a sept palmes de hauteur et cinq de largeur. Ce gigantesque travail demanda six années et ne coûta que six cent mille ducats. Ce fut un beau jour pour Vanvitelli, quand, le 7 mai 1762, le roi voulut assister à l'inauguration de l'aqueduc et au premier écoulement de la cascade qui devait s'épancher du sommet de la montagne du Briano. L'architecte avait calculé qu'il fallait quatre heures pour amener à Caserte les eaux du Taburno. Au moment fixé, la cour était dans les jardins; mais l'eau annoncée n'arrivait point. Le roi était visiblement inquiet, préoccupé de l'insuccès, et Vanvitelli, confus, baissait la tête pendant que ses ennemis triomphaient. Après une demi-heure de vaine attente, les spectateurs désappointés allaient se retirer, quand tout à coup on entend un grand bruit. Les eaux! les eaux! Et, en effet, à cette rumeur souterraine succède un merveilleux tableau. Du haut de la montagne du Briano, en face de la porte septentrionale du palais, un flot immense descend, tourbillonne, écume, bondit avec fracas sur les rochers, s'irise aux feux du soleil, et va remplir les canaux et les bassins. Ce beau travail, qui fait le plus grand honneur à Vanvitelli, est un des principaux attraits du palais de Caserte, et une des plus délicieuses perspectives que l'habile artiste ait su ménager dans ses admirables jardins.

Quand je remontai en chemin de fer, je fus surpris du petit nombre de voyageurs qui circulaient sur la ligne importante de Naples à Rome : nous étions tout au plus une vingtaine dans le train. Ce chiffre indique d'une manière éloquente le peu de mouvement, le peu de trafic de cette région. Mon étonnement redoubla lorsque je remarquai que toutes les petites gares étaient munies d'un poste de soldats ou de gardes nationaux. « Que signifie ce déploiement de troupes? dis-je à un de mes compagnons de route. — Cela signifie, Monsieur, que le célèbre Crocco bat l'estrade avec sa bande, et que le pays n'est pas absolument sûr, même pour le chemin de fer. Il y a deux jours, le train ne pouvait circuler librement que grâce à une petite garnison installée dans un des wagons. Si cela continue, nous aurons besoin d'avoir deux canons braqués sur chaque locomotive pour faire respecter la vapeur. Avec les bandes qui courent la contrée, les trains de nuit, qui seraient si agréables au voyageur pendant l'été, sont absolument impossibles, et le service de jour lui-même éprouve de temps en temps des désagréments. Il y a trois mois le train de Naples a été arrêté à cinq kilomètres de Caserte. Vous souriez, Monsieur? Rien n'est plus vrai et rien n'est moins plai-

Le Mont-Cassin.

sant. Crocco avait su qu'un banquier de Naples, chargé d'une forte somme, devait partir pour Rome, et il vint l'attendre ici. Un des cantonniers de la ligne, menacé de mort par les bandits, planta son drapeau d'alarme sur la voie, et devant ce signal impérieux le train dut s'arrêter. Aussitôt Crocco et ses gens débouchent du bois, sautent sur la locomotive et s'en emparent. Les voyageurs étaient en trop petit nombre pour résister, et ils furent dépouillés de tout ce qu'ils avaient; après quoi le train eut la liberté de continuer sa route. Voilà les gentillesses de ce Crocco. Dieu veuille qu'il ne soit pas sur notre chemin! »

Je pris d'abord ce récit pour une légende à l'usage des voyageurs; mais les renseignements que je recueillis à ce sujet au Mont-Cassin me démontrèrent qu'il n'y avait rien de légendaire : les précautions militaires adoptées de toutes parts étaient d'ailleurs un commentaire trop éloquent des paroles de mon compagnon de voyage pour que je pusse douter longtemps de sa véracité; et la patrouille de quinze soldats qui monta dans un fourgon à Capoue nous apprit que décidément nous étions menacés de rencontrer Crocco.

La ville de Capoue a trop de réputation pour que le voyageur ne s'arrête pas au moins quelques heures dans ses murs. Mais ce n'est plus la vieille Capoue d'Annibal et des Romains. Celle-ci a été saccagée, incendiée et détruite de fond en comble, en 840, par les Sarrasins. Les malheureux habitants, ne pouvant la faire sortir de ses ruines, se dispersèrent aux alentours et bâtirent de petites bourgades avec les débris qu'ils purent arracher aux restes de l'incendie. En 856, Landone Ier, prince de Sicopoli (un des villages qui avaient succédé à la ville antique), et son frère Landolfe, évêque de la même bourgade, unirent leurs efforts pour fonder une nouvelle cité sur le Vulturne à trois milles de l'ancienne, et lui donnèrent le nom de Capua. Telle est l'origine de la ville actuelle.

L'antique Capoue était une des cités les plus florissantes de l'Italie méridionale, et, en y comprenant les vingt mille colons qu'y envoya César, les historiens en font monter la population, au premier siècle de notre ère, au chiffre de trois cent quarante mille habitants. Comme la ville de Rome, elle avait son Capitole, ses curies, ses cirques, le forum des patriciens, le forum du peuple, son théâtre, son amphithéâtre, ses thermes et une foule de temples dédiés à diverses divinités. Le passage d'Annibal avait été pour elle une source de calamités, non seulement du côté des Carthaginois, mais encore du côté des Romains, après le départ de leur implacable ennemi. Vingt-sept sénateurs capouans, soupçonnés d'avoir pactisé avec Annibal, se donnèrent volontairement la mort; par une terrible *vendetta,* quarante-trois autres furent battus de verges, puis décapités par la main du bourreau, comme châtiment de leur défection; la plèbe, dépouillée de tout ce qu'elle possédait, fut vendue comme esclave, et la ville tomba sous le gouvernement d'un préfet expédié de Rome. C'est ainsi que les maîtres du monde apprenaient à leurs alliés à être fidèles, même contre la fortune adverse. Aux vengeances des Romains succédèrent les ravages des Vandales, puis des Lombards, puis des Sarrasins, et la vieille cité disparut.

De ses antiques monuments il est resté debout quelques débris encore imposants, notamment ceux de l'amphithéâtre. C'était un édifice aux proportions grandioses, bâti en gros blocs de travertin sans ciment, dans le grave et simple style toscan; il avait été restauré par Adrien, et orné de colonnes et de statues par Antonin le Pieux; il avait dix-sept cent quatre-vingts palmes de circonférence, cinq cent trente palmes de largeur dans son petit diamètre et six cent quarante-cinq dans le grand; sa hauteur égalait presque celle du Colisée. Les barbares en firent un château fort, et les fortunes diverses de la guerre ne contribuèrent pas peu à le dégrader; malgré son état de délabrement, il inspire encore une haute idée de sa somptuosité primitive. Les autres monuments furent dépouillés de leurs richesses architecturales au profit des édifices chrétiens. C'est ainsi qu'on voit cinquante colonnes arrachées au temple de Jupiter Tonnant orner aujourd'hui l'église San-Vincenzo a Volturno. Mais, hélas! faut-il l'avouer? toutes les colonnes provenant de l'amphithéâtre de Capoue ont été barbarement mutilées dans la cathédrale; tous les chapiteaux, indignement retaillés, ont été recouverts de stuc et dorés par l'architecte Federico Travaglini! Cet architecte était sans doute le descendant d'un de ces Vandales qui saccagèrent la ville en 455.

De Capoue à San-Germano le chemin de fer traverse la plus riante partie de la fameuse terre de Labour, si célèbre par les délices qui amollirent et perdirent l'armée d'Annibal. En approchant de San-Germano, le paysage revêt une certaine grandeur; une large vallée débouche des âpres montagnes qui l'enferment, et sur le sommet dépouillé d'un rocher on aperçoit de loin une espèce de citadelle : c'est l'abbaye du Mont-Cassin.

Ce monastère, un des plus antiques, des plus majestueux et des plus magnifiques d'Italie, est en quelque sorte le berceau des ordres religieux, et comme le Sinaï du moyen âge et de l'histoire monastique en Occident. Il fut fondé vers l'année 529 par saint Benoît. Soixante ans après la mort du fondateur, il fut ravagé par Toton, duc lombard de Bénévent; il demeura presque en ruines pendant un siècle et demi, et se releva plus splendide et plus magnifique qu'auparavant, mais pour subir bientôt de nouveaux désastres. Il fut brûlé par les Sarrasins en 884, plus tard dépouillé par les Normands, et enfin détruit par les tremblements de terre de 1349 et de 1649. Toujours vivace, il est sans cesse sorti de ses ruines, et jusqu'à nos jours il a su conserver les privilèges spirituels et temporels qui en faisaient un des plus puissants personnages de l'Italie méridionale. Les derniers événements ont gravement atteint la vieille abbaye; mais, si elle a perdu une grande partie de sa fortune territoriale et ses droits de seigneur temporel, elle a du moins échappé, par une exception unique, à la proscription qui a frappé tous les ordres religieux en Italie. Elle doit ce privilège à l'auréole de science et de vertu dont elle s'est toujours couronnée, et aux éminents travaux littéraires et artistiques qui font de ce monastère le premier corps savant d'Italie.

Du petit village de San-Germano on monte au Mont-Cassin par un chemin pittoresque taillé en lacet sur les flancs de la montagne. L'abbaye est parfaitement fortifiée, et elle pourrait soutenir un véritable siège contre les bandits, qui, dans tous les temps et sous tous les régimes, ont été presque constamment les maîtres du pays. On y pénètre par un passage voûté, ouvert en rampe sous une forte tour d'angle qui défend l'entrée unique du monastère. Cette tour, au dire de quelques historiens, remonterait à l'époque de saint Benoît; mais, quoiqu'on y montre la cellule occupée par le célèbre fondateur, il est difficile à un archéologue de souscrire à cette opinion, à cause du caractère relativement moderne des constructions. La cour d'entrée possède une vaste citerne où l'on recueille toutes les eaux de pluie qui tombent sur les toitures du monastère; le cloître a des colonnes de granit provenant d'un ancien temple d'Apollon; l'église, décorée dans le goût italien du XVIe siècle, a de beaux marbres et de belles peintures, avec deux portes de bronze fondues à Constantinople en 1066, et qui relatent, en caractères d'argent, les terres, châteaux et villages dépendant alors de l'abbaye; mais son plus riche trésor consiste dans les corps de saint Benoît et de sa sœur sainte Scholastique, qu'on y vénère dans une chapelle souterraine.

Les moines bénédictins du Mont-Cassin exercent une douce et cordiale hospitalité, à la manière antique. Accueilli avec une affectueuse affabilité par le vénérable évêque-abbé, je passai deux jours dans cette pieuse maison, confié aux soins d'un des membres les plus érudits de la savante congrégation. Je pus donc visiter dans tous leurs détails les collections si riches de la bibliothèque et des archives.

La bibliothèque compte environ trente-six mille volumes, parmi lesquels je dois noter particulièrement cinq cents incunables, dont les plus anciens remontent à l'année 1459. Les plus précieux de ces chefs-d'œuvre de l'imprimerie naissante sont le *Rationale*, de Guillaume Durand, imprimé à Mayence en 1459; l'Aristote, de 1495, publié en grec, à Venise, par Alde, et le missel monastique du Mont-Cassin, si remarquable par ses gravures sur bois et ses impressions de couleur en rouge et en noir, imprimé sur parchemin de Venise, en 1405, par le Florentin Lucantonio de Giunti. Le plus ancien de tous les manuscrits est le Commentaire d'Origène sur l'épître de saint Paul aux Romains, écrit au commencement du VIe siècle en magnifiques lettres onciales relevées de minium.

Les archives sont certainement, après celles de Rome, les plus importantes de toute l'Italie, et elles renferment les plus précieux trésors en fait de documents et d'écritures. Sans parler de la section relative aux droits spirituels de l'abbé du Mont-Cassin comme ordinaire de ce diocèse, et de la section qui concerne la juridiction seigneuriale de l'abbaye, les pièces d'un intérêt historique général sont extrêmement nombreuses. Il n'y a pas moins de trente mille parchemins originaux (non compris les diplômes et les bulles pontificales), parmi lesquels huit cents ont une grande importance. Le plus ancien est celui d'Ajon, prince de Bénévent, daté de 884; on cite ensuite celui d'Othon Ier, en 964. Les bulles pontificales commencent avec Léon IX en 1049. Les diplômes des rois et des seigneurs se poursuivent de dynastie en dynastie, de règne en règne, jusqu'à la fin du XVIIIe siècle, et renferment, pour ainsi dire, toute l'histoire de l'État napolitain. Ce trésor inappréciable est pieusement exploré chaque jour par les hommes les plus compétents, et de grands travaux historiques, dignes des anciens bénédictins, sont venus jeter un nouveau lustre sur la vieille abbaye du Mont-Cassin, déjà si célèbre à tant de titres.

Je passai deux jours au milieu de ces riches collections, qui faisaient revivre pour moi, dans ses traits généraux, un temps si éloigné de nous par ses idées et par ses mœurs. Pendant que les pieux bénédictins vaquaient à l'office et psalmodiaient lentement les psaumes des vêpres, je me mettais à la fenêtre de ma cellule, et là le bruit et la fumée du chemin de fer m'apportaient les images d'un présent affairé et tourmenté. Je revoyais par la pensée la ville de Naples, son beau ciel, ses beaux rivages, les îles du golfe, le Vésuve, Pompéi ; plus près de moi, je sentais battre le cœur, toujours chaud, de la vieille abbaye, et je respirais le parfum pénétrant de ses vertus et de sa science; et, en disant adieu aux bons moines qui m'avaient reçu si cordialement, j'emportais de l'Italie méridionale et du Mont-Cassin des souvenirs impérissables qui m'y reconduiront un jour.

FIN

TABLE

I. — NAPLES A VOL D'OISEAU. — Le golfe de Naples. — Naples vu de la mer. — Topographie de la ville. — Les collines Leucogéennes. — Origine géologique du sol napolitain. — Le tuf volcanique et la pouzzolane. — Naples vu du sommet des collines. — La rue de Tolède. — Les rues. — La Villa-Reale. — Les eaux de Naples. 7

II. — PRÉCIS HISTORIQUE. — Origines de Naples. — Les Romains. — Les barbares. — Bélisaire et les Grecs. — Anarchie. — Les aventuriers normands. — Dynastie normande. — La maison de Souabe. — Conradin. — La maison d'Anjou. — Vêpres siciliennes. — Les deux reines Jeanne. — La maison d'Aragon. — Charles VIII. — La maison d'Espagne. — Masaniello. — Les Bourbons. — Joachim Murat. — Tempérament politique du peuple napolitain. 19

III. — ÉGLISES ET INSTITUTIONS CHARITABLES. — Le style religieux italien. — San-Gennaro. — Le miracle du sang de saint Janvier. — Le Trésor. — Le triumvirat des peintres. — Santa-Restituta. — La chartreuse de San-Martino. — Tombeau de Virgile. — Santa-Maria de Piedigrotta. — Le pèlerinage et la fête de Piedigrotta. — Caractère de la dévotion napolitaine. — Sannazar. — Saint-François-de-Paule. — Les églises funéraires des dynasties. — La Pietà de' Sangri. — Confréries et corporations. — Institutions charitables. — Les catacombes napolitaines. — Le Campo-Santo de Naples. 33

IV. — PALAIS, CHATEAUX, VILLAS. — Le Palazzo Reale. — Théâtres de Naples. — Conservatoire de musique. — La musique napolitaine. — Le Castel-Nuovo. — Arc de triomphe d'Alphonse Ier d'Aragon. — Le château de l'Œuf. — Le château Saint-Elme. — Capodimonte. — Le Poggio-Reale. — Influence des jardins italiens sur les jardins français. — Les villas du Vomero et du Pausilippe. — Les jardins verts. 53

V. — VISITE AU MUSÉE. — Peintures antiques. — Mosaïques. — La bataille d'Issus. — Chefs-d'œuvre de la sculpture antique. — L'Hercule Farnèse. — Le Taureau Farnèse. — Les modes féminines de l'antiquité. — Aristide. — Les grands bronzes. — Tête colossale de cheval. — Petits bronzes. — Bijouterie et orfèvrerie. — La tasse Farnèse. — Céramique. — Peintures modernes. 65

VI. — A TRAVERS LES RUES. — Vivacité du caractère napolitain. — L'acquafrescaio. — Les petits changeurs. — Dévotion à la *Santissima*. — Amulettes. — Les restaurants de Santa-Lucia. — *Pifferari* et chanteurs de poèmes. — Les confrères quêteurs. — Les boutiques des libraires et les vitrines des photographes. — Brigandage. — La morgue. — La colonne des faillis. — Quartier des orfèvres. — Quartier du port. — La loterie. — Les funérailles. — Le Polichinelle napolitain. 83

VII. — HISTOIRE DU VÉSUVE. — Existence antéhistorique du Vésuve. — Aspect du Vésuve au premier siècle de notre ère. — Son aspect actuel. — Tremblement de terre de l'an 63. — Récit de l'éruption de l'an 79 par Pline le Jeune. — Silence des anciens sur la catastrophe d'Herculanum et de Pompéi. — Transport des cendres volcaniques à de grandes distances. — Éruptions au moyen âge. — Relations du Vésuve et de l'Etna. — Éruptions modernes. 95

VIII. — L'ÉRUPTION DE 1858. — Le seigneur Gennaro. — Récit de l'éruption de 1858. — L'Observatoire vésuvien. — Marche des courants de lave. — Dévotion populaire. — L'orphelin de Resina. — Chaleur et fluidité des laves. — Laves de feu. — La tempête sur le Vésuve. — Alluvions et laves d'eau. — Les voleurs du Vésuve. 115

IX. — ASCENSION DU VÉSUVE. — Forme et aspect de la montagne. — État des courants de lave. — Fertilité des courants volcaniques. — L'ermitage du Salvatore. — Les gardes champêtres du volcan. — Ces galants hommes de brigands. — Ascension du cône. — Le *lacryma-christi*. — Le cratère en 1867. — Idée d'une éruption. — Produits de l'éruption. — Appréciation de l'énergie volcanique. — Panorama du Vésuve. — Théories diverses sur les volcans. — Nouvelle ascension du Vésuve en 1877. 129

X. — Catastrophe et résurrection de Pompéi. — Histoire de Pompéi. — Querelle des Pompéiens et des Nucériens. — Tremblement de terre de l'an 63. — Éruption de l'an 79. — Ruines de Pompéi. — Incidents de la catastrophe. — Fouilles antiques de Pompéi. — Dégagement d'acide carbonique. — Résurrection de Pompéi. — Maison de Julia Félix. — État actuel des fouilles. — Murailles antiques. — Population de la ville. — Rues de Pompéi. — Aspect saisissant des ruines. 147

XI. — Les Pompéiens chez eux. — Description d'une maison romaine. — La maison de Pansa. — Atrium, tablinum, péristyle, chambres, triclinium, jardin. — Disposition ornementale des habitations. — Maçonneries, stucs, peintures, mosaïques, plafonds, colonnades, jardins. — La maison de Diomède. — La ferme de Diomède. — La maison de Sallustius. — La maison du Faune. — Mobilier des maisons antiques. — Les boutiques. — Vente des denrées du propriétaire. — Boulangeries. — La Fullonica. — Peintres. . . . 163

XII. — Les Pompéiens en ville. — Tavernes de bas étage. — La salutation des clients. — La maison du poète tragique. — Mouvement matinal des rues. — Les écoles de Pompéi. — Le marché. — Les hôtelleries. — La douane et le bureau des mesures publiques. — La maison du questeur. — Le quartier des soldats. — Inscriptions des murailles. — Police municipale et voirie. — Forum civil. — Basilique. — Temples. — Le secret des oracles. — Bains publics. — Thermopoles. — Théâtres et amphithéâtre. — Funérailles et tombeaux. 185

XIII. — Herculanum. — Origine et histoire d'Herculanum. — Découverte d'Herculanum. — Le prince d'Elbeuf. — Des matériaux qui ensevelirent Herculanum et Pompéi. — Théâtre d'Herculanum. — Basiliques et temples. Statues et objets d'art. — Maison d'Aristide. — Collection de papyrus. — Le cabinet d'un homme de lettres. — Les libraires chez les Romains. La maison d'Argus. — Objets de la vie domestique. 211

XIV. — Une promenade aux enfers. — La grotte de Pausilippe. — Lac d'Agnano. — Cratères d'explosion et de soulèvement. — Grotte du Chien. — Étuves de San-Germano. — Sources des Pisciarelli. — Existence d'une longue fissure volcanique. — Solfatare de Pouzzoles. — Amphithéâtre et ruines de Pouzzoles. — Le môle antique. — Le pont de Caligula. — Temple de Sérapis. — Oscillations dans le niveau du sol. — Soulèvement du Monte-Nuovo. — Les rivages de Baïa. — Meurtre d'Agrippine. — L'Averne et le Lucrin. — Grotte de la Sibylle. — Étuves de Néron. — Ruines de Cumes. — Les enfers mythologiques. — La piscine admirable. — Vin de Falerne. 227

XV. — Le tour des îles. — Baie de Miniscola. — La conférence des triumvirs. — Île de Procida. — Île d'Ischia. — Le mont Epomeo. — Les quatre phases volcaniques d'Ischia. — — Sources thermales. — Le *bain sec*. — La légende de Santa-Restituta. — Phénomènes volcaniques d'Ischia. — Île de Capri. — Le palais de Tibère. — Infortunes d'un pêcheur. — Vue d'Anacapri. — Grotte d'azur. — Coucher du soleil 253

XVI. — Excursion à l'est de Naples. — Les *Délices* de Portici. — Panorama des *Délices*. — Villa de la Favorite. — L'antique Stabia. — Castellamare. — Paysage de Sorrente. — Le Tasse. — Course de montagne. — Messieurs les brigands. — Le littoral d'Amalfi. — La république d'Amalfi. — Ville de Salerne. — Ruines de Pœstum. — La *malaria*. . . . 263

XVII. — Route de Rome. — Route de Naples à Rome. — La culture campanienne. — Le système pastoral. — Les chemins de fer en Italie. — Comment on saute. — Le château, les jardins et les eaux de Caserte. — L'aqueduc de Taburno. — Le brigand Crocco. — La Capoue antique et la Capoue moderne. — La terre de Labour. — L'abbaye du Mont-Cassin. — Bibliothèque et archives de l'abbaye. — Adieux. 275

23185. — Tours, impr. Mame.

www.ingramcontent.com/pod-product-compliance
Lightning Source LLC
Chambersburg PA
CBHW060127190426
43200CB00038B/1064